Le strade
368

I edizione: ottobre 2018
© 2016 Rowohlt Verlag GmbH, Reinbek bei Hamburg
© 2018 Fazi Editore srl
Via Isonzo 42, Roma
Tutti i diritti riservati
Titolo originale: *Töchter einer neuen Zeit*
Traduzione dal tedesco di Manuela Francescon e Stefano Jorio

ISBN: 978-88-9325-337-6

www.fazieditore.it

La traduzione di quest'opera ha ricevuto un contributo economico da parte del Goethe Institut, finanziato dal Ministero degli Affari Esteri tedesco.

Carmen Korn

Figlie di una nuova era

traduzione di Manuela Francescon
e Stefano Jorio

Fazi Editore

Marzo 1919

Henny tese l'orecchio. Le sembrava di aver sentito salire dal cortile, fino al secondo piano, un suono venuto dal passato, come un rintocco di campana o il verso di un merlo. Le vennero in mente i sabati della sua infanzia. Sabati estivi. L'acqua che scintillava nella cisterna. Il ribes bianco che le lasciavano cogliere dai rovi addossati al muro di cinta, il profumo della torta che sua madre aveva già messo in forno per la domenica. Suo padre, appena tornato dall'ufficio, che fischiettava mentre si liberava della cravatta e si sbottonava il colletto della camicia.

Henny andò alla finestra, l'aprì e stette ad ascoltare il suono che aveva risvegliato in lei quella serie di immagini. Il cigolio della vecchia altalena.

L'estate era ancora lontana. Il bambino sull'altalena di sotto portava ghette spesse e ruvide e una corta mantellina, il cielo sopra di lui era grigio e i cespugli ancora spogli. Però si vedevano già gli amenti sui rami del salice e le campanelle al margine del prato, e anche la luce sembrava dare un poco di speranza in più rispetto ai giorni passati. I mesi più duri dell'inverno erano alle spalle, così come gli anni bui della guerra.

«Sei ancora in camicia da notte e te ne stai lì al freddo». Henny si voltò verso sua madre, che era appena entrata in cucina e ora la raggiungeva alla finestra. «Non sono nemmeno le otto e quella già manda il figlio in cortile». Else Godhusen scosse la testa. «E tu muoviti, forza. Ho ancora un po' d'acqua calda nel bollitore. Te la verso nel catino».

Il bambino, sceso dall'altalena, era scomparso dalla vista. Doveva essere entrato in casa passando per la cantina. Il cigolio seguitò per diversi secondi. Henny voltò le spalle alla finestra e si avvicinò al lavello, aprì il rubinetto dell'acqua fredda, ne versò un po' nel catino smaltato che già scottava e poi tirò la tenda di robusto cotone bianco, il cui orlo ricamato finiva a un dito dal pavimento di linoleum. Gli anelli scivolarono lungo il bastone di ferro e la tela di cotone si aprì come un séparé in mezzo alla cucina.

Il bastone lo aveva installato suo padre poco dopo il dodicesimo compleanno di Henny. «Guardala, come s'è fatta grande», aveva detto quella volta Heinrich Godhusen. «Da un giorno all'altro la vedremo che fa il bucato in piedi davanti all'acquaio». Ora Henny, di anni, ne aveva appena compiuti diciannove e suo padre era morto da un pezzo. Caduto nella Grande Guerra.

Si sfilò la camicia da notte e prese il sapone al profumo di violetta dalla scodella in cui era riposto. Non un ruvido pezzo di sapone rimacinato con la polvere di mattoni o con quel che si trovava. Immerse per qualche istante la preziosa saponetta e se la lasciò scivolare di mano in mano con devozione, finché non ne uscì un po' di schiuma. Poi cominciò a lavarsi da capo a piedi.

«Il profumo si spande per tutta la cucina», osservò sua madre raggiante di orgoglio. La saponetta era il suo regalo di compleanno, insieme a una valigetta da ostetrica usata ma ben tenuta. Else Godhusen aveva sacrificato una discreta quantità di margarina per far risplendere a dovere il cuoio scuro. «La nostra futura ostetrica!», aveva esclamato. «Meglio ancora che infermiera. Quanto sarebbe stato orgoglioso tuo padre!».

Madre e figlia avevano fatto tutto il possibile per dissuaderlo da un precipitoso arruolamento volontario alla rispettabile età di trentotto anni.

«Non fare l'eroe», gli aveva detto Else. Ma Heinrich Godhusen era stato preda facile dell'ebbrezza patriottica dell'agosto del 1914. Era partito sventolando il cappello. Non un cappello rigido, ma una paglietta, che agitava allegramente al vento. *Viva la Germania! Viva il Kaiser!* La banda suonava, dalle canne dei fucili spuntavano fiori.

Trascinato in guerra, ucciso, sepolto in una fossa comune. Il secondo reggimento della milizia territoriale era stato schierato subito sul fronte orientale. «La guerra è l'inferno», aveva scritto Heinrich a Else. Ma Henny non ne sapeva niente.

«Käthe mi è parsa un po' invidiosa della tua valigetta», disse Else Godhusen. «Chissà con che borsaccia si è presentata alla Finkenau! Strano che l'abbiano presa, tra l'altro. Spesso è così sciatta. Ho fatto caso che le sue unghie non erano proprio pulite...».

«Smettila, mamma», l'ammonì Henny da dietro la tenda.

La sua più cara amica d'infanzia aveva esitato a lungo prima di fare domanda per un posto da apprendista. Ostetrica alla Finkenau! La clinica che negli ultimi cinque anni era diventata una delle più rinomate della regione sembrava una mira troppo ambiziosa per Käthe, una modesta assistente sociale.

«Käthe la conosci da quando aveva sei anni, eppure a volte ho la sensazione che non la sopporti». Prese la camicia che aveva appeso al bastone della tenda.

«Puoi anche uscire nuda. Non ti vergognerai mica di fronte a tua madre! E in cucina c'è caldo».

Henny tirò la tenda da una parte e ne uscì in maniche di camicia. «Hai sentito o no, cos'ho detto?».

«Non ho forse preso dalla cantina l'ultima bottiglia di vino di tuo padre, per berla insieme a te e a Käthe?».

«Ma lei non ti piace, vero?».

La madre di Henny si prese del tempo per rispondere. «Ma sì, sì che mi piace Käthe», concesse alla fine. «È solo che la migliore sei tu».

«Tua madre mira in alto», aveva detto Käthe la sera prima, mentre lei e Henny si salutavano sulla porta. «E non farmi dire niente delle sue idee politiche...».

All'inizio era stato un compleanno lieto. Avevano vuotato una bottiglia di Oppenheimer Krötenbrunnen del 1912 e bevuto anche dello spumante, vecchio e torbido. Avevano levato i calici alla salute di Henny e di suo padre, che riposasse in pace, poi avevano brindato anche alle due future ostetriche. Avevano mangiato panini con cipolle a fette e cetriolini sott'aceto, l'ultimo barattolo scovato da Else in una credenza piena di contenitori vuoti.

«Una volta io e Heinrich abbiamo ordinato del brodo con vere foglie d'oro», aveva ricordato con aria sognante. «In una di quelle trattorie di Colonia dove si mangiano ostriche. A tuo padre le ostriche non piacevano. Sapevano troppo di pesce, diceva».

«Al Reichshof hanno dei pasticcini francesi con la glassa rosa e le mandorle zuccherate. Sono tutti luccicanti. Purché non abbiano il marchio di fabbrica».

«Hai sempre avuto un debole per i dolci», aveva detto in tono blandamente severo la madre di Henny, che avrebbe preferito indugiare ancora un po' nei bei ricordi di prima della guerra. «È incredibile che si trovino ancora i petit four. Solo ieri eravamo in guerra contro i francesi... e tu come ci sei capitata, esattamente, al Reichshof?».

«C'è sempre la torta marmorizzata, però», s'era affrettata a dire Henny per portare il discorso in una zona meno pericolosa.

«Ma è piccola. Gli ingredienti non bastavano per farne una grande. Basta appena a stuzzicare l'appetito a Käthe».

«Non ne parliamo», aveva replicato Käthe. «Perché farsi del male?».

Forse il vino le aveva dato alla testa. Henny era disposta a imputare a ciò il fatto che a un certo punto sua madre si fosse messa a cantare il *Rheinlied*: «*Non prenderanno il Reno, fiume libero di Germania anche se strillano come corvi avidi*».

«La guerra è stata un crimine!», era scattata Käthe al secondo verso. «Un crimine contro tutti i popoli. E il Kaiser è un farabutto!».

«Ma è stato anche un atto di grande coraggio! I tuoi discorsi comunisti valli a fare fuori da casa mia, Käthe!».

Ormai la serata era rovinata.

Mentre Käthe tornava all'appartamento di Humboldtstraße, appena dietro l'angolo, dove viveva coi suoi genitori, figlia unica dopo la morte dei fratelli, Henny si era concessa di sognare una stanza tutta sua. Una stanza alla quale sua madre non avesse accesso.

Lei e Käthe erano cresciute così, facendo su e giù fra le rispettive case. I genitori di Henny si erano trasferiti in quella parte del quartiere, verso Brambeck, poco dopo l'inizio delle elementari. Henny l'aveva notata subito, nel tragitto da casa a scuola, la ragazzina con le trecce nere e il grembiule allacciato di sghembo. Così come Henny, Käthe aveva in mano una bustina di zucchero. Dalle loro cartelle pendevano due stracci, per pulire la lavagna. Gli stracci e le trecce, bionde e brune, si agitavano al vento. Il cielo prometteva pioggia.

«Ma guardati! Non ti sei allacciata bene il grembiule»,

la sgridava spesso Else Godhusen. Già allora aveva quello sguardo severo, quel tono ostile, quando si rivolgeva agli altri.

Anche la sera prima Else aveva cantato tre strofe di quel canto patriottico che Henny detestava, e il cui ultimo verso le era tornato in mente subito al risveglio.

«Fino a quando la piena seppellirà le ossa dell'ultimo uomo…».

L'aveva tormentata finché non era stata rimpiazzata definitivamente dal cigolio dell'altalena.

Henny si mise il tailleur di pettinato grigio chiaro, che Else le aveva ricavato da un completo del padre, con la camicetta bianca a pieghe, infilò i piedi negli stivaletti e se li allacciò.

«Fatti bella e divertiti», le disse Else. «Ma devi essere qui per mezzogiorno, intesi?».

Henny le baciò distrattamente la guancia e si chiuse la porta alle spalle. Arrivata in strada, si fermò un attimo a fare un cenno di saluto alla madre che, come di consueto, si era affacciata alla finestra. Poi si chinò per riallacciarsi uno stivaletto.

Nella vetrina di Salamander aveva visto delle décolleté. Morbida pelle scamosciata. Non vedeva l'ora di cominciare il tirocinio alla Finkenau. Iniziare con leggerezza una nuova vita. Lontano da Else.

«Si comincia!», aveva esclamato la sera prima Käthe col pugno levato, mentre Henny, in piedi sull'uscio, la guardava andare via. Da bambine avevano appurato che potevano volerci da sei a otto salti per andare dalla casa di Henny all'angolo della Schubertstraße a quella di Käthe sulla Humboldt, proprio lì di fronte. Quella che faceva i salti più lunghi era Käthe.

Una stanza tutta sua. Una porta che si chiudesse. Col suo stipendio da infermiera avrebbe potuto permetterselo. Ma Else non aveva voluto saperne, e perfino il trasloco dalla camera dei genitori, dove dall'inizio della guerra Henny dormiva sul lato paterno del letto, invece che nel lettino a ribalta che usava prima, aveva richiesto una discreta prova di forza.

Henny aveva espugnato il piccolo salotto, che attendeva pulitissimo occasioni più degne, e si era preparata il letto sulla chaise-longue, finché sua madre, datasi per vinta, non le aveva tirato giù dalla soffitta la vecchia brandina. Da allora la chiave della stanza non s'era più trovata.

Quella mattina, mentre ascoltava con attenzione il cigolio dell'altalena, le era tornato alla mente un altro ricordo. Il bombo morto che aveva trovato un giorno in cortile. La piccola Henny era sconvolta dal fatto che anche in estate i bombi potessero morire. Suo padre lo aveva racchiuso nella sua grossa mano, poi erano andati in mezzo al campo per dargli sepoltura.

Il dolce padre, che era stato poi risucchiato in quella guerra assurda. «Forte rocca è il nostro Dio», canticchiava radendosi davanti allo specchio quell'ultima mattina che si era svegliato nel suo letto. Heinrich Godhusen mancava molto a sua figlia.

«Dovrai lavarti per bene le mani adesso che vai a imparare il mestiere di ostetrica», disse Karl Laboe rivolto alla schiena di sua figlia.

«Ricevuto», gli disse lei. «Mani pulite». Raccolse dell'acqua nelle mani e si lavò la faccia. Tutto il resto lo avrebbe fatto dopo, una volta che il vecchio si fosse allontanato.

«Sembri un gatto che si lava».

«Preferisco andare in un bagno pubblico, piuttosto che avere addosso le tue occhiate lascive».

«Non essere impertinente, Käthe. Dormi sempre sotto

il mio tetto e sarà così ancora per un bel pezzo, almeno finché non finisci il tirocinio». Karl Laboe poggiò le mani sul tavolino e si alzò dal divano. Aveva una gamba rigida da quell'incidente al cantiere navale. Certo, la zoppia lo aveva salvato dal fronte, ma anche in patria la vita non era stata certo una passeggiata. Gran penuria di cibo e quelle due sempre sul groppone.

«Tua madre arriva dopo. Fa le pulizie in una casa nuova. Gente piena di soldi, sulla Fährstraße. Tua madre gli lava i pavimenti».

«Lo so. Allora, te ne vai?».

«Piano, non ho mica le ali ai piedi», disse Karl Laboe prendendo il bastone che era appoggiato al tavolo.

Sentendo finalmente la porta di casa chiudersi, Käthe lasciò andare un gran sospiro. Se fosse andata a lavorare in fabbrica, avrebbe cominciato a guadagnare subito e si sarebbe potuta permettere una casa sua. Adesso invece l'aspettavano due interminabili anni di apprendistato. Ma va bene così, si disse. Aveva ragione Henny: aveva diciannove anni, era il momento di coltivare delle ambizioni. Suo padre non sembrava d'accordo e lei non capiva perché: era l'unica figlia che gli fosse rimasta.

Si tolse la sottana e ricominciò a lavarsi. L'acqua nel catino era fredda da un pezzo e il sapone era ruvido, le sembrava di rigirarsi tra le mani un pezzo di pietra pomice.

«È bello che tu voglia fare qualcosa», le aveva detto Rudi, il ragazzo che aveva conosciuto da poco, apprendista tipografo all'«Hamburger Echo». Neanche un anno meno di lei. Le leggeva sempre le sue poesie. Be', non proprio sempre. Però negli ultimi due mesi a partire da gennaio ce ne erano state almeno quattro. Probabile che quel giorno gliene leggesse un'altra, mentre Käthe mangiava un pasticcino nel caffè del Reichshof. Non gli aveva ancora chiesto dove prendesse i soldi per concedersi certi lussi.

Lina prese dall'armadio il grosso telo di lino con su ricamate le iniziali della madre. Uno dei pochi oggetti di buona fattura che si erano salvati dalle grinfie del mercato nero. Peccato che la rinuncia a gran parte dei loro beni non fosse bastata a salvare tutti e quattro i membri della sua famiglia dalla fame durante l'inverno delle rape, tra il 1916 e il 1917. Il padre era morto due giorni prima di Natale e sua madre lo aveva seguito il gennaio successivo. Come causa della morte di entrambi il medico aveva scritto «insufficienza cardiaca», ma sapevano tutti cos'era stato a ucciderli. Ricordava bene la disperazione di Lud, che allora aveva solo quindici anni, e la consapevolezza, che solo per i primi tempi erano riusciti a rimuovere, che i genitori erano morti per assicurare loro la sopravvivenza.

I Peters avevano aspettato a lungo prima di avere dei figli, e avevano più di quarant'anni quando era nata Lina, nel 1899, e poi Lud due anni dopo. Amavano Karoline e Ludwig sopra ogni cosa e per loro si erano sacrificati. Era un pensiero intollerabile. Lud ne soffriva ancora molto più di lei.

Lina si scosse, come se fosse possibile liberarsi di certi pensieri, e aprì la porta della stanzetta adiacente alla cucina dove suo fratello aveva installato una doccia. Era bravo, Lud. Forse avrebbe fatto meglio a imparare un lavoro da artigiano invece di fare l'apprendista in un negozio. Voleva diventare un commerciante, perché era stato il lavoro di suo padre. Tanta fatica per onorare un ricordo. A che scopo? Erano solo relitti di un tempo passato.

Si spogliò, poggiò i vestiti sullo sgabello e si mise sotto il getto. All'inizio non scendeva che qualche goccia. Lud aveva usato la tubatura della cucina, in quello sgabuzzino che un tempo fungeva da dispensa. Non era l'ideale, ma era sempre meglio che lavarsi sopra e sotto nel lavandino, e comunque di provviste da mettere in dispensa non ne avevano più da un pezzo. Il cibo che riuscivano a procurarsi stava comodamente nella credenza in cucina e sul davanzale della finestra

La saponetta era ruvida, e dovette far scorrere molta acqua. Lina si lavò le membra intirizzite e poi si asciugò con vigore fino ad arrossarsi la pelle. Le cadde l'occhio sui vestiti. Che sciocchezza usare un bustino, quando le si potevano contare le costole una a una. Sarebbe bastato il semplice vestito con la cintura stretta in vita.

Nell'estate del secondo anno di guerra il suo insegnante di disegno aveva esortato le allieve a non lasciarsi più torturare da quegli abiti stretti e rigidi, che ostacolavano il passo. Pronunciava l'espressione "stecche di balena" come fosse un'oscenità. Era un seguace di Alfred Lichtwark e del suo metodo pedagogico e Lina, allora sedicenne, si era presa una sonora cotta per il giovane insegnante. Anni dopo era venuta a sapere che era morto in Francia, il Paese dove avrebbe tanto desiderato vivere.

Le era rimasto quest'amore idealizzato per lui nonché la determinazione a sostenere l'esame per diventare anche lei insegnante alle superiori, così da poter contribuire in futuro a trasformare le scuole del suo Paese. Per Lina non era esagerato affermare che anche la vecchia pedagogia aveva la sua parte di colpa in quella guerra terribile. Era stato tirato su un esercito di sudditi.

Gli ultimi mesi di guerra li aveva vissuti nel terrore che Lud fosse richiamato al fronte. Ma suo fratello, già allora apprendista nel reparto commerciale della Nagel & Kaemp, che costruiva gru per cantieri navali, fu risparmiato e non conobbe mai gli orrori della trincea. Lina aveva promesso a sua madre di badare a lui. Almeno questo era riuscita a farlo.

Si vestì e portò in cucina il bustino. Il coltello, sebbene

non venisse usato da tempo perché non c'era niente da tagliare, tagliò il tessuto come fosse stato burro. Lina ci provò quasi gusto. Un piccolo omaggio al suo vecchio insegnante.

Ida strillava. Sentiva l'irritazione nella sua voce, ma gridò una seconda volta, ancora più forte di prima. Mia se la prendeva comoda. Un vera capra, quella ragazza nuova. Finalmente l'acqua usciva calda dal rubinetto, dopo che aveva dovuto supplicare i domestici di andare in cantina a prendere il carbone per alimentare la caldaia. E ora per giunta doveva aspettare all'infinito che qualcuno le preparasse il bagno. Si guardò le dita dei piedi che spuntavano rosee, con le unghie lucide, dall'orlo del morbido accappatoio lungo fino al pavimento. Aveva diciassette anni e tutto in lei era rosa.

La guerra era stata un brutto affare. Si mangiavano sempre le stesse cose ed era impossibile far arrivare i tessuti migliori da Parigi o Londra. Conosceva gente che aveva perso i figli al fronte. Ma a parte questo, lei non aveva sofferto molto, e di certo non aveva sofferto la fame. I Bunge godevano di conoscenze molto in alto.

Quel Friedrich Campmann per esempio, dirigente della Dresdner Bank, non era nemmeno stato sfiorato dalla guerra. Suo padre voleva che Ida accettasse le avance di Campmann. Ma lei non ci pensava nemmeno.

Scacciò il pensiero con un movimento della testa, come se fosse stato lì davanti ai suoi occhi. Ma certo. In quel momento si materializzò la capra. La guardava.

«Sto aspettando l'acqua per il bagno», disse. «Che sia ben calda! E mettici un bel po' di olio di abete».

«Non può farlo lei? Io ho già tanto da fare».

Ida Bunge restò senza parole. Con tutte quelle rivolte era venuta meno ogni vergogna. Maman avrebbe fatto licenziare Mia senza la minima esitazione, per tanta impertinenza.

Questo pensiero dovette passare anche per la mente della capra, che fece un breve inchino, si mise ad aprire i rubinetti con zelo e poi si chinò sull'acqua, che ora scorreva nella vasca sollevando una nube vapore.

«Lascia stare», le disse Ida. «Va' a fare il tuo lavoro. Sei già tutta rossa. Come fai a essere così robusta? Vi avanza il cibo?».

Mia sembrava molto a disagio. Fece un altro inchino e si ritirò. Quanti anni aveva? Di certo non più di Ida.

Chiuse il rubinetto dell'acqua calda e aprì quella fredda. L'acqua troppo calda, le aveva detto Maman, accelera l'invecchiamento della pelle. Ida prese il flacone dell'olio di abete e ne versò una generosa quantità nella vasca. Chiuse la porta, prima di lasciarsi scivolare di dosso l'accappatoio e guardarsi a lungo nello specchio. Ciò che vedeva sarebbe stato decisamente sprecato per quel mammalucco di Campmann, anche se secondo suo padre era destinato a grandi successi. Fräulein Bunge si perse nella contemplazione di se stessa e poi s'immerse nell'acqua verde, che ormai profumava come due ettari di foresta alpina.

Restò distesa nella vasca per un pezzo, a riflettere su come sarebbe stato bello poter disporre liberamente del proprio tempo. La vita sarebbe stata eccitante e quella noia spaventosa sarebbe finalmente finita.

Henny contemplava da un pezzo la vetrina di Salamander sulla Jungfernstieg. Le scarpe per cui smaniava da settimane non erano più esposte, e quelle disponibili erano ancora più care. Esitava a entrare nel negozio per chiedere se avessero ancora quelle décolleté di pelle scamosciata color vinaccia. Quei soldi avrebbe fatto meglio a tenerli per concedersi qualche altra piccola libertà.

Non era ancora cominciata la primavera, e Henny già sognava l'estate. Sulle rive dell'Alster, avendo di che pagare, i divertimenti non mancavano. Una gita in canoa con Käthe. Una nuotata nella piscina all'aperto di Schwanenwik. L'ultima estate lieta che ricordasse era stata quella dei suoi tredici anni. La successiva era stata già inquinata dalla paura della guerra imminente.

Aveva appena terminato il tirocinio al Lohmühlen quando era stata assegnata all'ospedale militare allestito nella scuola per ciechi al 42 della Finkenau.

Henny ricordava bene il giorno in cui le infermiere avevano accompagnato fuori i soldati feriti, quelli in grado di alzarsi, per scattare una foto di gruppo. Solo pochi di loro indossavano l'uniforme, la maggior parte portava il camice fornito dall'ospedale e un berretto di lana, quello d'ordinanza dei soldati semplici.

Henny si era messa dietro al fotografo e, distolto lo sguardo dal gruppo verso il reparto maternità dall'altra parte della strada, aveva visto una donna uscire dal portone della clinica con un fagottino tra le braccia.

In quel momento aveva capito qual era il suo posto. Non sarebbe diventata infermiera, ma ostetrica. Avrebbe assistito al nascere della vita, dopo tutto il dolore e lo strazio che aveva avuto sotto gli occhi ogni giorno all'ospedale militare.

Poi, il novembre dell'anno prima, era finalmente finita la guerra e Henny aveva ottenuto un posto come apprendista, proprio alla Finkenau. Else la sosteneva, nonostante ora il bilancio familiare dovesse fare a meno del suo stipendio.

Henny dovette attendere il transito di varie carrozze, vetture pubbliche e un paio di carrettini, prima di attraversare la Jungfernstieg e raggiungere l'Alster. I giovani alberi che orlavano quel lato della strada mostravano le

prime macchie verdi, il cielo grigio si andava aprendo in squarci azzurri, sugli alberi cinguettavano i passeri.
Decise di fare una passeggiata e di mangiare qualcosa per strada. Dopo poteva fare un salto da Käthe, a vedere come trascorreva gli ultimi giorni liberi, ma si ricordò che Käthe le aveva detto che quel giorno si sarebbe vista con Rudi, durante la pausa pranzo.
Era molto curiosa di conoscerlo. Käthe lo frequentava già dall'inizio dell'anno e pareva piacergli molto. Henny passava molto tempo a immaginarsi il suo, di principe azzurro. Innamorarsi. Un'altra voce importante nella sua lista dei desideri.

I petit four bianchi che aveva scelto erano guarniti di perline argentate. Avrebbe preso volentieri anche un altro biscottino verde pistacchio con sopra un velo di zucchero, ma Rudi si era fatto di colpo irrequieto: forse non gli bastavano i soldi.
Si sedette sotto il grosso lampadario che dondolava pigro spargendo luccichii nella grande sala del Reichshof. Che bello godersi finalmente qualche piccola gioia, pensò Käthe sollevando una forchetta; poi mise da parte i pasticcini, staccò una perlina di zucchero e se la posò sulla lingua. Prolungare il piacere, centellinarlo.
Rudi bevve un sorso di tè e infilò una mano nella tasca della sacca. La poesia sui dolci. Käthe si sforzò di ascoltarlo con interesse, ma mentre lui declamava versi, la mente le volò a sua madre, che quel giorno aveva cominciato a fare le pulizie in una casa nuova. Era lei, Anna, a portare i soldi a casa, e le sarebbe toccato lavorare ancora di più adesso che Käthe non aveva più lo stipendio. L'incidente di suo padre al cantiere navale era avvenuto che lui aveva trentaquattro anni, e la pensione d'invalidità era molto modesta.

E lei era lì, con Rudi, sotto quei sontuosi lampadari. Due giovani con idee di sinistra, a cui però piaceva un certo sfarzo. Una contraddizione.

Veramente a Rudi, ancora di più dello sfarzo, piaceva la poesia. Il modo in cui si chinava sul foglio, la ciocca di capelli che gli cadeva sul viso, il gesto di passarsi una mano sulla fronte. Aveva mani sottili e allungate. Rudi era il più bel ragazzo che Käthe avesse mai incontrato. Aveva voglia di baciarlo lì, in quel momento, con tutta la dolcezza delle perline di zucchero ancora sulla lingua.

Presa da questi pensieri, Käthe si dimenticò di centellinare i dolci. Senza accorgersene, aveva ripulito il piatto. E la poesia, si era dimenticata anche quella. Rudi ripiegò il foglio di carta e lo mise via. Diede un'occhiata al piatto vuoto e si rammaricò di non poter offrire a Käthe altri pasticcini.

Le prese la mano, vi posò sopra un'ultima perlina di zucchero che era scivolata sulla tovaglia e baciò entrambe.

Il padre di Ida sedeva nella penombra del suo studio assorto negli affari, in particolare di quelli riguardanti il caucciù dell'Amazzonia.

La gomma scarseggiava. Durante la guerra perfino i copertoni delle biciclette erano stati requisiti per far fronte alle esigenze dell'esercito, e i materiali sintetici servivano solo in parte allo scopo. Ormai quasi tutte le bici erano senza pneumatici, e lui faticava a procurarsi il buon caucciù brasiliano a cui era abituato.

Il blocco navale imposto ai porti tedeschi non era stato ancora rimosso; la libertà dei traffici grazie alla quale si erano arricchiti i mercanti di Amburgo era solo un lontano ricordo. Ecco cosa ne era della Germania! Pensare solo alla perdita di Ballin. Il Kaiser si chiama fuori dai giochi e Albert Ballin prende una dose letale di veleno, perché ha visto andare in fumo il lavoro di una vita. D'altronde loro, per il Kaiser, non erano che merce di scambio, tutti. Nessuno poteva avvicinarsi a sua maestà e parlarci a quattr'occhi, nemmeno Ballin. Che cosa aveva detto fin dall'inizio il grande armatore, l'uomo che aveva trasformato la sua Hapag nella più grande linea marittima del mondo e che mandava le proprie navi ai quattro angoli del globo? «La guerra è l'apoteosi della stupidità», ecco cos'aveva detto.

Pensieri che non poteva condividere con Netty. Lei del Kaiser si fidava ciecamente. Bunge invece no. Si fidava solo dei buoni vecchi tempi. Quando guadagnare soldi in giro per il mondo gli riusciva facile.

Netty aveva assunto di recente un'altra cameriera e una sguattera, perché a quanto pareva le altre due erano troppo impegnate a curare il suo guardaroba per prendere su secchio e straccio e lavare il pavimento. Carl Christian Zunge scosse il capo. Una cuoca, due cameriere, una sguattera, il giardiniere. L'autista non contava. Non poteva farne a meno. Non poteva certo mettersi al volante della Adler, lui.

Era necessario che Ida si fidanzasse con Campmann. Quel tale sprizzava denaro e successo, erano cose per cui Bunge aveva naso. Così avrebbe almeno sistemato la signora figlia con tutte le sue pretese, ma gli sarebbe restata comunque Netty da far vivere nella bambagia. Netty era una mogliettina adorabile, ma aveva il cervello di uno scoiattolo. Un animale senz'altro molto grazioso.

Sua figlia era tutto un altro affare. Lei di cervello ne aveva, ma finite le lezioni con Fräulein Steenbock, Ida non stava facendo più niente. Non aveva abbastanza stimoli e inoltre era viziata. Troppo viziata. E la colpa era anche sua.

Forse era il caso che estendesse i suoi affari in altri settori. Kiep, per esempio, si era messo a commerciare in liquori. Valeva la pena pensarci. Presto o tardi anche i francesi si sarebbero rimessi in carreggiata.

Bisognava che andassero presto a cena insieme, lui e Kiep. Era passato un bel po' di tempo dall'ultima volta, all'hotel Atlantic, quando avevano bevuto quella bottiglia di Feist-Feldgrau, anche se lui non era un amante dei vini frizzanti. Ecco, anche i Feist della valle del Reno: veri patrioti ebrei. Ed ebreo era anche Ballin. Che terribile scempio.

Quello scoiattolo che rispondeva al nome di Netty, Antoinette, era intenta a far rigare dritto la nuova donna delle pulizie. Che bisognava fare con questa Laboe? Era già la seconda volta che lasciava delle macchie sul pavimento, stavolta sul terrazzo.

Netty Bunge indicò uno degli angoli del terrazzo in bianco e nero, abbellito da una varietà di ornamenti. Accanto a un vaso che ospitava una palma c'era una grossa macchia rossiccia e appiccicosa, come di marmellata di ciliegie.

«Mi aspetto più attenzione. Simili sciatterie non saranno più tollerate», disse in tono severo e con l'indice alzato.

Anna Laboe avrebbe potuto replicare che la macchia non c'era quando lei aveva pulito il terrazzo, un quarto d'ora prima. Ma sapeva per esperienza che contraddire la padrona non le avrebbe fatto buon gioco. Si concesse un sospiro solo dopo che la signora fu rientrata. Un giorno di lavoro in casa Bunge ed era già d'accordo con Käthe, che ormai quanto a opinioni politiche era molto più a sinistra di Karl. Lui credeva ancora ai socialdemocratici, che però non ci avevano pensato a lungo prima di piegarsi al Kaiser e ai nazionalisti.

Come avrebbero fatto ora, con le elezioni? A sua figlia non era proprio andato giù di non poter ancora mettere quella crocetta, adesso che per la prima volta anche le donne erano ammesse al voto. Anna Laboe per parte sua non avrebbe rinunciato ad andare con Karl al seggio elettorale. Così per lui sarebbe stato anche più facile tornare a casa, con la sua signora a braccetto.

S'inginocchiò sul terrazzo, strofinò via la macchia e non seppe darsi una spiegazione per quelle chiazze appiccicose che di certo saltavano all'occhio. Non si trattava di marmellata di ciliegie.

Ore dopo era seduta in cucina, non si era tolta né il cappotto né il cappello. Sul tavolo di fronte a lei c'erano due sacchetti di carta da cui rotolavano fuori poche misere patate e qualche cipolla. Anna Laboe le guardò come se non sapesse cosa farci. Mancava ancora un po' di tempo all'ora di cena.

«La camera da letto dei signori è di un verde inquietante. Ti sembra di precipitare in una foresta buia», disse senza voltarsi verso Käthe che era appena entrata in cucina e stava alzando la luce della lampada a gas.

«Le pareti sono rivestite di iuta verde scuro… a me sembra fango. E poi quei vasi di felci sulle colonne! Mia dice che è molto chic. Fa la cameriera, nuova anche lei. Spolvera, pulisce i mobili. Io ero nello studio, quando il vaso si è rovesciato. Tutta l'acqua per terra. Io servo a questo, per i pavimenti, i bagni e la vasca, dove la signorina passa ore e ore».

Käthe diede un'occhiata all'orologio. Le sei. Suo padre ancora non si era visto. Doveva essere in qualche osteria, ubriaco in pieno giorno. «Sei stata lì per dieci ore?», domandò.

«Dopo sono passata da Heilbuth a comprarmi un

grembiule nuovo. Quello vecchio era troppo liso. E poi dal fruttivendolo, a prendere le patate».

«Una foresta buia, eh?», disse Käthe. In realtà le era rimasta in mente l'immagine della vasca da bagno al cui interno si trastullava languida la signorina.

«Sono tutte così le stanze? Fango e felci?».

«Solo quella dei signori. La cuoca dice che prima della guerra il padrone ha fatto fortuna col caucciù. Forse il verde gli è rimasto nel cuore da allora. Che ne è di tuo padre?».

«È da ieri pomeriggio che non lo vedo. Sono stata poco in casa».

«Spero solo che non abbia bevuto di nuovo. Non ha ancora superato la morte dei piccoli. E poi la storia della gamba».

«E tu? L'hai superata tu?».

Anna Laboe fece un gesto con la mano, come a cambiare discorso. «Sono contenta del tuo tirocinio alla clinica ostetrica. Voglio che tu lo sappia, Käthe. Anche se questo vuol dire che dovrai sopportare ancora per un po' le ristrettezze di questa casa».

«La signorina nella vasca da bagno l'hai vista?».

«Ho dato un'occhiata, ma era avvolta dalla testa ai piedi in un telo di batista bianca. Si chiama Ida».

«E che altro fa tutto il giorno?».

Sua madre alzò le spalle. «Tu, piuttosto, dove sei stata? Ti sei vista con quel ragazzo? Non è troppo giovane per te?».

«Siamo nati lo stesso anno. Io a gennaio e lui a luglio».

«La cosa importante è che sia un bravo ragazzo», disse Anna Laboe.

Käthe si sedette su una seggiola e cominciò ad accarezzare le mani della madre. Si era dimenticata di togliersi il cappotto.

«Che diavolo succede qui?», domandò Karl Laboe. «Ve ne state col cappotto addosso a compatirvi e non c'è ancora niente di pronto!».
«Puzzi di grappa», gli disse Käthe.
«Non ti riguarda».
«Non bisticciate, su», intervenne la madre, poi si alzò, prese dal cassetto due coltelli e ne mise uno davanti a Käthe.
«E levatevi i cappotti», aggiunse Karl Laboe prima di lasciarsi cadere sulla sedia più vicina. «O magari, Käthe, potresti andarmi a prendere dell'altra birra. Per festeggiare i nuovi datori di lavoro di tua madre! Gente raffinata!».
«Hai già bevuto abbastanza per oggi», disse Käthe, poi prese il cappotto dalle mani di sua madre e lo portò in corridoio.
«Com'è andata dai ricconi, Annsche?», sentì che diceva suo padre, con voce più dolce.
Annsche.
Non glielo sentiva dire da molto tempo. E una seconda sorpresa l'aspettava in cucina, quando rientrò. Karl Laboe aveva preso il secondo coltello e si era messo a sbucciare le patate. «In due facciamo prima», disse.

La sciatteria che la madre di Henny rimproverava a Käthe, Rudi Odefey la chiamava sensualità e gli piaceva enormemente. Se c'era una cosa di Käthe che *non* gli piaceva, semmai, era il suo scarso amore per la parola, per la poesia.
Le aveva letto una poesia di Anna Achmatova.

Invecchiammo di cent'anni, e accadde
nel corso di un'ora sola:
la breve estate volgeva alla fine,
fumava il corpo delle piane arate.

I versi non l'avevano nemmeno sfiorata, presa com'era a gustarsi quel pasticcino con le perline di zucchero che gli era costato una fortuna.

«La poesia s'intitola "In memoria del 19 luglio 1914"», le aveva spiegato. «Ma è stata scritta nel 1916. Una poetessa di San Pietroburgo».

Käthe aveva fatto sì con la testa e si era leccata le labbra pregustando il prossimo morso. Ciò nonostante lui l'amava come non aveva mai amato nessun altro, all'infuori forse di sua madre, anche lei purtroppo sorda al fascino del verso poetico.

Rudi scosse i riccioli scuri, troppo lunghi per andare a genio al vecchio Hansen che gli stava insegnando il mestiere di compositore. Del resto Hansen tendeva a liquidare con una fragorosa risata le cose che suscitavano la sua disapprovazione. La tipografia risuonava dei suoi sghignazzi.

L'«Hamburger Echo» era uno dei principali organi del movimento dei lavoratori in città fin dall'inizio della guerra, quando si era dovuto piegare con la violenza alla patria e al Kaiser. Tutto considerato, Rudi non poteva trovare un posto migliore di quello, per imparare il mestiere. Che poteva esserci di più vicino alle parole?

Da chi aveva ereditato tutta quella passione? Di certo non da sua madre. Forse dall'uomo che gli aveva lasciato il fermacravatte che aveva appena portato al banco dei pegni, per rimediare un po' di liquidi. La catenella dell'orologio se l'era già impegnata. Sperava un giorno di poter riscattare quella modesta eredità, che sua madre gli aveva consegnato in occasione della cresima.

Suo padre era scomparso dalla scena prima che lui nascesse. L'unica foto in suo possesso mostrava un giovanotto di aspetto gradevole ma comune, in cappello e finanziera, con dietro uno sfondo alpino dipinto.

Aveva scoperto da bambino di essere nato al di fuori del matrimonio, così si era messo a frugare nel cassetto in cui sua madre teneva le carte e aveva letto tutto quel che vi aveva trovato. Non c'era molto altro da leggere. L'unico libro presente in casa era il *Lebenslied* di Rudolf Herzog, che sapeva a memoria da che aveva dieci anni.

«Alla fine il matrimonio non s'è più fatto», gli aveva detto sua madre mettendogli in mano l'astuccio portasigari con dentro la catenella dell'orologio, il fermacravatte con la perla e la fotografia e lasciandolo con la vaga nozione che suo padre fosse morto. Gli era parsa così imbarazzata che non se l'era sentita di estorcerle la vera storia. Le cose erano rimaste così. Non ne avevano più parlato.

Rudi salì la malferma scala di legno, si fermò al primo piano davanti a una porta di vetro molato e prese il sacchetto di feltro dalla tasca della borsa. Il fermacravatte non aveva l'aria di valere molto. Riponeva qualche speranza nella grossa perla, che però molto probabilmente era di cera.

Il vecchio prestatore su pegno gli ispirava fiducia. Per la catenella dell'orologio aveva ricevuto più di quanto si aspettasse. Il denaro non era servito solo a rimpinzare Käthe di dolci; aveva preso anche una sciarpa di vera lana per sua madre e un libro di poesie di Heinrich Heine per sé.

Il vecchio dietro al bancone si sistemò la lente sull'occhio ed esaminò l'eredità di quel padre sconosciuto. «Un fermacravatte placcato oro con una perla orientale. Davvero bizzarra come accoppiata. Dove l'ha preso?».

«Un'eredità», rispose Rudi. «Come la catenella che le ho portato l'altra volta». Gli sembrava utile ricordargli che tra loro esisteva già una proficua relazione d'affari.

«Prima della guerra ad Amburgo spesso i ricettatori modificavano i gioielli rubati».

A Rudi salì il sangue alla testa. Suo padre, un ricetta-

tore? «Mia madre è venuta in possesso di questi oggetti diciannove anni fa», disse un po' irrigidito.
Il vecchio alzò gli occhi a guardarlo. «Non l'accuso di niente, giovanotto. Chi fa il mio mestiere deve saper giudicare con esattezza sia i preziosi sia i loro proprietari».
Rudi mise gli occhi sul biglietto da venti marchi che l'uomo aveva posato sul bancone. Anche stavolta l'offerta era superiore alle sue aspettative. Forse sarebbe riuscito a distogliere l'attenzione di Käthe dal Reichshof e dirottarla verso Mordhost, il fornaio. Vendevano i Franzbrötchen, sottobanco e senza marchio di fabbrica. Forse un'abbuffata di Franzbrötchen le avrebbe fatto più piacere di un solo dolcetto.
E nonostante tutto era magrolina. Per un momento si perse nel pensiero del piccolo seno di Käthe. Si era lasciata toccare, una volta. Non era certo una santarellina.
«Li vuole o no, i venti marchi?».
Rudi arrossì per la seconda volta. Annuì e allungò la mano. Adesso i tesori di casa Odefey si erano volatilizzati proprio tutti.

C'era questo ricordo di quando sua madre gli dava l'olio di fegato di merluzzo col cucchiaio. Aveva un sapore tremendo, eppure lui lo associava a un senso di benessere, e il cucchiaio colmo d'olio di pesce era rimasto per lui un simbolo d'amore e accudimento.
Il più grande desiderio di Lud Peters era avere di nuovo una famiglia. Padre, madre, figli. Appena due anni prima ne aveva avuta una. Sua sorella Lina avrebbe dovuto rinunciarvi se si fosse iscritta alla scuola per insegnanti. Era proibito, proprio come in un convento. Alle insegnanti non era consentito sposarsi, e se Lina si fosse ribellata avrebbe perso il diritto al posto di lavoro e alla pensione. Lud scosse la testa a quel pensiero.

Gli era rimasto questo chiodo fisso di dar vita a una nuova famiglia Peters. L'unica loro parente ancora in vita era una sorella del padre, già molto anziana, che trascorreva i suoi ultimi anni in un istituto a Lubecca. Ma come trovare una donna disposta a metter su famiglia con lui? Lina non l'aveva preso sul serio quando le aveva confidato il suo desiderio e gli aveva ricordato che aveva solo diciassette anni. Ma il destino dei loro genitori non era stato forse segnato dal fatto di aver procreato troppo tardi e di aver esaurito presto le forze?

Lud posò lo sguardo sull'Osterbeckkanal, nelle cui acque si tuffavano i raggi dell'ultimo sole. La primavera era nell'aria, finalmente. Sulla sponda opposta del canale sorgeva la fabbrica di Nagel & Kaemp, dove aveva appena buttato l'ennesimo giorno della sua vita. Forse aveva ragione Lina a dire che il commercio non faceva per lui. Tuttavia, se voleva moglie e figli, doveva stringere i denti e crearsi una solida base economica.

Superò l'azienda del gas e si inoltrò nel quartiere di Barmbeck. Non voleva andare subito a casa, anche se probabilmente Lina lo stava aspettando con la cena pronta. Lo innervosiva il modo in cui rideva dei suoi progetti e cercava di convincerlo che avesse delle colpe.

Del resto, come aveva potuto mangiare ogni giorno quello che mamma e papà gli mettevano nel piatto, senza accorgersi che loro non toccavano nulla e morivano lentamente di denutrizione pur di sfamare lui e Lina?

Arrivò fino al vecchio Schützenhof. Proseguendo verso casa, ripensò alla sera che era passato proprio per quell'angolo, la mano stretta in quella del padre, e aveva visto che picchiavano un poliziotto nei pressi dell'osteria. Uno dei suoi ricordi più vecchi: il senso di sicurezza della mano di suo padre e il poliziotto che gli era parso solo ridicolo.

Mentre camminava in Winterhuder Weg, gli venne incontro una coppietta giovane. La ragazza diede un morso a un Franzbrötchen e questo non le impedì di baciare il ragazzo, che subito dopo si passò la lingua sulle labbra. Voleva risentire il sapore del bacio oppure la traccia appiccicosa di zucchero che le labbra di lei gli avevano lasciato? Un Franzbrötchen. Dove potevano averlo preso? A Lina piacevano, li mangiava prima della guerra. Fu sul punto di voltarsi e raggiungere i due, per chiedere dove l'avessero trovato. Ma il proposito gli morì in gola e invece affrettò il passo, per sfuggire al senso di freddo e solitudine; Lud si mise a correre e presto fu di fronte alla porta di casa dei suoi genitori, sulla Canalstraße, dove viveva insieme a Lina.

La valigetta da ostetrica che la mamma le aveva regalato per il compleanno conteneva soltanto un flacone di alcol, l'occorrente per il clistere e dei catini smaltati fissati sul fondo con delle fibbie di cuoio. Sarebbe stato imbarazzante cominciare il tirocinio con l'attrezzatura completa ma senza la più piccola nozione del mestiere. L'indomani, il primo di aprile, cominciava per lei una nuova vita. Käthe era più inquieta ogni giorno che passava, ma negli ultimi tempi sembrava disporre di una dose di zuccheri sufficiente a calmarle i nervi.

A Henny, Rudi era simpatico. L'aveva finalmente conosciuto di persona il giorno prima. Le aveva invitate entrambe, lei e Käthe, a bere una cioccolata calda al caffè Vaterland. Di cioccolata vera e propria non se ne era vista, solo una brodaglia calda, dolce e marrone, ma le poesie di Heine che Rudi aveva letto loro, quelle erano davvero belle. Gli ultimi versi di *Leise zieht durch mein Gemüt* li aveva recitati a memoria anche lei, cosa che aveva fatto sorridere Rudi e aggrottare la fronte a Käthe.

Era già stata in quel caffè con suo padre, prima della guerra, solo che a quei tempi si chiamava ancora Belvedere. Il proprietario aveva dovuto affrettarsi a cambiare nome al locale prima dello scoppio della guerra, in ossequio al clima nazionalista e ostile alle parole straniere. Ad Amburgo però la gente non si era lasciata togliere tutto: persino Else continuava a chiamare *trottoir* il marciapiede.

Non innamorarsi di Rudi per lei era un punto d'onore. Fino ad allora non le era mai piaciuto nessuno, a parte un giovane all'ospedale militare che, una volta guarito, era stato rispedito al fronte e della cui sorte Henny non aveva mai avuto notizia.

Un uomo che legge poesie. A suo padre non sarebbe mai venuto in mente. Aveva già pensato troppo al ragazzo della sua amica, rifletté preoccupata mentre marciava dritta verso la Finkenau.

«Non vorrai mica andare al lavoro con quella vecchia bisaccia, domani?», domandò Karl Laboe. «Non abbiamo niente di meglio?».

Käthe valutava una vecchia sacca di tela di sua madre, tenendola in alto.

«È tutta sformata. Tua madre la usa per metterci i cavoli e le barbabietole», rincarò Karl Laboe.

Käthe era esterrefatta: suo padre che si preoccupava di come si sarebbe presentata al suo primo giorno di lavoro alla Finkenau. «Almeno ha un fermaglio per chiuderla», replicò.

«Vediamo se riesco a trovare qualcosa di più adatto». Karl Laboe si alzò e lasciò la cucina. Käthe lo sentì che apriva e chiudeva cassetti in camera da letto. Quando tornò, stringeva al petto come fosse uno scudo una vecchia borsa portadocumenti.

«La portavo tutti i giorni al cantiere».

Karl Laboe aveva la voce roca.
«Lo so, papà». Käthe gli rivolse un'occhiata timidamente affettuosa. Quella borsa di scuro cuoio zigrinato aveva custodito al massimo un panino al burro. Eppure la sua vista la commuoveva.
«È un po' consunta. Ma qualcosa si può fare. Mi pare ci sia ancora un po' di lucido da scarpe da qualche parte».
Gli aveva parlato sua madre? Gli aveva detto lei di incoraggiarla? Gli aveva ricordato che Käthe era l'unica figlia sopravvissuta alla difterite e che era a lei che dovevano rivolgere tutte le attenzioni?
Suo padre si mise a rovistare nella cassetta da ciabattino. L'atmosfera era già troppo carica di emozioni per i suoi gusti.
Lei era stata la prima ad ammalarsi. Aveva dieci anni, i suoi fratelli sei e quattro. Nel quartiere erano morti di difterite diversi bambini, ma Käthe non era mai riuscita a liberarsi del senso di colpa di essere stata lei a portare il morbo in famiglia. Gliel'aveva messa in testa suo padre, quell'idea? Non gli era andato giù che dei tre la più robusta fosse stata lei? Karl Laboe non si era ancora ripreso dalla morte dei due figli maschi che aveva atteso a lungo, e spesso il dolore lo rendeva sgarbato.
«Guarda, Käthe, come diventa brillante il cuoio».
Karl Laboe alitava sulla borsa e vi passava sopra un cencio preso dalla cassetta da calzolaio, ancora intriso del grasso di tanti anni prima.
Non era mai stato un oggetto di gran pregio, nemmeno quando era nuova di zecca, ma Käthe capì che doveva accettare quella borsa come fosse un grande tesoro. Un segno d'affetto da parte di suo padre.

Else Godhusen era scontenta. Aveva passato la domenica a fare il bucato in acqua calda, perché le era venuto in mente d'un tratto che il primo giorno di lavoro Henny doveva presentarsi con la divisa.

La lisciva s'era gonfiata in una schiuma infernale, mentre l'acqua bolliva e i panni venivano a galla. Nonostante usasse una paletta di legno per smuoverli, non era riuscita a proteggersi le mani dagli schizzi di lisciva e adesso le aveva piene di macchie rosse. E dopo tutto questo la piccola aveva dichiarato che la mattina dopo non si sarebbe messa l'uniforme da infermiera appena lavata e stirata.

«Ma almeno il grembiule bianco!», disse Else. «E la camicetta. E non dimenticare la cuffia».

«Ci vado in abiti civili», disse Henny. «Nemmeno le altre si mettono la divisa. Posso mettere il grembiule in borsa».

Sua madre era di tutt'altro avviso. Bisognava emergere, distinguersi fin da subito. Il professore e i signori medici dovevano notare sua figlia alla prima occhiata, accorgersi che era del mestiere. Quando lo disse, Henny alzò le sopracciglia. «Sembri proprio tuo padre», le disse Else con biasimo.

Ma Henny sorrise. Ce l'aveva davanti agli occhi il papà che commentava con allegra ironia le uscite spocchiose della mamma.

Forse idealizzava il suo ricordo. Forse chi non è più in questo mondo ha più possibilità di essere amato senza riserve. Forse, più semplicemente, lei era stata sempre la cocca del papà.

«Vai tu a prendere Käthe domani mattina o passa lei?».

«Vado io».

«Le ho dato un'occhiata ieri. Credo che farà anche lei una bella figura», sentenziò Else Godhusen, e dopo l'iniziale delusione poté consolarsi con la sensazione di aver avuto anche stavolta l'ultima parola.

Ida pensò che suo padre volesse farle uno scherzo, quando le fece quel lungo discorso su Campmann tirando addirittura in ballo la parola "fidanzamento". Compiva appena diciotto anni ad agosto, cos'era tutta quella fretta? Di lì a poco sarebbero ricominciati i balli di società, dove avrebbe potuto mettersi un po' in mostra. Campmann non sarebbe stato il suo unico corteggiatore. Suo padre invece si comportava come se lei fosse da maritare urgentemente.

Di queste preoccupazioni Mia, la capra, non ne aveva. Ida era in piedi in cima allo scalone e la guardava sistemare dei tulipani nei vasi. Sembrava la figlia di un macellaio, sempre ben irrorata di sangue.

Si affacciò alla balaustra. Là sotto stava succedendo qualcosa che non aveva a che fare con vasi e tulipani. Mia aveva in mano una bottiglia, presa chissà dove. Se la portò alla bocca.

Il primo impulso fu di gridare, come a mettere in guardia Mia. E invece tacque. Come diceva sempre Maman? «Chissà, può sempre servire a qualcosa». Restò a guardare la scena dall'alto e prese il fazzoletto dal polsino. Un fazzoletto di prima qualità con le sue iniziali ricamate sopra. I.B.

Lo lasciò cadere di sotto e quello fluttuò leggero nell'aria prima di posarsi davanti ai piedi della cameriera. Quando Mia alzò la testa, sua signoria si era già dileguata. Ma Mia sapeva bene di chi era il fazzoletto quando lo prese in mano e capì il messaggio, chiaro quanto una minaccia esplicita.

Questa era la felicità, pensò Rudi. Stare mano nella mano con Käthe sotto un cielo azzurro, in mezzo agli alberi che cominciavano timidamente a tingersi di verde. Restare insieme per sempre. Perché i suoi genitori non si erano sposati? L'amore era forse troppo poco per loro?

«Mi vuoi sposare, Käthe?».
Käthe gli lasciò la mano e si bloccò. «Che sciocchezze, Rudi. Non ho ancora cominciato il tirocinio. Sciocchezze, sì... nient'altro! Ti credevo un rivoluzionario. A noi non serve questa roba».
«A quanto pare ti piace molto la parola "sciocchezze"».
«Tu mi piaci. Ma la faccenda del matrimonio te la puoi anche scordare».
Stava per chiederle perché, ma si trattenne. Doveva essere per la storia della sua famiglia, se era così ansioso di sistemarsi.
«Proprio tu che facevi gli occhi dolci a Henny solo perché sapeva a memoria una poesia!».
«Sei gelosa, Käthe. Non mi sembra un sentimento molto rivoluzionario». Rudi sorrise. La proposta era stata il frutto di un momento di esaltazione. Forse era davvero troppo presto.
«Sediamoci qui, in riva al fiume», disse Käthe. La mattina, suo padre con la borsa. La sera, una proposta di matrimonio. E adesso Rudi stava anche raccogliendo un piccolo fiore che cresceva in mezzo all'erba sulla riva e glielo offriva.
Che fiore fosse, Käthe non lo sapeva.

Agosto 1919

I camici bianchi percorrevano la corsia rapidi come cavallette, saltando frenetici da un letto all'altro, ed era una giornata relativamente tranquilla. Faceva caldo, ad Amburgo. Henny era in piedi vicino al letto accanto alla finestra, a una certa distanza dal professore, dai medici, dalla caposala e dall'ostetrica, per avere una buona visuale di quanto accadeva in corsia.

Frau Klünder, la piccolina della prima fila, sollevò timidamente una mano: era poco avvezza ad attirare l'attenzione su di sé. Da una settimana le contrazioni andavano e venivano e temeva di superare di troppo il termine naturale della gravidanza.

Ma lo sciame bianco era già passato oltre, degnando di poche parole le partorienti distese sui loro letti e ansiose di sentire qualche cenno sul loro stato di salute. Era la caposala a impartire il ritmo, a dirigere la truppa dei medici. Solo uno tra questi aveva l'ardire di uscire dal gregge e mettersi a parlare con le pazienti. Il giovane dottor Unger. Oggi però era taciturno e seguiva i colleghi nei loro spostamenti nervosi.

Una delle ostetriche le aveva raccontato che nelle camere del reparto privato le cose andavano in tutt'altro modo. Lì ci si prendeva del tempo. Il professore esaminava personalmente le pance, auscultava con lo stetoscopio il battito dei feti, si sedeva sul bordo dei letti, stringeva mani e dispensava rassicurazioni paterne. A Käthe saliva il sangue alla testa al solo sentir nominare il reparto privato.

Henny aveva avuto un inizio più sereno. Forse era abituata a portare pazienza grazie alla vita quotidiana con sua madre. Käthe invece era insofferente a tutto. «La nostra rivoluzionaria», la chiamava il dottor Unger. I due però andavano d'accordo, e anche le altre ostetriche dovevano riconoscere che Käthe era molto coraggiosa, non indietreggiava di fronte a nulla, mai una vertigine o una smorfia di ribrezzo, nemmeno di fronte al sangue e ai vari umori corporei che bisognava pulire.

Käthe preferiva cateteri e clisteri alle lezioni di patologia e anatomia generale e femminile. A Henny invece la teoria piaceva: le lezioni alla Finkenau erano un po' ripetitive per lei, che era già infermiera diplomata, ma non era riuscita a farsi dispensare e assegnare qualche altro incarico.

«Non è mica giusto... passano senza dirci una parola!», disse una delle pazienti. Mormorii di approvazione. Una di loro posò gli occhi addosso a Henny, l'unico membro del personale ancora presente in corsia. Henny però non si fidava di solidarizzare apertamente con loro. Lo faceva solo parlando in privato con Käthe.

Così, imbarazzata, accarezzò il materasso coperto da una tela cerata. Aveva tolto lei stessa le lenzuola il giorno prima, e il letto non era stato ancora rifatto.

Calò il silenzio sulla corsia, forse perché Henny si era seduta proprio su quel letto, anche se Bertha Abicht non era morta lì, ma in sala parto. Aveva avuto un'emorragia prima dell'espulsione della placenta, a causa di un blocco del travaglio. A Henny lo avevano raccontato le due ostetriche che insieme al medico avevano cercato di salvare la vita alla giovane madre. Non erano riuscite a stimolare le contrazioni, che erano vitali per lei, né con i massaggi né favorendo lo svuotamento della vescica. Ed era toccata loro una drammatica dimostrazione di come ci si possa dissanguare a morte durante il parto.

Il neonato era stato affidato alle cure delle bambinaie della clinica, ma presto il marito di Bertha Abicht sarebbe venuto con la figlia maggiore per portarselo a casa. Una brutta storia.

«Troppo vicino al parto precedente», aveva detto il dottor Landmann. «Il marito è stato un irresponsabile». Prima che cominciasse il travaglio di Bertha, si era seduto accanto a lei e l'aveva ascoltata. I decessi lo turbavano sempre, ma questo in particolare lo faceva arrabbiare.

Uscendo dalla stanza, Henny si sforzò almeno di sorridere alle dodici partorienti. Si fermò un attimo accanto alla Klünder. «Chiederò al dottor Unger di tornare a darle un'occhiata», le disse. Henny aveva grande fiducia in lui, ma intuiva già cos'avrebbe detto. La ragazza, in attesa del primo figlio, era gravemente denutrita e molto fragile. Pareva che il corpo volesse risparmiarle il più a lungo possibile la dura prova del parto. Tuttavia, se i calcoli del medico curante erano corretti, si avvicinava ormai alla quarantaduesima settimana.

Quando Käthe e Henny uscirono dalla clinica, trovarono Rudi accanto alla porta ad aspettarle, raggiante. «Al Fährhaus di Uhlenhorst!», annunciò. «In una bella serata estiva come questa non si può stare in casa».

Era contenta, Käthe? Forse per lei il Fährhaus era il luogo dove gli infidi borghesi di Amburgo si riunivano a cospirare. Più probabilmente avrebbe preferito andarci da sola con Rudi, ma lui non parve farci caso, voleva solo cogliere l'attimo. Rudi Odefey era affamato di attimi.

«Unger stravede per te», osservò Käthe mentre camminavano verso l'Alster. Meglio tastare subito il terreno.

«Chi è Unger?», domandò Rudi, facendo cenno a entrambe di seguirlo verso l'ansa dove c'era il molo.

«Un medico che si è preso una cotta per Henny». Henny si fissò imbarazzata le scarpe, che purtroppo non erano le morbide décolleté di pelle scamosciata, né, con quel caldo, i soliti stivaletti coi bottoni, ma dei sandali di stoffa col mezzo tacco che sua madre si metteva per andare al mare, prima della guerra, a Timmendorfer Strand.

«Che sciocchezza», disse a disagio. Però era arrossita.

«Mi piace come usate questa parola, tu e Käthe». Käthe gli lanciò un'occhiata eloquente, mentre Henny lo guardava senza capire. Né l'uno né l'altra le spiegarono l'allusione.

Rudi il disinvolto. Si piazzò in mezzo alle ragazze, le prese a braccetto e accennò un rilassato passo di danza proprio quando divennero visibili le tre torrette del Fährhaus. Il cielo cominciava a tingersi del rosso del tramonto, la musica usciva dal padiglione dei concerti, l'insenatura davanti alla penisola era affollata di canoe e barche a remi. La fredda Amburgo levava un inno di lode all'estate.

«Avrei dovuto avvertire casa», disse Henny.

«Sciocchezze!», disse Rudi, e si mise a ridere.

«Lasciala un po' perdere, tua madre», disse Käthe.

Trovarono posto a un tavolo fuori, vicino alla balaustra affacciata sull'acqua e sulle barche, dove allegri avventori che si erano portati da bere da casa si godevano la musica gratis. Sull'altra sponda dell'Alster si vedevano il ponte, la Lombardsbrücke e la passeggiata della Jungfernstieg. Rudi ordinò del vino. Qualche soldo in tasca ce l'aveva ancora.

«Devono avergli tagliato la carne a pezzetti, a Guglielmo. Aveva un braccio paralizzato», osservò Käthe. «L'abbiamo studiato oggi a lezione. Lesione al plesso brachiale e conseguente paralisi, causate dal parto podalico».

«A chi hanno tagliato la carne a pezzetti?», domandò Henny.

«Al Kaiser», disse Rudi. «La volta che è stato qui. Non qui in mezzo al popolo, naturalmente. Su al primo piano, dove danno i *dîner dansants*. Ma è passato un sacco di tempo da allora».

«Cos'è che danno, al primo piano?», chiese Käthe.

«*Dîner dansant*. Si mangia bene e intanto si balla», spiegò Rudi.

«Tu parli francese?», chiese Henny.

Rudi sorrise e scosse il capo. «Non immagini quante cose si imparino lavorando alla composizione di un giornale».

Sollevò il bicchiere di vino rosso, e il gambo marrone del calice intercettò i raggi dell'ultimo sole.

Henny s'illuminò di colpo. Sorrise a Rudi. E lui sorrise a lei. Il disinvolto Rudi.

«Finiscila», sbottò Käthe, «di fare gli occhi dolci al mio ragazzo». Aveva il fuoco negli occhi.

«Non è vero», replicò Henny dopo un breve silenzio. «Ma che opinione hai di me?».

«Käthe, stiamo solo passando un pomeriggio in allegria. Lo sai che sei tu la luce dei miei occhi».

«Ci vuol poco a spegnerla, la luce».

«Sciocchezze», fece Rudi, ripetendosi. Poi le sistemò con tenerezza una ciocca dietro l'orecchio.

Il rosso tramonto cominciava a sciogliersi nell'Alster, la sera era vicina.

Campmann non la finiva più di blaterare di polletti, salse con crema di latte e uva di Bruxelles, mentre quelle povere fette di carne attendevano inermi sui piatti. La bottiglia di pregiato Bernkasteler Doctor era in piedi nel secchiello del ghiaccio. Friedrich Campmann ne mesceva con generosità, mentre i camerieri del Fährhaus cercavano come potevano di gestire l'assalto di clienti sulle terrazze, in veranda, in giardino.

Era belloccio, alto, capelli biondi ondulati, folti baffi: già ricco di famiglia, stava per diventare uno dei più giovani dirigenti della Dresdner Bank. Tutte cose che gli facevano onore. Il padre di Ida doveva tenere in gran conto questi meriti, perché a un altro non avrebbe permesso di portare a cena fuori la figlia diciottenne senza nemmeno un terzo incomodo. Per un momento Ida si chiese se suo padre non stesse attraversando dei guai finanziari.

Ida si annoiava, e non perché Campmann avesse dieci anni più di lei. L'aspetto più attraente di lui era il modo rapito in cui la guardava. I complimenti che le faceva erano di gran lunga più interessanti dei suoi aneddoti di quando lavorava alla Privatbank di Anversa, prima della guerra. Ida preferiva osservare la folla che ascoltarlo.

Il giovanotto dai riccioli scuri laggiù, lui sì che le piaceva, ma c'erano già due ragazze che gli ronzavano intorno. Chissà quale delle due era la sua fidanzata. La biondina con la casta camicetta blu o l'altra, quella con i capelli neri? Erano entrambe senza cappello e con la chioma raccolta in alto, ma la bruna aveva delle ciocche sciolte.

Loro sì che avevano l'aria di divertirsi. Ida guardò Campmann, ventotto anni, non certo un vegliardo, ma paragonato a quel ragazzo pareva ne avesse cento, tanto era rigido e pomposo.

Era la bruna. Ida vide che il giovanotto le sistemava una ciocca di capelli dietro l'orecchio. Provò un moto d'invidia.

«Ida, mi sta ascoltando?», le domandò Campmann.

Senza cappello, pensò Ida. A lei Maman non avrebbe mai permesso di uscire di casa a capo scoperto, a meno che non fosse diretta a un ballo e non portasse un diadema. Si tolse impulsivamente il cappello di paglia adorno di ciliegie finte.

«Un cappellino molto elegante», si sentì in dovere di dire Campmann.

Cominciava a imbrunire, e gli indaffarati camerieri iniziarono ad accendere i lampioni. Ma il cielo, infiammato di rosso ai margini, era ancora chiaro. Campmann doveva ricondurla a casa prima del buio, ordine tassativo di sua madre, e la villa dei suoi genitori era a due passi.

Di sotto, a uno dei tavoli vicini alla balaustra, le parve di vedere Mia. L'Uhlenhorster Fährhaus apriva le porte a una clientela davvero variegata. Ida drizzò le spalle, come a difendersi. Guardò di nuovo giù in basso. No, non era Mia.

«Ha freddo, Ida?», domandò Campmann.

Ida ignorò la domanda, perché le era appena venuto in mente che Mia aveva raccontato di aver smarrito le sue referenze. Ida aveva chiesto a Maman di vederle, dopo l'episodio della bottiglia e dopo che suo padre si era lamentato che in casa si consumava troppo porto.

«L'ha raccomandata Fräulein Grämlich», era stata la risposta di Maman. Sembrava che questa referenza le bastasse. Eppure tutti sapevano che Fräulein Grämlich aveva un debole per i reietti ed era disposta a dare fiducia pure a dei malfattori conclamati. «Guardati dalla spocchia, Ida», le aveva detto il padre il giorno del suo compleanno, che purtroppo non era stato festeggiato in grande, ma solo con una cena tra pochi intimi all'hotel Atlantic. Al posto della festa aveva avuto questo rabbuffo camuffato da buon consiglio. Era un'allusione a Campmann? O perché aveva parlato in tono sprezzante dei domestici?

Da marzo non aveva detto nulla riguardo a ciò che sapeva di Mia. Perché non ne parlava? Come faceva Mia a

43

esaudire le sue numerose richieste, oltre alle varie incombenze domestiche? Non era tra i suoi compiti prepararle il bagno o farle da cameriera personale.

Il fazzoletto con le sue iniziali era poi approdato sul suo tavolo da toeletta, ben lavato, stirato e piegato, con accanto un mazzetto di viole del pensiero bianche e lilla. Un omaggio di Mia e insieme una muta supplica. Che altro poteva significare?

«Vorrà senz'altro sapere quali saranno i miei compiti alla Dresdner Bank», stava dicendo Campmann. «È oggettivamente fuori dal comune ottenere un posto così in alto alla mia età».

Ida lo guardava esterrefatta.

Suo padre avrebbe capito perché tra lei e quel Campmann proprio non poteva andare. Gli sarebbe bastato il racconto di quella serata.

«Forse dovremmo cominciare ad avviarci. Fra poco sarà buio. Non vorrà far arrabbiare Maman».

«Maman?», domandò lui perplesso.

Finché si parlava di polletti e uva di Bruxelles, allora un po' di francese era consentito. Suonava più ricercato. Ida sorrise mentre l'uomo le voltava le spalle.

«Sei diventato un gran camminatore», osservò Lina. «Arrivi in ritardo a cena e mi racconti che hai fatto una passeggiata per il quartiere». Lei e Lud, quella sera d'estate, si erano seduti nel piccolo balcone al primo piano di Canalstraße, a bere acqua di lamponi. Da un recesso della dispensa era saltato fuori un barattolo con dentro un rimasuglio di sciroppo.

Lud si rigirò tra le mani il bicchiere fissando la strada buia. «Un viaggio a ritroso nei luoghi dove un tempo siamo stati felici».

«Sei masochista, Lud».

«Tu non capisci. Sei sempre così piena di buon senso! Anche quando si parla di sentimenti. Tutto in bell'ordine».
«So quello che voglio», ribatté lei pacata.
«Diventare una signora maestra. Per conto mio, potresti diventare anche preside. Resta il fatto che sprechi la tua vita».
Perché non gli diceva che i socialdemocratici volevano abolire il nubilato obbligatorio per le maestre? Al corso per insegnanti non si parlava d'altro. La costituzione di Weimar però non era ancora in vigore.
«Sei una causa persa, fratello mio».
«Ma ho sempre te, Lina», Lud sorrise. Un sorriso sghembo. «Immagina un po'... tu e io che restiamo soli. Fratello e sorella che invecchiano insieme».
Lina bevve un abbondante sorso di acqua di lamponi. Lud non immaginava che certe volte le veniva una gran voglia di fuggire dalla realtà, stordirsi per non essere inghiottita dalla triste dinamica delle cose.
«È ridicolo, Lud», gli rispose. «Io ho vent'anni. Tu ne compi diciotto a novembre. Siamo lontanissimi dalla vecchiaia». Sperava fosse vero. Lontanissimi dalla vecchiaia. A lei sembrava di essere stata giovane solo per una breve estate, durante la guerra.
«Speriamo», disse Lud, fissando mesto la balaustra di ferro e le fioriere vuote. «La mamma teneva sempre delle fucsie. Rosso acceso».
Lina sospirò. «Forse riesco a trovare un paio di crisantemi», disse. «Mi pare durassero ancora fino all'autunno».
«I crisantemi stanno bene sulle tombe».
Un gemito lieve, che era stato impossibile trattenere. Lud alzò gli occhi e vide sua sorella piangere.

Il marito di Bertha Abicht era un uomo severo, che portava a casa il denaro necessario, lo amministrava in maniera oculata e trascorreva le serate e le domeniche leggendo la Bibbia e concependo figli. Era la volontà di Dio, non aveva alcun dubbio al riguardo. La madre dei suoi otto figli era morta compiendo il suo dovere. E anche questa era la volontà di Dio.

Il medico che aveva fatto di tutto per salvare la giovane puerpera lo vide entrare, vestito di nero e accompagnato dalla figlia maggiore, e l'avrebbe picchiato volentieri tanto sembrava presuntuoso. Invece il dottor Kurt Landmann stette a guardare mentre la bambinaia portava la culletta con il neonato e la affidava alla ragazzina col nastro nero al braccio. Doveva dire ancora qualcosa? O magari mettersi a urlare in faccia a quell'uomo pallido che inarcava le sopracciglia?

Lasciò andare il marito di Bertha Abicht, insieme alla figlia più piccola e alla più grande. Il dottor Landmann si voltò e imboccò a passo svelto il corridoio, dove s'imbatté in un collega.

«Siamo ancora in trincea, Unger», gli disse. «All'ospedale da campo, in mezzo alla carneficina, speravamo che finita la guerra avremmo vissuto in un mondo migliore, più assennato, o sbaglio?».

Theo Unger lo guardò con stupore. Forse aveva trovato un fratello in spirito proprio dove meno se lo aspettava. I medici che incontrava di solito in mensa a mezzogiorno gli sembravano tutti vecchi militari, fedeli al Kaiser e alla *Dolchstoßlegende*[1].

«Come mai questi pensieri proprio ora?», domandò Unger.

---

1. La *Dolchstoßlegende* (leggenda o teoria della pugnalata alle spalle) fu una campagna propagandistica messa in atto dai nazionalisti tedeschi dopo la sconfitta dell'Impero Germanico nella prima guerra mondiale: la disfatta delle truppe del Kaiser veniva imputata non alla loro inferiorità militare, ma alla sedizione e al disfattismo delle correnti democratiche e popolari in seno alla società tedesca.

«Il caso Abicht. Quel tizio ha ucciso la moglie a forza di metterla incinta. E se non mi sbaglio, è convinto di aver fatto la volontà di Dio e non quella del diavolo».

«Perché io e lei non andiamo a bere qualcosa insieme, un giorno di questi?».

«C'è già una bottiglia che le spunta dalla borsa. Non l'avrà mica rubata nella cantina di suo padre?».

«Nella borsa ho anche una scatola di uova. Dal pollaio di mia madre».

«Che intenzioni ha, esimio collega?».

«Uovo sbattuto con lo zucchero e il vino rosso. Mia madre giura che non c'è niente di meglio per recuperare le forze. Però non abbiamo lo zucchero».

«Chi è che deve recuperare le forze?».

«La giovane Klünder. È parecchio oltre il termine».

«Il vino la farà rilassare, almeno. Così smetterà di controllare i muscoli e potranno cominciare le contrazioni».

«È denutrita», disse Unger.

Landmann annuì. «Lo zucchero lo prendo io dal reparto privato. Al primario non diciamo niente».

«Se non funziona, facciamo un cesareo?».

«Nel caso l'assisto io», disse Landmann.

«Non ti piace neanche un po'?».

«Non devi cercare di sistemarmi, Käthe. Il tuo Rudi non mi interessa. Davvero hai un'opinione così bassa di me?».

«È di là in sala travaglio che sbatte un uovo con lo zucchero e il vino. Unger è proprio una brava persona».

Henny ripose l'ultimo paio di forbici nel cassetto e lo chiuse.

«Il dottor Unger sta sbattendo un uovo? In sala travaglio? E perché mai?».

«Per la Klünder. Per rimetterla in forze e farla rilassare in modo che cominci il travaglio».

«L'ha detto lui?».
«Non proprio. Più o meno. Mi dispiace se sono così gelosa, Henny. Ma sono innamorata di Rudi e ho tanta paura di perderlo. Tu sai le poesie a memoria e hai buone maniere...».

Henny, imbarazzata, cominciò a sistemarsi le forcine che le tenevano i capelli legati. «E il tuo Rudi sarebbe il principe di Arcadia?».

«Sì».

«Credevo fosse comunista».

«Il suo cuore batte a sinistra. Ma non è ancora entrato nel Partito».

«Non ti pare che ti guardi un po' dall'alto in basso? Se non sbaglio mi hai raccontato che viene da una famiglia umile, che sua madre è sola e non sa nemmeno chi sia suo padre».

«E con questo?». Käthe ricominciava a inalberarsi. «Adesso parli proprio come Else».

«Sei più agitata del solito. Non ti conoscessi bene, direi che sei incinta».

«Credi davvero di conoscermi così bene?».

Henny si lasciò cadere su un piccolo sgabello, davanti all'armadietto con lo strumentario. «Santo cielo, Käthe, che cosa mi stai dicendo?».

«Ti ho fatto venire un colpo, eh? Niente paura. Adesso Rudi ci sta attento. Usa i Fromms, i profilattici».

«Siete già stati a letto insieme?».

«Credi che lui pensi male di me, adesso? Che mi consideri una facile?».

«Mi stupiscono i tuoi dubbi. Rudi ti adora, anche se non conosci le poesie».

«Una la conosco. La so a memoria, anzi. Una poesia di Goethe. Una delle più importanti».

«Sentiamo».

«Su tutte le vette è quiete; in tutte le cime degli alberi senti un alito lieto».

«Un alito *fioco*», la corresse Henny, e un secondo dopo si vergognò della sua pignoleria.

«Ma certo», disse fredda Käthe. «Del resto la rima c'è lo stesso, no?». E uscì dalla stanza chiudendosi la porta alle spalle.

Il piccolo Klünder vide la luce verso l'alba e fu accolto con gioia non solo da suo padre, che aveva atteso con pazienza seduto sulla dura panchina del corridoio davanti alla sala parto, ma anche dai due signori che l'avevano aiutato a venire al mondo. La madre dormiva, esausta.

Unger e Landmann si davano pacche sulle spalle, mentre l'ostetrica di turno prestava al piccolo le cure necessarie.

«Questa dell'uovo con vino e zucchero è un'idea che dovremmo mettere in pratica più spesso», disse Landmann, che aveva voluto prestare la sua assistenza anche se non era stato necessario il taglio cesareo.

«L'effetto rilassante è notevole».

«Bisognerebbe dirlo anche agli studenti», aggiunse Unger, dal cui umore si sarebbe detto che anche lui, nelle ultime dodici ore, si fosse nutrito soprattutto di uova e vino. «Vorrei proprio sentire cosa ne pensa il primario».

«Mi dia retta, non dica niente. Non regaliamogli la carta vincente. Tra l'altro non sono affatto sicuro che la prenderebbe bene. Non ha un gran senso dell'umorismo. Se non fosse già quasi mattino, la inviterei nel mio studio a bere qualcosa. Ho ancora una bottiglia di Armagnac».

Theo Unger disse di no. «Sono già abbastanza brillo. Ho bisogno di dormire un po'. Fra poche ore sono di turno in pronto soccorso».

«Allora deve assolutamente riposare».
«Lei era sul fronte occidentale durante la guerra?».
«Nella Lorena, verso la fine. Sotto l'assedio degli americani».

Theo Unger annuì. «Magari una volta potrebbe portarla da me, quella bottiglia. Ho un piccolo appartamento non lontano da qui. Le galline della mamma contribuiranno con qualche uovo per le omelette».

«È cresciuto in campagna?».

«Nelle Walddörfern, a nord della città. Mio padre esercita la professione lì. Le due galline e il gallo sono stati il dono di un paziente riconoscente. Poco prima della guerra. Per nostra fortuna mia madre ha rinunciato a curare il giardino per darsi all'avicoltura».

«Mi faccia sapere quando va bene per lei, Unger, e verrò con l'Armagnac», disse il dottor Landmann mentre raggiungevano insieme l'ingresso.

Oltre il vicino Eilbekkanal stava sorgendo il sole. Si annunciava una domenica di bel tempo. Era l'ultimo giorno di agosto.

Ida era distesa su una delle sdraio della terrazza e ascoltava i rimbrotti di sua madre. Quanto ad abbronzatura, Netty parteggiava per la vecchia scuola: la carnagione di una gentildonna deve essere candida. Su certe cose Maman era davvero all'antica. Ida si alzò stiracchiandosi, ma non per obbedienza al volere di sua madre: aveva semplicemente sete e tutt'e due le cameriere avevano la domenica pomeriggio libera. Nessuno che le portasse in giardino una bella limonata.

Ida entrò in cucina, dove c'era fresco, e sorprese Mia intenta a mangiare una fetta di torta ripiena. Eccola lì, nel suo pomeriggio libero, pronta a uscire ma a quanto pareva non ancora sazia. Il boccone le andò di traverso e cominciò a tossire, probabilmente rendendosi conto di essere nei guai.

Ida aveva pensato a lungo a come sfruttare il suo potere su Mia, il potere che le derivava dall'essere al corrente dei furti. Il porto dalla cantina di suo padre. I dolci dalla cucina. Ecco perché era così rosea e rotondetta.

Qualcosa suscitò l'irritazione di Ida, qualcosa di insolito che spiccava sulla camicetta a collo alto di Mia. Un piccolo foulard di seta dall'aspetto esotico, legato al collo della cameriera.

«Quella cos'è?».

«Una fetta di torta», disse Mia fra un colpo di tosse e l'altro.

«Intendo la cosa color rame che porti al collo».

«Un foulard cinese. Un regalo di Ling».

«Chi è Ling?».

«Una mia amica. Lavora in un ristorante cinese».

«Ling è cinese?».

Mia annuì domandandosi dove andasse a parare quell'interrogatorio. Probabilmente al licenziamento in tronco.

«Conosci anche dei cinesi», disse Ida con aria pensosa.

«Il ristorante è del padre di Ling. Sulla Schmuckstraße».

«Mai sentita. Dov'è?».

«A St Pauli, vicino la Reeperbahn». Almeno quella la signorina doveva averla sentita nominare.

«Così tu conosci dei cinesi che possiedono un locale dalle parti della Reeperbahn», ripeté. «Ed è lì che trascorri i giorni liberi?».

«Non sempre. Qualche volta andiamo a passeggio al porto o facciamo un giro sul battello a vapore».

«Non vai a fare visita alla tua famiglia?».

«Sì. Anche. A mia sorella. Però per arrivarci devo andare in treno fino a Glückstadt e poi prendere il traghetto».

«Stammi a sentire, Mia. Ti ho sorpresa a rubare e non è la prima volta. Se lo racconto a mia madre, dovrai fare le valigie».

Mia annuì di nuovo e lasciò sprofondare il mento nel suo foulard cinese.

«Però ho un'altra idea».

Mia alzò un poco la testa.

«Mi porterai con te nei tuoi giri. Non oggi. Deve essere una cosa preparata. Non posso andare in giardino e annunciare come se niente fosse che vado a St Pauli con la cameriera. Mi serve un pretesto».

Mia era sveglia e capì subito di averla scampata. Capì anche cosa voleva Ida da lei. «Vuole fare esperienze», disse.

«Facciamo un patto di reciproca riservatezza, e tu mi mostri i cinesi, il porto e tutto il resto».

«E cosa racconterà a sua signoria? Se viene fuori che l'ho portata con me, mi licenzieranno in tronco».

Come diceva spesso Carl Christian Bunge? «Ci serve un piano di battaglia degno del feldmaresciallo prussiano von Blücher».

«L'importante è che tu tenga la bocca chiusa, Mia. Il resto lascialo fare a me. Mi è già venuta un'idea. Adesso va' dalla tua amica Ling».

Mia si pulì il mento dalle briciole di torta e se ne andò alla svelta. Ida prese la caraffa della limonata, riempì uno dei bicchieri allineati sul ripiano e aspettò di sentire il pesante portone di casa che si chiudeva.

Poi se ne tornò in giardino e si sedette all'ombra a elaborare un piano, un piano di battaglia degno del feldmaresciallo prussiano von Blücher.

Gennaio 1921

Bunge era in piedi davanti alla finestra del suo studio e osservava il giardino nella sua veste invernale. Il pero a spalliera sembrava sul punto di crollare sotto il peso dei ghiaccioli che pendevano dai rami. Il legno si stava facendo friabile, in primavera sarebbe stato necessario prendere provvedimenti urgenti. Stava andando tutto in pezzi, dentro e fuori casa. Del resto l'anno a venire sarebbe stato il cinquantesimo dalla sua costruzione.

Che inverno bizzoso. Era stato un gennaio eccezionalmente mite, poi da un giorno all'altro la città si era ritrovata sotto uno strato di ghiaccio. La Adler non partiva, chiamare un taxi era fuori discussione e aveva annullato il suo incontro con Kiep e Lange: non potevano certo aspettarsi che andasse a piedi a prendere il tram, col rischio di scivolare sul ghiaccio. Era contento di non andarci: i successi commerciali di quei due gli avrebbero guastato l'umore.

Aveva fatto male a non buttarsi anche lui nel settore dei liquori. Era stato troppo ottimista nell'estate del 1919, quando era stato rimosso il blocco navale, e aveva sperato in un nuovo periodo d'oro del cauccíù, invece da allora i prezzi non avevano fatto che scendere. D'altra parte sembrava che tutto il mondo si fosse dato ai bagordi: bevevano tutti. Spumanti, liquori, cognac. E ballavano il foxtrot. Follia...

Ida non aveva migliorato la situazione, pretendendo di aspettare il compimento dei vent'anni per sposare Campmann. Ma agosto era alle porte, e così il suo compleanno, e si sarebbe andati di filato all'altare.

Non si poteva rimandare oltre.

Forse Campmann teneva in serbo un qualche guizzo di passione, di entusiasmo. Del resto lui voleva un genero con una buona posizione e finanziariamente solido, certo non un tenore da operetta. Ida doveva arrangiarsi.

La ragazza era diventata un mistero per lui. Questa Claire Müller, insegnante di piano di cui si dicevano meraviglie e che Ida stava frequentando da novembre a sue spese, senza peraltro grossi miglioramenti nella sua capacità di esecuzione, lo insospettiva parecchio.

Netty sosteneva che lo studio funzionasse così e che Ida suonasse benissimo le *Nozze a Troldhaugen* di Grieg. Si vedeva già nelle vesti di madre dell'acclamata pianista, seduta in prima fila alla Leiszhalle. No, lui proprio non ci credeva.

Questa Claire Müller lui l'aveva vista una volta soltanto, a un concerto di Natale. Perché non veniva mai alla villa, per suonare il loro eccellente strumento? Perché era Ida ad andare due volte alla settimana a casa della signorina, alle Colonnaden? Andava pur detto che, con tutti i posti sordidi che si potevano frequentare in quella città, la casa di una rispettabile insegnante di pianoforte nubile non era certo il peggiore.

Nozze a Troldhaugen. Le uniche nozze che lo interessavano in quel momento erano quelle che si sarebbero celebrate in St Gertrud, seguite da ricevimento al Fährhaus. Le nozze di sua figlia. Non avrebbe badato a spese, e anche Campmann era disposto a spendere un patrimonio.

Carl Christian Bunge si voltò, sentendo la porta dello studio che si apriva. «Che c'è, Netty?», domandò. Lo Scoiattolo era dimagrito, sebbene il cibo certo non le mancasse. Però stava bene, i suoi movimenti avevano riacquistato la leggerezza della gioventù.
«Guarda cos'ho trovato in camera di Ida».
Bunge vide due bastoncini smaltati con ricche decorazioni.
«Che ne pensi?».
«Bacchette cinesi».
«E Ida che se ne fa? Non le basta tutta l'argenteria che abbiamo in casa?».
«Immagino ci racconterà che Claire Müller ha origini cinesi e usa le bacchette per battere il tempo».
«Sii serio, Carl Christian».
«È ora che diventi Frau Campmann».
«Ristrutturiamo casa prima delle nozze?».
«Non se ne parla. Cerimonia in chiesa e ricevimento al Fährhaus. Campmann dovrà trovare presto una residenza adeguata, l'appartamento sulla Buschstraße è troppo piccolo. Qui nei dintorni sarebbe l'ideale».
«Le chiederai di quelle bacchette».
«Sì, certo», disse Bunge. E sospirò.

La strada era una vasta lastra di ghiaccio e Henny gli era praticamente caduta tra le braccia. Theo Unger si mise a ridere e lei si affrettò a divincolarsi. Käthe sollevò prima un piede e poi l'altro a mostrare le calze spesse e ruvide che aveva indossato sopra gli stivali. «A me non può succedere», disse. «Un peccato, a pensarci bene».
«Quando si sarà formato il ghiaccio sul Kuhmühlenteich, andiamo a pattinare», propose Unger, «e poi ci beviamo un punch noi quattro, che ne dite?».
«Noi chi?».

«Lei e il suo amico, quello che viene sempre a prenderla, Henny e io».
«Ah», fece Käthe lanciando un'occhiata a Henny.

«Quanto vuoi tenerlo sulle spine ancora?», le domandò più tardi, mentre si cambiavano per il turno in sala parto.
«Non lo tengo affatto sulle spine», replicò Henny. «È molto gentile, ma io non ho intenzione di mettermi con uno dei nostri medici. Non ci hanno messo in guardia abbastanza?».
«Sono almeno sei mesi che ti sbava dietro».
«Questo avviene solo nella tua immaginazione, Käthe».
«A marzo compi ventun anni, no?».
«E tu li compi dopodomani. Ormai è ora che ti sposi. Sono due anni che state insieme».
«Lui vorrebbe».
«E tu no?».
«La trovo una cosa troppo borghese».
Sua madre avrebbe avuto un mancamento nel sentire quelle parole. Se poi fosse venuta a sapere che un medico faceva la corte a sua figlia, Henny non avrebbe più avuto un momento di pace. Else avrebbe eretto un altare in cucina il giorno stesso del suo compleanno, per non perdere tempo dopo la proposta di matrimonio.
«A breve verrà il disgelo», disse Käthe. «E non si potrà più pattinare».
Henny già non ci pensava più. Aveva altro per la testa.
«Hai già pensato a cosa faremo una volta dati gli esami?».
«Be', spero che ci assumano».
«E avremo finalmente un reddito nostro. Non vorrai mica dormire in eterno sul divano in cucina!».
«Rudi e io ne abbiamo già parlato. Ci prenderemo una camera e cucina».
«Avevo capito che non intendevi sposarti».

«Sei la solita perbenista».

«Chi è quella che vuole accoppiarmi col dottor Unger?».

«Ma mica per sposartelo! Solo per andarci a letto insieme», disse Käthe, e in quel momento la porta della sala parto si aprì con una spinta.

«Mi sembra che qui si batta la fiacca. In sala parto c'è molto da fare. Ai primi caldi se la spassano e poi i bambini arrivano in massa col freddo. Le signore vogliono venire di là a dare una mano alle colleghe?», disse la prima ostetrica.

Andare a letto con Unger. Che idea. Henny lanciò a Käthe un'occhiata inquieta, e poi si affrettò verso la prima sala parto. Il giorno precedente sua madre le aveva dato della zitella perché non le andava di andare a ballare al Lübscher Baum[2]. Nemmeno accompagnata da sua madre. «Sempre col naso in mezzo ai libri, diventerai una vecchia zitella!».

Vecchia, esatto. Ventun anni. E perbenista, anche.

Avrebbe dovuto fargliela vedere, a Käthe e a Else. Darsi a una vita sregolata. Mai sentito parlare dei profilattici Fromms, mammina?

Henny aveva l'aria risoluta, mentre entrava in sala parto. Il dottor Unger era chino su una delle partorienti e le teneva la mano. Accidenti a lui, le piaceva davvero. Non solo era bello, ma era anche una brava persona. Su questo Käthe aveva ragione. Si stava forse muovendo qualcosa nel suo cuore? Scosse la testa con tale energia che la crocchia le si sciolse sotto la cuffia.

2. Il Lübscher Baum era un locale da ballo molto popolare sito in Lübeckerstraße. Era stato fondato nel 1258, come osteria, nei pressi del posto di dogana. Noto come "la fucina delle coppie di Amburgo", negli anni Venti si fregiò di uno slogan che recitava: «I sogni di chi balla al Lübscher Baum si realizzano sempre». L'edificio andò distrutto sotto i bombardamenti nel 1943.

Il cielo incombeva grigio, tetro, e prometteva neve. Neve che Lud di certo preferiva al ghiaccio. Già da bambino gli piaceva di più affondare le scarpe nella neve che scivolare sul ghiaccio. «Questo bambino è un fifone», usava dire suo padre mentre andavano verso casa passando per l'Alster ghiacciato e lui camminava aggrappato con forza al suo cappotto.

A Lina invece erano sempre piaciute le strade ghiacciate: prendeva lo slancio, pattinava. Lo faceva ancora. Ecco perché stava ripetendo le materie per il suo esame con il labbro gonfio. Era caduta a faccia in avanti. Lud si era trattenuto, ma gli era venuto da ridere.

Per il suo compleanno aveva regalato a Lina degli occhiali a stringinaso trovati al negozio di Jaffe. Non troppo stretti, ma adatti a un nasino di giovane maestra. Una scoperta casuale, gli occhiali, fatta da Jaffe quando era andato a prendere l'ametista violetta che era esposta in vetrina e che era perfetta per decorare il medaglione di legno di tiglio che aveva intagliato per sua sorella. Adesso Lina lo portava appeso al collo con un nastrino sottile, e Lud era lieto che fosse così intonato ai suoi occhi.

C'era una locandina del teatro appesa alla colonna delle affissioni. *Girotondo* di Schnitzler. La prima era passata da un pezzo. C'erano molti manifesti a brandelli agitati dal vento, la colla doveva essersi staccata per via del gelo. Quello della festa in costume al Lübscher Baum, la domenica a venire, era tutto scolorito, la scritta si leggeva a malapena.

L'anno prima c'erano stati dei disordini quando era stato rappresentato *Girotondo* al Besenbinderhof. Era stato perfino ingaggiato un buttafuori preso in prestito da un'osteria del porto, per impedire alla folla di disturbare la recita. A Lud sarebbe piaciuto per una volta andare a teatro o in un'osteria di St Pauli o trovarsi in mez-

zo a una sommossa di popolo. Fare qualcosa di azzardato. A novembre avrebbe compiuto diciannove anni.
Erano passati quattro anni ormai. Sua madre era morta all'inizio di gennaio, poco prima del compleanno di Lina, suo padre il ventidue di dicembre. Una cosa la doveva ai suoi genitori, ed era formare una famiglia sua. Le passeggiate che faceva non erano più malinconiche contemplazioni della felicità perduta, ma spedizioni piene di speranza, sebbene non fosse spensierato né molto abile a camminare sulle strade ghiacciate.
Scivolò e fece appena in tempo a rimettersi in equilibrio, ma gli cadde il pacchetto con la cravatta che aveva acquistato al negozio di abbigliamento maschile in Hamburgerstraße, Preussner, lo stesso dove andava suo padre. La cravatta era a quadri scozzesi, con una predominanza di blu scuro. Una scelta non certo audace, ma era la prima volta, dato che non si era ancora mai comprato una cravatta in vita sua. Sarebbe stata bene con il completo blu che aveva fatto adattare alle sue misure. Lud si chinò a controllare il contenuto del pacchetto e quando alzò lo sguardo incrociò quello di una ragazza che si sistemava i capelli tagliati all'altezza del mento.
«Lei è il primo a vederlo, e si è spaventato al punto che le sono cadute le sporte», disse.
Lud era al colmo dell'imbarazzo. Soprattutto non sapeva di cosa stesse parlando. Perciò restò zitto e la guardò con aria confusa.
«Il mio nuovo taglio di capelli».
«Dovrebbe mettersi un berretto».
«Sto così male?».
Finalmente Lud riuscì a sorridere. «Per via del freddo».
«Allora sarà meglio andare. Per via del freddo».
Lud si sollevò il cappello in cenno di saluto. Qualche momento dopo si dava dell'idiota da solo. Forse, glielo

avesse chiesto, gli avrebbe detto come si chiamava. Si voltò e perlustrò con lo sguardo Winterhuder Weg, ma la ragazza con i capelli biondi corti era già scomparsa.

Proprio una bella anguilla. Gliel'aveva venduta Heim, perché c'erano ancora buoni rapporti con i pescatori che affumicavano direttamente le anguille pescate su a Finkenwerder e poi le rivendevano dall'altra parte dell'Elba, verso Övelgönne.

Hein era cresciuto in una delle casette che sorgevano in riva all'Elba, un buon collega, sebbene ormai da tempo nessuno dei due lavorasse più in cantiere.

Karl Laboe ripose l'involucro di carta di giornale con dentro l'anguilla sul davanzale della finestra, lo legò con un pezzetto di spago e lo appese al filo per stendere. A Käthe avrebbe fatto piacere: anche se andava matta per i dolci, l'anguilla le piaceva.

Anna entrò in cucina con la sporta carica di spesa, anche se in casa servivano molte più cose. «Cosa c'è fuori, sul davanzale?», domandò. Non le sfuggiva niente, a sua moglie.

«Un'anguilla. Per il compleanno di Käthe. Compie ventun anni, che diamine».

«E così hai pensato a una cena a base di anguilla».

«È bella grossa. Ce n'è per tutti».

«Viene anche il nostro futuro genero», disse Anna Laboe. «Dopo cena, per caffè e dolce. Faccio un'altra torta».

«È ora che si decidano quei due. Noi eravamo davanti all'altare che ci conoscevamo appena».

«Io però ero incinta», disse Anna sorridendo. «Dove l'hai presa, l'anguilla? Da Hein? Sei andato fino a Övelgönne con la gamba ridotta in quel modo? E con le strade ghiacciate?».

«Passava qui vicino. Tu hai avuto la mattina libera?».

«Solo il pomeriggio. È stato gentile, Hein».
«Credi che Käthe e Rudi si sposeranno?».
«Se è quello che lui vuole, sì».
Laboe sospirò. «Ma deve volerlo anche Käthe», disse.
«Un tempo era diverso. Le donne non vedevano l'ora di prendere marito».
«La nostra Käthe è tutta particolare».
«A me il ragazzo piace».
«C'è ancora latte in dispensa?».
«No. Non mi pare». Laboe osservò gli acquisti fatti da sua moglie disposti sul tavolo. «Solo due uova?».
«Per la pasta frolla me ne basta uno. Preparo una crostata di ciliegie. La cuoca mi ha dato della conserva».
«Siete grandi amiche a quanto pare».
«La signora non la reputava del colore giusto. A lei piace molto rossa».
«Ah», borbottò Karl Laboe annuendo. «Molto rossa. E non ti serve il latte?».
«Al posto del latte ci metto un cucchiaio di aceto».
Anna Laboe aveva sistemato la grossa tavola di legno sulla tovaglia cerata che ricopriva il tavolo, aveva versato la farina e scavato un buco nel centro del mucchio.
Poco burro tagliato a cubetti, il rosso d'uovo, lo zucchero, il cucchiaio di aceto. In pochi secondi ottenne una liscia palla di pasta.
«Hai le mani d'oro, Annsche».
«"La metto sul davanzale vicino alla tua anguilla"».
«Ci sarà una folla là fuori».
Anna aveva avvolto la pasta in uno strofinaccio e stava aprendo la finestra. «In camera da letto il davanzale è troppo stretto», disse e sistemò l'involucro nell'angolo sinistro.
«Mettiamoci un coperchio. Non vorrei che la tua bella pasta frolla finisse tra i piedi di qualche monello», suggerì Karl.

«Il coperchio di ghisa rischia di cadergli addosso, al tuo monello, e ci ritroveremmo la polizia in casa», replicò Anna Laboe. «Non più di mezz'ora, poi la riprendo».
«Si può mettere una candelina su una crostata?», disse Laboe. Si era messo a rovistare in un cassetto nel mobile della cucina e ne cavò una corta candela bianca. «L'ho presa da un rigattiere».
«Hai ancora il cuore tenero, come all'inizio», commentò Anna Laboe, e mise via il cencio con cui aveva pulito il ripiano. «Vieni qui». Si avvicinò a Karl, gli stampò un bacio su una guancia e poi si voltò a pulire la tavola.

«Mi dai un grande dolore, figlia mia».
«Adesso non esagerare. Sono solo capelli».
«Chi è il responsabile di questo scempio? Ti stava così bene lo chignon!».
«È un taglio a caschetto. E ben fatto, anche».
«I tuoi bei capelli dorati!», gemette Else Godhusen prossima alle lacrime. «Non ti inviterà nessuno, con quella testa. Io ho anche preso i posti riservati alla festa in costume al Lübscher Baum».
Sua madre era chiaramente sconvolta, e questo trattenne Henny dal farle una scenata. Prenotare così, senza dirle niente. Con chi doveva ballare, con Else?
«E per chi avresti prenotato?».
«È chiaro che alla tua vecchia mamma non ci pensi proprio. Anche se non mi dispiacerebbe affatto avere un accompagnatore».
Che avesse saputo in qualche modo di Unger?
«Avevo pensato a te e a Käthe. Domani è il suo compleanno, no?».
«E Rudi? Käthe non andrà certo a ballare senza di lui».
«Non lo conosco».
Lo conosceva eccome. Käthe lo aveva portato a casa

loro, una volta. Era stato educato e pieno di premure verso la madre di Henny. Sapeva il cielo che pregiudizi avesse Else contro di lui. Forse il fatto che lavorava per un giornale di orientamento socialdemocratico, l'«Hamburger Echo», che per Else equivaleva a un foglio sedizioso. In casa loro si leggeva solo il quotidiano nazionalista «Hamburger Nachrichten».

«Meno male che fa freddo. Così potrai metterti il berretto. E al lavoro porti sempre la cuffia. Ma alla festa in costume che facciamo?».

«Potrei travestirmi da Madama Holle. Anche lei ha una cuffia».

Else Godhusen annuì quasi convinta, finché non vide l'espressione di Henny. «Tu non prendi sul serio la faccenda. Pensavo che avresti potuto tirarti su i capelli e metterti un diadema. Ne ho comprato uno quando tu non eri ancora al mondo e l'ho messo una volta soltanto».

«Volevi una principessa per figlia».

«Sì. Ed essere io la regina. E invece eccomi qua: vedova, madre di una figlia coi capelli corti, e presto sarò sola. Speravo in qualcosa di meglio dalla vita».

Lo disse con sincerità e autentico rammarico.

«Mi dispiace, mamma».

«I capelli ricresceranno».

«Non mi riferivo ai capelli, ma al fatto che speravi di più dalla vita e che papà è morto. Ma non sarai sola. Hai sempre me».

«Ma un giorno arriverà un uomo, e ti sposerai».

«Avevo capito che con questa testa non mi avrebbe più presa nessuno». Sorrise con una punta di amarezza. «Quando mi sposerò la famiglia diventerà più grande, non più piccola».

Sua madre annuì. «E bambini, ne avrai?».

Henny avrebbe dovuto dire che aveva altre priorità.

Le piaceva molto aiutare i figli di altre donne a venire al mondo. Non aveva intenzione di sobbarcarsi una gravidanza, un parto, il compito di crescere i figli. Diventare prima ostetrica, quella sì che era una prospettiva allettante. Invece non disse niente. Per quel giorno Else aveva già ricevuto un duro colpo.
«Rudi è quello coi riccioli?».
«Allora ti ricordi di lui».
«Andate voi tre. È il numero giusto per un tavolo».
«Magari ci si sta anche in quattro. Chiederò a qualche collega alla Finkenau. A proposito, il parrucchiere ha definito i capelli dorati "biondo cenere"».
«Hai proprio delle ottime colleghe», replicò Else Godhusen, non ancora pronta a rinunciare alla metafora dell'oro.

L'incontro più sorprendente che aveva fatto al ristorante del padre di Ling era stato quello con Fräulein Grämlich. Ida sapeva che l'anziana signorina si faceva carico delle sorti di giovani cameriere nei guai, ma non immaginava che desse il suo sostegno anche ai cinesi del porto, gente approdata in città dopo mille traversie e in cerca di un posto nel mondo. Ida s'imbarazzava ancora al pensiero dell'espressione aggrottata di Fräulein Grämlich nel vedere, tra i vapori di una cucina cinese, la figlia di Antoinette Bunge, che fino ad allora aveva incontrato solo ai tè eleganti nelle ville in riva all'Alster. Doveva aver capito subito che i Bunge non avevano idea che Ida passasse le sue serate nelle bettole di St Pauli.

La seconda sorpresa era stata che Fräulein Grämlich capiva bene il suo bisogno di libertà, di avventura. E non solo era disposta a tacere, ma aveva anche dato a Ida l'alibi perfetto: Claire Müller.

Fino ad allora aveva avuto il permesso di allontanarsi

da casa solo per un paio d'ore al massimo, fingendo di voler fare una passeggiata o di andare a comprare qualcosa da Tietz o in qualche altro negozio elegante sulla Jungfernstieg. Ogni volta doveva schivare con discrezione le proposte di sua madre o di un'amica di accompagnarla. L'insegnante di pianoforte, sempre a corto di denaro e anche lei tra i protetti della Grämlich, era stata un dono del cielo.

Nel tempo aveva ampliato il raggio delle sue spedizioni: era andata al cinema dalle parti della Stazione Centrale e si era avventurata nei rossi Gängeviertel, entrando perfino in qualche osteria. Era andata da Bauke, in Kohlhöferstraße e alla trattoria italiana di Davidstraße, e non ci era andata da sola. Ida Bunge era ben consapevole del fatto che il suo accompagnatore avrebbe fatto rizzare i capelli in testa ai suoi genitori più ancora dei posti che frequentavano. Ma loro non sapevano niente di Tian, il fratello di Ling.

Solo Ling era al corrente di quelle avventure, e aveva giurato di tacere anche con la sua amica Mia e con i suoi genitori, i quali accettavano con imbarazzo le occasionali visite di Ida nel loro ristorante e, se non fosse stato per Fräulein Grämlich, che aveva fatto tanto per la loro figlia maggiore, le avrebbero chiesto di tenersi alla larga dal loro locale in Schmuckstraße.

Tian era poco più grande di Ida, che però al suo fianco si sentiva sicura e protetta. Si era innamorata di quel ragazzo bellissimo, che aveva la sua stessa avida curiosità verso la vita.

Tuttavia nel suo destino c'era Campmann, Ida non si faceva illusioni al riguardo. Carl Christian Bunge non le avrebbe mai permesso di sposare un ragazzo cinese il cui padre era approdato ad Amburgo come fuochista su una nave della Norddeutscher Lloyd. Non lo avrebbe fatto nemmeno avvicinare alla sua preziosa figliola. Le cose non sarebbero migliorate se fosse venuto a sapere che il giovane era al termine del suo apprendistato come impiegato commerciale per una fabbrica di scarpe. Le bacchette cinesi aveva finto fossero di Mia. Le tartarughine di giada bianca per fortuna non erano finite nelle mani di Maman. Un regalo di Tian per il suo diciannovesimo compleanno, che Ida aveva apprezzato molto più del tagliacarte d'argento che le aveva donato Campmann.

No. Campmann non ne azzeccava una.

Ida era ben decisa a godere fino in fondo del tempo che le restava da passare con Tian. In capo a sei mesi avrebbe compiuto vent'anni e allora non ci sarebbe stato modo di rimandare ulteriormente le nozze, e anche se Ida qualche volta si concedeva di sognare a occhi aperti che Tian restasse nella sua vita, sapeva bene che lui non avrebbe mai voluto vivere nell'inganno. Era fin troppo onesto.

Non le sfuggiva lo sguardo incuriosito dell'autista quando saliva su una vettura pubblica sulla Jungfernstieg chiedendo di essere condotta in Schmuckstraße. Forse la prendeva per una di quelle puttane molto giovani che stavano agli angoli delle strade a St Pauli a vendere i loro corpi. Gliene aveva parlato Mia, e Ida ne aveva anche vista una.

Ma poi l'autista diventava subito più cordiale. Gli bastava dare uno sguardo allo specchietto retrovisore per capire che lei era una ragazza di buona famiglia, che reggeva per il nastro un grazioso pacchetto con dentro una saponetta alle rose, un omaggio per la madre di Tian.

Un'offerta di amicizia e un blando tentativo di corruzione. Gli Yan non erano entusiasti che il figlio si fosse invaghito di una signorina dell'alta società. La consideravano una cosa inappropriata. Per Tian tanto quanto per Ida. Stavano molto attenti che i due innamorati non rimanessero da soli nel salottino adiacente al ristorante. E se anche lontanamente avessero immaginato che di tanto in tanto Ling prestava loro la sua stanza in mansarda perché potessero stare un po' appartati, Ida sarebbe stata messa al bando senza tanti complimenti.

Tian aveva invitato Ida a cena dai genitori prima di andare al Lessing Theater a vedere un film di quel regista di cui tutti parlavano, Ernst Lubitsch. Era un amante dell'arte cinematografica.

Cosa si aspettava poi da quella cena? Che i suoi genitori conoscessero meglio Ida e dessero loro la benedizione? Anche ammesso che gli Yan fossero giunti a tanto, i Bunge non sarebbero mai stati disposti ad accogliere Tian in seno alla famiglia.

Ida aveva dovuto ordire una fitta trama di scuse per potersi permettere di stare fuori dalla mattina alla sera, quel giorno. Suo padre l'aveva fatta accompagnare dall'autista, raccomandandogli di controllare che Ida entrasse davvero in casa della Müller, la pianista.

Ida aveva chiamato in causa *Il viaggio d'inverno* di Schubert per giustificare un'assenza da casa così prolungata. «È un ciclo di ventiquattro Lied, per pianoforte e voce. Ci vuole tempo per esercitarsi con la cantante», aveva argomentato. Sperava solo che ai suoi genitori non venisse mai in mente di chiederle di esibirsi.

Tian era già alla vettura che aveva fermato. Teneva la portiera aperta a Ida per pagare l'autista, che li guardava con curiosità. Tian, col suo completo di flanella a tre pezzi, non sembrava uno della Schmuckstraße, ma era pur sempre inequivocabilmente cinese.

«Mi dispiace deluderti», le disse. «Ma abbiamo un tavolo solo per noi due. Era sconveniente sedersi tutti insieme, come famiglia. Io e te staremo nella saletta, e Ling ci servirà. In realtà il suo compito è tenerci d'occhio».

Ida mise il broncio, anche se in realtà era sollevata.
«Però mangerai l'anatra in crosta di papà, con bambù, fagioli e piselli. È il piatto forte del ristorante».
«È bello che tu veda il lato positivo». Tian sorrise.
«Almeno posso salutarli, i tuoi? Ho portato un regalino per tua madre».
«La metteresti in grande imbarazzo».
«Certo che siete complicati, voi cinesi», disse Ida. Aveva una gran voglia di baciare Tian, ma già ora le sembrava di avere tutti gli occhi puntati addosso.

Alcune ore dopo, Ida usciva dal Lessing Theater, in mezzo alla piazza, ed era ancora tutta immersa nella storia di Madame Dubarry, che Lubitsch aveva portato sullo schermo. Le sembrava proprio di essere lei, la modista Jeanne, innamorata del giovane studente Armand e corteggiata dal più vecchio Don Diego.
Tian e Ida si tenevano per mano e Don Diego si materializzò proprio davanti a loro. Lo sguardo di Campmann sulle prime era incredulo, poi diventò glaciale.
Ida invece s'infiammò tutta. Non per il senso di colpa, di quello nemmeno l'ombra, ma per l'improvvisa speranza che Campmann rinunciasse a riscuotere quanto gli era stato promesso.

Bunge lasciò sprofondare la cornetta nella forcella. L'altro apparecchio era nel salotto di Netty, perciò c'era il rischio che avesse ascoltato, curiosa com'era. Ma era impegnata con la sarta. Aveva già rovistato in camera di Ida e aveva trovato le bacchette. Meno male che questa non l'aveva sentita. Netty si sarebbe agitata e le sarebbe venuto uno di quei suoi attacchi di tosse che le venivano sempre più spesso e lo preoccupavano. Doveva chiedere una visita al consiglio medico, perché lo Scoiattolo non avrebbe mai messo piede nello studio di un dottore. E non era certo l'unica sua preoccupazione.

Se aveva capito bene quel che gli aveva riferito Campmann, Ida era uscita da una fumeria d'oppio al braccio di un cinese. O forse era solo il Lessing Theater. Quello stesso giorno. Sua figlia gli doveva qualche spiegazione. Del resto lei ne aveva tante: Schubert. *Il viaggio d'inverno.* Bunge scosse la testa al pensiero di tutte quelle frottole.

Misurò la stanza a passi nervosi. D'un tratto il verde cupo delle pareti e la trama del tappeto gli risultarono opprimenti. Forse era stata l'immagine della fumeria d'oppio. O forse il fatto che, sebbene nessuno ne fosse a conoscenza tranne i diretti interessati, il banchiere aveva prestato al futuro suocero un'ingente somma di denaro.

Chiunque fosse questo cinese e quali che fossero i sentimenti di Ida nei suoi confronti, non c'era nemmeno da parlarne. Se le signore avessero avuto anche solo la più pallida idea di quanto stessero andando male gli affari, forse non avrebbero disprezzato così i loro doveri. Quello di risparmiare e quello di fare un matrimonio conveniente.

Bunge si avvicinò alla finestra e guardò il giardino con la grande veranda, le bordure di rose, i vecchi alberi. Non poteva perdere tutto. Nemmeno al vecchio pero a spalliera mezzo marcio poteva rinunciare.

Era un po' di tempo che avvertiva intorno a Ida un aroma di zenzero e altre spezie, lo aveva scambiato per un profumo un po' esotico. Invece sua figlia si portava addosso il lezzo di un emporio cinese.

Aspetta un attimo, signorina, pensò. Mancava qualcosa. Ma cosa?, si domandò Bunge sedendosi alla sua scrivania. Una sonora paternale, ecco cosa mancava.

Henny si era sistemata il diadema e il collo di ermellino sulle spalle. Il collo l'aveva ereditato da sua nonna paterna e puzzava di naftalina, ma Else Godhusen riteneva che entrambi questi accessori fossero necessari per essere davvero regali – si trattava di un costume da principessa – e che senza di essi l'abito di taffettà lungo fino ai polpacci sarebbe apparso troppo dimesso. Pizzi, fiocchi e strascichi erano la passione di Else.

Non appena la madre si fu ritirata dalla finestra da cui l'aveva salutata, Henny si tolse il collo di pelliccia e se lo cacciò nella tasca del cappotto, poi si sfilò anche gli antiquati guanti di pizzo bianco coi bottoncini di madreperla che la madre l'aveva costretta a indossare quando era già sulla porta.

Trovò Käthe e Rudi ad aspettarla sulla Humboldtstraße e quando li vide abbandonò ogni preoccupazione sul proprio abbigliamento: Rudi impersonava semplicemente se stesso e Käthe portava dei grossi orecchini ad anello di latta dorata, i folti capelli neri sciolti e senza forcine, le labbra dipinte di rosso. Sotto il cappotto a mezza lunghezza, Henny riconobbe il vestito della comunione, non certo adatto a un costume da zingara.

«Con Unger ci vediamo al Lübscher Baum?», Rudi lanciò un'occhiata a Henny, come se si stesse esercitando nella lettura dei pensieri altrui. Le era costato molto invitare il dottore a una festa in un fumoso locale da ballo invece che su un lago ghiacciato, a pattinare all'aria aperta. Si era sentita come se lo avesse invitato direttamente nel proprio letto.

Imboccarono Hamburger Straße a passo svelto e poi proseguirono per la Lerchenfeld, fino alla Lübecker. Procedevano tutti e tre a braccetto, benché la strada non fosse più ghiacciata. Tre amici. Käthe non l'aveva nemmeno presa in giro per via del diadema.

Il Lübscher Baum tanti anni prima era un posto di dogana, vicino alla porta della città che si apriva sulla strada per Lubecca, ma era ormai da tempo uno dei locali da ballo più frequentati, dove si erano formate innumerevoli coppie nel corso delle generazioni. Molti dei piccoli tavoli tondi erano già occupati.

L'orchestrina si stava sistemando sul palco, ma anche senza musica l'aria già vibrava di suoni, voci, risate. Riuscirono a trovare il loro tavolo, in mezzo a un traffico concitato di camerieri che non avevano nemmeno il tempo di ascoltare le domande, figurarsi rispondere. Di Unger nemmeno l'ombra.

Un'ora dopo non era ancora arrivato, e Henny si ritrovò a ballare il valzer tra le braccia di un giovane ussaro che le era vagamente familiare, abbandonata al contatto col soffice velluto rosso della sua uniforme, profondamente ferita che il dottor Theo Unger non si fosse fatto vedere. Il diadema se l'era già tolto da un pezzo.

«*Devi essere tu il signore del mio cuore*», cantava l'orchestrina.

«Ci sarà stata un'emergenza in clinica», aveva suggerito Käthe circa mezz'ora dopo. Ma Unger le aveva detto che quella domenica non era di turno e che aveva intenzione di fare il giro lungo intorno alla clinica per evitare di farsi incastrare.

L'ussaro la invitò al bancone, ordinarono spumante, alzarono i calici e brindarono alla loro salute. Henny era già un poco brilla per il vino e un bicchierino di brandy che le aveva offerto Rudi quando era stato chiaro che Unger non sarebbe venuto.

«La sua dama non sarà certo contenta, se continua a ballare con me», disse Henny.

Il giovane ussaro diventò del colore della sua giacca di velluto. «Oh sì, invece», disse. «Le assicuro che è contentissima».

Henny posò il bicchiere e lo osservò. Un ragazzo a cui

era facile voler bene, pensò. «È lei. È quello che mi ha consigliato di mettermi il cappello il giorno che mi sono tagliata i capelli».

«Quello a cui è caduto il pacchetto con la cravatta».

«Oggi non se l'è messa». Henny sfiorò uno dei cordoncini dorati della giacca da ussaro.

Per fortuna, pensò Lud, e sorrise. Il costume pescato da un vecchio armadio in soffitta gli aveva dato il coraggio necessario a inchinarsi davanti a quella bella ragazza dall'aria schietta, rosea e gentile, e a invitarla a ballare. Il destino aveva voluto dargli una seconda possibilità, dopo che quel giorno in Winterhuder Weg era stato tanto villano da non cogliere l'occasione.

«Quella seduta al tavolo è mia sorella. Posso presentargliela?».

Forse Henny accettò solo perché si sentiva ferita. Quel ragazzo così premuroso, che probabilmente era anche più giovane di lei. Del resto anche Rudi era più giovane di Käthe.

Ballarono ancora sulle note della romanza della Vilja, dalla *Vedova allegra*. Ballarono e Henny incrociò più volte gli sguardi di Käthe e Rudi, che le facevano l'occhiolino. O fu solo una sua impressione.

«*Vilja, oh Vilja, fanciulla dei boschi, prendimi e fa' di me il tuo amato*».

Che parole sciocche, pensava Henny e si domandava come riuscisse il cantante a guardare in faccia quelli delle prime file. Poi si avvicinarono al tavolo d'angolo e Lud Peters presentò a Henny Godhusen sua sorella Lina.

Steso sul divano di Landmann, Theo Unger cercava di mettere ordine nei suoi ricordi del giorno prima, domenica. La mattina era cominciata con starnuti e mal di testa, ma nonostante tutto era andato in macchina alla stazione a prendere un'amica di sua madre per accompagnarla a Duvenstedt. La signora non s'era vista, forse non era nemmeno sul treno.

Dopo era andato alla Bodega di Nagel a chiedere un bicchiere d'acqua, per prendere un'aspirina, e si era fermato per telefonare a Duvenstedt.

Poi era arrivato Landmann, si era seduto e aveva ordinato una birra grande e una cotoletta che debordava dal piatto. Unger non aveva ordinato da mangiare, ma aveva bevuto anche lui una birra grande, seguita da diversi bicchieri di acquavite di cumino, secondo Landmann un ottimo rimedio contro il raffreddore.

Poi si era svegliato in quell'appartamento, che a quanto ricordava doveva trovarsi sulla Bremer Reihe, a pochi metri dalla stazione e non lontano dalla Bodega di Nagel. Sul divano del dottor Landmann. La testa gli doleva in modo insopportabile e si accorse che in quel momento avrebbe dovuto essere in clinica, così come il giorno prima avrebbe dovuto essere al Lübscher Baum.

«Accidenti!», imprecò a voce alta, anche se non lo sentiva nessuno. Era solo in casa.

Landmann invece era già da tempo in sala operatoria, alla Finkenau. Aveva giustificato coi colleghi l'assenza di Unger. Un brutto raffreddore. Landmann si era accorto che l'allieva ostetrica Henny Godhusen lo aveva fissato a lungo, mentre parlava di Unger. Il ragazzo aveva una chance: a Henny piaceva, se ne era accorto già da tempo. Ma Unger, sdraiato sul divano di Landmann in Bremer Reihe, di tutto questo non aveva idea.

«Accidenti!», esclamò ancora una volta, sottovoce. Aveva mandato a monte tutto quanto. Tutti gli sguardi che aveva rivolto a Henny. Occhiate benevole, ammirate, tenere. Certo, una sala piena di puerpere non somigliava a un labirinto di bossi e non costituiva lo sfondo ottimale per un corteggiamento. La sala parto poi poteva essere considerata il posto meno adatto al mondo in assoluto.

Avrebbe dovuto invitare Henny la scorsa estate, in campagna dai suoi, mostrarle i polli, i conigli, i meli, l'idillio bucolico. Darle prova della sua solidità. Convincerla che lui e Landmann condividevano qualche volta il tempo libero, ma non la fama di scapolo impenitente.

«Non bisogna fidarsi dei medici giovani», aveva sentito dire una volta a una delle ostetriche. «Quelli si divertono con te e poi sposano la figlia del primario».

Ma Unger, con Henny Godhusen, non voleva solo spassarsela. Gli serviva un'opportunità per chiarire questo punto in modo definitivo. Si augurò che Henny non fosse il tipo che porta rancore.

Unger si tirò su con cautela. Dalla finestra vide un cielo grigio, adatto al suo umore. Poteva spiegarle tutto. Forse avrebbe ottenuto una seconda possibilità.

In cucina trovò un biglietto: «Riprenditi. Toglierò l'acquavite di cumino dalla lista dei medicinali».

Theo Unger scrisse due righe di saluto, si tirò la porta alle spalle e andò alla stazione a prendere il treno per i Walddörfer, per mangiare un paio di uova fritte da sua madre e farsi raccontare come mai l'anziana signora che aveva avviato quella disgraziata catena di eventi non si fosse presentata al treno.

Novembre 1921

Non aveva voluto vederlo. Carl Christian Bunge aspettava in piedi il battello a vapore che dal molo di Schwanenwik doveva portarlo sulla riva opposta dell'Alster, la vecchia Rabenstraße, e rincorreva i pensieri. Era per caso impazzito? Come aveva fatto a non accorgersi della gravità della situazione? Non era tipo da arretrare di fronte alla dura realtà, lui.

Le cose erano evolute fin troppo in fretta dal gennaio di quell'anno. Avrebbe dovuto portarla dai medici molto prima. Invece aveva creduto che avesse solo una brutta bronchite, nei giorni peggiori aveva temuto una tubercolosi e cominciato a pensare a un soggiorno in sanatorio a Davos. Ma poi il male che la insidiava si era manifestato in tutta la sua violenza e in breve se l'era portata via.

Il battello a vapore, di nome *Neptun*, proveniente dall'hotel Atlantic, si avvicinò accostandosi al pontile. Una bella giornata, per niente fredda nonostante la cappa di nubi che la sovrastava.

Aveva fatto male a costringere Ida a sposare Campmann. Adesso languiva nel loro signorile appartamento nell'Hofweg-Palais. Le aveva appena fatto visita e si sentiva il cuore appena un poco più leggero, mentre da Hofweg camminava verso Schwanenwik. Che fine aveva fatto la sua spensierata figliola, viziata a volte, ma curiosa e piena di vita? Adesso era una giovane moglie dall'aria cupa, ossessionata dal desiderio di avere un bambino. Bunge non capiva il perché di tanta fretta di avere un figlio dal marito che nemmeno amava. Forse sperava, con un bambino, di sentirsi meno sola?

Aveva anche insistito per sposarsi a maggio. Per togliersi di torno quel cinese, magari, oppure per maturare un ulteriore credito nei confronti di Campmann? O forse era per via del rapido declino di Netty, che pure desiderava tanto essere una graziosa madre della sposa.

Bunge salì sul battello e si mise a prua, a guardare la schiuma salire dalle acque scure dell'Alster. Il vento s'era fatto freddo e avrebbe potuto rinfrescargli i pensieri, invece gli si ripresentava con insistenza questa idea: che fosse stata proprio la morte di Netty a spingerlo a chiamare un agente immobiliare per una stima della sua casa in Fährstraße.

Nessuna delle vittime offerte in sacrificio era stata gradita agli dèi, e aveva dovuto mettere ai loro piedi, invano, anche il cuore di Ida.

A nemmeno sei mesi dalla morte di Netty, lui era sul punto di dar via anche il suo. Proprio non faceva per lui, la solitudine. La casa vuota: Mia aveva seguito Ida nella nuova casa, la cuoca se ne era andata e così l'altra cameriera, il giardiniere, l'autista. Tutti spariti.

Gli si spezzava il cuore, un cuore che era appartenuto allo Scoiattolo più di quanto avesse mai creduto. Che fortuna, essersi imbattuto in Guste.

Aveva trovato casa nella pensione di lei sulla Johnsallee. La solitudine alla villa, senza Ida, senza lo Scoiattolo e senza nemmeno i domestici, era insopportabile. Che differenza tra l'inizio dell'anno e la sua fine! Dieci ridicoli mesi, la fine di un mondo.

Nemmeno di Kiep e Lange si curava più. Messi via i

rimpianti per il commercio degli alcolici, si era buttato nel settore della gommalacca. Alla pensione di Guste c'era un olandese, uno che viaggiava per conto delle industrie discografiche. Apparecchi per suonare dischi a trentatré e settantotto giri, adesso vendeva anche quelli. C'erano incise sopra intere operette. Orchestrine da ballo. E Caruso che cantava: l'aria di Rodolfo, la *Bohème*. Adesso era morto anche Caruso. Poco prima di Netty.

Che gelida manina, pensò Bunge mentre il battello si avvicinava alla riva opposta dell'Alster.

Del resto, la gommalacca era buona quanto il caucciù. Se gli fosse riuscito di tornare ricco, avrebbe potuto liberare Ida. Che sciocchezza! Lei adesso doveva arrangiarsi con Campmann. La storia col cinese non era finita bene, una cultura troppo distante. Da Guste soggiornava spesso un vecchio cinese. Commerciava in porcellane. Ma gli affari non dovevano andargli troppo bene, perché sembrava sempre male in arnese e spesso non aveva di che pagare la stanza. Quella donna, Guste Kimrath, doveva avere il cuore tenero.

Chissà cos'avrebbe portato ancora la vita, e cosa si sarebbe presa. Quell'anno era già stata abbastanza vorace. Vorace come il cancro che aveva consumato il corpo di Netty. Ma lui, fintanto che era in gioco, pensò Carl Christian Bunge mentre attraversava la vecchia Rabenstraße diretto in Johnsallee, avrebbe giocato per vincere.

Henny salì i gradini della stazione di Emilienstraße e con pochi passi raggiunse l'indirizzo che aveva segnato sul foglietto. C'era una targhetta smaltata. «GINECOLOGIA E MALATTIE VENEREE». Per entrare nello studio si dovevano scendere alcuni gradini, come fosse stata la bottega di un droghiere. Rispetto alla clinica Finkenau e al suo splendore, sembrava un altro mondo. D'altronde non

era proprio questo che cercava? Quanto di più lontano dalla sua realtà quotidiana.
Fornì i suoi dati e venne condotta in una delle due sale d'aspetto, la più piccola. Da quella accanto venivano voci alte. Lei invece era sola. Alle pareti c'erano diverse stampe colorate, inneggianti al miracolo della maternità.
Da sei mesi era un'ostetrica riconosciuta dallo stato ed eccola seduta proprio in quella sala d'aspetto. Le sembrava di essere impazzita. Non aveva confidato a nessuno i suoi sospetti, nemmeno a Käthe.
Lud dava per scontato che Henny, come lui, desiderasse una famiglia numerosa. Perché non gli aveva detto fin da subito quali erano le sue vere aspirazioni? Perché era così succube di quel ragazzo? Forse per via della sua dolcezza?
Fu chiamata Frau Godhusen. Coniugata con Herr Godhusen. Ah papà!, pensò Henny, a te sì che l'avrei detto. Tu l'avresti capito, perché diventare madre non mi attrae per niente. Perché preferisco avere una carriera, forse non come medico, ma come direttrice ostetrica sì. Else le aveva fatto capire in molti modi quanti sacrifici le era costato crescere una figlia.
Due anni di tirocinio in Ostetricia e non aveva imparato come evitare di restare incinta! Henny si sistemò sulla poltrona ginecologica, davanti al medico in camice bianco che la sbirciava severo da sopra le lenti. Avrebbe potuto snocciolargli a memoria il capitolo sulla posizione litotomica, che aveva appena studiato.
«Nessun dubbio», sentenziò il medico dopo averla visitata. «È alla fine del secondo mese». Con lo sguardo cercò la mano di Henny. Si era messa l'anello di Else, con la pietra di luna voltata verso l'interno della mano cosicché si vedesse solo la vera d'oro.
«Molte congratulazioni», disse esitante. Lo studio si

trovava in una zona della città dove spesso l'annuncio di una gravidanza veniva accolto come una catastrofe.

Henny pagò dodici marchi e uscì dallo studio. Scese i gradini della stazione della metropolitana di Emilienstraße e trovò un posto a sedere. Andava ad aspettare Lud fuori dal cancello della Nagel & Kaemp. Temeva l'entusiasmo con cui avrebbe accolto la notizia.

Non ci arrivò, da Nagel & Kaemp. Scese invece alla Stazione Centrale e s'incamminò per lo Steindamm, senza degnare di uno sguardo le vetrine dei negozi e i tram che sferragliavano su e giù per la strada. Fu Rudi a fermare quel suo cammino sconsiderato e a impedirle di finire sotto le ruote di una vettura. Rudi che era appena uscito dal monte dei pegni, dove dopo tanto tempo era riuscito a riscattare il fermacravatte con sopra la perla orientale. Della catenina dell'orologio non gli importava poi molto.

Henny si lasciò abbracciare da Rudi e scoppiò in lacrime.

La portò in uno dei caffè nei dintorni della stazione, perché Henny non voleva andare alla Bodega di Nagel, una delle più antiche *kneipe* della città, e ordinò una tazza di cioccolata calda con panna, rimedio ai mali dell'anima, e stette ad ascoltare il suo racconto. Quando capì che Henny non aveva preso alcuna precauzione, se ne stupì ma non disse nulla. Ricordava di essersi adombrato quando si era accorto che Käthe, invece, era un'esperta in materia.

«Lud non vedrà l'ora di sposarti», le disse. «Non lo ami?».

«Certo che lo amo», disse Henny guardando l'interno dell'alta tazza.

«Allora non capisco il perché di tutta quest'agitazione. Hai paura della reazione bigotta di Else? Immagino non approvi i rapporti prematrimoniali».

«Io non voglio figli», dichiarò Henny.

Quando il giovanotto si mise a scuotere vigorosamente la chioma ricciuta, gli altri avventori lanciarono loro occhiate irritate. Era un comportamento da tenere in un locale rispettabile?

«Non vuoi figli e ti metti con Lud, uno che non parla d'altro che di mettere su famiglia e farne almeno una dozzina?».

Henny alzò le spalle.

«Tu volevi restare incastrata», disse Rudi.

«Stai dicendo che, nel profondo, invece desidero dei bambini?».

«Più o meno. Non posso credere che sia successo per caso. Tu non sei il tipo che si affida al caso».

«No. Su questo ti sbagli», replicò Henny.

«Ho un nuovo lavoro. Da Friedländer. Quello dei manifesti. Non si tratta più di semplice stampa. Lì si fanno litografie».

«Oh Rudi! Ora potrete sposarvi». Per un istante le passò per la mente l'idea di un doppio matrimonio alla Gertrudkirche.

«Lo sai come la pensa Käthe riguardo al matrimonio. Certo, se vai all'altare tu, può darsi che ci prenda gusto, chissà».

Henny lo osservò. Aveva l'aria malinconica. O era lei ad avere già addosso gli umori umbratili della gravidanza? A Rudi aveva voluto bene dal primo momento in cui lo aveva visto.

«Stai pensando a un aborto?».

«No», disse Henny. «È contro il codice etico delle ostetriche». Anche se il giorno prima aveva provato a estrarre la lisciva a caldo dal sapone. In clinica aveva conosciuto delle donne che erano riuscite a espellere il feto prematuramente in quel modo.

Rudi annuì e parve sollevato. «Devi sbrigarti a dirlo a Lud». Stava per aggiungere che Lud sarebbe stato fuori di sé dalla gioia, ma vide Henny oscurarsi in volto.
«Ti accompagno a casa», le disse.
«Non ti preoccupare. Non ho intenzione di buttarmi nell'Elba e morire annegata».
«Sei una nuotatrice troppo esperta per una morte di quel genere».
«Käthe ti ha raccontato del Circolo degli Sport Acquatici?». Il viso di Henny tornò d'un tratto a illuminarsi. «Ero brava, nello stile libero».
«Saresti diventata una campionessa».
«Ma va'», si schermì Henny.
«Lo ha detto Käthe».
«Perché non vuole sposarsi, poi?».
«Tu la conosci meglio di me», fu la risposta di Rudi.

Tornarono verso casa in un'atmosfera più serena. Ma quando, ancora sulla Humboldtstraße, Henny vide la finestra illuminata del secondo piano all'angolo con la sua via, le venne meno il coraggio di raccontare tutto a sua madre e decise di andare prima da Lud. Voleva vedere qualche faccia allegra, e da sua madre si aspettava solo riprovazione e sdegno.

La porta della casa di Canalstraße le fu aperta da Lina, Lud non era ancora arrivato. La portò in soggiorno, una stanza che Henny trovava di gran lunga più accogliente del salotto bianco immacolato di Else, davanti alla cui porta sua madre avrebbe volentieri teso un cordoncino rosso di quelli che si usano nei teatri per interdire l'ingresso. Invece il soggiorno dei Peters era fatto apposta per accogliere.

Il divano voluminoso, la libreria ben fornita con le ante sempre aperte, la luce calda della lampada piazzata dietro una poltrona da lettura. Forse furono quelle cose a facilitarle l'annuncio.

«Aspetto un bambino da Lud».

La voce di Lina non vacillò neppure un attimo. Come se fosse perfettamente normale che Lud, vent'anni compiuti da poco, diventasse padre.

«Sono contenta di vedere la vita che va avanti. Con tutti i morti che abbiamo da piangere. E sono contenta anche per Lud: avere una famiglia è il suo più grande desiderio... però credevo che tu, Henny, avessi altri piani, mi sbaglio?».

«Andare avanti con la carriera, era questo il piano».

Lina si sedette sul divano, accanto a lei. «Questo è ancora possibile. Ognuno di noi farà la sua parte. Lud sarà un padre entusiasta e io una zia presente. Anche tua madre ti starà a fianco».

«Oh sì», disse Henny. «Questo lo farà di sicuro con gioia. Starmi addosso costantemente». La sua aspirazione a una vita senza figli aveva molto a che fare con Else. Se ne era resa conto quel giorno.

Lina sorrise. Anche lei stava pensando con apprensione al carattere possessivo di Else, a quanto era spietata nella sua generosità. «Conosco una dottoressa che ha appena avuto il secondo figlio», le disse. «E continua a lavorare alla clinica universitaria. Io dico sempre alle mie allieve che non devono rinunciare al lavoro per i figli. Noi donne dobbiamo avere scelta, ma dobbiamo avere anche la possibilità di fare tutte e due le cose».

Sollevarono entrambe la testa, sentendo una chiave girare nella toppa della porta d'ingresso.

Lud stava rientrando a casa. Sulle prime restò perplesso, perché Lina si alzò di fretta e afferrò il cappotto mentre Henny restava seduta sul divano con le mani intrecciate in grembo.

«Ho voglia di fare una passeggiata», disse Lina un secondo prima di chiudersi la porta alle spalle.

«Henny, è successo qualcosa di grave?». Gli era già capitato nella vita di sentirsi sulla strada giusta e poi di imboccare una qualche svolta catastrofica.

Lud si tolse cappotto e cappello e, invece di sedersi accanto a Henny sul divano, le si inginocchiò davanti e prese a carezzarle le mani.

«Devo sembrare proprio sconvolta». Così si sentiva infatti. Calda, sudata. Schiacciata.

«Hai la febbre per caso?». Le mise la mano fredda sulla fronte.

«Avremo un bambino, Lud. Tu e io».

Lud perse l'equilibrio sulle ginocchia e cadde sul piccolo tappeto orientale davanti al divano. Quando si riebbe era lui quello accaldato, sopraffatto. Aveva le lacrime agli occhi.

«Sei incinta?».

Henny annuì. Non si aspettava questo da un ragazzo come Lud, così tranquillo e pacato, una gioia così incontenibile. Sollevò un ginocchio solo.

«Sposami», disse stringendole forte la mano. «Mia cara, cara Henny, diventa mia moglie».

Henny sorrise. «Non voglio essere una madre nubile. Pensa a Else, non metterebbe più piede fuori casa».

«Allora anche tu mi ami?».

«Lo sai già. Vieni qua sul divano. Non riesco a baciarti, inginocchiato lì per terra».

«Ed Else? Lei che dice?», domandò Lud.

«Non sa ancora niente».

«Allora glielo diremo insieme».

Forse sua madre lo avrebbe apprezzato. Adesso per nulla al mondo Henny avrebbe tolto a Lud quella grande felicità.

Landmann non riusciva a darsi pace di essere stato proprio lui a permettere a quell'amore di nascere. Aveva la sensazione che Unger non gli avesse mai perdonato di averlo fatto bere tanto, quel giorno. Unger aveva spiegato e rispiegato a Henny Godhusen i vari contrattempi che lo avevano trattenuto, ma lei non gli aveva mai concesso una seconda possibilità.

Landmann fischiettava piano mentre attraversava il corridoio del reparto privato. La fanciulla si era fidanzata, aveva sentito dire quel giorno. Il dottor Kurt Landmann era convinto di capire a occhio nudo quando una donna era in dolce attesa. Forse era bene che Unger si concedesse qualche consolazione, in sala infermiere si chiacchierava a tutto spiano.

Trovò Theo Unger lì dove si aspettava di trovarlo, accanto al letto di Fräulein Liebreiz. Nomen omen[3]. Forse Unger aveva già trovato la sua consolazione. Landmann conosceva piuttosto bene la famiglia Liebreiz, erano dei liberali che non davano peso all'appartenenza religiosa e che avrebbero accolto senza troppe storie un genero goi.

Unger sarebbe andato più che bene.

A Elisabeth Liebreiz era stata diagnosticata dapprincipio un'irritazione dell'intestino cieco, ma poi anche l'altro lato del ventre aveva cominciato a dolerle e i medici si erano orientati verso un'infiammazione ovarica. Tutta la famiglia era preoccupata che la ragazza potesse restare sterile.

Landmann fece un cenno di saluto ai due e chiuse la porta. Eccolo di nuovo intento a favorire la nascita di un amore.

Del resto quella Henny Godhusen non doveva tenerci troppo, al povero Unger, se era stata così spietata da non concedergli una seconda possibilità. La sua amica Käthe,

---

3. *Liebreiz* significa anche 'leggerezza', 'allegria'.

che adesso gli veniva incontro su per le scale, lei sì che era una donna sensuale. E sapeva bene l'effetto che faceva, questo era chiaro. La si poteva perdonare facilmente. Landmann aveva trascorso al fronte la sua gioventù. Molte possibilità, tra cui quella dell'amore, erano sfumate. Oda. Per qualche secondo si concesse di pensare a lei. Unger aveva dieci anni meno di lui. Non gli sarebbe mancata l'opportunità di fare un matrimonio felice, a giudicare da come se ne stava seduto al capezzale di Elisabeth Liebreiz.

Landmann fece l'occhiolino alla Laboe e sorrise, e Käthe ricambiò. A quei tempi tu non eri nemmeno una luce negli occhi di tua madre, gli venne da pensare. Un filarino innocente. Gli avrebbe fatto bene. E magari la fortuna gli avrebbe arriso. Non gli sembrava di aver sentito dire che Fräulein Laboe fosse fidanzata... Macché! Doveva restare fedele ai suoi principi e lasciar stare Käthe Laboe.

Il suo vecchio primario avrebbe voluto proibirlo, il matrimonio. Infermiere e ostetriche nubili sono le migliori aiutanti che un medico possa avere! Ripeteva questa frase con la stessa frequenza con cui Catone proferiva la sua sentenza sulla distruzione di Cartagine.

Arrivato in fondo alle scale, Landmann si guardò indietro. Che ci faceva Käthe a quell'ora nel reparto privato? Non c'erano partorienti né puerpere da accudire. Ma la ragazza era già fuori dal suo campo visivo. Peccato. Non gli sarebbe dispiaciuto civettare un po'.

L'allegro Landmann. Lo sapeva. Lo consideravano un originale, un cuor contento. Ma non tutto si risolveva con una risata. Landmann si sentiva solo.

Mai fatta una cosa del genere prima di allora. Aveva rubato una confezione di cacao in polvere. *Rubato*. Là sopra, quando finiva un barattolo, se ne prendeva uno nuovo dallo scaffale. Le signore del reparto privato erano trattate con tutti gli onori. Di certo non ne avrebbero sentito la mancanza.

Prendere dai ricchi per dare ai poveri, pensò Käthe Laboe mentre nascondeva il barattolo sotto il camice bianco. Lo zucchero per calmare i nervi serviva anche alle partorienti del piano di sotto. Un chilo di cacao in polvere bastava per almeno due tazze a testa per ognuna delle sedici donne ricoverate in corsia.

Nell'estate di due anni prima Unger aveva dato del vino rosso con uovo e zucchero a una paziente, perché riprendesse forza. In sala travaglio c'era anche un fornelletto a gas con due fuochi. Il latte non bastava, bisognava allungarlo con l'acqua. Quel pomeriggio, con la sala vuota e il carrello pulito, lo avrebbe preparato e distribuito. Santa Käthe.

Aprì il suo armadietto, ripose il barattolo di cacao e poi sussultò sentendo la porta aprirsi.

«Che ci fai ancora qui?».

«E tu?», domandò Käthe a sua volta, e voltandosi vide Henny.

«Ho fatto cambio e adesso ho il turno di notte. Domani mattina io e Lud andiamo dal pastore alla Gertrudkirche».

«Non capisco il perché di tanta fretta».

«Per la cerimonia ci vuole ancora tempo. E comunque non voglio andare davanti all'altare col pancione. Tu e Rudi, piuttosto? Perché non ti vuoi sposare? Non posso credere che si tratti solo di politica».

Käthe si mise a chiudere meticolosamente il suo armadietto, neanche avesse avuto sette lucchetti. «Mi ama», disse.

«Questo lo avevo notato».

«E anche io lo amo. Però sento che c'è qualcosa che mi preoccupa».
«Cosa?».
«Non lo so. Come se stesse per accadere qualcosa di brutto».
«Questa è superstizione, Käthe».
«No». Poi si abbracciarono e piansero un po'. Nel futuro non si poteva guardare: nessuna delle due sapeva cosa l'attendesse.
«Smettiamola di frignare», disse Käthe sciogliendosi dall'abbraccio. «È vero che deve venirmi il ciclo...».
I Laboe non si lasciavano andare ai sentimenti, Henny lo sapeva bene. Si avvicinò al lavandino, si lavò le mani e la faccia, si asciugò e si sistemò i fermagli della cuffia. Iniziava il suo turno in sala parto.
«Le ragazze che ho avuto oggi strillavano come delle matte», disse Käthe. «Voglio proprio vedere cosa combinerai tu».
Ecco un argomento che Henny non desiderava approfondire. Era troppo. Tutto era troppo: la gioia di Lud, i sospiri di Else. Sua madre si comportava come se l'erede al trono d'Inghilterra fosse stato sul punto di chiedere la sua mano, quand'ecco che dall'ufficio commerciale di Nagel & Kaemp era saltato fuori questo impiegatuccio di appena vent'anni che si portava via sua figlia. L'unica con cui Henny trovasse un po' di quiete era la sua futura cognata, Lina.
Si soffiò il naso, fece un cenno di saluto a Käthe e se ne andò chiudendo la porta.
Käthe restò davanti all'armadietto, col cappotto addosso e la borsa in mano. Aprì svelta l'armadietto, prese il barattolo e lo ficcò nella borsa. Il cuoio si tese sotto il peso di un chilo di cacao in polvere.
A calmare i suoi, di nervi, non ci pensava nessuno. E

anche lei aveva un gran bisogno di zuccheri. Più che di un'aureola intorno alla testa, forse. Se solo lei e Rudi fossero riusciti a trovare un alloggio tutto loro. Ma i padroni di casa si ergevano a difensori della pubblica morale e li accusavano di voler vivere nel peccato. Ma che vuol dire, poi, "peccato"?

Non ne poteva più di dormire sul divano della cucina, a casa dei suoi, né di fare l'amore con Rudi nell'appartamento della madre di lui. Quante volte erano schizzati fuori dal letto per vestirsi di corsa sentendo la porta aprirsi! Grit Odefey la guardava come se la loro non fosse pura felicità, ma l'inizio di una catastrofe.

Rudi non aveva proprio nulla di sua madre. Non si somigliavano affatto. E anche l'uomo ritratto in foto, con il finto sfondo alpino, proprio non sembrava suo padre. «Sei caduto giù dal cielo», gli diceva Käthe. «In queste due camere con bagno al piano ammezzato».

Per lei era bizzarro che non vi fossero tracce di un padre, così come non ve ne erano del passato di Grit. Anche in casa Laboe ne erano morti tanti: lei, Karl e Anna erano gli unici sopravvissuti. Ma di quelli che erano morti erano rimaste le foto, si narravano aneddoti. I suoi genitori, invecchiando, li raccontavano sempre più spesso. «Mi ricordo quella volta...», esordiva suo padre e spesso, nel raccontare, passava al dialetto. Rudi, proprio lui che amava tanto le parole, era cresciuto invece senza racconti. Non aveva mai osato chiedere, le aveva spiegato, perché era chiaro che l'argomento facesse soffrire sua madre.

Quella donna ha il volto di pietra, pensò Käthe.

Lo sguardo le cadde sull'armadietto, da cui non si era ancora allontanata. I pensieri, invece di seguire il loro flusso, si erano aggrappati lì. Stava chiedendo perdono per il furto della cioccolata.

La vita era dura anche per lei.

Ida Campmann, nata Bunge, aveva la netta sensazione di aver già incontrato quella ragazza. Ma sì: era la figlia della donna delle pulizie, che un giorno era venuta a giustificare sua madre che non si era presentata al lavoro per via di un raffreddore. Era successo in casa dei suoi genitori, in Fährstraße.

Faticava a credere che quella casa fosse stata un tempo, per lei, una gabbia dorata. Nel ricordo di adesso era invece un luogo felice, su cui vegliava Netty, sua madre.

Adesso si rivolgeva a lei col diminutivo Netty, invece che con Maman, come se potesse ancora farle la carezza di un nomignolo affettuoso. Suo padre invece la chiamava ancora Scoiattolo, che a Ida non era mai piaciuto. Sospettava che non l'avesse mai davvero presa sul serio, per tutta la durata del loro matrimonio.

Era stata una morte clemente, aveva detto il dottore. A causa dell'uremia, le ultime fasi della malattia le aveva trascorse in stato di semi-incoscienza, una vera benedizione per un malato di cancro. Forse suo padre trovava conforto in quel pensiero. Lei no di certo.

La vita era dura anche per lei.

Ida passò in rassegna le otto stanze del suo appartamento. Il suo "appartamento di lusso", come lo chiamava il padre. Altisonante e tipico di lui. Gli piaceva esagerare. Certo, l'Hofweg-Palais era molto signorile, con il vialetto d'accesso per l'auto, la piccola fontana di fronte alla porta, i preziosi stucchi e le decorazioni Jugenstil. Tuttavia le mancava il giardino che aveva in Fährstraße. La grande terrazza. Il pero a spalliera.

Mancava la vita, soprattutto. Campmann era fuori tutto il giorno, spesso anche la sera. Si ritrovavano solo di notte, a letto.

Niente domestici, a parte Mia. Una cuoca avrebbe fatto comodo. Dalla cucina saliva un odore di bruciato. Mia si cimentava in una Wiener Schnitzel su espresso desiderio del padrone, che quella sera faceva loro l'onore della sua presenza.

Ida entrò nella vasta cucina, dove non aveva mai toccato una pentola ma soltanto i coperchi, che sollevava per assaggiare i risultati degli sforzi di Mia. Cos'erano quelle lingue semicarbonizzate sul vassoio d'argento?

«Il padrone non è ancora arrivato. E la Schnitzel va mangiata appena cotta, Mia».

«Ho pensato di portarmi un po' avanti e preparare le patate».

«Allora quelle fredde le mangerai tu e ne cuocerai di nuove quando arriverà mio marito. Di vitello ce n'è a sufficienza?». Questo almeno le dava soddisfazione: avere sempre il controllo delle provviste, far rigare dritto i fornitori, farsi sempre consegnare il meglio da Michelsen, da Heimerdinger e dal macellaio.

Mentre Ida usciva dalla cucina, Mia aveva già azzannato una cotoletta annerita e fredda. Ida scosse la testa di fronte a tanta voracità. Chi avrebbe mai detto che da sposata si sarebbe portata dietro la capra? E forse nemmeno solo per il fatto che l'amicizia della capra con Ling aveva fatto da ponte tra lei e Tian? Un ponte che lei ormai non osava più percorrere. Si limitava a tenersi informata sulla vita di Tian, su quello che gli succedeva.

Claire Müller era sempre a disposizione. Ben volentieri intascava i quattrini per delle lezioni di musica che non dava. Campmann le passava un mensile sufficiente per finanziare l'impresa, ma purtroppo Ida non aveva più motivi per cercarsi un alibi. Forse valeva lo stesso la pena mettersi in contatto con Mademoiselle Müller.

O forse a Campmann non importava proprio niente di come trascorresse le giornate. Ma una nuova avventura con "il cinese" di sicuro non l'avrebbe approvata.

Andò in sala da pranzo, dove il lungo tavolo di mogano era già apparecchiato per due a una delle estremità. Porcellane di manifattura reale, appartenute al corredo di nozze di Netty. Bicchieri di cristallo. Posate d'argento.
Una coppia solitaria con una cameriera.
Oltrepassare quel ponte; dall'altra parte c'era Tian.
Ida sentì rientrare Campmann e andò in cucina a dare il segnale di via per la Schnitzel.

Forse era stato il tramonto novembrino, che avvolgeva tutto in una luce morbida, a far innamorare Käthe di quell'appartamento: due camere con cucina e un balcone affacciato a sud-ovest.
Si voltò verso Rudi, che era in piedi accanto a una stufa rivestita di piastrelle.
Se fosse stato capace di leggere la sua espressione, avrebbe capito che per quella casa Käthe sarebbe stata disposta a cedere su molte cose.
«Sembra che la casa piaccia alla giovane signora», disse l'anziano proprietario dell'appartamento in Bartholomäusstraße, un tipo simpatico. «Immagino siate fidanzati. Oppure già sposati?».
Rudi staccò gli occhi dalla stufa e cercò lo sguardo di Käthe.
Lei diede un'ultima occhiata alle stanze luminose e prese definitivamente congedo dal sogno di quella casa.
«Laggiù c'è un parco giochi», disse Rudi che si era affacciato alla finestra.
«C'è anche la piscina», aggiunse l'uomo.
«Non siamo sposati», sbottò Käthe.
«Ma se non ho capito male, voi volete venire a stare qui insieme. Non posso darvi l'appartamento senza un regolare certificato di matrimonio. È una casa rispettabile: coppie, famiglie...».

Il padrone di casa aveva parlato in tono amichevole, non avevano perso la sua simpatia, ma Käthe capì che l'occasione era sfumata.

«Seppure ci sposassimo oggi stesso, lei non ci darebbe la casa», bofonchiò Käthe avvilita.

«E se le dessimo una copia delle pubblicazioni? Le basterebbe?», Rudi trattenne il respiro dopo aver pronunciato la frase, in attesa della replica di Käthe.

Che non venne. Stava pensando al divano della cucina dove dormiva? Alla faccia di pietra di Grit nel sorprenderla in camera di Rudi senza calze e con la camicetta mezza sbottonata?

«Allora forza, andate a fare queste pubblicazioni! L'impiegato dell'ufficio di stato civile dovrebbe darvene una copia».

«Si fida?».

«Non darà la casa a qualcun altro?», domandò Käthe.

«Ho grande stima per la Friedländer e per chi ci lavora», disse il padrone di casa. «Le litografie degli animali di Hagenbeck sono magnifiche! E le ostetriche rendono un servizio importante alla società, non abbastanza riconosciuto». Sorrise. «Forza, su!».

Restò alla finestra a guardarli mentre uscivano dall'edificio abbracciati. Non aveva fretta di affittare l'appartamento, ne aveva già quattro a Barmbeck che gli fruttavano un discreto reddito. E poi aveva simpatia per i giovani. Bisognava aiutarli, di quei tempi.

«Fai sul serio?», le domandò Rudi quando furono in strada. «Non è che cambierai idea dopo che gli avremo dato la copia delle pubblicazioni?».

«Che ne dici, potremo tenerlo nascosto? Che siamo sposati, intendo».

«E perché dovremmo?».

«Come glielo dico a Henny? Pensa un po', mi sono sposata prima di te. E anche tutti gli altri, che penseranno?».
«Non so a chi tu ti riferisca esattamente, ma credo che saranno tutti felici per noi».
«Lassù, in quella casa, ho pensato che dopotutto forse un po' di felicità l'avremo».
Rudi la guardò perplesso, senza capire di cosa mai stesse parlando. Paure irrazionali e presentimenti oscuri gli erano del tutto estranei. Dal parco giochi salivano schiamazzi infantili. Fu tentato di dire che forse anche i loro bambini sarebbero andati lì a giocare, ma non volle tirare troppo la corda.

La proposta l'aveva fatta Lina e all'inizio Lud e Henny erano stati contrari, poi però era parsa a tutti un'ottima soluzione. Lina voleva lasciare loro la casa in Canalstraße appartenuta ai suoi genitori, che del resto era abbastanza grande per ospitare la piccola famiglia di suo fratello.
Una nuova strada. Se guardava dentro se stessa, Lina sentiva quanto fosse forte quel richiamo. In quattro e quattr'otto era riuscita a mettere l'Eilbekkanal tra sé e la casa paterna. Una collega della scuola le aveva detto dell'anziana signora sulla Eilenau che voleva affittare la sua mansarda a una persona sola, in un grande palazzo cittadino.
Lina considerava Henny un dono del cielo, caduto tra le braccia di suo fratello proprio al Lübscher Baum. Una brava ragazza coi piedi per terra era ciò che serviva a quel sognatore di Lud. Certo, una gravidanza tanto presto Lina non se l'aspettava: Henny era un'ostetrica e avrebbe dovuto sapere come evitarla. O forse no? Del resto Lina li aveva sempre lasciati di buon grado soli in camera di Lud. Forse avrebbe dovuto socchiudere la porta, minacciarli con l'indice alzato?

Henny stessa era stupita di trovarsi in quella situazione. Era ambiziosa, lei, aveva dei piani. Le due cose potevano andare insieme? Lina non ne era certa.

Forse Henny nascondeva un forte spirito materno che Lina non riusciva a percepire, e il suo cuore era davvero pronto ad accogliere Lud, che aveva un così prepotente bisogno di amore.

E poi tra Henny e Lud scorreva una fortissima tensione erotica. Quando erano seduti insieme sul divano, non facevano che cercare piccoli reciproci contatti, finché non balzavano in piedi e correvano in camera da letto. Doveva proprio smetterla di pensare a suo fratello come a un ragazzino.

Il suo letto invece era ancora vuoto. Quello nella vecchia casa così come quello della mansarda sulla Eilenau. Lina affrettò il passo e scompigliò un mucchio di variopinte foglie secche che s'era formato nel mezzo del ponte. Una persona *sola*. Lo aveva detto, a Lud, che l'obbligo del nubilato per le insegnanti era stato revocato? Lo sapeva?

Da settembre Lina insegnava nella scuola di Telemannstraße. Un clima di grande ottimismo, molti insegnanti giovani e anche meno giovani erano seguaci della pedagogia riformata.

Lina si fermò davanti all'edificio a due piani, sulla Eilenau. Laterizi chiari e stucco bianco. Sopra il portone d'ingresso la scritta: «1900». Non lontano dal suo anno di nascita. Sul tetto si apriva una finestra a tre ante, da cui si godeva la vista del canale e, più in là, anche della Finkenau e oltre. La casa le piacque immediatamente. Salì i gradini verso l'ingresso e cominciò a temere di non essere la persona giusta. Forse l'anziana signora, per "persona sola", intendeva tutt'altro.

Quando varcò di nuovo quell'uscio, per uscire, gli alberi spogli erano immersi nel buio e il fogliame a terra era una massa indistinguibile. S'indovinavano appena i bordi del marciapiede e bisognava procedere con cautela. Lina invece saltellava come una bambina.

Foglie secche. Non portano fortuna quando ti volano vicino? Due, tre, quattro tazze di tè avevano bevuto insieme, lei e Frau Frahm. La mansarda era sua. Si diresse verso Canalstraße camminando a un metro da terra.

Era l'inizio di tutto.

Lud aveva già cominciato a costruire una culla di legno. Bella solida, perché di bambini ne sarebbero venuti tanti.

Passò per il sottoscala buio e uscì nella luce intensa del cortile, dove annusò il profumo del legno davanti al banco da falegname. La prima volta aveva preso solo un pezzetto di tiglio, per ricavarne un medaglione da regalare a Lina. Poi gli erano servite due stecche di abete grezzo per rifinire la cabina della doccia. Ma cercare il legno adatto per costruire una culla, e optare infine per un costoso taglio di ciliegio della Bassa Sassonia, riempì Lud di una gioia che lo accompagnò per tutto quel grigio novembre.

Il suo bambino sarebbe nato all'inizio dell'estate.

L'unica che ancora ostacolava la sua felicità era Else Godhusen. «Sei troppo giovane, Lud», gli aveva detto, ma a lui non sfuggiva che i motivi per cui Else non lo considerava un genero adatto erano altri. Käthe gli aveva confidato una volta che Else aveva sempre avuto questa smania di ascesa sociale.

«Tu non hai neanche un goccio di sangue blu!», aveva rincarato per scherzo Henny. Poi aveva sorriso e non gli aveva detto che Else lo considerava insignificante. Lei stessa dalla vita s'era aspettata tutt'altro, ma adesso la situazione era quella e lei sentiva di amare Lud così tanto che di certo ne sarebbe venuto fuori qualcosa di buono.

Henny non voleva doversi voltare indietro a contemplare, fra mille sospiri, le occasioni mancate, come vedeva fare di continuo a sua madre.

Ma di questi pensieri che attraversavano la mente della sua fidanzata, Lud non sapeva nulla. Era tutto preso a segare, incollare e godersi il profumo del legno. Lui non si sentiva affatto troppo giovane. Anzi, aveva una gran fretta.

Così la culla fu pronta in brevissimo tempo: non gli sarebbe dispiaciuto lavorarci un altro po'. Osservò il ciliegio avanzato e pensò che sarebbe bastato a costruire un piccolo scrigno, un cofanetto portagioielli da regalare a Henny.

«Non voglio che la mamma faccia le pulizie in clinica, come fate a non capire?».

No. Karl Laboe non lo capiva. Non ci vedeva niente di disonorevole nel portare in giro il secchio e passare lo straccio sui pavimenti. Per non parlare del fatto che il denaro in casa serviva. La sua pensione da invalido era modesta, e sebbene anche Käthe contribuisse al bilancio familiare, Karl aveva la netta sensazione che sua figlia stesse per spiccare il grande salto. E poi, coi tempi che correvano – il marco che perdeva valore e i risparmi piccoli o grandi che si dissolvevano nel nulla –, trovare un impiego di qualunque genere non era semplice. Anche i damerini dell'alta società se la stavano vedendo brutta, e la sua Annsche non era più una ragazzina.

Anna Laboe invece la capiva, Käthe. Lei stessa era rimasta impietrita la volta che aveva alzato gli occhi dallo straccio che stava passando in corridoio e se l'era trovata davanti. La figlia nel suo bel grembiule da ostetrica ben inamidato e la madre in ginocchio a lustrare il pavimento con le mani rovinate dalla lisciva. Non aveva osato dirlo a Käthe, ma era in prova come donna delle pulizie alla

Finkenau e aveva sperato che la clinica fosse abbastanza grande da rendere improbabile un incontro. Che non la destinassero alla sala parto o travaglio. Insomma, che le fosse risparmiato di imbattersi in Käthe o Henny.

«Se non vuoi, allora dovrai portarli a casa tu quei soldi», disse Karl Laboe. «Altrimenti non arriviamo a fine mese».

Era il momento di dare loro la notizia.

Il giorno prima avevano fatto domanda per le pubblicazioni. Faceva ancora in tempo ad annullare tutto. Ma era molto improbabile che si spingesse a tanto: era troppo forte il richiamo di una vita autonoma, di una casa che fosse come piaceva a lei, di un letto da cui non doveva saltare fuori alla svelta quando sentiva la chiave della madre di Rudi girare nella toppa.

«Te lo leggo in faccia», disse Karl Laboe.

«Che cosa?», replicò Käthe. Suo padre non era un veggente. Non era brava a tenere i segreti.

«Che stai per mollare i tuoi vecchi genitori».

«Dove vai?», domandò sua madre.

Bene. Era il momento, allora. Fece un gran respiro. «Un paio di strade più in là, mamma. Sulla Bartholomäus».

«Non da sola, spero».

«No. Con Rudi».

«Avete trovato un proprietario disposto a prendervi nonostante non siate sposati?», domandò Karl.

«No. Si sposano», disse Anna, perspicace.

«Potete per favore non farne parola con Henny? Né con nessun altro, se è per questo».

«Ma perché?», domandò Karl Laboe, perplesso così come lo era stato il suo futuro genero appena il giorno prima.

«Io ero contraria al matrimonio».

«Ah, giusto! La rivoluzionaria», sbottò sarcastico Karl Laboe.

Anna invece si alzò dal tavolo e prese fra le braccia Käthe, cullandola come se fosse ancora piccola.

«Adesso i tuoi soldi andranno lì, in Bartholomäusstraße. Io e tua madre ce la vedremo brutta», sospirò il padre.

«Di che ti preoccupi, Karl? Ho sempre il lavoro alla Finkenau».

«Prendevi di più in quella casa sulla Fährstraße. Adesso la signora è morta e la casa è andata in malora».

«E che ne è stato della signorina? Avrà fatto un buon matrimonio, immagino», disse Käthe sciogliendosi dall'abbraccio della madre.

«Adesso vive col marito in una casa a Hofweg, nel Palais. Ha portato con sé Mia».

«E Mia si occupa da sola della casa?».

Anna Laboe non lo sapeva.

«Andrò a vedere se hanno bisogno di un aiuto», fece Käthe. Era tutto quello che poteva fare.

Ida aveva appena visto del sangue sul cotone bianco delle sue mutande, quando Mia aveva bussato alla porta del bagno per annunciare l'arrivo di una certa Fräulein Laboe. Il sangue voleva dire niente bambino. Ida non aveva idea di cosa volesse da lei Käthe Laboe.

Chiese a Mia di accompagnare la visitatrice nel piccolo salotto, si cambiò la biancheria e lasciò che la curiosità le facesse dimenticare la delusione di non essere incinta, neanche stavolta. Le mestruazioni erano arrivate in ritardo, e Ida ci aveva sperato. Un bambino avrebbe dato almeno un senso alla sua situazione. Magari sarebbe riuscita a perdonare Campmann per essere quello che era.

Non era certo per penuria di rapporti coniugali che non restava incinta. Campmann, per noioso che fosse, non ne aveva mai abbastanza. La cosa frustrante era che il sacrificio di Ida si era dimostrato doppiamente insensato, dal momento che non aveva salvato suo padre dalla bancarotta. Se Netty non si fosse ammalata da un giorno all'altro, per morire poi in brevissimo tempo, Ida si sarebbe ribellata con più forza alla prospettiva del matrimonio. Ma la pressione a cui era stata sottoposta – salvare la casa in Fährstraße, esaudire il desiderio di sua madre di vederla sposata a Campmann – era stata soverchiante.

Entrò nel salotto che lei definiva "estivo". Dato che apriva di rado la finestra, Ida aveva scelto un giallo saturo per le tende e per i rivestimenti di sedie e divano. Campmann s'intrometteva poco nelle spese per la casa. Le lasciava "campo libero", per usare una sua espressione, e il salotto lo chiamava *boudoir*.

Käthe Laboe se ne stava dietro a una sedia come se temesse, sedendosi, di insozzarla. Aveva solo una mantella piuttosto corta che Mia, con fare zelante e palese disapprovazione, le aveva tolto di mano. La gonna grigia era umida della pioggerella che scendeva fuori.

A Käthe quella casa non piaceva. Era di un lusso esagerato. Quando abitavano in Fährstraße, erano solo in tre e c'erano ben tre domestici a provvedere alle loro necessità, ma questo appartamento in un edificio così signorile riusciva a intimidirla molto di più. Poteva dipendere dal fatto che, nonostante la mobilia, lo spazio appariva insolitamente vuoto?

«Cerca lavoro?», domandò Ida in tono sprezzante. Eccola di nuovo, quell'arroganza che Tian si era tanto sforzato di toglierle.

«Non per me», replicò Käthe. «Io sarò lieta di assisterla, in qualità di ostetrica, quando avrà il suo primo bambino».

Questa Käthe Laboe, sbucata dal nulla, sembrava sapere esattamente dove colpire. Ida avvampò.

«Per chi allora?».

Ora quella in imbarazzo era Käthe. «Mia madre cerca un nuovo posto, e ha fatto le pulizie per i suoi genitori in Fährstraße per due anni. Lei e Mia lavoravano bene insieme. Così ho pensato che forse poteva farle comodo un po' di aiuto».

«Lei ha pensato così, eh?», ripeté Ida assorta. Non le dispiaceva l'idea di accollare a Campmann un'altra spesa.

«È una casa grande», osservò Käthe.

Ida annuì. In quel modo Mia avrebbe avuto più tempo per frequentare il quartiere cinese e tessere una solida rete di contatti. Dal suo matrimonio, a maggio, Ida aveva visto Tian una volta sola e purtroppo si era comportato da autentico gentiluomo.

«In una casa di queste dimensioni è difficile per una sola cameriera occuparsi anche delle pulizie», rincarò Käthe.

Mia, che era fuori con l'orecchio incollato alla porta, fu a un passo dal dire ad alta voce che era proprio così. Non le dispiaceva l'idea di poter di nuovo scaricare sulla Laboe i lavori pesanti.

«Mezza giornata», concesse Ida. «Quattro giorni alla settimana».

«Alle vecchie condizioni?».

Ida fece spallucce. Lei non aveva idea di quali fossero state le vecchie condizioni. Darlo a vedere fu un errore.

Käthe fiutò subito l'occasione. «Ottanta centesimi l'ora».

Da dietro la porta, Mia non credeva alle proprie orecchie.

Anche a Ida sembrò una richiesta esosa. Ma acconsentì. Era Campmann a pagare. Vendersi a caro prezzo

era una magra consolazione, ma pur sempre una consolazione.
Si alzò. Era abitudine di suo padre suggellare un accordo d'affari con una stretta di mano, secondo l'uso renano. Valeva come un contratto scritto. Eppure Ida tentennava ancora, mentre Käthe, già in piedi, le tendeva la mano.
«Non le manca il coraggio, eh?», domandò Ida.
«Senza non si va da nessuna parte».
«E dov'è che lavora?».
«Alla clinica ostetrica Finkenau».
«È un buon posto. Molte mie amiche hanno partorito lì».
Käthe sorrise. Finalmente Ida era scesa dal piedistallo da cui l'aveva guardata per tutta la durata di quell'incontro. «L'aspetto presto, allora», le disse.
Ida le strinse la mano. «Lo spero tanto», sospirò.

Il chirurgo incaricato era Landmann, il dottor Unger non aveva voluto assistere e così gli era stato affiancato Geerts, un giovane medico con buone capacità. L'anestesista aveva applicato alla paziente la mascherina dell'etere, Landmann aveva eseguito l'incisione sulla pelle bianca e liscia, Geerts teneva in mano il divaricatore. I suoi timori furono confermati: il capo aveva aspettato troppo. Salpingite bilaterale, con interessamento non solo di entrambe le ovaie ma anche dei dotti ovarici, gravemente infiammati e pieni di pus.
«Merda!», imprecò Kurt Landmann.
Geerts gli rivolse un'occhiata eloquente e lui annuì. Asportazione delle ovaie. Non c'era altro da fare. Ed erano fortunati se riuscivano a tenere in vita quella povera ragazza.
Ne aveva parlato con Unger? Non ricordava. La relazione con Elisabeth Liebreiz era all'inizio e ancora troppo segnata dal rapporto medico-paziente, per sfiorare

certi argomenti. Anche se Unger si era rifiutato di entrare in sala operatoria con lui.

Forse doveva affidare a Theo il compito di dire a lei e ai suoi genitori che di bambini non ce ne sarebbero mai stati? Magari Unger avrebbe potuto aggiungere che lui l'avrebbe amata ugualmente. Landmann scosse appena il capo, ma la cuffietta gli scivolò lo stesso di un centimetro sulla fronte. La vita l'aveva reso un vigliacco fino a questo punto?, pensò.

No, non poteva scaricare la responsabilità su Theo: era lui il chirurgo e toccava a lui comunicare la brutta notizia ai familiari.

Lasciò a Geerts il compito di richiudere la paziente. Landmann andò a lavarsi e a cambiarsi nella stanza adiacente alla sala operatoria. La porta si aprì e lui fu sollevato di non veder entrare Theo.

Elisabeth Liebreiz avrebbe ripreso i sensi nella sala risveglio e poi sarebbe stata condotta al suo reparto, sempre sotto le cure scrupolose delle infermiere. Adesso la priorità era proteggerla da possibili complicanze. Che a tutto il resto non si aggiungesse anche una trombosi.

All'ospedale militare, quando si amputava, si beveva spumante. Forse doveva portarsi dietro una bottiglia di Feist andando da Theo per dirgli come stavano le cose. O magari due.

Perché ci si affannava ancora a insabbiare le decisioni sbagliate? Come se le gerarchie corrispondessero a un ordine divino. C'era stata una guerra, con orrori indescrivibili, e ancora mancava il coraggio di alzarsi in piedi e dire la propria.

Landmann andò nel suo studio, buttò il camice bianco sulla sedia dell'ospite, prese dall'armadio il cappotto a scacchi e se lo infilò insieme al cappello. Lasciò la clinica con due minuti di ritardo.

Era appena passata la prima domenica di Avvento quando Ida attraversò il ponte per raggiungere la macchina di Tian. Guidava una Adler, come quella che aveva un tempo suo padre, solo un modello più recente: la ditta importatrice di caffè per cui lavorava ne possedeva due.

Seduto al volante, Tian portava con disinvoltura l'orgoglio di essere tra i pochi in possesso di una patente di guida. Dentro però era tutt'altro che disinvolto: sentiva di andare contro tutti i suoi principi. Aveva giurato a se stesso che con Ida era finita, e adesso si dirigeva spedito verso Wohldorf, per infangare il suo onore.

Un'amica di Claire Müller aveva messo a loro disposizione il suo rifugio estivo, poco a nord di Amburgo. Quando Ida l'aveva chiamata di punto in bianco dopo tanto tempo, l'anziana pianista aveva capito alla svelta che non avevano più bisogno soltanto di un alibi, aveva subodorato un buon guadagno e messo a disposizione il rifugio.

«Non c'è la stufa», aveva ammesso con aria complice. «Ma sono certa che troverete il modo di scaldarvi».

Tian aveva portato delle coperte da cavallo prese in prestito alla Kollmorgen. Era una fredda giornata di novembre e c'era la nebbia.

«La tua mademoiselle saprà tenere il segreto?».

«Già ti preoccupi?», gli domandò Ida. «Prima il piacere, no?». Per Ida c'era in gioco molto più di questo. Si sentiva viva, una sensazione che credeva di aver dimenticato. Senza coraggio non si va da nessuna parte, aveva detto la figlia della Laboe.

«La pelliccia ti tiene abbastanza calda?».

«Ho portato anche una coperta di lana».

«E io due coperte da cavallo».

«Non puzzeranno?».

Il puzzo delle coperte si rivelò poca cosa a paragone

del lezzo di muffa che c'era nel rifugio. Spalancarono la finestra, per areare e per riuscire a vederci abbastanza da trovare la lampada a petrolio e accenderla.

Un lettino singolo provvisto di un materasso, un tavolo, due sedie. Un catino smaltato sopra il cassettone. E l'acqua per riempirlo? Fuori, in giardino, c'era una latrina.

Si spogliarono a vicenda, tremando. Di freddo e di desiderio, e Tian si stupì di come Ida si eccitò in fretta quando le accarezzò i seni e il sesso. Si scaldarono e stettero bene. Restarono abbracciati finché fuori dal rifugio non scese il buio.

Erano le otto passate quando Tian la depositò nelle vicinanze del Palais. Ida prese la borsa, nella quale aveva messo un paio di spartiti: *Canti natalizi* e i *Pezzi per pianoforte* di Beethoven.

Il suo appartamento al piano nobile aveva tutte le luci accese, anche quella dello studio di Campmann. Si sarebbe bevuto la storia delle lezioni di pianoforte con Mademoiselle Müller? Forse le sarebbe toccato suonargli qualcosa, un inno dell'Avvento magari.

«Ho ancora molto da lavorare, con la Müller». Ecco cosa poteva dirgli, quando si sarebbe accorto che non sapeva suonare.

Lud si chinò sul portagioie finito e aspirò di nuovo il profumo del ciliegio. Poi aprì il coperchio, sollevò il vano superiore suddiviso in piccoli scomparti prendendolo per i due nastrini di seta e osservò con soddisfazione il risultato del proprio lavoro.

Il copale aveva reso il legno un po' più scuro, accentuandone i riflessi fulvi. Per il momento Henny non aveva molto da mettere nel suo nuovo portagioie: orecchini infantili, cuoricini di corallo, la croce della cresima e una collana di perle di fiume, ma lui sperava di riempirlo un po' alla volta nel corso della loro vita insieme. Presto sarebbe arrivato un bell'anello d'oro, ma quello l'avrebbe portato al dito, sempre.

Le nozze si sarebbero celebrate a gennaio. Provò l'impulso d'inginocchiarsi ancora, per ringraziare il Signore.

Luglio 1923

Tian era andato con Ida al porto, sulla Überseebrücke, da dove l'indomani si sarebbe imbarcato. Il postale per l'America non c'era ancora. Eppure di lì a poche ore i suoi genitori e sua sorella Ling lo avrebbero accompagnato al porto per salutarlo, e a loro si sarebbe unito anche Hinnerk Kollmorgen, l'importatore di caffè. Guillermo, che gestiva la succursale dell'azienda a Puerto Limón ed era venuto in visita ad Amburgo, si sarebbe imbarcato con lui.

«Lo sai che è meglio così», disse Tian nella brezza che scompigliava i capelli a Ida e attutiva l'afa estiva.

«Lo hai detto tante volte, ma non mi consola affatto».

«Non sopporto più tutti questi sotterfugi», disse Tian.

«Potevo chiedere il divorzio».

«Questo lo hai detto tante volte tu, ma non lo farai mai! Io non posso darti la vita a cui sei abituata».

«Ormai sei un uomo d'affari che può permettersi di viaggiare in prima classe», disse Ida sorridendo.

«In Costa Rica non ci saranno tanti lussi».

«Tre anni sono un sacco di tempo».

«Non tre anni interi. A marzo sarò di nuovo qui».

«Marzo del '26. È un anno lontanissimo. Quanto la Costa Rica». Ida strizzò gli occhi guardando l'Elba, dalle cui acque si levavano scintille di luce. Dietro il porto, si apriva il vasto mare.

Suo padre in passato faceva molti affari in Amazzonia e c'era andato di persona più di una volta; in un'occasione lo aveva accompagnato anche Netty.

Ma per lui non aveva mai provato quella nostalgia dolorosa che l'assaliva quando pensava a Tian così lontano, dall'altra parte del mondo.

«Conoscerai una del posto e ti dimenticherai di me».

«Tu avrai un figlio da tuo marito e ti dimenticherai di me».

«Sono due anni che ci provo e non ci riesco. Al contrario di te, Campmann non usa il contraccettivo».

C'erano stati giorni in cui a Ida non sarebbe dispiaciuto restare incinta di Tian. Lo scandalo sarebbe stato un peso più lieve che tutta una vita accanto a Campmann.

«Chissà, magari al mio ritorno sarò un uomo ricco... potrei trovare una miniera d'oro!».

«C'è oro, in Costa Rica?».

«Che io sappia, solo piantagioni di caffè», replicò Tian ridendo.

«Il socio di mio padre ha fatto fortuna coi diamanti. In Sudafrica».

«Allora sto per salire sulla nave sbagliata».

«Togliamoci dal sole. Mi gira già la testa».

Tian la guardò preoccupato. «Vieni. Mettiamoci all'ombra di una tenda».

Ma lei scosse la testa. «Portami a casa», disse. «Campmann è a Berlino. C'è solo Mia in casa».

«E se torna prima?».

«Si ferma a dormire lì», gli disse lei.

«Non lo voglio offendere in casa sua».

«Per tutto il resto direi che è tardi».

«Ti accompagno a casa. Ma non entro».
«Prendiamo subito un taxi, allora», disse Ida. «Non ho più voglia di stare qui. Domani ci saranno i tuoi a farti ciao con la mano, e poi te ne andrai».

Vicino al pontile trovarono una vettura libera e salirono, si presero per mano e si sentirono addosso lo sguardo dell'autista che li sbirciava dallo specchietto come fossero due esemplari di qualche rara specie animale, a lui sconosciuta. Li portò a Uhlenhorst, imboccò la Hofweg e poi il vialetto che portava al Palais.

Tian pagò e scese per aprire la porta a Ida. Il tassista rimase a guardarli mentre entravano in casa.

Else Godhusen aveva fatto pace col nuovo taglio della figlia da quando i capelli le erano un po' ricresciuti. A volte li ondulava un po' col ferro arricciacapelli. La prima volta lo aveva fatto il giorno delle nozze, ed era passato un anno e mezzo. E l'indomani la piccola festeggiava già il primo compleanno. Il tempo passava troppo in fretta.

Else stava andando da Schrader, sulla Herderstraße, che aveva in vetrina delle bambole bellissime. Erano di plastica e ancora non adatte a Marike, però in negozio avevano di certo altri giocattoli, magari di carta, che potevano piacere a una bimba di quell'età.

Lud era un bravo ragazzo. Grandi cose non ne avrebbe fatte, aveva troppo la testa per aria, ma la bambina era venuta proprio un gioiellino: sveglia, vivace, e poi quei riccioli dorati... non serviva nemmeno l'arricciacapelli.

Si fermò a osservare i giochi esposti in vetrina. Per una casa delle bambole era presto, senza contare che Lud ci teneva a fargliene una lui con le sue mani. Le aveva già costruito una graziosa papera con le rotelle e un cordino attaccato, che la piccola avrebbe potuto trascinarsi dietro non appena fosse stata capace di alzarsi sulle sue gambette. Magari un gioco di costruzioni, con l'immagine a colori di Giannetto che scambia la sua oca. Povero sciocco Giannetto.

Else se ne andò dal negozio con una trottola di latta e un libro illustrato, *Hänschen im Blaubeerwald*. Era soddisfatta dei suoi acquisti, anche se aveva speso uno sproposito. I prezzi non facevano che salire. Era ora che il signor cancelliere si facesse venire qualche idea.

Si affrettò verso casa per mettere via il regalo. Subito dopo doveva andare a casa di Henny, in Canalstraße, per stare con la bambina. Il turno di Henny alla Finkenau cominciava all'una e a mezzogiorno bisognava pur mangiare: sempre troppe cose da fare.

Else però era contenta. C'era di nuovo una famiglia intorno a lei. Anche Lina era una cara ragazza, tanto affettuosa con Marike. Mesi prima, quando era stato celebrato il matrimonio, aveva temuto il peggio. Tutta quella premura, le cose fatte di fretta.

Davanti a casa sua, sulla Schubertstraße, c'era il figlio dei Lüder seduto sui gradini. Doveva avere ormai nove anni, quel monello. Come mai non era a scuola? O l'anno era già finito? Non c'era più disciplina nelle famiglie. Else si voltò a guardare verso la Humboldtstraße: dai Laboe le finestre erano tutte aperte. Sfido, con quel caldo.

Käthe non aveva ancora avuto figli e anche con Rudi sembrava andasse tutto bene.

«Fatti da parte», disse a Gustav Lüder mentre tirava fuori la chiave. Eh, la vita, pensò, se solo uno sapesse fin da subito come va a finire... Heinrich, hai una nipotina, una bimba deliziosa, che domani compie un anno. Che ci sei andato a fare in quella guerra? Non avresti dovuto farlo. Non ne è venuta che una grande umiliazione per la nazione, e tu ti sei perso tua nipote. Adesso avresti quarantanove anni.

Per pranzo aveva del semolino con la composta di ciliegie. L'ideale in una giornata così calda. Adesso però doveva sbrigarsi.

Mise il sacchetto sul tavolo della cucina e poi cominciò a vedere sfocato. Else Godhusen cadde di peso sul pavimento.

Ida aveva conservato la tartaruga di giada bianca, anche dopo che Tian era partito, come se quel piccolo oggetto potesse avere il potere di tenerla legata a lui. C'era silenzio in casa, Mia era già tornata negli alloggi della servitù, che erano sulla Hofweg, proprio di fronte al Palais. Ida si sentiva terribilmente sola.

Alla fine aveva convinto Tian a fermarsi e a fare l'amore. Lo avevano fatto senza protezione, anche se all'ultimo lui si era ritratto. Nulla le sarebbe piaciuto più che restare incinta e presentare a Campmann un bel cinesino!

Ida non si era rivestita e girava per casa in sottoveste. Uscì nella loggia che dava sul retro del palazzo e si lasciò cadere su una delle sedie di vimini bianche. Dal piano sopra il loro si vedeva l'Alster, ma da lì il panorama era fatto solo da chiome di alberi. Quello spilorcio di Campmann non aveva voluto prendere una delle case dei piani alti, perché costavano di più. A lui della vista non importava, di giorno non c'era mai: la sua vera casa era la sede della Dresdner Bank.

In agosto avrebbe compiuto ventidue anni, ma Ida si sentiva più vecchia quando pensava alla vita che aveva desiderato. Forse, come Netty, era destinata a soffrire di pura e semplice noia. Sua madre però aveva vissuto da signora, aveva frequentato gli ambienti più esclusivi, non aveva avuto altre incombenze che assumere personale domestico, ricevere la sarta e organizzare ogni tanto qualche vendita di beneficenza. Senza dimenticare che papà era una compagnia molto più piacevole di Campmann.

Papà. Di solito non lo chiamava così. Da quando era caduto nelle grinfie di quella donna, Guste, era come se Ida stesse cercando di affermare il proprio diritto di precedenza nel cuore di Carl Christian Bunge. Non abitava più in quella pensione, gli affari coi dischi per grammofoni andavano bene e aveva fondato una nuova compagnia col suo socio. Ma Guste Kimrath si tratteneva spesso a casa sua in Rothenbaumchaussee, proprio a due passi dalla sua pensione.

Ida tirò i piedi nudi sopra la sedia di vimini. I suoi piedini rosei, con le unghie come di madreperla. Era ancora giovane e fresca. Ma al ritorno di Tian, Ida avrebbe avuto venticinque anni e sarebbe appassita, dopo tre anni sola con Campmann. Forse doveva raccontare la verità a papà, tutta la verità. Che con Tian non era mai finita, che lo amava e che voleva lasciare Campmann. I debiti che papà aveva con lui li avrebbe ripagati in qualche modo, un po' alla volta. Nonostante l'inflazione, gli affari andavano bene. La Diamant Grammophon puntava al mercato americano.

Suo padre non era mai stato un uomo di mentalità ristretta e adesso, con tutti gli artisti che gli giravano intorno, di certo l'idea di avere un genero cinese non gli avrebbe fatto lo stesso effetto che ai tempi di Netty.

Adesso le era venuta voglia di un Brandy Julep. Lo aveva bevuto una volta con Tian, ma dubitava fortemente che Mia lo sapesse preparare. Inoltre di menta in casa non ce n'era. Ida si alzò e attraversò a piedi nudi l'appartamento immerso nella penombra per andare in biblioteca, dove c'era il carrello dei liquori: brandy di gran marca, Armagnac, Bärenfang e Danziger Goldwasser. Ogni tanto Campmann gliene offriva uno, anche se a lei non piacevano. Prese un bicchiere tra quelli sistemati in bell'ordine sul carrello e si versò del vermut bianco.

Se ne tornò nella loggia e col bicchiere in mano cominciò a pensare a Tian. Se fosse rimasta incinta quel giorno, Campmann l'avrebbe lasciata e tutti i suoi problemi si sarebbero risolti. Un oltraggio del genere suo marito non lo avrebbe sopportato, e Ida a quel punto avrebbe prenotato una bella cabina su una nave diretta in Costa Rica.

Sul tavolo di vimini c'era ancora la tartarughina di giada: ricordò a se stessa di non lasciarla lì, perché il padrone di casa si sarebbe agitato a vederla. Arrabbiarsi sarebbe stato già troppo.

L'orologio della cucina ticchettava e Henny cercava di concentrarsi sulla torta che aveva appena tolto dal forno, anche se lo sguardo le volava di continuo alle lancette. Era presto per sformarla, ci avrebbe pensato Else più tardi, con lo stampo freddo.

Sua madre. Che fine aveva fatto? Avrebbe dovuto essere lì già da mezz'ora, mancavano pochi minuti a mezzogiorno. Non avrebbero avuto nemmeno il tempo per mangiare. Ed Else era il tipo che ci teneva.

Henny si voltò verso Marike, che seduta sul pavimento faceva camminare la sua paperella. «Nonna», disse la piccola.

«La nonna arriva presto», le disse Henny augurandosi che così fosse. Dove poteva essere andata? Di solito Else era puntualissima.

A mezzogiorno e dieci prese in braccio la bambina, prese le chiavi e se le mise in borsa, si chiuse la porta alle spalle e scese svelta le scale. Sistemò Marike sul passeggino, che teneva nel sottoscala, e imboccò di buon passo Winterhuder Weg, poi entrò nella panetteria di Harry

Trüller per telefonare in clinica e far sapere che sarebbe arrivata in ritardo. Il cuore le batteva forte.

Henny fece la stessa strada che faceva di solito la madre per venire a casa sua, sperando di incontrarla. «Nonna», disse di nuovo Marike. Il borbottio della piccola rendeva Henny ancora più nervosa.

Arrivata in Schubertstraße diede un'occhiata alla finestra dei Laboe, che era aperta. In caso di emergenza, poteva lasciare a loro la bambina. *Emergenza*. Che stava succedendo?

Henny aprì la porta con la chiave di riserva, tirò su Marike dal passeggino che lasciò lì, e salì le scale fino all'appartamento. Pigiò l'indice sul campanello tenendo la bambina sull'altro braccio. No. Così non sentiva altro che il trillo acuto del campanello. Bussò alla porta. «Mamma, ci sei?». Infilare la chiave nella serratura. Aprire la porta. Compì questi gesti in maniera esitante, perché aveva paura di ciò che i suoi occhi e quelli di Marike avrebbero potuto vedere.

Si ritrovò nell'ingresso, di fronte a lei il corridoio semibuio. «Mamma?», chiamò. Marike cominciò a piagnucolare. Henny aprì di scatto la porta della cucina. Sua madre era seduta sul pavimento. Seduta, grazie al cielo.

«Vedo tutto sfocato», mormorò. «Mi gira la testa».

«Mamma, che è successo?».

«Di colpo mi è venuta una gran debolezza. Forse è stato il caldo».

Henny aprì subito la finestra, anche se fuori non era più fresco che dentro. In cortile c'era il figlio dei Lüder. Si sporse fuori. «Conosci il dottor Kluthe?». Il ragazzino alzò la faccia verso di lei e annuì. «Vallo a chiamare, Gustav. Di corsa. Digli che c'è un'emergenza in casa Godhusen». Poteva solo sperare che il dottore si trattenesse nel suo studio in Beethovenstraße anche all'ora di pranzo.

Quando Kluthe arrivò, Else era sdraiata sul divano con le gambe sollevate sopra due voluminosi cuscini e una pezza umida e fredda sulla fronte. Marike si era seduta sul pavimento, tutta presa a giocare con le frange del tappeto.

«Oggi è il quarto paziente con un abbassamento di pressione», disse Kluthe mentre preparava una siringa di soluzione salina.

«Bisogna portarla in ospedale?», domandò Henny.

«Neanche per sogno», replicò Else che stava già molto meglio.

«Non è necessario», disse Kluthe. «Però voglio vederla domani in ambulatorio, per una visita più approfondita».

«Domani è il compleanno di mia nipote!».

«Allora chiamo subito l'ambulanza».

«Se solo si potesse fare prima», disse Else Godhusen.

«Quanto ha bevuto oggi?».

Else stava per mettere su una faccia indignata, ma Henny la fermò in tempo.

«Acqua, mamma. Il dottore teme che tu abbia sofferto di disidratazione, con questo caldo».

Kluthe sorrise. «La cosa migliore è che lei se ne resti un po' sdraiata a riposare. Mi sembra che sua figlia abbia fatto tutto alla perfezione. Impacchi freddi sulla fronte e gambe in alto. E deve bere molta acqua. Va bene anche quella di rubinetto».

«Del resto, è del mestiere», osservò Else.

Kluthe annuì. Niente visita in ambulatorio, così si sarebbe risparmiato le chiacchiere della Godhusen sulle competenze mediche della figlia.

«Ma io non posso restarmene qui a far niente! Qualcuno deve badare alla bambina. Dovresti essere in clinica già da un pezzo, Henny».

«Ho chiamato per avvertire. Sono passata da Trüller».

«Lei è un'ostetrica. Dovrebbe avere il telefono in casa», osservò il dottore.

Else annuì con tale veemenza che per poco non le venne un altro mancamento.

«Mio marito ha appena fatto domanda».

«Che ne facciamo dunque della piccola?». Kluthe si accovacciò accanto alla bambina, che lo osservò con attenzione e poi fece per prendergli gli occhiali dal naso. «Telefonerò alla Finkenau dal mio studio per spiegare la situazione. Saranno comprensivi quando dirò loro che sua madre non si è sentita bene».

Else si mise a sedere. «Non se ne parla! Marike e io ce ne staremo qui tranquille. Le leggerò qualcosa e nel frattempo potrò riposarmi. Uno dei suoi regali di compleanno lo riceverà in anticipo. Gliel'ho comprato oggi. *Hänschen in Blaubeerwald*, ti ricordi? Ce l'avevi anche tu da bambina. Chissà dov'è finito...».

«Ma è troppo piccola per quel libro» obiettò Henny.

«Non per guardare le figure».

Kluthe stava mettendo via i suoi ammennicoli e si preparava a congedarsi. Else Godhusen stava già molto meglio.

«Allora io posso andare a lavorare, dottore?», domandò Henny.

«Se nonna e nipote promettono di starsene buone sul divano e bere molta acqua, sì. Vada tranquillamente al lavoro».

Marike alzò gli occhi sulla nonna.

«Lo promettiamo», disse Else.

Kurt Landmann prese il quadro dall'armadio dello studio. Era diventato difficile investire in opere d'arte, perché nessuno voleva più separarsi dagli oggetti di valore.

La *Veduta del monte Süllberg* di Paul Bollmann lo aveva comprato da un'anziana signora, vicina alla famiglia Liebreiz.

«I soldi non mi servono. Adesso poi non valgono più niente. Ma voglio che il quadro rimanga in buone mani», gli aveva detto, e in capo a sei giorni era morta.

Non si trattava solo di un tentativo di mettere al sicuro il suo modesto patrimonio. I nuovi artisti gli piacevano. Aveva cominciato due anni prima con la *Natura morta con statuina africana*, di Emil Maetzel, che era appeso sopra il divano della sua casa in Bremer Reihe. Maetzel era uno degli artisti di punta della Secessione amburghese. Si ripromise di portare Unger a visitare la Kunsthalle, la galleria cittadina. Lì dentro faceva anche fresco.

Non se la passava benissimo, il suo amico e collega. Theo Unger, a quanto pareva, non aveva fortuna con le donne. Che poi... nemmeno Landmann era sposato o fidanzato, ma a lui andava bene così, non ci si vedeva bene con l'anello al dito. Theo invece non vedeva l'ora di prendere moglie.

Landmann mise un foglio di carta da pacchi sul lettino dove di solito si sdraiavano le pazienti e cominciò a incartare il Bollmann. Un formato piccolo, facile da tenere sotto braccio e portare a casa. Finalmente. Glielo aveva consegnato personalmente in ospedale l'avvocato della vecchia signora, il quale si era premurato di infilarlo prima in una vecchia federa rotta; poi, effettuata la consegna, aveva ripiegato con cura la federa e l'aveva messa nella borsa come fosse stata un oggetto di gran valore.

A Landmann era sembrato che le cose stessero andando bene fra Unger e la giovane Liebreiz. Poi però Elisabeth aveva fatto un passo indietro, benché pochi mesi prima, quello stesso inverno, si fosse parlato di fidanzamento. Il vecchio Liebreiz diceva che sua figlia non si sentiva più completa come donna. Theo la pensava in tutt'altra maniera: aveva confidato a Landmann che avere dei figli non era così importante per lui e che il fratello minore aveva già dato ai suoi genitori ben tre nipotini, perciò anche da quel lato non c'erano pressioni.

Adesso bisognava legare un cordino intorno al quadro. Un bel nodo, fatto a regola d'arte. Era o no un chirurgo? Forse avrebbe fatto bene a parlare un po' con Elisabeth. In qualità di amico di famiglia. In fondo la conosceva da quando era piccola. I motivi non erano molto chiari nemmeno a lui, ma ci teneva molto che Unger ed Elisabeth convolassero a nozze.

In soffitta sembrava di essere in un forno, ma Lud lavorava senza sosta alla sua carrozzina per le bambole: una delle ruote non girava bene. Il piccolo laboratorio che aveva messo in piedi nel sottotetto era una soluzione di fortuna, dove si sudava d'estate e si gelava d'inverno. Forse, una volta finita la follia dell'inflazione, sarebbe riuscito ad affittare un capanno in qualche cortile.

Lud depose a terra la carrozzina e la spinse su e giù. Adesso sì che andava bene. Marike avrebbe potuto portare a spasso i suoi orsacchiotti e intanto imparare a camminare bene. In occasione del compleanno della figlia aveva preso un regalo anche per Henny. Una cosa da riporre nel portagioie, perché un anello simile non poteva certo portarlo al dito tutti i giorni. Dava troppo nell'occhio. D'argento, con dei bei granati finemente intagliati. Un esemplare antico, che aveva preso da Jaffe, lo stesso che una volta gli aveva venduto delle ametiste da regalare a Lina.

Gli piaceva il negozio e anche Moritz Jaffe. Durante la guerra aveva combattuto per il Kaiser, e anche adesso aveva simpatie per l'impero. Lud, invece, si sentiva vicino ai socialdemocratici, Ebert gli piaceva. Ma non aveva ancora avuto la possibilità di votare, né per la carica di presidente del Reich né per quella di cancelliere. Nel 1920 lui era troppo giovane e altre elezioni in seguito non ce n'erano state. Da allora si erano susseguiti cinque cancellieri, ed era assai improbabile che Wilhelm Cuno restasse al suo posto ancora a lungo. Non era appoggiato da nessuna delle coalizioni.

Lud sorrise. Non aveva mai votato, però era sposato e padre di una bambina. Era assurdo, eppure Lud era soddisfatto. Si sentiva al sicuro dalla minaccia della solitudine, che era ciò che più temeva nella vita.

Che fortuna avere Henny e Marike. Di sotto, nel loro appartamento, sua suocera badava alla bambina. Stava molto meglio, dopo quello svenimento.

Presto anche Henny sarebbe tornata dal suo turno alla Finkenau. Allora si sarebbero seduti in balcone, dove Henny, su sua richiesta, aveva piantato delle vivaci fucsie rosse, con una bottiglia di vino nel secchiello di zinco pieno d'acqua gelata. Uno dei suoi colleghi si era fatto spedire dall'America una ghiacciaia. Cose che poteva permettersi solo chi aveva uno zio ricco oltreoceano, che gli spedisse per nave costosi elettrodomestici.

Il pensiero che esistesse qualcosa come una ghiacciaia lo fece sudare ancora di più. Basta lavorare, lo aspettava il suo bel balcone fiorito. Avvolse la carrozzina in una vecchia coperta e imboccò le scale.

Non aveva molto da regalare a sua figlia, ma Lud si sentiva già felice al pensiero di ciò che gli si prospettava, da quel primo compleanno al giorno in cui l'avrebbe accompagnata all'altare. Al suo matrimonio con Henny non c'erano stati padri, e in rappresentanza della sua famiglia c'era stata soltanto sua sorella Lina.

Ma adesso era tutto diverso. Presto Marike avrebbe avuto fratelli e sorelle e lui avrebbe realizzato il suo sogno di fare parte di una grande famiglia. Mentre scendeva le scale, Lud pensava a quant'era fortunato.

«Sei gentile a far visita ai tuoi vecchi, qualche volta. Deve fare molto caldo, lassù al quarto piano», disse Karl Laboe lasciando entrare Käthe. «Sei tutta rossa. È solo l'afa o hai qualche bella notizia?».

Käthe si tolse dalla fronte una ciocca di capelli che le si era incollata alla pelle. «Rudi è entrato nel Partito Comunista».

«Non è proprio la bella notizia che immaginavo».

«Cuno e i suoi compari della SPD hanno i minuti contati, non lo vedi?».

«No, non lo vedo. E comunque non ho voglia di discorsi impegnati, con questo caldo. Quand'è che tu e Rudi ci fate un bel nipotino?».

«Oh, papà!».

«Mi sembra una domanda legittima, cara mia. Bevi qualcosa. Tua madre ha fatto l'acqua di lamponi. Dovrebbe essere ancora fresca, lì nella caraffa».

Käthe prese la caraffa, avvolta in un panno umido, e riempì un bicchiere. «Ne vuoi anche tu?», domandò.

«Ne ho già bevuta tanta».

«Voglio aspettare un altro po'».

«A bere?».

«A fare un bambino».

«Henny ti ha preceduta».

«Quello è stato un incidente».

«Però tutto si è risolto bene. La bambina è un amore. L'ho vista dalla finestra. Se la passa bene, la Godhusen».

«Oggi ha avuto un collasso. Henny è arrivata tardi al suo turno».

«Bisogna stare attenti, con questo caldo. E questa storia di Rudi e del Partito?».

«Lo ha raccomandato un collega. Sta cambiando tutto, nel Paese».

«E i comunisti sono meglio degli altri?».

«Vale la pena fare un tentativo, papà. Mamma è ancora dai Campmann?».

«Sì. Anche Mia non si è sentita bene. Tua madre le dà una mano».

«Potreste farvi dare del ghiaccio giù al birrificio».

«Troppa strada. Abbiamo gli acciacchi, io e tua madre. Poi, il tempo di arrivare a casa e il ghiaccio è già bello che sciolto».

«Ve ne farò portare un po' da Rudi».

«Non so se è una buona idea, questa del Partito», disse suo padre. «È un così bravo ragazzo, quel tuo Rudi».

«Appunto», replicò Käthe. «Sta con loro proprio perché ama la gente».

«Se pensi che Rudi stia bene con quelli là, sei matta».

«Sono venuta solo a vedere come state».

«Davvero gentile da parte tua, Käthe. Ma la mia opinione te la prendi lo stesso». Karl Laboe sollevò il capo sentendo la porta che si apriva.

La madre di Käthe entrò in cucina e mise i cesti della spesa sul tavolo. «Dentro c'è mezzo pollo già cotto. Come ringraziamento per gli straordinari». Fece un cenno a Käthe, alla maniera asciutta dei Laboe. «Siediti a mangiare con noi».

«Me ne vado subito. Ho solo fatto un salto per sapere come state. Devo vedermi con Rudi al parco».

«Peccato», disse Anna, e cominciò a tirare fuori la spesa. Una confezione piccola di insalata di patate, una busta di ciliegie.

«Andate in birreria?». Karl pronunciò la parola con manifesta voluttà.

«Per noi c'è il pollo, Karl», gli disse la moglie.

«E l'acqua di lamponi», aggiunse lui.
«Come sta Mia?», s'informò Käthe.
«Non tanto bene. È da un po' di tempo che è così. Detto tra noi, secondo me è incinta».
«Vuol dire che presto ci sarà più lavoro per te», disse Karl. «Invece Käthe ha detto che vuole aspettare ancora per avere un bambino. Non ti illudere di diventare nonna tanto presto, cara mia».

«Io e Marike ci mangiamo il semolino avanzato a pranzo», disse Else. «Voi due uscite, andate a godervi il bel tempo». Fu una soddisfazione per Else vedere la faccia sorpresa di Henny di fronte a tanta generosità. Lei e Lud se ne andarono come due ragazzini che sono stati appena dispensati dalla lezione e hanno paura che la maestra cambi idea.
«Potrei invitare la madre di mia figlia al Fährhaus», disse Lud. Erano già arrivati all'angolo con Hofweg.
«E se andassimo in un posto dove c'è meno confusione?».
«Allora dovevamo rifugiarci in cantina. Sono tutti fuori, stasera».
Ma alla fine di Schillerstraße non girarono a sinistra, verso il Fährhaus, bensì a destra, verso l'imbarco dei piroscafi. La *Galatea* stava entrando in quel momento nell'insenatura di Mühlenkamp, con una gran folla a bordo composta in gran parte da gente appena sbarcata dalla nave sull'Alster. Lud prese Henny per mano e insieme scesero i gradini che dal pontile portavano sulla nave.
La panchina di legno a poppa era vuota: le anziane signore a bordo temevano il vento sulle loro nuche argentate una volta che la nave avrebbe preso velocità.
Per il tratto fino alla Jungfernstieg e ritorno, Lud diede al pilota un'intera mazzetta di banconote: ci si era abi-

tuati in fretta a quei bigliettoni con cifre folli stampate sopra. Si sedettero soli nella luce del tramonto e videro sfilare la folla gaia del Fährhaus, i gazebo bianchi nei giardini delle ville sull'Alster, la gente a passeggio, i cani senza guinzaglio, tutto sembrava girare intorno a loro come in un caleidoscopio.

«Sei la gioia della mia vita», le disse Lud.

Henny lo guardò con affetto. E Lud, lui era la gioia della sua vita? Meglio non farsi certe domande.

La *Galatea* si fermò al Fährhaus e in Rabenstraße. Un giovanotto si sedette lì vicino e, quando li vide, parve imbarazzato. Qualcosa in loro metteva a disagio la gente. Forse sembravano troppo innamorati.

L'uomo si sedette all'altra estremità della panchina e volse il viso al vento, riservando solo qualche occhiata sporadica alla coppia e alle loro tenerezze.

Anche lui un tempo, rifletté Lud, era stato uno spettatore esterno di quel tipo di felicità. Gli venne in mente la coppietta col Franzbrötchen che aveva incrociato quel giorno in Winterhuder Weg e che aveva osservato andare via. In seguito Käthe e Rudi erano entrati a fare parte della sua vita, ma quel giorno lui non aveva idea di chi fossero, erano semplicemente una coppia di innamorati che si baciavano e che gli avevano messo addosso un tale senso di solitudine che aveva cominciato a sentire freddo.

«Abbiamo fatto bene a mettere su famiglia subito», disse.

«Perché?».

«Perché adesso abbiamo tanti anni di questa vita davanti».

«Sei un sognatore», replicò Henny, affettuosa.

Quando la *Galatea* accostò di nuovo vicino al pilastro del ponte di Mühlenkamp, era già quasi buio ma il cielo era limpido e chiaro e si andava riempiendo di stelle. Si udiva in lontananza il lamento di una fisarmonica. Il vecchio canto spagnolo della colomba, *La paloma*.

La Schillerstraße era tranquilla e silenziosa, dominata dal grosso edificio della scuola pubblica, mentre in Winterhuder Weg c'era un acceso viavai. Arrivati alla loro casa in Canalstraße, proposero a Else di fermarsi a dormire da loro e di finire la serata insieme, in mezzo alle fucsie rosse del balcone.

Non sapeva se ridere o piangere. Ida scosse la testa, incredula. Erano due anni ormai che cercava di restare incinta; del marito o dell'amante non le importava nemmeno più di tanto, anche se una preferenza l'aveva. Mia c'era riuscita così, senza batter ciglio, e aveva ben quattro possibili padri. Glielo aveva confidato la capra stessa. Si era portata a letto mezzo quartiere, quella poco di buono. Pure un cinese. Quel pensiero diede fastidio a Ida.

Il suo timore era che Campmann mettesse Mia alla porta. A Ida piaceva l'idea di avere un bambino per casa, anche se non era suo: sarebbe stato un antidoto all'atmosfera mortifera che vi regnava. Del resto, alla cacciata di Mia si sarebbe opposta comunque. Chi l'avrebbe mai detto che si sarebbe tanto affezionata alla capra?

Ida andò in cucina a prendere l'insalata di patate che la Laboe le aveva lasciato pronta nella ghiacciaia. I ghiaccioli erano già mezzi sciolti, l'indomani doveva telefonare e ordinarne di nuovi.

Quel giorno Campmann andava a pranzo da Emcke in Buschstraße, nel quartiere vecchio. Era stato invitato da certi dirigenti, le aveva detto. A Ida non importava un bel niente di con chi andasse a mangiare caviale sotto un elegante soffitto di legno a cassettoni. A Campmann piaceva molto il caviale, anche se non era incline al lusso sfrenato.

La capra andava spesso nel quartiere cinese, dove non mancavano giovanotti disposti a divertirsi con lei in barba alla morale. E lei del resto era l'ultima a potersi ergere a paladina del decoro: era stata Ida a insistere con Tian per riprendere la loro relazione, nonostante ora fosse una donna sposata.

Si sedette in balcone e cominciò a mangiare. L'insalata di patate era deliziosa, molto migliore di quella di Mia. Le venne l'idea di promuovere la Laboe da sguattera a cuoca. Aveva sottovalutato quella donna.

Dalla loggia dei vicini le arrivavano risate, tintinnii di bicchieri levati. Ma che vita era la sua? Era una splendida sera d'estate e lei era sola in casa a sentirsi invecchiare. Di lì a poco sarebbe rientrato Campmann con l'alito puzzolente di grappa – gli piaceva, col caviale – e avrebbe preteso la disponibilità di sua moglie. Forse era il caso di prendere il vino dal frigo: un po' di alcol in corpo le avrebbe reso più sopportabile sentirsi addosso le mani di quell'uomo. Doveva parlare con papà della sua situazione, il prima possibile.

Nel frattempo Mia era andata a parlare col primo dei possibili futuri padri. Ida si augurò che tenesse la lingua a freno e non gli dicesse che come lui ce ne erano altri tre. Magari uno di quei quattro l'avrebbe chiesta in moglie, magari tutti e quattro, e allora la capra avrebbe avuto perfino l'imbarazzo della scelta. Ida non se lo augurava. Mia era diventata la sua unica alleata.

Campmann si era lasciato convincere ad andare di nuovo alla casa d'appuntamenti di Helène Parmentier, al secolo Helene Puvogel o qualcosa del genere, arcinota negli ambienti altolocati di Amburgo.

Scelse Carla, una mora di bassa statura, tutto il contrario di sua moglie, che era bionda e chiara di carnagione. Carla sapeva come farlo felice. Al momento dell'orgasmo, pensò che stava risparmiando un fastidio a Ida. Lei lo faceva solo per dovere coniugale, e controvoglia. Col cinese probabilmente diventava una furia. Campmann non credeva di meritarselo tutto quel disamore.

Era già buio quando arrivò a casa. Si sdraiò vicino alla moglie addormentata e restò sveglio a lungo.

L'alba era il momento più poetico della giornata. D'estate il suo turno alla litografia Friedländer cominciava alle sette, quando il sole era già alto. Quella notte però era stata di turno Käthe, dopo tre sere libere di seguito, e lui aveva faticato ad addormentarsi solo nel letto, senza il corpo caldo di lei accanto a sé.

Alle quattro e venti Rudi era sul ponte dell'Hofwegkanal, a osservare il sole che sorgeva a Oriente.

Per tutta la notte aveva avuto in testa un verso di Hofmannsthal, un altro alleato della sua insonnia. La terzina sulla caducità, in particolare un verso rivolto agli antenati:

Sono con me tutt'uno, come i miei capelli

Due giorni prima era andato a trovare Grit. Le parole di Käthe, quel giorno al parco, gli erano rimaste in testa. Che non somigliava per niente ai suoi genitori. Né nell'aspetto, né nel carattere, né nel talento. Del resto non sapeva nulla del carattere di suo padre, né dei suoi talenti. Aveva solo quella fotografia col finto sfondo alpino.

Ed i miei avi, quelli del sudario,
Consanguinei mi sono come i miei propri capelli

Questa volta Grit non era rimasta zitta come al solito, si era arrabbiata, e lui ne era stato sciocccato. Non era forse un suo diritto cercare di sapere qualcosa sul conto di suo padre? Almeno se fosse vivo o morto? Sua madre era di tutt'altro avviso. Quando lui, per disperazione, si era lasciato sfuggire la notizia della sua iscrizione al Partito Comunista, si era messa a ridere e aveva tirato in ballo il fermacravatte con la perla. Un discorso molto fumoso, che poi si era rifiutata di spiegare. Era pazza, per caso?

Camminando per l'Hofweg passò davanti al Palais, dove la madre di Käthe faceva le pulizie, poi svoltò in Uhlenhorster Weg.

Quello stupido fermacravatte doveva aver mosso qualcosa in sua madre. Si comportava come se fosse appartenuto all'ultimo zar.

Rudi si avvicinò alla riva dell'Alster, che scintillava sotto l'intensa luce estiva. Il semplice essere lì, a osservare quel paesaggio, gli dava la sensazione di essere ricco.

Eppure Grit doveva dirgli quello che sapeva, era un suo diritto. Il diritto di avere un posto nel mondo come figlio di qualcuno, di un padre che gli aveva lasciato qualcosa, e non solo un gioiello di modesto valore. Forse la capacità di amare, oppure la sensibilità poetica, ma anche l'amore per il prossimo, che lui aveva tradotto in adesione al comunismo. Gli venne il dubbio che suo padre fosse stato invece un capitalista. Gli ronzava fastidiosamente in testa l'accostamento che Grit aveva fatto tra il suo ingresso nel Partito e il fermacravatte. Eppure, si diceva, se suo padre fosse stato ricco, avrebbe avuto un fermacravatte d'oro puro e non un modesto oggetto placcato, il cui maggiore valore risiedeva piuttosto nella perla.

In una chiesa vicina, la campana suonò le cinque. Forse era St Gertrud, quella dove si era sposata Henny, oppure St Marien in Danzigerstraße. Il turno di Käthe in sala parto finiva alle sei. Pensò di passare a prenderla per bere un caffè con lei, ma non c'era tempo.

Rudi decise di andare a piedi fino a Friedländer, una lunga passeggiata, dalla sponda dell'Alster fino a St Pauli. Il mattino di luglio era un invito a esplorare la città.

Erano state le ore peggiori che Käthe avesse mai vissuto in sala parto. Al momento della massima tensione, Kurt Landmann si era messo a gridare e l'aveva addirittura minacciata, nonostante non avesse fatto nulla di male. Né lei né gli altri.

Era stata una semplice, atroce disgrazia. «Che Dio ci assista», aveva detto l'infermiera. Dio però non li aveva assistiti e i gemelli erano morti entrambi. La madre, che era stata portata in clinica d'urgenza, era ancora viva e, quello sì, poteva considerarsi un miracolo. Un miracolo di cui dovevano accontentarsi.

Il primo dei due gemelli si era messo in posizione podalica e aveva cercato di venire fuori con i piedi in avanti. Le urla di Landmann erano cominciate quando si era accorto che il bambino aveva le braccia alzate, come fossero aggrappate al suo gemello. La testa non riusciva a uscire e il taglio cesareo non era valso a salvare le due creature, che erano morte soffocate.

Alle sei meno un quarto, un po' in anticipo, era arrivato in sala il dottor Unger, che si sarebbe occupato della madre.

Käthe, il dottor Landmann e il dottor Geertz uscirono dalla sala, esausti e sconvolti.

«Le chiedo scusa, Käthe. La prego, accetti le mie scuse», disse Landmann. «Emergenze simili mi sono capitate solo all'ospedale militare».

«Non dovremmo separarci subito», disse il dottor Geertz. «O preferisce andare a casa ora, Frau Odefey?».

Käthe scosse la testa.

«Andiamo in reparto a farci un bel caffè. Niente surrogato. Poi facciamo due passi lungo il canale. Prendiamo un po' d'aria», suggerì Geertz.

«Sono d'accordo, collega». Landmann lanciò un'occhiata a Käthe, che annuì di nuovo. Non riusciva ancora a parlare.

«Bisogna avvertire il marito», aggiunse Geertz. «È rimasto a casa a badare alla figlia maggiore. Ha lasciato il numero di telefono dei vicini».

«Me ne occupo io», fece Landmann. «Almeno la madre l'abbiamo salvata».

Sopra il canale nuotavano le anatre, gli uccelli cantavano fra i rami. Come poteva una così bella giornata seguire quelle ore terribili, di dolore e disperazione?

«Non potrà avere altri figli», disse Geertz.

«Anche se potesse, non credo vorrebbe mai rivivere l'esperienza del parto».

Käthe si coprì il viso con le mani e cominciò a piangere. Kurt Landmann l'accolse fra le braccia.

Dicembre 1923

Bunge non si accorse affatto di aver soffiato il taxi a un altro. L'uomo era rimasto in piedi nel mezzo del piazzale davanti alla stazione e lo guardava in cagnesco, ma Carl Christian Bunge non lo degnò nemmeno di uno sguardo. L'autista si avviò subito da Dammtor, lungo le mura e poi verso Altona. A quell'incrocio c'era sempre un gran traffico. Le cose si erano rimesse in moto, lo si sentiva in ogni angolo della città.

Gustav Stresemann era riuscito a porre un freno all'inflazione e a introdurre dei titoli a reddito fisso. Nonostante questi meriti, era stato scalzato dal governo e di lui non rimaneva che il completo maschile che portava il suo nome: giacca nera a monopetto, panciotto grigio, pantaloni gessati.

Anche Bunge aveva uno Stresemann nel suo armadio. Per poco non lo aveva detto ad alta voce, pur sapendo bene che all'autista non importava un bel niente né del suo vestiario né del fatto che lui, Bunge, era di nuovo sulla cresta dell'onda.

Adesso toccava a Wilhelm Marx cercare l'appoggio delle coalizioni. Ma era un'impresa quasi impossibile sia per i candidati socialdemocratici sia per i conservatori, come Stresemann, della Deutsche Volkspartei, il Partito Popolare Tedesco, sia per i cattolici di centro, come

Marx. Le cose non erano cambiate poi tanto rispetto a subito dopo la guerra, quando a destra incombeva la minaccia dei reazionari e a sinistra quella dei bolscevichi.

Il tentato Putsch di Monaco, di fronte alla Loggia dei Marescialli, all'inizio di novembre, gli aveva fatto cadere le braccia: un manipolo di bavaresi esaltati e guidati da un austriaco, per giunta.

Il taxi attraversò la città, che ribolliva di possibilità, di entusiasmo. Doveva tornare a buttarsi nella mischia. L'ippodromo. Il ristorante Heckel a St Pauli, dove era ospite fisso da ragazzo.

Un filone di pane era arrivato a costare quattrocentosettanta miliardi di marchi. Per fortuna quella fase era finita. E lui aveva sempre potuto permettersi qualcosa di più che un filone di pane. Con dieci dollari si campava un mese. Con cento dollari si viveva nel lusso.

E così avevano vissuto, lui e Guste. La brava Guste dal cuore grande lo aveva capito dal primo momento. Ma poi una cerbiatta dalle gambe lunghe, una certa Margot, aveva rubato la sua attenzione.

L'aveva conosciuta sul treno per Berlino otto giorni prima, l'aveva invitata subito nel vagone ristorante dove non aveva lesinato sullo spumante, aveva brindato alla sua salute con un boccale di Pilsner e le aveva chiesto il suo indirizzo senza dimenticare di fornirle il proprio. Margot abitava nel quartiere di Altona, dove divideva l'appartamento con un'amica. Erano entrambe attrici, e Margot stava appunto andando a un'audizione. Si era animata tutta quando Bunge le aveva detto di essere un discografico.

Un settore molto più redditizio di quello del cauccìù, a patto di saperci fare. Proprio quel giorno aveva partecipato a un colloquio in Potsdamer Straße, alla Vox Haus, dove dal 29 ottobre si faceva "la radio". Gli venivano ancora i brividi al pensiero del discorso di apertura pronunciato da quel tizio, Knöpfke:

«Attenzione, attenzione! Vi parlo dalla stazione trasmittente di Berlino, all'ultimo piano della Vox Haus. Signore e signori, vi comunichiamo che inizia oggi il nostro servizio di radiodiffusione di musica e programmi d'intrattenimento».

La bellezza che nasceva nel mezzo del caos. Danni di guerra, separatismi, rivolte, la svalutazione del marco, la penuria di beni: finalmente era finita, si poteva ricominciare a vendere, a commerciare!

Peccato aver dovuto dare una delusione a Ida. I soldi erano vincolati alla società. Non aveva la liquidità necessaria a ripagare il suo debito con Campmann, di cui aveva restituito finora solo una piccola parte. Sua figlia lo avrebbe messo in grave imbarazzo se avesse insistito per lasciare il marito. Bunge era assolutamente certo che in quel caso il banchiere si sarebbe sbarazzato di ogni scrupolo di parentela acquisita e gli avrebbe chiesto l'intera somma tutta in una volta. Forse Bunge sarebbe tornato ricco come un tempo, se la Diamant Grammophon, come aveva fatto la Lindström, avesse cominciato a fare affari dall'altra parte dell'oceano. In Sud America per esempio, un mercato che lui conosceva bene.

L'amante di Ida, quel cinese, adesso era in Costa Rica. Era una fortuna, perché in caso contrario Ida sarebbe stata molto più insistente. Se e quando fosse tornato, magari se ne poteva riparlare. Lui non aveva niente contro gli stranieri. Lo Scoiattolo, lei sì, avrebbe fatto un sacco di storie. Ma ormai Netty riposava in pace.

Hohenzollernring: una strada elegante, con un bel filare di alberi in mezzo. «Ferma!», disse Carl Christian Bunge. «Ecco il numero 74, per poco non lo superavamo».

Il taxi si fermò, Bunge pagò il conducente dandogli una

mancia abbondante, come era suo costume da una vita. L'edificio era imponente, sormontato da frontoni spigolosi. Dava un senso di solidità.

Margot abitava al quarto piano, ala sinistra. Si affrettò per approfittare del portone aperto da uno che era appena entrato. Così poteva salire le scale in tutta calma e poi fermarsi a riprendere fiato. Margot non doveva vederlo col fiatone.

Margot Budnikat se ne stava dietro la tenda a guardare il buffo vecchietto che aveva conosciuto in treno. Lo aveva visto da che era sceso dal taxi.

La Diamant Grammophon magari non era importante come la Lindström o l'Odeon, ma appunto per questo doveva essere a caccia di nuovi talenti. Lei e Anita erano bravissime con la prosa satirica. Poteva di certo venirne fuori qualcosa. Restava da capire cos'avrebbe voluto in cambio Bunge.

«Basterà mostrargli un po' la scollatura, o magari il pizzo delle mutande», aveva detto Anita. Sarebbe bastato? L'importante era convincerlo a far incidere loro un disco. A quel punto lei e Anita avrebbero potuto guadagnarsi da vivere da sole, senza dover mostrare la biancheria a nessuno o farsi mettere le mani addosso.

Margot si esaminò le unghie laccate. Il vecchietto ci avrebbe messo ancora qualche secondo a riprendere fiato. Ci sarebbe voluta un po' di pazienza con lui, ma poi, se le cose andavano come dovevano andare, non avrebbero avuto nemmeno bisogno di trovare un'altra coinquilina. Sarebbero state in grado di pagare l'affitto da sole. Le venne in mente la romanza della Vilja. *Prendimi e fa' di me il tuo asino.*

Finalmente suonò il campanello.

«Il nostro popolo!», disse Rudi. Per come la pronunciava, quella parola sembrava uno sputo. Lud alzò gli occhi dal giornale che stava leggendo e lo guardò. «Del nostro popolo fa parte solo chi ha nelle vene puro sangue tedesco», lesse ad alta voce Rudi.

«Tu ce l'hai».

«Lud, tu ti definisci ancora un socialdemocratico. Non ti viene il dubbio che il Partito Tedesco dei Lavoratori le stia sparando un po' troppo grosse?».

«Quel Partito non esiste più».

«No, certo. Adesso si chiama Partito Nazionalsocialista dei Lavoratori e ha tentato un colpo di Stato. Giù a Monaco. Ne avrai sentito parlare, no? Il novembre scorso».

«Ah, quelli là».

Il fuoco ardeva nella stufa piastrellata di bianco, fuori un gelido dicembre.

I due uomini intenti a leggere il giornale nell'appartamento di Käthe e Rudi avevano solo una cosa in comune: erano brave persone che non avrebbero mai fatto del male a nessuno. Quando uno dei due doveva presentare l'altro a un terzo, diceva così: «Il marito della migliore amica di mia moglie». E quello che davvero gli passava per la testa era: il mio amico Lud, un ingenuo senza speranza. Il mio amico Rudi, un inguaribile romantico.

Quella domenica Henny e Käthe lavoravano entrambe fino a tardi. Ad Amburgo la Finkenau si era guadagnata la nomea di "fabbrica di bambini", perché da nessun altro ospedale ne uscivano così tanti.

«Adesso devo andare. Devo riprendere Marike da mia suocera», disse Lud posando il giornale aperto.

«Peccato. Pensavo saremmo andati a berci una birra da qualche parte. È un sacco di tempo che non lo facciamo».

«Doveri paterni», disse Lud, senza ombra di commiserazione.

133

«Già».
«E voi?».
«Käthe è una grande esperta di metodi contraccettivi».
«Anche Henny non ha fretta di avere il secondo».
«Chissà. Magari hanno ragione loro. Di questi tempi...».
«No. I tempi non sono mai giusti per mettere al mondo dei figli. Se si ragionasse così, ci saremmo già estinti».
«Su questo hai ragione. Dai, siediti a bere un bicchierino prima di uscire al freddo. Ho dell'acquavite di cumino».
«Ma sì, perché no», disse Lud rimettendosi comodo.
«Uno solo, eh».
«Cosa fate a Natale?», domandò Rudi.
«La sera della vigilia verranno Lina ed Else. Else del resto viene tutti i giorni. Hai presente quel che si dice degli ospiti che restano per più di tre giorni...».
Rudi rise. «Da noi vengono Anna e Karl», disse poi.
«Tu hai avuto fortuna con i suoceri. Non sono sempre lì a controllare quello che fai, per vedere se sei all'altezza della loro figliola».
«Else è una donna ambiziosa. Vedrai, farà di te un principe. Che dici, ce ne beviamo un altro?».
«Ottima, quest'acquavite. Ma devo andare».
Si alzarono. Rudi salutò Lud e restò sulla porta finché l'amico non imboccò la seconda rampa di scale e scomparve dalla sua vista. Poi tornò al tavolo e riprese la lettura del giornale.
Se questo Hitler fosse riuscito a mettere in atto solo una parte di quello che aveva promesso alla birreria di Monaco, c'era davvero di che aver paura. E non solo per gli ebrei, come i Friedländer. Hitler e i suoi erano sotto processo al momento, e per l'alto tradimento poteva essere comminata anche la pena di morte. Rudi era sempre

stato contrario alla pena di morte, ma si sorprese a pensare che non gli sarebbe dispiaciuto mandare definitivamente al diavolo quel fascista esaltato.

Rudi mise giù il giornale e pensò che la sera della vigilia sarebbe stato doveroso invitare anche sua madre. Lui non capiva bene perché, ma Grit era sempre in tensione quando c'era Käthe, e Käthe stessa non era del tutto a suo agio.

«Grit ha paura che io voglia strapparle i segreti di famiglia», aveva detto. «Per questo tiene sempre la mascella serrata in quel modo». Rudi sospirò e si rimise a leggere. Meglio occuparsi dei guai del mondo che dei suoi personali.

Procedevano svelti, con nuvolette di condensa bianca davanti alla bocca, accanto al laghetto, il Kuhmühlenteich. Erano appena le quattro e un quarto e già cominciava a imbrunire. Entrambi avevano finito il turno circa due ore prima, quando il sole era ancora alto e non faceva così freddo, ma erano stati trattenuti in clinica.

«Vi vedete ancora, tu ed Elisabeth?», domandò Landmann.

La risposta di Theo Unger fu laconica. Un semplice cenno del capo.

«Mi ha detto qualcosa il vecchio Liebreiz. Ci tiene molto».

«Lo so. È dalla mia parte».

«Sono passati due anni ormai. Non l'ha ancora superata?», domandò Landmann.

«Non riesce a togliersi dalla testa le parole "isterectomia totale"».

«Le hai detto che non ti spaventa una vita senza bambini?».

«Sono due anni che glielo dico. Ma forse cominciamo

a vedere la luce in fondo al tunnel. Elisabeth adesso scrive per la rivista "Die Dame". È molto entusiasta».

«La rivista di moda? Non ha sede a Berlino?».

«Lei è corrispondente da Amburgo».

«Ma è una splendida notizia!», disse Landmann. «Un bravo medico e una giornalista di successo. Dei bambini non sarebbero che d'intralcio. Per i tuoi genitori è un problema avere una nuora ebrea?».

«Stai correndo troppo, Kurt. Non siamo ancora a questo punto. A proposito, che ne pensi di Hitler?».

«Spero che giù a Monaco si sbrighino col processo e lo chiudano dentro il più a lungo possibile».

Theo Unger annuì.

«Sto gelando. Andiamo a scaldarci».

«Prendiamo la metro a Mundsburg e scendiamo due fermate dopo, così andiamo a casa mia. Non ti ho ancora mostrato il mio ultimo acquisto».

«Di che artista si tratta?».

«Willy Davidson».

«Ne ho sentito parlare».

Presero la metropolitana e scesero alla Stazione Centrale, poi fecero la poca strada per Bremer Reihe coi colletti alzati e i pugni ficcati nelle tasche.

Unger fissò a lungo il quadro di Willy Davidson, collocato proprio di fronte alla *Natura morta con statuina africana* di Maetzel. Il contrasto non poteva essere più stridente: da una parte la sensualità del quadro di Maetzel, dall'altra la cupezza dei campi desolati ritratti da Davidson.

Theo era colpito dal fatto che Landmann avesse voluto accostarli. Riconosceva molto di più l'amico nel quadro di Maetzel, nei suoi colori intensi. «Sembri stupito», osservò Landmann.

«Non ne capisco abbastanza», tentennò Theo. «Però

mi sembra austero, triste. Spero non rifletta il tuo stato d'animo».

Kurt Landmann versò del cognac in due grossi bicchieri e gliene porse uno. «I tempi sembrano tutt'altro che austeri... a quanto pare ci aspettano marce e trionfi formidabili. Però credo che il *nero* sarà il colore dominante».

«Ti riferisci ai deliri di quell'Hitler? Non credi sia finita, dopo il fallito Putsch della birreria?».

Landmann mandò giù un sorso di cognac. «Io credo di no, purtroppo».

Lina conobbe Landmann alla clinica una volta che era andata a prendere sua cognata. Lei e Henny si erano date appuntamento per andare a vedere un capanno in un cortile di Canalstraße, poco più di una baracca che un tempo fungeva da ricovero per le carrozze. Era il loro regalo di Natale per Lud, un posto dove allestire il suo laboratorio di falegname, non troppo caldo e non troppo freddo, con due mesi di affitto pagati.

Landmann le aveva sorriso guardandola negli occhi, che erano quasi alla stessa altezza dei suoi, e Lina non era riuscita a sottrarsi al suo sguardo. Le succedeva di rado di subire il fascino di un uomo: era successo anni prima, con quel giovane insegnante, ma dopo non più.

Forse si era rifugiata troppo a lungo nel ruolo della sorella maggiore di un fratello un po' immaturo. Gli uomini adulti la spaventavano e l'imponente Kurt Landmann, con quelle spalle larghe e i folti capelli neri, era di certo un uomo adulto.

Henny ebbe subito la sensazione che i due si piacessero. E provò qualcosa di strano: forse nostalgia? O addirittura un senso di privazione?

Mia aveva un pancione tale che sembrava sul punto di esplodere, anche se mancavano ancora due mesi alla fine della gravidanza. Era rosea e paffuta come era stata sempre, anche nei giorni grami dell'immediato dopoguerra.

Sembrava proprio la figlia di un macellaio. Ida la osservava dal suo salotto e rifletteva su quanto tempo era passato dalla prima volta che l'aveva presa di mira.

La cameriera le aveva appena consegnato una lettera con sopra l'indirizzo di un cuoco cinese, per inciso uno dei potenziali padri del suo bambino. Se alla nascita fosse stato chiaro che il padre non era lui, allora il dubbio avrebbe regnato sovrano, perché gli altri tre candidati erano biondo rossicci e tutti e tre di corporatura robusta.

Il cuoco di Schmuckstraße non aveva una corrispondenza con Tian, ma riceveva le sue lettere per conto di Ida. Erano passati più di due mesi dalla partenza, quando era arrivato il primo segno di vita. La *Teutonia* aveva fatto tappa in molti porti, prima di arrivare a Puerto Limón dove era sceso Tian. Un postale lentissimo, si era lamentato nella prima lettera.

Campmann aveva acconsentito a tollerare la cameriera incinta a patto che Ida mettesse fine in via definitiva alla sua sciocca infatuazione per quel cinese. Se questo non fosse avvenuto, Mia sarebbe stata messa alla porta senza esitazioni. Una minaccia che rinforzò ancora di più il legame tra padrona e cameriera.

Tutti questi intrighi non erano sfuggiti alla Laboe. Lei era l'unica in casa a provare un senso di solidarietà per Campmann. Forse il padrone non era proprio un simpaticone, ma aveva il senso dell'ironia. Che altro gli restava, con una moglie che lo guardava sempre storto e una casa dove nemmeno la cameriera gli portava un po' di rispetto? Ad Anna piaceva lo humor raffinato, anche perché suo marito Karl era incline a lazzi di tutt'altro genere.

Anna Laboe era rifiorita. Non si occupava più solo delle pulizie, anche se il parquet dei pavimenti lo lustrava ancora lei, con spazzola e detersivi. A differenza di quando erano in Fährstraße, in questa nuova casa non avevano una cuoca, e Ida non aveva né la volontà né la competenza per preparare un pasto decente, perciò era Anna a cucinare.

Ida non avrebbe mai immaginato che potesse essere così piacevole intrattenersi in cucina col personale domestico, bere un caffè insieme e chiacchierare di uomini. In quell'inverno rigido, era stata la sua salvezza.

O forse invece sua madre lo sapeva, quanto può far bene una bella chiacchierata fra donne? Certo, allora erano altri tempi. Prima della guerra le barriere sociali erano considerate sacre. Lei stessa era sempre stata una snob.

«Divorzierai?», le aveva scritto Tian.

«Sì».

«Quando?».

La domanda era ancora in attesa di una risposta. La lettera recava il timbro del 29 ottobre 1923.

«Hai ancora ventotto mesi per prendere sul serio il nostro amore e lasciare tuo marito».

Ida nascose la lettera insieme alle altre, nell'album di cartoncino nero dove teneva anche le foto dei suoi genitori e dei suoi nonni. A Campmann non sarebbe mai venuto in mente nemmeno di prenderlo in mano, figuriamoci curiosare all'interno.

Ventotto mesi. Un'eternità. Tre inverni, due estati. Quel tempo, in compenso, sarebbe forse bastato a suo padre per regolare i conti con Campmann. Diventava un bambino piagnucoloso ogni volta che Ida pronunciava la parola "divorzio". Non c'era più traccia del solido, affidabile commerciante renano dotato di sangue freddo e senso pratico. Ma forse si erano solo lasciati ingannare tutti quanti, e Carl Christian Bunge era sempre stato nient'altro che un cavaliere di fortuna a cui era capitato, per un po' di tempo, di fare buoni affari e arricchirsi.

Tian avrebbe agito di conseguenza, se Ida non si fosse mossa. Lo aveva capito. Del resto c'era tempo in abbondanza per rimettere tutto a posto. Tre inverni e due estati. Un secondo dopo le fu chiaro in testa che suo padre doveva essersi detto le stesse parole quando gli affari avevano cominciato ad andare male e i debiti ad accumularsi. Aveva preso tempo. Troppo tempo.

«Il caffè è pronto».

Ida si alzò dal divano giallo per andare in cucina. Campmann avrebbe storto il naso se solo avesse sospettato cosa accadeva nella cucina di casa sua quando lui non c'era. Forse le donne erano più portate per la democrazia. No, proprio no. O forse...

All'interno della *kneipe* s'addensava una gran nuvola di fumo. Erano in troppi, lì dentro. E in troppi a fumare. Una folla di dita ingiallite da cui pendeva la sigaretta. Rudi non aveva mai fumato. Gli bastò inoltrarsi nella sala di qualche passo e già gli lacrimavano gli occhi.

«Ecco qua il nostro principe dei poeti!».

Non era un ambiente in cui la parola "poeta" ricorresse con frequenza. Rudi non si diede la pena di precisare che lui non scriveva poesie, ma leggeva solo quelle degli altri. Hans Fahnenstich, colui che lo aveva apostrofato, era un brav'uomo, non voleva prenderlo in giro.

Certi compagni gli si rivolgevano in ben altro tono: erano tempi in cui non ci si accontentava di discutere e ragionare di rivoluzione. L'ottobre tedesco del 1923 e il tentativo rivoluzionario erano stati duramente repressi. Ad Amburgo e in tutto il Paese la rivolta era stata sedata nel sangue e il Partito Comunista era stato dichiarato illegale. Sebbene la situazione non potesse durare a lungo così, gli animi erano eccitati e poco inclini al romanticismo, seppure di sinistra.

«Vedi di parlare chiaro, oggi», gli disse Alfred.

«Non devo parlare».

«Ma sei iscritto per parlare!».

«Ci sarà stato un errore».

Ogni volta che sentiva la famosa canzone satirica *Der Revoluzzer* di Erich Mühsam, Rudi era assalito dai dubbi: era anche lui così? Uno che inneggiava alla rivoluzione e si metteva il berretto sopra l'orecchio sinistro, per sentirsi un eroe del popolo?

Che cosa voleva, lui? Magari solo un po' di felicità con Käthe. Starsene vicino alla stufa a leggere il giornale. Oppure il bene di tutta l'umanità? La politica gli piaceva, però gli mancavano l'aggressività e anche l'ambizione necessarie. Rudi non voleva ricoprire una carica all'interno del Partito, nemmeno quella di segretario di sezione, per la quale pure era stato preso in considerazione.

Aveva ventitré anni. Un uomo sposato. Senza figli. Litografista da Friedländer, le cui stampe erano rinomate in tutta Amburgo. E non aveva ancora capito fino a che punto era disposto a impegnarsi con il Partito con cui più si identificava.

«Non ci serve uno smidollato», disse Alfred, poi scomparve nella nuvola di fumo.

«Qui dentro non si respira», disse Hans, che si era appena inserito. «Va a strapazzarne un altro paio... Alfred vorrebbe un tribunale».

Alla prussiana, pensò Rudi. E gli venne da ridere.

«Secondo Alfred la vostra debolezza apre la strada ai fascisti».

A Barmbeck sud erano tutti comunisti o al massimo socialdemocratici: difficile immaginare che dei fascisti potessero metterci piede. Nel Partito però gli agitatori andavano per la maggiore, anche se gli operai di fabbriche e cantieri non erano più molto disposti a seguirli, soprattutto ora che la situazione era in parte migliorata con l'introduzione dei titoli a reddito fisso, a novembre.

La repressione delle rivolte del '23 aveva mietuto morti fra i rivoltosi e i poliziotti, ma anche e soprattutto tra i civili inermi. Non era un motivo sufficiente per dubitare? Rudi dubitava.

«Hai fatto una sciocchezza, ragazzo», gli aveva detto il padre di Käthe. «Quelli là sono tutti manovrati da Mosca. Non hanno nemmeno il permesso di avere in testa un pensiero loro».

Karl Laboe credeva ancora ai socialdemocratici, che ad Amburgo avevano la maggioranza ma che, così come la giovane e fragile repubblica di Weimar, erano considerati troppo inclini a piegarsi al vento che tirava.

«Sono troppo deboli, i socialdemocratici», diceva Käthe. «Superati a sinistra».

Käthe era più dura di lui. Se non era ancora iscritta al Partito era solo per il suo radicato pragmatismo. Quell'estate alla Finkenau si era insediata una nuova dirigenza. Il vecchio direttore medico, in carica fin dalla fondazione, era andato in pensione e il suo successore era di idee appena un po' meno conservatrici: Käthe non voleva fare subito una cattiva impressione, e così adesso cantava inni religiosi insieme alle suore invece che canzoni rivoluzionarie. Rudi non criticava mai Käthe, ma questo gli sembrava un atteggiamento opportunistico.

E da dove venivano i barattoli di cacao in polvere e i panetti di burro che di colpo abbondavano nella loro cucina? Non c'erano sopra etichette con la scritta «FINKENAU», ma Rudi aveva il fondato sospetto che provenissero proprio da lì.

Käthe probabilmente lo avrebbe chiamato *esproprio proletario*.

«…e se a Berlino ci considerano estremisti perché vogliamo agire e ribellarci…», stava dicendo Alfred.

«Vigliacchi!», lo interruppe qualcuno.

«…noi dobbiamo esserne fieri!», concluse.

Ecco un centinaio di vittime predestinate. Rudi lanciò un'occhiata a Hans Fahnenstich, che applaudiva convinto. Possibile che il dubbio non lo sfiorasse nemmeno?

Poi si erano messi ad acclamare il nome di Ernst Thälmann. Ma Thälmann, uno dei capi della rivolta del '23, era morto annegato durante i fatti di ottobre.

Rudi uscì dalla sala senza dire niente. Gli uomini che stavano in piedi all'ingresso della *kneipe* lo guardarono curiosi. Fece loro un cenno di saluto e si alzò il colletto della giacca. Un cappotto ci voleva, con quel freddo. Per fortuna la Bartholomäusstraße non era molto distante.

«Il marito deve sempre amare la moglie un po' di più di quanto lei ami lui. È stato così tra me e tuo padre». Else discettava mentre passava il ferro da stiro sopra una decorazione natalizia di lana a forma di ramo d'abete applicata a una tovaglia.

Henny era fermamente decisa a non commentare le affermazioni di sua madre. «Cerca di non bruciarla».

La tovaglia era stata fatta a mano dalla madre di Lud, molto prima della guerra. Lud ci teneva molto, come a tutti i pochi e preziosi ricordi che gli restavano della sua infanzia.

«Non venirmi a dire come si stira».

«Con questi ferri nuovi non c'è bisogno di spingere così forte».

Else sbuffò. «Dovresti ringraziarmi che ti svuoto il cesto della biancheria! Funziona così anche tra te e Lud».

«Che cosa?». Non era un argomento di cui voleva discutere con sua madre.

«Che lui ti ama più di quanto tu ami lui». Else aspettò. «Non dici niente adesso, eh?», disse.

«Siamo felici insieme».

«Il tuo Lud vuole un altro figlio».

«Intanto abbiamo Marike, no?».

«A quanto pare è l'unico a volerlo».

Henny avrebbe voluto dirle che non erano affari suoi, ma una Else offesa era l'ultima cosa che le andasse di affrontare in quel momento.

«Dov'è finita Lina con la bambina?».

«Sono andate di nuovo a guardare la vetrina da Heilbuth. È così ben addobbata! Ci sono i personaggi delle fiabe».

«Tanto non avrà niente di quello che vede esposto».

«Anche tu la porti da Schrader a vedere le bambole in vetrina».

«È una cosa diversa. Lì non c'è niente di natalizio».

Henny guardò la Corona d'Avvento su cui era accesa la prima delle quattro candele rosse, la grossa stella di carta stagnola appesa alla finestra, opera sua, di Lina e di Marike, il piatto pieno di biscotti alla cannella e la tovaglia con le applicazioni natalizie che sua madre stava stirando.

«Che ti prende, mamma?».

Else Godhusen sospirò. «Mi sento sola», disse.

«Ma ci siamo noi».

«Fra poco me ne andrò a casa, leggerò finché non mi lacrimeranno gli occhi, poi mi metterò a letto da sola. Ho solo quarantasette anni. È già tutto finito per me?».

«E dove te lo troviamo un marito?».

«Sono troppo vecchia per andare al Lübscher Baum. Non mi interessano i ragazzini».

«Allora va' al Boccaccio, a uno di quei tè danzanti. È un posto più adatto».

«Non mi avventuro da sola in un posto simile!».

«Ci andiamo in tre. Io, te e Lina».

«Certo. Così io resterò a guardarvi le borse mentre voi ballate».

«Cominciamo prima di Natale». L'idea iniziava a piacerle.

«Vuoi farlo sul serio?», domandò Else. «Guarda che un vecchietto con tre capelli in testa io non lo voglio».

«Lud si occuperà di Marike», disse Henny senza raccogliere la provocazione di sua madre.

«È proprio bella questa tovaglia», disse allora Else, accarezzando il rametto d'abete di lana verde, e sorrise.

«Per i tuoi genitori è un problema avere una nuora ebrea?». Theo Unger continuava ad avere la sua risposta nelle orecchie: «Stai correndo troppo, Kurt. Non siamo ancora a questo punto».

E invece adesso eccolo nel salone dei Liebreiz, davanti a un grosso arazzo con una scena pastorale, a guardare la padrona di casa che accendeva con cura le candele della *menorah*. La passeggiata con l'amico Landmann lungo il Kuhmühlenteich risaliva solo a una settimana prima, e Theo sospettava fortemente che la serata l'avesse combinata lui.

Elisabeth lo raggiunse con due bicchieri di vino e gliene diede uno.

«Brindiamo al futuro?», domandò con le gote rosse d'imbarazzo. Suo padre se ne stava da una parte insieme a Kurt Landmann, ed entrambi levavano i calici. Ne sapevano tutti più di lui?

«Al tuo futuro come giornalista?», domandò Theo.

«Certo», rispose Elisabeth. «Al mio futuro come critica

teatrale per la rivista "Die Dame". Alfred Kerr avrà concorrenza. Al "Berliner Tageblatt" già tremano». Rise. «Laggiù, nell'angolo. L'albero di Natale lo metteremo lì. Di due metri. Mio padre non accetta nulla di meno. In questa famiglia si festeggia sia il Natale sia Hannukah. Anche se non crediamo che il figlio di Dio sia sceso sulla terra».

«Brindiamo anche al nostro futuro? Intendo dire, mio e tuo?», disse Unger.

Erano in piedi nel mezzo della sala, che era grande come una piazza d'armi. Gli altri si tenevano a distanza, come succede quando una sposa lancia il bouquet e tutti si fanno indietro. La residenza dei Liebreiz a Klosterstern era la casa privata più grande che Theo avesse mai visto. Gli sembrava incredibile che accogliessero lui, un modesto dottore e per giunta un goi, come genero.

«Davvero non ti importa di non poter avere dei figli?». Non ne aveva mai parlato in modo tanto diretto, in termini così pratici. Lo guardava intensamente negli occhi, pronta a cogliere il minimo tremolio delle sue palpebre, la minima esitazione.

«Io voglio vivere con te, mi importa solo di questo. Ci siamo già andati vicini una volta, Elisabeth. Vorrei che ci fidanzassimo».

«In questa famiglia c'è una lunga tradizione di fidanzamenti in occasione di Hannukah».

Theo Unger non ebbe bisogno di voltarsi per sentire su di sé gli sguardi di Landmann e di Liebreiz: gli perforavano la schiena.

«È una tradizione che ha sempre portato fortuna», osservò Elisabeth.

«Allora porterà fortuna anche a noi».

«È una proposta?».

«È già la seconda. Alla prima non hai risposto e poi mi hai tenuto a distanza».

«Avevo bisogno di tempo, Theo».

Gli parve di sentire le scarpe di Landmann ticchettare sul parquet come gli zoccoli di un cavallo impaziente. L'atmosfera nella sala sembrava diversa, più tesa. Liebreiz fece un rapido cenno al cameriere.

«Voglio diventare tua moglie».

«Bacio!», disse Landmann a gran voce. Che faceva, origliava con lo stetoscopio?

Theo Unger posò il bicchiere, posò le mani sulle spalle di Elisabeth e la baciò. Il cameriere entrò con un vassoio d'argento gremito di alti bicchieri di cristallo colmi di champagne. Il vino sembrava rosa alla luce soffusa delle sette candele del candelabro ebraico. I futuri sposi furono serviti per primi, poi il cameriere fece il giro della sala, finché ognuno ebbe il suo bicchiere. Hannukah con fidanzamento.

Unger ne era certo: una nuora ebrea non sarebbe dispiaciuta ai suoi genitori. L'indomani sarebbe andato a Duvenstedt per il taglio del dolce natalizio e avrebbe rivelato loro la novità. Avrebbe dovuto farlo tempo prima.

Di fronte al teatro di Kirchenallee una piccola folla di bambini alzava le braccine verso i genitori, in attesa che si aprissero le porte della sala e cominciasse la rappresentazione della favola natalizia.

Poco prima delle quattro, quando già imbruniva, il sole calante aveva riempito il cielo di strisce rosse. «È Gesù bambino che accende il forno per fare i biscotti», diceva Else a Henny quando era piccola. Adesso lo diceva a Marike.

Else Godhusen appariva al suo meglio col tailleur di gabardine grigio che si era cucita da sola e che pure reputava troppo dimesso: non un fiocco, una fusciacca, niente. La moda di quell'anno era lontanissima dai suoi gusti. S'era voluta mettere a tutti i costi il collo di ermellino e aveva abbondato col profumo – *Tosca* – per coprire almeno in parte il puzzo di naftalina. Tra i capelli aveva un fermaglio di lustrini. Sulle labbra un velo di rosso.

Il tè danzante al Boccaccio, non distante dal teatro dei bambini, cominciava alle sedici. Era un po' imbarazzante arrivare così presto, ma non furono le prime a sedersi sulle soffici poltroncine guardando con trepidazione il palco dell'orchestra.

Henny percepiva l'agitazione di sua madre. «È passato un po' di tempo da quando tuo padre mi faceva gli occhi dolci», disse Else. Poi si guardò intorno smarrita, con l'aria di chi avrebbe voluto trovarsi piuttosto a teatro insieme ai bambini, appena qualche edificio più in là, ad aspettare che si alzasse il sipario. L'orchestra attaccò il primo brano, «Salomé. Il più bel fiore d'Oriente» andava gorgheggiando il cantante. Cominciarono ad alzarsi i primi uomini; Lina e Henny si scambiarono un'occhiata: loro due da sole abbassavano notevolmente l'età media.

Lina fu invitata a ballare per prima, poi fu la volta di Henny, poi di nuovo Henny e poi di nuovo Lina. «Lo dicevo io», cominciò a bofonchiare con voce tremante Else. Il signore che si era avvicinato al tavolo e ora si inchinava al suo cospetto, aveva baffi curati, una bella capigliatura folta e un sorriso seducente. Che rivolse a Else.

Henny e Lina trattennero il respiro, le tazze a mezz'aria, finché i due non ebbero raggiunto la pista da ballo.

«Non senti la mancanza di un uomo?», domandò Henny mentre osservavano Else volteggiare sul parquet della sala.

«Ma se ho già ballato due volte!».

«Hai capito benissimo di cosa parlo». Henny stava pensando al dottor Landmann, che il giorno prima le aveva chiesto notizie di sua cognata.

Else e il suo cavaliere danzavano sulle note della *Principessa della Ciarda*. Le melodie ballabili non mancavano nella celebre operetta di Kálmán. Le coppie non smettevano di volteggiare, i violini di gemere.

«Forse, in questi anni in cui ci siamo stati solo io e Lud, mi sono abituata a un ruolo da cui non riesco a uscire. Quello della mammina premurosa», disse Lina. «Non so nemmeno come si fa ad avere una relazione con un uomo».

Henny stava per risponderle, quando Else tornò al tavolo per dire che lei e Herr Gotha andavano a bere un bicchiere di vino. Si era tolta l'ermellino e adesso anche la giacca del tailleur, e la camicetta col collo di pizzo aveva il primo bottone aperto.

«Un bicchiere di vino al bar con Herr Gotha... non staremo correndo un po' troppo?».

«Deve recuperare», osservò Lina. «Guardala, sembra un'adolescente».

«Recuperare, già», ripeté Henny.

«Adesso non mettermi in mezzo», rise sua cognata.

«Vi siete scambiati un lungo sguardo, tu e il dottor Landmann, quando vi ho presentati».

«Avrebbe preferito che lo abbassassi, lo sguardo?».

«Ma no, è di mentalità aperta, non è un maschilista. Il suo ideale è una donna emancipata».

Lina fece un cenno al cameriere. «Ordino due bicchieri di vermut. Mi sa che tua madre ne avrà per un pezzo». Guardò Henny. «Io ho l'impressione che Landmann piaccia *a te*. Ha proprio tutto quello che manca a Lud».

«Sì, è tutto l'opposto di Lud. Nei venti anni di età che li separano ha vissuto molto. Lud, a quarant'anni, sarà molto diverso».

«Ma sei felice con mio fratello?».

«Sì, sono felice. Ci vogliamo bene e ci piace andare a letto».

Entrambe presero i bicchieri un istante dopo che il cameriere li aveva posati sul tavolo.

«Paghiamo e andiamo a dare un'occhiata al bar», disse Henny dopo un po' che non parlavano né di Lud né di Landmann, e avevano rifiutato molti inviti a ballare. Ma Else e Herr Gotha comparvero al tavolo prima che fossero riuscite a fermare il cameriere.

«Vi chiedo scusa per avervi portato via Frau Godhusen. Purtroppo devo andare a prendere il treno per Monaco».

«Herr Gotha viaggia per affari. È un piazzista», spiegò Else.

«Con base a Monaco. Però sono residente ad Amburgo», precisò il piazzista, poi prese la mano a Else e la tenne a lungo. «Spero davvero di rivederla», disse a bassa voce.

Else arrossì.

«Ora devo correre alla stazione», disse Gotha. Fece un cenno a Lina e Henny, si diresse verso il guardaroba e scomparve dalla loro visuale.

«Questa ce la devi proprio spiegare», disse Henny con un tono da allegra maestrina.

«Un signore molto simpatico», disse Else. «Ferdinand Gotha. Avete visto che capelli? Ci siamo scambiati gli indirizzi. Ma non c'è altro da dire».

Sua madre preparava tutti gli anni il dolce natalizio con le mandorle, perché a nessuno di loro piaceva l'uvetta. Il fratello di Theo, con moglie e figli, sarebbe arrivato più tardi e Theo non aveva ancora fatto l'annuncio: suo fratello minore Claas era sempre molto severo con lui. Di sicuro gli avrebbe rimproverato di aver taciuto così a lungo alla famiglia gli alti e bassi della sua relazione con Elisabeth.

Sui vetri c'erano arabeschi di ghiaccio e il paesaggio fuori era rischiarato solo da sporadici scintillii di gelo.

Erano in imbarazzo, tutti e tre. «È arrivato all'improvviso, questo gelo», disse Unger padre.

Sua madre stava riponendo gli aghi d'abete staccatisi dalla croce d'Avvento in un ordinato mucchietto. «Certo, sarebbe stato bello conoscere un po' prima la nostra futura nuora».

«Ma, miei cari!», rispose Unger. «Fino a ieri non lo sapevo nemmeno io che mi sarei fidanzato, anche se sono due anni che lo desidero. Ve l'ho detto, no, cos'è successo a Elisabeth?».

«Ovarectomia», disse il padre, medico anche lui. «Niente bambini. Deve essere stata dura, povera ragazza».

«Meno male che i nipoti li abbiamo già», osservò Lotte Unger. «E i Liebreiz sono gente ricca?».

«Sono nel settore dei cereali», le rispose il marito.

Theo Unger osservava la fiammella sopra una delle candele della croce. «Vi preoccupa il fatto che sia ebrea?».

«No, ragazzo. Non ci preoccupa», disse suo padre. «Avevi l'impressione che fossimo antisemiti?».

«È solo che una madre vorrebbe per i figli una vita non troppo complicata», spiegò Lotte. «Per gli ebrei ci sono sempre tanti problemi».

«Quand'è che ce la fai conoscere, la tua fidanzata?».

«Ho libera anche la quarta domenica di Avvento».

«La tua Elisabeth è la benvenuta in questa casa», disse suo padre.

«Quando verrete, farò un paio di galletti al forno, con le crocchette di patate. In cantina ho ancora della composta di mirtilli rossi». Dopo lo shock iniziale, Lotte Unger stava ricominciando a fare piani.

Questo la distraeva e la tranquillizzava quando era turbata da qualcosa.

«Oggi invece ci accontentiamo del polpettone», disse il padre di Theo. «Lo vedi, tua madre vuole accogliere come si deve il nuovo membro della famiglia. Addirittura cucinerà i suoi preziosi galletti!».

Theo Unger tirò un gran sospiro di sollievo. L'imbarazzo che si era diffuso poco prima tra loro sembrava dissolto. Come se fosse passato attraverso gli spifferi delle alte finestre. Però fece un salto sulla sedia quando suonarono il campanello. Come l'avrebbe presa Claas? Lui era un conservatore, una testa dura. Lo era sempre stato.

Il secondo incontro con Kurt Landmann avvenne nel tardo pomeriggio della domenica in cui lei e Henny avevano accompagnato Else a ballare. Fu un incontro casuale. Lina era passata a casa di Henny e Lud e stava andando verso il suo appartamento sulla Eilenau, quando tutt'a un tratto s'era ritrovata davanti Landmann. Veniva da un lungo turno in clinica, ma non sembrava affatto stanco.

«Dobbiamo approfittare di questo bel regalo della sorte», le disse. «Perché non viene a bere un bicchiere di vino con me?».

«Ho già bevuto del vermut e mi sento come se avessi mandato giù una bottiglia di vino intera», disse Lina. «Preferirei avere la possibilità di conoscerla meglio quando sono lucida».

«È un peccato perché magari, così un po' brilla, è possibile che lei accetti un invito a vedere la mia collezione di quadri».

«Non si usano più le collezioni di francobolli?», disse Lina.

«Mi ha detto sua cognata che lei è una seguace della pedagogia riformata e che insegna alla Telemann. Allora ho immaginato che le piacesse non solo Lichtwark, ma anche l'arte. Ho in casa diversi quadri della Secessione di Amburgo. Potrebbero piacerle. Ho un Maetzel e un Bollmann».

Perciò aveva chiesto di lei a Henny. Sua cognata non glielo aveva detto, quando al Boccaccio avevano parlato di Landmann. «Io abito laggiù, sulla Eilenau. Perché piuttosto non viene lei a bere un tè da me?». Si stupì lei stessa di averlo detto.

«La sua padrona di casa non avrà nulla in contrario?».

«Non sono in subaffitto, e poi la padrona di casa è di idee aperte». E adesso, che ruolo stava interpretando? Quella della donna di mondo che invita con disinvoltura un uomo in casa sua.

«Mi scusi. È stata una domanda sciocca. A volte mi comporto come un vecchio imbecille dell'anteguerra».

«Da quel che dice Henny lei non è affatto un imbecille, e nemmeno un reazionario. Ma un progressista».

«A quanto pare Henny Peters sta facendo da medium fra noi due!», rise Landmann.

«Ma noi non siamo spiriti dell'aldilà».

«Per fortuna no».

L'edificio sulla Eilenau appariva invitante, con le finestre del pianterreno e del primo piano tutte illuminate. Sembrava un calendario dell'Avvento, pensò Lina. Solo la sua mansarda era ancora al buio.

Salirono le scale di legno e Lina aprì con la chiave la porta verniciata di bianco. Quanto le piaceva! Landmann aveva appena osservato come per le donne avere una casa per conto proprio non fosse ancora considerata una cosa normalissima. In effetti per quella porta non era ancora passato alcun uomo che non fosse suo fratello Lud.

«È il più bel divano che abbia mai visto», disse Landmann dopo che Lina ebbe acceso la luce.

«Questa me la deve spiegare».

«Niente gale, broccati. Semplice, ma di un bel rosso corallo. Il vecchio stile tutto fronzoli ha stancato. Io non sopporto nemmeno le frange». E le decorazioni sontuose di

Klosterstern, dove era stato la sera prima, quelle gli piacevano?

«Che ne dice di Gropius? E del Bauhaus?», s'interruppe. «Sono molto in imbarazzo. Ecco perché dico un sacco di sciocchezze».

«Be', né Gropius né il Bauhaus mi sembrano delle sciocchezze. Si sieda sul divano che le piace tanto, mentre preparo il tè».

«No. Niente affatto», rispose Landmann. «Un tè lo prendo volentieri, però posso venire con lei in cucina?». Non gli capitava spesso che una donna lo confondesse tanto.

Lina ci sarebbe andata più volentieri da sola in cucina, in modo da recuperare le forze per la prossima scena della perfetta padrona di casa. Preparò il tè, la miscela classica della Frisia Orientale, con le mani che le tremavano. Kurt Landmann la guardava, e riprese lui il controllo della situazione.

«Quanti anni ha, Lina? O è troppo presto per una domanda così personale?».

Per poco non si versò l'acqua bollente su una mano. «In effetti».

«Perdoni la mia sfacciataggine».

«Compio venticinque anni a gennaio».

«C'è ancora l'obbligo del nubilato per le insegnanti?».

«Non più. Da ottobre. Come mai vuole saperlo?».

Perché voleva saperlo? C'era qualcosa in quella ragazza che lo metteva in agitazione. Chissà cos'era.

Lina riuscì a posare su un vassoio la teiera, due tazze e la zuccheriera, a portare il tutto in salotto e ad appoggiarlo sul tavolino senza tremare troppo. Prese posto sul divano e aspettò che fosse lui a versare il tè.

«Mi chiedevo quanti pretendenti ha dovuto rifiutare».

Perché lasciava che le parlasse in quel modo? Perché

non le dava fastidio quell'atteggiamento? Lina prese la tazza col bordo dorato che lui le porgeva. Il servizio era appartenuto a una sua zia di Lubecca. Porcellana di Fürstenberg: sei tazze, teiera, zuccheriera. Due dei piattini erano andati persi. Lina guardò il proprio tè: era troppo chiaro. Voleva vedere com'era stare con un uomo. Cominciava ad averne abbastanza di essere additata come una vecchia zitella. Si rendeva conto di essere esattamente su quella strada.

Landmann mescolava il suo tè, anche se non c'aveva messo lo zucchero. Di colpo di rese conto che quella ragazza non si era mai avvicinata molto a un uomo. Com'era possibile?

«Non sono una principessina altezzosa, io».

Kurt Landmann sorrise. «Immagino che il suo ideale di vita sia moderno e poco pretenzioso, come la sua casa», disse. L'aveva detto così, di getto, ma Lina parve apprezzare il paragone.

«Mi piacerebbe vedere i suoi quadri», disse. «Cos'ha di Maetzel?».

«La *Natura morta con statuina africana*. Posso mostrarle anche un lavoro molto bello, anche se piuttosto cupo, di Willy Davidson. Com'è arrivata agli espressionisti?».

«Grazie al mio insegnante di Disegno, al liceo femminile», spiegò Lina.

«Qui a Lerchenfeld?».

«Sì. Mi sono iscritta a dodici anni, subito dopo l'apertura, e cinque anni dopo ho completamente perso la testa per Robert Bonnet. Veniva da una famiglia ugonotta e sognava di vivere in Francia. Di fare il pittore a Montmartre». Una risata sommessa, amara. «È morto in battaglia, sulla Somme, ma prima è riuscito a farmi conoscere gli espressionisti». La storia le uscì di bocca con una facilità stupefacente. Non l'aveva mai raccontata a nessuno.

Kurt Landmann le scioglieva qualcosa dentro, non si trattava solo dell'effetto dell'alcol.

«Ed è ancora innamorata di lui? Di Robert Bonnet?».

Lina scosse il capo in modo appena percettibile. «Era solo un'infatuazione adolescenziale», disse.

«Però sa molte cose di lui. Più di quanto di solito si sa di un insegnante».

«Una volta abbiamo fatto una lunga passeggiata lungo il Kuhmühlenteich. E mi ha raccontato di sé».

«Sarà stato molto giovane anche lui».

«Era il suo primo incarico come insegnante. Aveva ventiquattro anni».

Kurt Landmann sospirò. Quanti ragazzi aveva visto morire laggiù... «C'ero anch'io, sulla Somme», disse. «In mezzo agli altri». Era possibile che quel Robert si fosse dissanguato proprio tra le sue braccia.

«Mai più guerra», disse Lina. Si alzò e andò in cucina a prendere la bottiglia mezza vuota del rum che aveva usato per i biscotti di Natale. A Lud piacevano tanto quelli con le noci e il rum, come li preparava sempre la loro madre. Lo versò in due bicchierini, senza dire niente a Landmann, e gliene offrì uno.

«Dopo me ne vado», disse lui sperando che lei gli facesse capire di non farlo.

Ma Lina sorrise e non disse niente.

«Immagino che domattina debba alzarsi presto», insistette.

«E lei? Non la aspettano in clinica?».

«Ho il giorno libero. E se lei me lo permette, verrei a prenderla alla Telemann, per portarla a vedere i miei quadri».

«Ho lezione fino alle quattro», replicò Lina. E si sorprese per l'ennesima volta di quante concessioni stava facendo a quell'uomo.

Una sorpresa per Anna, che aveva sempre voluto in cucina una credenza come quella. Karl Laboe l'aveva scovata da un rigattiere: robusto legno d'abete, perfetto per il Natale anche se verniciato di bianco.

Ci aveva pensato Rudi ad andare a prenderla e a portarla di sopra con l'aiuto di un suo amico. Si era preso anche qualche ora di permesso da Friedländer per dargli una mano, quel buon ragazzo. Il suo amico, Hans, non ne aveva avuto bisogno, perché era disoccupato.

Karl era contento di fare una sorpresa alla sua Annsche, anche se il regalo arrivava a destinazione con otto giorni di anticipo. Aveva anche pensato di coprirla con un grosso lenzuolo da togliere poi con un gesto teatrale la sera della vigilia, ma aveva scartato l'idea. Ad Annsche sarebbe piaciuto metterla subito in opera, sistemarla per Natale, e poi anche col lenzuolo sarebbe stato comunque evidente cosa c'era sotto.

Gli vennero in mente i suoi bambini, quelli che erano morti nel 1910. Non ci pensava più tanto spesso come prima, ma adesso si ritrovò a riflettere che, quel giorno, avrebbero potuto portarla su loro, la credenza. Adesso avrebbero avuto diciannove e diciassette anni, e sarebbero stati di sicuro dei ragazzoni. Non sapeva nemmeno lui perché, ma aveva sempre immaginato che i suoi figli sarebbero venuti su grandi e forti, anche se lui non lo era mai stato. Il padre di Anna lo prendeva sempre in giro perché era mingherlino. Lui sì che era un omone. E di mestiere faceva il barcaiolo. Forse per questo era andato a fondo con la sua barca. Troppo leggera per la sua mole.

Molti morti stavano sfilando nella mente di Karl Laboe. Che assurdità, lasciarsi rattristare da una credenza, avvilire dai morti. Il Natale gli faceva sempre questo effetto.

Del resto era vero che lui, nella vita, non ci si era mai raccapezzato più di tanto, e questo suo suocero l'aveva previsto. Per quella gamba rigida, che gli era rimasta dall'incidente in cantiere, non poteva darsi colpe. Ma sapeva bene che, se anche non gli fosse capitata una disgrazia simile, non avrebbe certo fatto una gran carriera.

Ma quella credenza lo faceva sentire un uomo ricco. Karl Laboe zoppicò verso il divano e si sedette. Da lì vedeva bene la porta della cucina e avrebbe potuto godersi la sorpresa negli occhi di Annsche, quando fosse rientrata. Non aveva avuto la possibilità di sorprenderla spesso, nella loro vita insieme.

Il giugno prossimo avrebbero festeggiato le nozze d'argento. Si erano sposati che Anna era incinta di Käthe. Avevano ventun anni, tutt'e due. Käthe invece ne compiva ventiquattro il mese prossimo, e ancora non si parlava di figli. Rudi ne soffriva, questo lui e Anna lo vedevano chiaramente.

Sua figlia voleva fare di testa sua, ed era tenace. Nel 1910 era stata l'unica dei suoi tre figli a sopravvivere alla difterite. Ma che la difterite rendesse anche sterili, questo lui non l'aveva mai sentito.

Erano appena le quattro, e già buio. Entro un quarto d'ora Annsche sarebbe rientrata dal lavoro dai Campmann. Si sentiva un po' uno scemo a starsene lì seduto al buio, ma la sorpresa sarebbe stata maggiore se, accendendo la luce, le fosse apparso di colpo il regalo.

Karl aveva quarantacinque anni. A parte quella gamba e gli occasionali dolori alla schiena e, ogni tanto, al cuore, stava bene.

Voleva restare fra i vivi ancora a lungo.

Che razza di pensieri? Karl si riscosse e cercò a tastoni il posacenere di vetro col mozzicone di sigaro, che era ancora lì accanto alla scatola di fiammiferi. Era un ricordo, quel posacenere. Lui e Annsche, una settimana dopo sposati, erano voluti andare per divertimento nella cittadina balneare di Laboe, nello Schleswig Holstein. Non che Karl avesse dei parenti laggiù. Che lui sapesse i Laboe avevano sempre vissuto nel quartiere di Barmbeck, ad Amburgo, a parte un fratello di suo padre che stava a Hammerbrook.

Si accese il mozzicone e soffiò il fumo davanti a sé pregustando la contentezza di Anna alla vista di una credenza di abete, laccata di bianco.

Non si aspettava che Anna prendesse un simile spavento, entrando nella casa buia e vedendo soltanto la punta del sigaro acceso del marito, sopra il divano. Poi però premette l'interruttore della luce e vide la credenza, e tutto andò bene.

«Quella!», disse Margot e si lasciò mettere la grossa collana intorno al collo lungo. Il sorrisetto del gioielliere innervosì Bunge.

«Ti farà male al collo da quanto pesa», le disse.

«Ventiquattro carati», disse il gioielliere. «Il massimo che esista».

«Appunto».

Si conoscevano da un mese appena, a Bunge pareva un po' eccessivo come investimento. «Non ha nulla di più leggero?».

«Ma certo, signore», disse l'uomo e posò sul velluto nero del banco una catenina esile come quella che aveva regalato a Ida per la cresima.

«Non sono più una bambina», esclamò Margot.

La cerbiatta dalle gambe lunghe cominciava a dargli sui nervi. Non era cretino fino a quel punto. «Ci pensiamo un po'», disse Bunge al gioielliere, e portò un'imbronciata Margot fuori dal negozio.

Si fronteggiarono sulla Jungfernstieg immersa nel gelo

e tutta accesa di luci natalizie. L'Alsterpavillon[4] sembrava una fiera di lampadine, pensò Bunge. Di sicuro in città c'erano altre gioiellerie dove avrebbero potuto trovare una ragionevole via di mezzo fra i due eccessi, ma ormai Margot era di cattivo umore e tutto sommato anche lui.

«Pensa all'incisione che farete presto», le disse.

Era riuscito a fissare un appuntamento in sala di registrazione per Margot e Anita, accompagnate da un pianista. Pezzi da cabaret come quelli che cantava Blandine Ebinger, scritti da quel tale, Friedrich Hollaender. Bunge dubitava fortemente che Margot e Anita avessero anche un briciolo della classe della Ebinger, ma un'incisione gli sarebbe comunque costata meno di una collana d'oro a ventiquattro carati.

L'espressione di Margot si addolcì un po', e gli accarezzò un braccio destando in lui, nonostante la stoffa spessa del cappotto di cammello, un brivido erotico. Non è che lei gli avesse concesso molto, finora, da quel punto di vista. Bunge pensò a Guste, alla sua sensualità, alla sua cucina semplice e buona, sempre a disposizione, assolutamente da non disprezzare. A lei sì che doveva comprare un bel regalo. Magari un rotolo di seta pregiata: era anche un'ottima sarta. Insieme a una grossa scatola di cioccolatini belgi, di quelle che vendeva Michelsen.

«Facciamo un salto da Schümann? Ci mangiamo qualche ostrica al calduccio», suggerì Margot.

Sapeva come sarebbe andata a finire. La cerbiatta ne ordinava un paio di dozzine. Come facesse a digerirle era

4. Storico caffè affacciato sul Binnenalster, uno dei due laghi artificiali di Amburgo. La prima versione risaliva al 1799, mentre nel 1914 fu inaugurato il nuovo edificio, frutto della quinta ricostruzione. Durante il terzo Reich il locale era famoso per i concerti di swing, genere musicale inviso ai nazionalsocialisti. L'Alsterpavillon fu distrutto da un bombardamento nel 1942. Un sesto edificio è stato eretto fra il 1952 e il 1953, su quanto era rimasto delle fondamenta.

un mistero. Ma sì, volle concederle quel lusso. Dopotutto mancava poco a Natale. Margot puntò verso la Heine Haus e arrivarono così alla cantina delle ostriche, che cantina non era più in quanto la sala si trovava ora al piano terra. Lui si sarebbe concesso una gelatina di frutti rossi, per la quale Schümann era famoso.

Si accomodarono in una delle nicchie piene di foto e stampe d'arte, dove Margot poteva ammirare le fotografie autografate di artisti famosi. Bunge nutriva forti dubbi che Margot sarebbe entrata un giorno in quel novero, se non forse come divoratrice di ostriche.

Lo assalì di colpo un'intensa nostalgia di Guste e della sua cucina in Johnsallee. Fegato alla berlinese, ecco cos'avrebbe mangiato davvero volentieri.

«Oggi sei di poche parole, zuccherino».

Bunge la guardò contrariato e pensò che anche a Ida doveva comprare un regalo. Non dei gioielli. A quelli poteva pensarci Campmann. Una lampada da tavolo come quella che aveva visto in uno dei negozi delle Colonnaden, col paralume giallo e una statuina di un pastorello che suonava il piffero come base. Sarebbe stata bene nel suo salotto.

Furono portati in tavola il pane e del burro. «Riempiti la bocca, che è meglio», disse Carl Christian Bunge. Non era certo che il suo rapporto con quella donna sarebbe durato fino al momento di fare quella benedetta incisione. A uscirne a mani vuote comunque sarebbe stata Margot. Quel pensiero riempì Bunge di una gioia segreta. Sorrise.

«Mettiamo sulla chiave un nastrino rosso», propose Henny. «Hai qualche altra idea?». All'inizio lei e Lina avevano pensato di bendare Lud e condurlo così al suo nuovo laboratorio ma, riflettendo meglio, giocare a mosca cieca per tutta Canalstraße era parsa loro un'idea poco praticabile.

«Gliela diamo il giorno di Natale», disse Lina. Era appoggiata alla scopa e osservava la stanza luminosa e asciutta, col pavimento ancora da spazzare. Le pareti erano state appena imbiancate, le finestre linde come specchi, coi telai di ghisa appena verniciati di nero. A Lud non restava che portarci il suo banco da falegname e i suoi strumenti, che avrebbe appeso alle pareti.

«Sarà contento», osservò Lina.

«Eccome!», replicò Henny. «È capace di una gioia infantile».

Lina annuì. Sapeva bene di cosa parlava Henny, e da quando conosceva Kurt Landmann, l'indole fanciullesca di suo fratello gli era ancora più chiara. Sembrava che avesse deciso di restare per sempre il ragazzino di quindici anni che era stato in quell'inverno di guerra in cui i loro genitori se ne erano andati. Eppure amava la sua piccola famiglia più di ogni cosa e desiderava che si allargasse. Lina corrugò la fronte.

«Non ti preoccupare, Lina. Io gli voglio un gran bene».

Ecco, era proprio questo il sentimento che Lud di solito suscitava nelle donne: affetto, istinto di protezione. Lina aveva promesso a sua madre che si sarebbe occupata di lui. Adesso erano in due a farlo, lei e Henny.

Kurt Landmann alla fine le aveva mostrato i suoi quadri. E l'aveva baciata. Con molta cautela. Ma Lina si era spaventata. «Di cosa hai paura?», le aveva domandato Landmann.

Henny di tutto ciò non sapeva nulla. L'idea di raccontare quelle cose a qualcuno la riempiva d'imbarazzo.

«Come vanno le cose con Landmann?». Si erano chiuse alle spalle la porta del laboratorio e stavano varcando il portone dello stabile, che dava sulla strada. Lina guardò con stupore sua cognata. Leggeva nel pensiero, per caso?

«Non mi ha detto niente», continuò Henny. «Ma magari tu hai voglia di parlarne».

«Io ho paura degli uomini». Lina si stupì di averlo detto. La frase le era uscita di bocca da sola.

«Lud ha paura delle donne. A meno che non siano madri. Ecco perché vuole averne tanti».

Lina annuì. «Siamo strani, tutti e due».

«Passi da noi?».

«Arriviamo fino all'Alster, per vedere se ha gelato. Ho voglia di pattinare un po'. Oppure devi andare da tua madre a prendere Marike?».

«Stanno facendo i biscotti. C'è tempo. A quanto pare i biscotti alle noci che hai fatto tu e le mie stelle alla cannella non bastano per il santo Natale».

«Else ha avuto notizie del suo corteggiatore?».

«Una cartolina di Natale. Un rametto d'abete pressato su carta pregiata, contornato da pigne luccicanti».

«E le basta?».

«Io credo che sia stata una delusione. Si aspettava almeno una scatola di fazzoletti e un appuntamento prima di Natale. Ha detto Gotha che tornerà ad Amburgo per Capodanno e si farà sentire».

«Non è che ha una famiglia in Baviera?».

Henny si mise a ridere. «Ci manca soltanto un bigamo! No, a Else basta che la faccia volteggiare un po' in pista, con la sua bella chioma folta».

La giovane signora in pelliccia che scendeva lungo l'Hofweg incontro a loro le salutò con un cenno. «Buon Natale», disse. «Sembrate così contente, voi due».

Lina e Henny la guardarono stupite mentre spariva oltre l'ingresso del Palais. «Buon Natale», le gridarono dietro mentre chiudeva la porta.

«È dove lavora la madre di Käthe», disse Henny. «Adesso è cuoca. È stata "promossa", come dice Karl».

«Forse sembriamo davvero così contente. Senza motivo».
«Non ci possiamo lamentare. Va tutto bene».
A questo punto sua madre si sarebbe fatta il segno della croce.

Mentre saliva la rampa di scale fino al primo piano, Ida pensava a quanto le mancassero delle amiche della sua età. Dopo che le ricchezze di suo padre si erano volatilizzate e le era toccato sposare Campmann, molti suoi amici erano scomparsi. Mia, che stava diventando grossa come un tricheco, non poteva certo darle quello di cui aveva bisogno; la Laboe, che era più saggia, aveva vent'anni più di lei e un mucchio di preoccupazioni.

Le venne in mente di andare da Fräulein Grämlich, a farsi affidare qualche caso umano, qualche camerierina allo sbando. Ma no. A quel mondo non doveva avvicinarsi, era troppo prossimo ai cinesi.

Alla lettera di Tian che le era arrivata a fine ottobre aveva risposto in modo vago. Era difficile lasciare Campmann. Ida non voleva rinunciare al suo stile di vita.

In casa si sentiva profumo di arrosto. La Laboe era già ai fornelli e aveva impilato le pentole sul balcone, a freddarsi. A Ida e a Campmann non doveva mancare niente, nella loro solitaria vigilia. Papà aveva preferito trascorrerla con Guste, sarebbe andato da loro il giorno dopo.

Dei ventotto mesi che Tian le aveva concesso ne erano passati appena due. Gliene restavano ventisei. Eppure. Doveva decidersi, un divorzio non si fa in quattro e quattr'otto. Avesse almeno avuto qualcuno che la consigliasse, un amico saggio, o meglio ancora un'amica. Quelle due ragazze l'avevano colpita. Chissà come ci si sente ad avere delle amiche, delle persone di cui potersi fidare.

Ida si sfilò i guanti e si lasciò scivolare la pelliccia giù dalle spalle, confidando che Mia sarebbe stata lesta a raccoglierla. «Di' ad Anna che voglio una tazza di cioccolata calda», disse, poi cambiò idea e andò personalmente in cucina.

Più tardi, seduta nel suo salotto a sorseggiare cioccolata, aveva strane frasi che le giravano in testa e nelle quali alla fine riconobbe una poesia di Rilke.

«La solitudine è come una pioggia, sale dal mare e va incontro alle sere... poi la solitudine se ne va con i fiumi».

Le venivano in mente solo i primi e gli ultimi versi. Gli altri si erano persi nel nulla che c'era stato tra la sua istruzione con Fräulein Steenbock e il presente.

Ida si mise a muovere le dita dei piedi, che erano ancora gelate, le inarcò come fanno i bambini piccoli. Pensò a Tian, chiedendosi cosa dovesse fare.

«Ci piacerebbe che passassi il Natale a casa nostra».

Grit Odefey lanciò a suo figlio un'occhiata scettica. «Lascia stare, Rudi. Tra me e Käthe non funziona proprio».

Rudi lo sapeva bene che non funzionava. Eppure lui ci aveva provato. Mise il pacchetto sul tavolo insieme alla poesia, un foglietto di carta arrotolato e legato con un nastrino rosso.

«E questa cos'è? Una poesia di Eichendorff?».

No. Non era una poesia di quelle imparate a memoria alle elementari.

«Leggila domani e bevici su un bicchiere di vino». Rudi mise sul tavolo anche una bottiglia avvolta nella carta velina.

«Sei un bravo figliolo», disse Grit.

La casseruola con l'arrosto era già in forno. Gli gnocchi erano pronti come pure l'insalata di fagioli. Era un brasato, come lo preparava la madre di Lina e Lud per la vigilia. A Else andava bene. Delle carpe no, si sarebbe ribellata.

«Ci sono troppe spine», spiegò rivolta a Marike, che era seduta sul seggiolone e teneva nelle manine due tessere del Memory, una con sopra una palla colorata e una con una paperella gialla.

«Quante belle cose ti ha portato Gesù bambino».

Marike rise contenta e mandò le tesserine di legno a raggiungere tutte le altre sul pavimento dall'altra parte della cucina. Else si alzò, la prese dal seggiolone e andò alla finestra: aveva cominciato a nevicare.

«Guarda come scendono i fiocchi di neve!», cantilenò alla nipotina e la sollevò in alto, in modo che potesse vederli. Marike tese un braccino, decisa ad afferrare i fiocchi. Ma la finestra restò chiusa. Faceva troppo freddo ed era anche pericoloso. Else fece saltare un po' la bambina sulle braccia, per distrarla.

Era già ora di accendere la fiamma sotto l'arrosto? Ci sarebbe voluto ancora un po' prima che Henny, Lud e Lina tornassero dalla loro spedizione al laboratorio.

«Andiamo a dare ancora un'occhiata all'albero di Natale e agli altri regali», disse, e portò Marike in soggiorno. L'albero era decorato con angioletti argentati e trombette. Candele bianche. Un alberello smilzo, dove prevaleva l'argento. Davvero troppo misero per i gusti di Else. Ma dopotutto la padrona di casa era Henny.

In casa sua l'albero era stato sempre sormontato da un fastoso puntale: quattro angioletti che suonavano le campane e reggevano la punta. Quello sì che era un albero.

«Ci arrivi, Marike?», domandò Else alla piccola. «Fa' un bel respiro, come fa la nonna. È il profumo del Natale, uno dei più belli che ci siano nella vita!».

Lud capì di che si trattava quando aprì la scatolina di

cartone rosso e trovò una chiave immersa nei trucioli di legno. Era stata un'idea di Lina. Le era bastato salire in soffitta, dove c'era il bancone da falegname di suo fratello e lì ne aveva trovati a volontà.

Seppure Lud avesse subodorato qualcosa, quando varcarono l'ingresso dello stabile, la realtà superò le sue aspettative. Avevano percorso Canalstraße tutti e tre a braccetto, Lud in mezzo che reggeva un grosso ombrello.
«Andate voi due», disse Lina fermandosi nell'androne.

C'era un gran nastro rosso legato al pomello lustro della porta della rimessa. Lud dovette scioglierlo per poter infilare la chiave nella serratura. Aprì la porta.

«Un laboratorio».

«Di' la verità. Da quanto tempo lo sai?».

Lud rise scuotendo il capo. La chiave in una scatola piena di segatura... due più due sapeva farlo anche lui. Una stufa di ghisa che al momento era spenta, ma funzionava, e Lud avrebbe potuto usarla anche per scaldare la colla. Il locale era caldo anche senza riscaldamento acceso.

«Andiamo a prendere Lina».

«Prima voglio baciarti».

«Cos'è, ti vergogni a baciarmi davanti a tua sorella?».

«Voglio baciarvi tutt'e due», rispose Lud. «Prima però devo dirti una cosa, Henny. Questo è più di un laboratorio da falegname: è un rifugio per noi due».

«Ci serve un rifugio?».

«Non che io abbia nulla contro Else, ma...». Lud era in imbarazzo.

«Hai ragione. Possiamo scapparcene quaggiù ogni tanto. Adesso però andiamo a prendere Lina, starà morendo di freddo».

Lud prese per mano Henny e la baciò. Poi andò in cortile a chiamare sua sorella.

Marzo 1926

Tian tornò con la stessa nave della Hapag che nel 1923 lo aveva portato a Puerto Limón. Si era messo accanto al capitano, sul ponte di comando, e osservava il profilo famigliare della città. St Katharinen. St Michaelis. "Casa", pensò. Eppure si sentiva uno straniero. Sul molo l'ufficiale in servizio coordinava la manovra di attracco, i rimorchiatori prendevano il largo. Restavano i gabbiani, alzatisi in volo all'arrivo della nave, che stridevano euforici.

Lo sguardo di Tian vagò sulla piccola folla radunata in attesa del postale. Riconobbe Ling. Sua sorella non gli parve cambiata in quei tre anni. Non vide i suoi genitori e l'ansia gli serrò la gola. Ma poi si rilassò: al ristorante probabilmente non avevano potuto fare a meno di altre mani. Erano nel mezzo della settimana ed era possibile che fosse appena arrivata qualche grossa nave carica di cinesi famelici che non vedevano l'ora di provare la miglior cucina cinese di tutta Amburgo.

Proprio un attimo prima di lasciare il ponte di comando per prendere la valigia, gli parve di vedere di sfuggita Ida, in mezzo alla folla in attesa sul molo. Tian aveva freddo. Ad Anversa, il primo porto europeo in cui avevano fatto tappa, la primavera appena iniziata era più mite che ad Amburgo. Il senso di freddo gli veniva anche dal pensiero di Ida, di cui non aveva notizie da più di un anno. Al tempo di quell'ultima lettera, viveva ancora con suo marito e Tian nutriva forti dubbi che l'avrebbe mai lasciato.

Ling lo salutava con la mano. Sapeva dove cercarlo con lo sguardo e l'aveva individuato quasi subito, in piedi accanto al capitano. Forse lei sapeva qualcosa di Ida. L'amicizia tra sua sorella e Mia si era un poco diradata, dacché era nato un bimbetto cicciottello e rosso di capelli, ma si vedevano ancora. Tian non era affatto sicuro che Ida approvasse quel legame.

Durante l'infinita traversata per mare, tra lunghe conversazioni e innumerevoli partite a scacchi, dama e domino, non gli era certo mancato il tempo di riflettere sulla possibilità di un futuro fra lui e Ida. E se c'era una cosa che aveva capito con chiarezza nel viaggio dalla Costa Rica ad Amburgo, era il fatto che andava presa una decisione e che lui non avrebbe ammesso deroghe alla sua morale.

Ling, sgomitando fra la folla, era arrivata in prima fila quando Tian scese. Gli si buttò al collo, in lacrime. A Tian venne di nuovo il dubbio che fosse successo qualcosa di brutto.

«Sei tornato! Sono tanto felice!», gli disse.

Due anni e otto mesi prima lo avrebbe detto in cantonese. La sua sorellina aveva preso la decisione di entrare a far parte della società tedesca. Di certo i loro genitori non le erano d'aiuto. Avevano trovato una nuova, piccola Cina in Schmuckstraße.

Lasciarono il molo mano nella mano. Un facchino spingeva il carrello con le sue valigie. Salirono su un taxi e Tian fece un cenno all'autista, esattamente come aveva fatto quel giorno di luglio, quando con Ida si era fatto portare all'Hofweg-Palais.

Impegnato a controllare che il suo bagaglio venisse caricato nel baule, non si era accorto della giovane signora con un tailleur troppo leggero che osservava la scena. Gli era sfuggito anche il fatto che invece sua sorella si guardasse intorno in preda a una specie di apprensione, mentre salivano in vettura. Lei l'aveva vista, Ida, ma a suo fratello non avrebbe detto nulla, così come non gli avrebbe detto che Mia le aveva dato il tormento per farsi dire la data esatta del suo arrivo. Ling alla fine aveva ceduto e glielo aveva detto. Ma non era più la sorellina che metteva a loro disposizione la sua stanza, perché suo fratello potesse passare un po' di tempo con quell'oca lunatica. Ida non andava bene per Tian.

Ida chiamò un taxi quando quello con dentro Tian e Ling partì verso Schmuckstraße. Ma non si fece portare a casa: lì c'era Campmann, seduto nel suo studio, che organizzava un viaggio d'affari a Dresda. Probabilmente si preparava per lui un'ulteriore promozione nelle alte sfere della banca.

Chiese all'autista di portarla sul fiume e scese sulla Krugkoppelbrücke, proprio nel mezzo del ponte. Era stata troppo debole, in quei due anni e otto mesi, per affrontare le conseguenze. Era proprio la figlioletta viziata di papà e Netty Bunge: le interessava solo stare in mezzo ai lussi.

Sul ponte tirava vento: che sciocchezza mettersi quel tailleur così leggero. Sarebbe andato bene per una bella giornata di maggio. Tian però non glielo aveva mai visto. Ida infilò la mano nella tasca della lunga giacca avvitata e tirò fuori la tartarughina di giada bianca. Per un momento fu tentata di buttarla nell'Alster, ma poi se la rimise in tasca. Più tardi non avrebbe saputo dire se ci aveva pensato bene prima di sfilarsi l'anello dal dito e buttarlo nelle acque grigie del fiume, che del resto riflettevano solo il colore del cielo.

Henny uscì di casa e marciò svelta verso il laboratorio. Lud voleva mostrarle il suo regalo di compleanno, un alto armadio a due ante, che quella mattina aveva trovato sul tavolo in versione miniaturizzata. Da Nagel & Kaemp la pausa pranzo non durava più di mezz'ora. I frequenti ritardi di Lud gli avrebbero già causato delle noie, se il suo superiore non avesse avuto un debole per lui.

I tacchi delle scarpe nuove di Henny ticchettavano sui pietroni del selciato, Lud la sentì e si mise ad aspettarla sulla porta, raggiante.

Per l'armadio aveva usato del ciliegio della Bassa Sassonia, lo stesso che aveva scelto per la culla, che adesso prendeva polvere in soffitta in attesa che Marike avesse un fratellino o una sorellina.

Henny girò intorno all'armadio che troneggiava nel centro del laboratorio, e aspirò il profumo della cera d'api.

«È bellissimo», disse. «Hai fatto bene a non lucidarlo».

Ormai non si vedevano che mobili lucidi come specchi, ma Lud aveva deciso di infischiarsene della moda. Aveva preparato una soluzione di cera d'api e trementina e l'aveva stesa sul legno con un grosso pennello. Henny vide che Lud aveva tagliato molti panni per pulire bene la superficie dell'armadio: doveva essere lì già da un pezzo.

Lud capì a cosa pensava. «L'ultimo tocco», si schermì.

Henny tenne per sé le sue obiezioni sulla durata della pausa pranzo, aprì l'armadio e contò i ripiani dove avrebbe riposto la biancheria del suo corredo.

Le era venuto in mente uno degli aneddoti di Else: lei che una notte di Capodanno, poco prima di mezzanotte, saliva per la fragile scala con una cesta in mano per portare giù dalla soffitta le lenzuola bianche, in modo che nella notte non vi rimanesse impigliato qualche spirito, trasformandole in sudari, cosa che sarebbe potuta anche accadere se Else fosse inciampata su quei gradini, con tutto il vin brulé che aveva in corpo e in testa, e la grossa cesta della biancheria sotto un braccio. Ci vuole un attimo a rompersi l'osso del collo. Perché avevano sempre riso di quella storia?

«Nella famiglia di Else a Capodanno si beveva *kalte Ente*», disse. «Forse ne preparo un po'».

«Come ti è venuto in mente?».

«Per festeggiare, no?».

Lud annuì. «Certo, per festeggiare. Entro domenica porto a casa l'armadio. Ho già chiesto a Rudi di darmi una mano. In due dovremmo farcela a portarlo su».

«Ci vorrebbe un carrello».

«Ne prendo in prestito uno in fabbrica. Ho già parlato col magazziniere. Ti piace davvero l'armadio?».

«Mi piace tantissimo, Lud. È il tuo capolavoro. Dovresti licenziarti da Nagel & Kaemp e fare l'artigiano a tempo pieno».

«Se solo ci si potesse mantenere una famiglia...».

«Abbiamo sempre il mio stipendio».

«Tu devi pensare ai bambini».

Henny non disse nulla. Sapeva bene cos'avrebbe voluto festeggiare Lud. Un bell'erede maschio oppure un'altra figlia.

All'inizio Henny aveva temuto che Lud percepisse la presenza di un corpo estraneo durante il sesso. Ma Lud forse era troppo ingenuo e fiducioso anche solo per sospettare che lei stesse prendendo precauzioni per non concepire.

In clinica venivano sempre più pazienti a farsi inserire il diaframma o altri dispositivi anticoncezionali. Ma Henny aveva preferito andare dal medico privato in Emilienstraße, lo stesso che le aveva diagnosticato la prima gravidanza. Al ginecologo non importava se si chiamava Frau Godhusen o Frau Peters. Era una donna sposata che per motivi privati non voleva altri figli. Certo, stava ingannando Lud, e di tanto in tanto sentiva i morsi della coscienza.

«E cosa si mette nel *kalte Ente*?».

«Vino bianco, spumante, buccia di limone», disse Henny. «E anche lo zucchero vanigliato. Quello lo abbiamo».

«Vuoi farmi ubriacare stasera? Non vedo l'ora!».

Era così contento. Henny si commosse. Era davvero così importante il grande amore? Non valeva molto di più quel senso di calore, di protezione? Volersi bene, affrontare insieme gli assalti della vita. Forse presto o tardi lo avrebbero avuto, un altro bambino. Il diaframma si poteva rimuovere in qualsiasi momento.

«Il risultato naturale di un rapporto sessuale è un bambino». Era uno dei presupposti della sua formazione come ostetrica. Ma in sala parto i momenti di terrore, dolore e sgomento sopravanzavano di gran lunga i momenti di gioia. Due giorni prima, durante il suo turno era nato un bambino affetto da mongolismo. L'ostetrica aveva esitato a metterlo in braccio alla madre. La donna invece prima aveva guardato a lungo il piccolo, poi lo aveva stretto a sé con amore.

Lo aveva chiamato Gerhard, un nome pieno di forza. E di forza gliene sarebbe servita tanta, nella vita.

E poi nascevano bambini sanissimi e graziosi a cui le madri voltavano il capo, come se non sapessero nemmeno come tenerli in braccio o non desiderassero che di sprofondare nella loro malinconia.

«Allora compro due bottiglie di bianco», disse Lud. «E due di spumante. Anche tua madre brinda con noi, no?».

Negli ultimi tempi Else aveva cominciato ad alzare un po' il gomito. «Colpa della solitudine», era stato il commento di Käthe quando Henny si era confidata. La relazione con quel Gotha non era mai decollata. Di tanto in tanto la portava a ballare, ma era quasi sempre in viaggio. Henny aveva trovato, sopra un mobile a casa di sua madre, una sua cartolina con sopra uno spazzacamino che, invece del tradizionale ferro di cavallo portafortuna, teneva una croce uncinata. Ferdinand Gotha, commerciante in prodotti cartari, trattava anche questo genere di merci e doveva aver pensato che a Else sarebbe piaciuta.

«Non è ora che torni in ufficio?».

«Stasera finisco prima», disse Lud sorridendo. «È o non è il compleanno di mia moglie?».

Una festicciola in famiglia. Loro due, Marike e sua madre. Käthe aveva il turno serale in clinica: lei e Rudi sarebbero venuti domenica, per farle gli auguri e ammirare l'armadio nuovo.

Quel Gotha dunque era un nazista. Laggiù in Baviera ce ne erano tanti. E se Else fosse rimasta sola? Il prossimo anno avrebbe compiuto cinquant'anni.

Uscirono in cortile e Lud chiuse a chiave la porta del laboratorio.

«Ti vedo pensierosa», le disse.

«Pensavo a Else».

«Al fatto che beve un po' troppo?».

Dunque se ne era accorto anche Lud. «E io, tanto per essere d'aiuto, le preparo pure il *kalte Ente*!».

«Sempre meglio che sbronzarsi da sola, a casa».

«Dovremmo starle più vicini».

«Ma se è sempre a casa nostra!».

«Perché bada a Marike».

"È anche la mia festa oggi. Io ho sacrificato la mia vita per te". Questo le aveva detto Else quel giorno, quando era rientrata dal suo turno in clinica. A Henny era suonata come una minaccia.

«Marike potrebbe andare all'asilo. Così avrebbe dei compagni di gioco», suggerì Lud, e non per la prima volta.

«Nessun asilo si adatterebbe ai miei orari». Anche questa replica non era una novità. Un copione ben collaudato.
La verità era che Henny aveva paura di togliere a sua madre anche quell'incarico. Sarebbe sprofondata ancora di più nella depressione.
«Ora sì che devo tornare in ufficio», disse Lud, le diede un bacio sulle labbra. «Ne riparleremo. Dell'asilo, intendo. Al vino ci penso io».
Else si sarebbe occupata delle brocche per il *kalte Ente*. Due grosse caraffe di vetro con il manico e il coperchio d'argento, custodite in una credenza nella sua casa in Schubertstraße. L'ultima volta che erano state usate per contenere una bevanda di quel genere era stato in occasione della sua cresima. Nell'aprile del 1914. L'ultima primavera di serenità, quando il padre era ancora giovane e sembrava immortale.
«Mammina cara, va' a prendere le caraffe, lucida l'argento e lascia un po' in pace tua figlia». Se lo andò ripetendo come una specie di cantilena finché non arrivò alla porta di casa. Di sopra, Else intratteneva Marike e si aspettava di essere trattata con tutti i dovuti onori.

Mia era andata in campagna per dare alla luce il suo bambino, e lì l'aveva lasciato: a febbraio avrebbe compiuto due anni. Friedrich, così la cameriera aveva voluto chiamare il suo piccolo bastardo, forse per fare un dispetto ai padroni. Lo chiamavano tutti Fritzchen.
A gennaio, poco prima del parto, era dovuta partire perché Campmann non sopportava più di vederla per casa. Doveva essergli giunto all'orecchio che probabilmente il nascituro avrebbe avuto gli occhi a mandorla. O forse il suo senso del decoro era disturbato dalla vista di una Mia che arrancava pesante per la casa, sudando copiosamente anche in pieno inverno.

Solo qualche mese dopo il parto le fu concesso di tornare al Palais, rispedire al mittente la sua sostituta e riprendere le sue vecchie abitudini, come quella di stare seduta in cucina con Ida e la Laboe a bere caffè e scambiarsi gli ultimi pettegolezzi, almeno durante le ore che Campmann passava nel suo ufficio sulla Jungfernstieg.

A Mia il piccolo Fritzchen non mancava poi tanto. Cresceva sano in casa di sua sorella a Wischhafen sull'Elba, dove giocava tutto il giorno coi suoi cuginetti. I piccoli passavano un sacco di tempo nel pollaio lercio. Quest'immagine si era impressa nella memoria di Mia il giorno in cui era andata a trovare il figlio per festeggiare il suo compleanno. Nel pollaio c'era un bel calduccio, le galline erano mansuete e materne. Prima di andarsene però Mia aveva bisticciato con la sorella perché voleva che Fritzchen fosse messo in una tinozza piena di acqua calda e lavato per bene. L'igiene in quella casa lasciava davvero a desiderare. Mia era certa che, nel momento in cui era salita sul traghetto diretto a Glückstadt per poi prendere il treno per Altona, il bambino fosse già sudicio come prima.

Indubbiamente, trascorrendo l'infanzia a Wischhafen, era una fortuna per lui non avere un padre cinese. D'altra parte era stato impossibile stabilire quale dei candidati alla paternità fosse il fortunato e chiedergli un contributo, perché il piccolo somigliava come una goccia d'acqua a ognuno di loro.

Dei venti marchi al mese che guadagnava oltre al vitto e all'alloggio, Mia ne spediva otto a sua sorella. Di tanto in tanto sgraffignava qualche moneta dalla ciotola svuotatasche d'argento che era sul comò di Campmann, in camera da letto. Oltre agli spiccioli vi trovava biglietti da visita, bottoni di camicie e ogni tanto le fatture del ristorante. Queste ultime le scorreva trasognata, cercando di immaginare tutte quelle leccornie.

Anche sul tavolo da toeletta della signora c'era un contenitore simile, non d'argento ma di cristallo rosa: conteneva perlopiù piccoli gioielli. Mia ci aveva guardato dentro con attenzione, e aveva cercato anche in altri posti, ma l'anello non c'era. Erano giorni che Ida non portava più la fede al dito.

Campmann invece non se ne era neanche accorto. Era stato un marzo movimentato: la sua scalata ai vertici della banca gli dava molto da fare. A Dresda gli era apparso chiaro che, essendo la banca uno dei maggiori istituti di credito appartenenti a ebrei, sarebbe stato molto difficile per un goi come lui arrivare in vetta alla gerarchia. La sua speranza di entrare a far parte del consiglio di amministrazione stava per svanire. E la situazione non poteva rimanere in quello stallo ancora a lungo, perché il ruolo di dirigente che ricopriva al momento era considerato dai più un trampolino di lancio per posizioni ancora più prestigiose. Si profilavano contrasti e altre seccature.

Già prima del viaggio a Dresda aveva avuto la sensazione che l'umore di sua moglie fosse cambiato. Adesso non era più semplicemente fredda con lui, ma si era ritirata in se stessa tanto da farlo preoccupare: forse era depressa. Quanto erano diverse le donne da Helène, anche se la sua preferita, la splendida Carla, aveva lasciato la casa di appuntamenti.

Almeno però Ida aveva smesso di seccarlo con quella storia del figlio. Il medico di famiglia, tanti anni prima, non si era sbagliato nella sua prognosi. Gli orecchioni avuti da bambino erano il motivo per cui adesso non riusciva a mettere incinta Ida. Campmann liquidò il pensiero con un'alzata di spalle. Forse avrebbe dovuto dirglielo prima, ma ormai le cose stavano così.

Campmann si alzò dalla scrivania, diede un'occhiata

dall'alta finestra da cui si godeva la vista sul fiume, attraversò l'ufficio e guardò arcigno la segretaria, che era assorta nella lettura di una rivista. «Sarò di ritorno alle due», annunciò. Prese cappotto e cappello dal guardaroba, salì in ascensore e scese di due piani, fino all'atrio della banca. Aveva appuntamento con il suocero, Bunge, all'Alsterpavillon.

Era stato il vecchio a chiedergli di vederlo, forse voleva un'altra proroga per il suo debito. Aveva sempre saputo che Carl Christian Bunge i soldi non li sapeva maneggiare. Se avesse chiesto altro tempo per restituire il prestito, Ida sarebbe rimasta al palo con lui ancora per un bel pezzo.

Nonostante quel matrimonio fosse stato una cocente delusione, Campmann si era affezionato a quella creatura riottosa che non lo degnava di uno sguardo. A Dresda, dopo una riunione interminabile, aveva fatto una passeggiata notturna e, osservando il cielo, aveva capito che ciò che provava era amore. Non l'avrebbe mai confessato a nessuno, ma gli erano venute le lacrime agli occhi. Campmann, proprio lui, che piangeva! Forse era stata la tensione della giornata.

«Una rispettabile accolita di narcisisti», stava dicendo Elisabeth. «Ecco cosa sono i giornalisti culturali. E la gente di teatro non è diversa».

Theo Unger le porse il bicchiere del gin e mise una ciotola di noccioline sul tavolo rotondo di vetro accanto alla poltrona su cui era seduta sua moglie. Poi si sedette sul divano nuovo, quello che suo suocero aveva paragonato al sedile posteriore di una macchina sradicato e messo in salotto. Il vecchio Liebreiz non era un ammiratore del Bauhaus.

Unger amava gli aneddoti di Elisabeth sulla effervescente Berlino. Non poteva esserci contrasto maggiore con la sua tranquilla vita di medico alla Finkenau. Lei gli sembrava al di sopra delle meschinerie di quell'ambiente, e questo rendeva la sua penna ancora più affilata. Unger era fiero di sua moglie.

«Stanno succedendo cose importanti», proseguì Elisabeth. «Erwin Piscator è un genio del teatro. E poi c'è quel giovane drammaturgo bavarese... Bertolt Brecht».

«Mi sembra un bene che sia della Baviera».

«E non puoi immaginare quant'è bravo Karl Valentin, un comico monacense. Alfred Kerr gli ha rivolto elogi sperticati!».

«Sono felice di vederti così entusiasta», disse Unger.

«Potremmo prendere un bambino in affido», disse Elisabeth di punto in bianco.

Theo Unger per poco non fece un salto sul divano dallo sconcerto. «Senti la mancanza di un bambino?».

«Perché, tu no?».

«No», rispose lui senza esitazione. «Stiamo così bene noi due!».

Confuso e irritato, si scolò d'un sorso tutto il gin.

«Immagino che alla tua clinica nascano molti bambini che nessuno vuole».

Unger tentennava. «Succede, sì».

«E che ne è di loro?».

«Se ne occupano i servizi sociali».

«Se avessimo un bambino...», disse Elisabeth, e la frase restò come sospesa nell'aria.

«Hai una luminosa carriera davanti a te», le disse Theo. «Chi si occuperà di questo bambino?». Non faticava a darsi una risposta. Il padre di Elisabeth avrebbe messo a loro disposizione un plotone intero di bambinaie. Così come aveva comprato loro quella casa. Era ben poca cosa al cospetto della villa a Klosterstern. Ma era comunque un lusso che Unger da solo non avrebbe mai potuto permettersi.

Non che suo suocero non si fosse posto il problema. «Non credi che possa essere umiliante per Theo», aveva detto a Elisabeth, «il fatto di non poterti dare tutto questo?». Elisabeth aveva risposto, piuttosto avventatamente, che in quel caso ne avrebbe fatto a meno.

«E poi c'è Carl Zuckmayer!», disse Elisabeth nel tentativo di cambiare discorso. «I suoi testi sono davvero interessanti. Uno andrà in scena a dicembre. Allo Schiffbauerdamm».

Berlino... Amburgo al confronto era un paesotto provinciale.

«Ti prego, Elisabeth. Rinunciamo all'idea dei figli».

«Ma perché?», disse lei. «Un bambino sarebbe felice con noi».

A Landmann, Louise Stein piaceva. Era la figlia di un'amica di sua madre che viveva a Colonia (sua madre aveva amiche con figlie nubili, e anche figliocci, sparsi in ogni angolo del Paese).

Louise era una drammaturga e stava per mettere in scena il suo primo testo al Thalia Theater, a Pferdemarkt. Il padre di Louise era un goi di idee illuminate, uno spirito libero, professore di Filosofia all'università di Colonia.

Landmann aveva in simpatia quella famiglia e aveva accettato di buon grado di prendere sotto la sua ala Louise, che ancora conosceva poco la città. Proprio a questo scopo, quella domenica pomeriggio le avrebbe presentato la donna con cui aveva passato una sola notte d'amore, alquanto memorabile, due anni prima. Non aveva ancora capito perché Lina, dopo quella volta, avesse declinato cortesemente ogni suo invito.

Landmann non vedeva Louise da che era praticamente ancora una ragazzina. Andò a prenderla in una pensione dove aveva preso alloggio in via provvisoria, in Johnsallee, e che colpo fu per lui trovarsi di fronte una giovane donna con la coda di cavallo, i pantaloni, senza cappello e con una lunga giacca di taglio sportivo.

Prenderla sotto la sua ala. Gli bastò un'occhiata per capire che non esisteva idea più ridicola. Louise Stein emanava una padronanza e un'autonomia tali che sembrava avere alle spalle una vita intera o addirittura due.

«Non si dia troppa pena, Kurt! Le nostre madri non smetteranno mai di proteggerci e immischiarsi nei nostri affari».

Evidentemente lo sconcerto gli si leggeva in faccia. «Siccome Dio non ce la faceva a fare tutto, ha deciso di creare le madri, no?», disse.

Louise si mise a ridere. «Credo che passeremo un bel pomeriggio. Mi ha parlato di un'amica. È la donna che le piace?».

«In un certo senso. Mi piace molto, in effetti. Ma lei a quanto pare non ricambia. Ma non parliamone. La conoscerà. In effetti mi pare siate un po' simili. Solo che Lina non si rende conto del proprio valore».

«Mi dia del tu, Kurt. Come ai vecchi tempi».

«Solo che non sei più la piccola Louise, che veniva a salutare lo zio Kurt».

«Allora ti darò del tu anch'io», disse, e fece un cenno alla vettura che si stava avvicinando in quell'istante. «Non hai la macchina?».

«Quando mi verrà voglia di fare una gita fuori porta, me ne comprerò una».

«Sei un tipo di città? Lo sono anch'io».

Si lasciò aprire lo sportello, ma Landmann non si sarebbe stupito se fosse successo il contrario. Comunicò all'autista l'indirizzo di Lina sulla Eilenau, poi Louise si mise a guardare ammirata la città che scorreva fuori dal finestrino: il cielo azzurro, attraversato da tenere nuvolette bianche, il fiume solcato dalle prime vele, il passeggio vivace e ciarliero in riva ai canali. Amburgo nella sua veste più invitante, con gli alberi che cominciavano timidamente a inverdire lungo i viali.

«Adoro questa città», disse Louise.

«Hai già trovato casa?».

«A dire la verità mi trovo molto bene da Guste Kimrath. Ha diversi pensionanti fissi, c'è anche qualche tipo strano. Lei stessa è un personaggio. Mi piace molto. Dimmi qualcosa di questa Lina».

«Insegna in una scuola sperimentale. Segue la pedagogia di Alfred Lichtwark. Ha una grande sensibilità artistica».

«E tu? Lavori sempre alla clinica ginecologica?».

«È quello che sono riuscito a fare».

«La tua Finkenau gode di ottima fama. Ne parlano perfino a Colonia».

«Chissà. Magari diventerò primario, un giorno o l'altro!», disse ridendo.

Avevano girato in Körnerstraße. Di quelle case signorili, una tra le più piccole apparteneva ora a Theo Unger e sua moglie. A dire il vero avrebbero fatto prima a passare per la Lombardsbrücke, ma questa strada era più panoramica e inoltre non aveva voglia di rimbeccare il tassista. Era da tempo che non si rilassava così. Si augurò che le due donne, Louise e Lina, andassero d'accordo.

«A quanto pare ad Amburgo ci sono solo belle case. Di persone benestanti».

«L'apparenza inganna, purtroppo», disse Landmann pensando alle case che rimanevano nei vecchi quartieri, agli appartamenti bui dentro i casermoni disadorni, noti in città col nome eufemistico di "terrazze".

Il taxi li lasciò davanti al palazzo di pietra chiara, con gli stucchi bianchi, di cui Lina occupava la mansarda.

Louise osservò la facciata con ammirazione. La porta di legno verniciato di bianco in cima alla scala era aperta, Lina li accolse sull'uscio.

Landmann non fu degnato di uno sguardo. Nella sua vita aveva conosciuto l'amore e la passione, ma quel giorno per la prima volta fu testimone di un colpo di fulmine. Come aveva fatto a non capirlo? Chissà se Lina ne era già consapevole. Louise doveva averlo capito all'istante, e guardò Lina a lungo. Due donne.

Erano le cinque del mattino, ed erano sole in sala parto. Ormai era da mezz'ora che Henny aspettava il secondamento, ma quando la placenta si depositò nel catino con un suono umidiccio, si accorse che mancavano le membrane ai lati e che il materiale non era stato espulso tutto.

Al parto aveva assistito il dottor Geerts, al quale sarebbe dovuto subentrare il dotto Unger, che però chissà dov'era. Di certo non lì, in sala parto, dove c'era bisogno di lui. Henny diede un'occhiata alla puerpera esausta, che aveva appena dato alla luce un bambino e poi era stata sottoposta da lei per una buona mezz'ora a ulteriori manipolazioni, per farle espellere la placenta. No. Non se la sentiva proprio di lasciarla da sola per andare a cercare Unger.

Era stata una nottata impegnativa, ma per fortuna Henny aveva dormito a sufficienza la notte precedente: con Rudi e Käthe non avevano fatto tardi, anche se avevano brindato al nuovo armadio e avevano passato una serata allegra.

Henny studiò il viso della paziente, sprofondato nel cuscino, gli occhi chiusi. Quel parto sarebbe dovuto andare bene. Anche se mancava ancora un pezzo di placenta. Il bambino ce l'aveva fatta, e Henny era ben determinata a mettere in salvo anche la madre. Ma la presenza di frammenti di placenta nel ventre poteva provocare emorragie e infezioni, anche mortali nei casi peggiori.

Cominciò a massaggiare il fondo dell'utero. Aveva già inserito un catetere: non poteva essere la vescica piena a ostruire il canale. Passò poi a esaminare l'utero ed ebbe la certezza che la cervice era troppo contratta, e questa era la causa della mancata espulsione della placenta.

«Ci sono problemi?».

Henny si voltò verso la porta. Unger, in piedi sull'uscio. Cosa c'era in lui che la irritava? Gli spiegò la situazione e lo osservò con attenzione mentre visitava la paziente. Non aveva bevuto. Aveva la mano ferma, era lucido e concentrato.

«Operiamo», fu il verdetto.

«Forse viene fuori da sola».

«No. Ha ragione lei. La cervice è chiusa».

Le applicò la mascherina dell'etere. Solo un curettage, perché anche lui voleva risparmiare a quella poveretta un vero e proprio raschiamento.

«Che le è successo?», domandò Henny. La domanda conteneva tutti i sentimenti che provava per Unger da anni. A quanto pareva erano riusciti entrambi a nasconderli bene, nella loro quotidiana interazione in clinica.

«La Kurth, in sala due», disse Unger. «Domattina viene l'assistente sociale. Non lo vuole. Ho cercato di convincerla a tenerlo, ma non ha sentito ragioni».

«È un peccato», disse Henny.

«Mia moglie vorrebbe adottare. Non mi perdonerebbe, se sapesse che mi lascio scappare questo bambino». Aveva l'aria costernata, come se gli dispiacesse di essersi lasciato andare a quella confidenza.

«Io mi sono fatta mettere la spirale. E mio marito vuole un altro figlio». Confidenza per confidenza. Forse era davvero troppo stanca, o semplicemente commossa dalla confessione di lui.

«Terrò per me il suo segreto», disse Unger. «E lei farà lo stesso col mio». Le sorrise. Poi mise mani agli strumenti disposti in bell'ordine sul vassoio.

Lavorarono sicuri e concentrati. Quando l'infermiera della sala operatoria li raggiunse, non percepì nulla del piccolo sobbalzo che fecero entrambi.

Più tardi si ritrovarono soli per qualche minuto nella stanza attigua alla sala, a togliersi in silenzio i camici e i guanti. Quando Unger la guardò e fece per dire qualcosa, Henny scosse piano la testa.

«*Bocciolo, bocciolo di rosa, il burro è nel vaso, il lardo in dispensa, domani si digiuna, dopodomani si ammazza l'agnellino: bee*».

Era la voce di sua madre, che cantava quella vecchia, lugubre filastrocca mentre Henny apriva la porta. Si sentiva anche qualcos'altro. Marike che piangeva.

Quando Henny entrò nella stanza, Else si voltò di scatto. Il suo tono era pieno di biasimo. «Tua figlia non vuole ammazzare l'agnellino. E non mangia nemmeno il pane imburrato».

«Ma perché le canti questa canzone? Non vedi che le fa paura?».

«Paura? È perché non conosce la fame. Sennò sarebbe ben contenta di ammazzare l'agnellino».

«Mamma, non puoi dire sul serio». Era la stessa donna che, qualche anno prima, indicava alla nipote il cielo tinto di rosso e le diceva che era Gesù Bambino che infornava i biscotti.

«Non bisogna viziarli troppo, i bambini».

Sarà stata la dura nottata in sala parto, fatto sta che Henny alzò la voce. Marike si spaventò e scoppiò in un pianto ancora più convulso. Non sopportava che sua madre gridasse in quel modo. Contro la nonna, poi. Else abbassò gli occhi sul piatto con sopra le fette di pane e si morse il labbro. Henny si lasciò cadere su una sedia, vinta dalla stanchezza.

«Mi dispiace, mamma».

Else fece un sospiro e parve rimpicciolirsi. «No, non è vero. È da un po' che non mi sopporti».

«Che sciocchezza».

«Quando oso dire le cose come stanno, rispondi che sono sciocchezze».

Henny prese una fetta di pane, un gesto di pace.

Non aveva affatto fame, anche se era da ore che non mangiava niente. Avrebbe dovuto bere almeno un caffè in reparto, ma si aspettava di trovare una ricca colazione al suo ritorno.

«Abbiamo bisogno di te, mamma». Henny sentì una nota di riluttanza nella propria voce. Era l'occasione per mandare finalmente Marike all'asilo, come Lud aveva sempre voluto e come di certo era anche meglio per la bambina, che allo stato attuale incontrava i suoi coetanei solamente al parco giochi, e neanche tanto spesso: Else si stancava a stare seduta sulle panchine per ore, insieme alle donne più giovani, o magari a mettersi in mezzo alla sabbia con la nipote.

«Non sapreste come fare, se non ci fossi io». Else volle ignorare il messaggio, nemmeno tanto nascosto, nel tono di voce della figlia.

Henny non fece commenti. Prese in braccio la bambina che stava tentando di salirle sulle ginocchia e non piangeva più, adesso che le urla in cucina s'erano placate. Ora era disposta a mangiare il pane imburrato.

«L'agnellino non muore».

«Ma no che non muore», la rassicurò Henny, e non le sfuggì che sua madre scuoteva il capo. Era questo che voleva? Che fosse sua madre, con le sue idee antiquate, a crescere Marike? Si ripromise di riprendere con Lud il discorso dell'asilo, ma sapeva già che lui era completamente favorevole.

«Per oggi io ho finito», disse Else. «È meglio così. Il resto della giornata ce l'hai libero, no?». Si alzò. «Vi ho preparato un minestrone, la pentola è sul balcone. Ci ho messo dentro un paio di salsicce a pezzetti. A Marike piacciono».

«Grazie, mamma».

Else andò in corridoio, si mise cappotto e cappello e prima di andarsene infilò di nuovo la testa nella porta della cucina. «Marike, le salsicce si fanno coi maialini», disse. «Ammazzano anche loro».

Marike si rimise a piangere disperata.

Henny avrebbe preso volentieri a male parole sua madre. Invece contò fino a dieci e fece un grandissimo sforzo per non mettersi a piangere anche lei. Marike era già abbastanza scossa.

Era uno di quei giorni strani in cui nessuno dei due lavorava. Succedeva di rado, anche la domenica. Da una settimana, poi, c'era quasi aria di primavera. Quell'anno, a dirla con le parole di Karl Laboe, Pasqua "veniva alta".

Nella piccola pasticceria di Löwenstein, in Humboldtstraße, c'erano coniglietti di cioccolata e decorazioni di zucchero colorate, ma Rudi aveva già comprato in un negozio di Gänsemarkt degli ovetti di cioccolato, al croccante per Käthe e con le nocciole per sua madre.

Non doveva arrivare lontano. Il suo unico compito, quella mattina, era andare alle Colonnaden a consegnare dei manifesti a Felix Jud, il libraio. A mezzogiorno la Friedländer, atelier e stamperia, avrebbe chiuso per via di un funerale ad Altona a cui lui non doveva andare.

Aveva intenzione di lasciare l'uovo di cioccolata alle nocciole davanti alla porta di Grit, in modo che lo trovasse subito al suo rientro dal lavoro, alla fabbrica tessile. Non si aspettava certo che lo apprezzasse. Già la sentiva: la nocciola non va bene durante il digiuno. Glielo aveva sentito dire tante volte, da bambino. Per lei la religione era molto importante.

Forse era solo un aspetto dell'esistenza castigata che si era autoimposta: una donna sola che cresce un bambino. E il fatto che fosse così avara di informazioni su suo padre? Anche quella era una questione di virtù, di decoro? Rudi sospettava invece che sua madre nascondesse qualcosa di torbido.

Rudi salì sul tram. Käthe era andata a trovare Henny e poi era tornata a casa loro. E lì era diretto anche Rudi. Voleva proporre a Käthe una passeggiata lungo l'Alster. Che lusso tanta libertà in mezzo alla settimana! Niente sciarpe, niente cappelli. Il vento nei capelli e il sole in faccia. E poi, una volta a casa, togliersi anche tutto il resto e fare l'amore vicino alla stufa.

«Ho comprato un dolce», disse Käthe mentre Rudi entrava in casa. «Ho pensato che oggi ce la godiamo, che ne dici?». Aveva le mani sporche di terra, stava piantando le violette in balcone. Andò verso il lavello della cucina per lavarsele.

Bene. Prima il dolce. Crema al burro, probabilmente. Käthe ne andava matta, l'avrebbe messa di buonumore.

«Vieni a vedere. Le ho prese bianche e lilla».

Rudi guardò e vide la sua Käthe, che quel giorno era bellissima.

«Le violette, devi guardare!», gli disse lei ridendo. «Fuori in balcone».

Gli vennero in mente gli ovetti croccanti. Prese il sacchetto dalla tasca, mise la testa fuori dalla porta-finestra e guardò i fiori. Doveva ancora andare da Grit. Solo che così non sarebbe stato più un giorno libero.

«Ti piacciono?».
«Molto», rispose Rudi e le diede il sacchetto.
«*Mmh*, che buoni!», esclamò Käthe.
Il modo in cui si leccava le labbra e si rigirava in bocca i cioccolatini... Rudi pensò di anticipare la parte in cui erano nudi vicino alla stufa. Dopo la passeggiata lungo il fiume sarebbero stati troppo stanchi.
«Henny ha litigato con sua madre. Riguardo all'educazione della bambina».
«*Mmh*», fece Rudi.
«Henny vorrebbe educarla in modo più moderno. Le ho consigliato il gruppo che si riunisce al parco di Schleidenplatz».
«Dubito che Henny e Lud vogliano affidare ai comunisti l'educazione della figlia».
«Meglio affidarla a Else Godhusen, invece?».
«Marike è troppo piccola per la RAG[5]».
«Che razza di comunista sei, Odefey? La RAG non è nostra, ma dei socialisti».
Il suo piano per la giornata cominciava a scricchiolare. Rudi fece un sospiro.
Käthe si tolse il camice e prese un altro ovetto.
«Che poi, secondo me, l'agnellino l'ammazzerebbero anche quelli della RAG», disse Käthe.
Avrebbe potuto chiedere di cosa stesse parlando. Ma lasciò correre e si mise invece a togliere pian piano la sottoveste alla moglie.
«E sai che altro ha detto Else? Che per fare le salsicce uccidono i maialini! Alla bambina, ti rendi conto?».
«Me lo racconti dopo», disse Rudi. Se Käthe non si con-

---

5. La RAG (*Reichsarbeitsgemeinschaft del Kinderfreunde*, 'società degli amici dei bambini proletari') era un'organizzazione legata alla SPD negli anni della Repubblica di Weimar, che si proponeva di educare i bambini secondo i valori del socialismo.

vinceva, di quella bella giornata non sarebbe rimasto che il dolce al burro e una visita non certo divertente a casa di Grit.

Käthe aprì la bocca e mostrò la lingua, tutta marrone di cioccolato. «Vieni qua», disse. «Ho voglia di baciarti».

Cara Käthe. La luce del sole riempiva la cucina. Forse alla passeggiata sul fiume poteva anche rinunciare. Il sole sulla schiena era bello quanto il sole in faccia.

«Ci vorrebbe una bella pelle d'orso», disse Käthe mentre stavano sdraiati sulle assi dure accanto alla stufa.

«Come, gli agnellini no e l'orso invece sì?».

«Basterebbe anche una stuoia. Ne ho vista una da Heilbuth».

«Vado a prendere la coperta dal letto», disse Rudi. Certo, sul letto sarebbe stato più comodo, ma in una giornata speciale come quella ci voleva un posto speciale.

Aveva appena lasciato il sacchetto sullo zerbino davanti alla porta, al quarto piano dello stabile di Herderstraße, quando sentì dei passi per le scale. Secondo piano. Terzo. Nessun dubbio, era Grit. Rudi non aveva voglia di vederla, ma tra l'amore, il dolce e poi quattro chiacchiere sulle sedie in balcone al sole di marzo, aveva finito per arrivare tardi.

«E tu che ci fai qui?», gli chiese sua madre, ferma in mezzo alle scale. Poi salì faticosamente gli ultimi gradini.

«Sono stato a Gänsemarkt, al negozio di dolci, e ti ho preso questi. Ti piace il cioccolato alla nocciola, no?», le disse.

«Di' la verità. Speravi che arrivassi più tardi, eh?».

Rudi prese il sacchetto dallo zerbino e glielo porse. «Mi fai entrare?».

Grit si mise a cercare la chiave. Prima, quando lui e Käthe dovevano accontentarsi di quelle due camere per avere qualche momento di intimità, la chiave la trovava subito. Le piaceva coglierli di sorpresa, costringerli a rivestirsi in tutta fretta. Quanto stavano bene adesso, lui e Käthe, nel loro bell'appartamento.

«E forza, vieni fuori...», disse Grit, e Rudi non capì se si stesse rivolgendo alla chiave, che finalmente teneva in mano, o a lui, invitandolo a parlare chiaro. Quando si accese la luce in corridoio, la guardò. Aveva la crocchia semidisfatta, non l'aveva mai vista così trascurata.

Si sedettero in cucina e Grit prese un ovetto alla nocciola dal sacchetto. Ne offrì anche a lui. Rudi scosse la testa: «Sono per te».

«Non ne mangio spesso, di dolci».

«Coi soldi ce la fai?». Rudi, da quando aveva avuto il posto da Friedländer, passava a sua madre venti marchi al mese.

«Venticinque sarebbero ancora meglio», replicò lei.

«Ma non è il caso. Voi state mettendo su casa. I soldi vi servono».

«Non hai detto niente del digiuno».

Grit fece un gesto spazientito. «Basta con quella roba», disse. «Di rinunce ne ho già fatte abbastanza».

«C'è qualcosa che dovrei sapere?».

«Te lo dice nessuno, che hai i capelli troppo lunghi?».

Rudi pensò alle mani di Käthe che gli ravvivavano le ciocche dalla fronte, come era successo anche quel pomeriggio. Chissà se sua madre aveva mai conosciuto quelle tenerezze. Che Rudi sapesse, non aveva avuto altri uomini, dopo che il grande sconosciuto aveva preso il largo. Chissà se quei due si amavano, quando lo avevano concepito.

«Poco dopo la guerra», disse Rudi, «ho portato il fermacravatte al banco dei pegni».

Grit fece una risatina amara. «Bene. Così se ne è andato anche quello», disse. «Mi chiedevo che fine avesse fatto, dato che non te lo vedevo più addosso».

Lo metteva di rado, e mai quando andava a trovarla. «Dopo l'ho riscattato».

«Mi stupisco che ti abbiano dato qualcosa, per quella patacca. È solo placcato oro».

«Ah, lo sapevi».

«L'ho fatto fare io».

L'ora della verità, dunque. L'eredità paterna altro non era che un falso. Davvero un bel modo di concludere il suo giorno libero. «Perciò non è vero che apparteneva a mio padre?».

Le labbra di Grit si appiattirono in una linea dura: da quella bocca non sarebbero uscire altre parole. Rudi conosceva bene quell'espressione.

«Non me ne vado di qui finché non mi racconti questa storia».

Lei si alzò per andare in sala da pranzo. «Prenditi una birra. Peccato che non sono fredde».

«Non la voglio la birra. Dimmi la verità».

Parlò in tono così brusco che sua madre si spaventò.

Tornò al tavolo e prese a tormentarsi le nocche. «Mi ero ripromessa di darti quelle cose quando ti fossi cresimato».

«Il portasigari con dentro il fermacravatte, la foto e la catenina».

«Del fermacravatte però restava solo la perla di cera».

Così sua madre aveva creduto che la perla fosse di cera, quando invece aveva un certo valore. Rudi non disse nulla.

«Eri piccolo ed eravamo molto poveri. Ho venduto tutto ciò che aveva qualche valore, anche l'oro del fermacravatte. Era oro di altissima qualità».

Ventiquattro carati, pensò Rudi.

«La perla la staccarono. Gli interessava solo l'oro».
Bravi gli scemi, pensò Rudi.
«Per darti il fermacravatte però ho dovuto farlo rifare. Placcato oro. Ecco com'è andata».
«E la catenina? Quella non la vendesti?».
«Quella è rimasta al banco dei pegni per un bel pezzo. Sono riuscita a riscattarla solo molto tempo dopo. Ho rischiato di perderla».

Pensò al sordido prestatore su pegno a cui sua madre, disperata, doveva essersi rivolta. Ecco che ricominciava a provare pena per lei. «Dimmi di mio padre», le disse piano.

«No. Adesso basta. Prenditi un ovetto e va' via».

Rudi si alzò. Sapeva che non le avrebbe cavato un'altra parola. Guardò quella donnina dai radi capelli biondicci, che teneva la testa bassa e fissava il ripiano del tavolo. Da chi li aveva presi lui, quei riccioli scuri? L'uomo in fotografia, il suo presunto padre, era biondo anche lui.

«Allora me ne vado. A partire da aprile, riceverai venticinque marchi».

«Sei un bravo figliolo», disse Grit. Era il suo ritornello, in quel genere di situazioni. Ma stavolta lo disse a voce così bassa che Rudi dovette leggerle le labbra per riconoscere la frase.

Era buio quando arrivò in Bartholomäusstraße. Al quarto piano, nel loro appartamento, le luci erano accese. Probabilmente Käthe lo stava aspettando con la cena pronta. Forse doveva aprire la bottiglia che gli aveva regalato Max Friedländer.

Il primo Bordeaux della sua vita. Si ripromise di aprire il La Croix del 1924 con tutta la solennità del caso. Era proprio il giorno giusto per brindare con Käthe.

«L'idea è proprio questa: che ragazzi e ragazze vadano a scuola insieme. Con insegnanti di entrambi i sessi», stava spiegando Lina. «Tutti insieme, maschi e femmine, anche alle superiori».

Louise sorrise. Le piaceva come Lina s'infervorava quando parlava delle sue idee. Le brillavano gli occhi e il rossore le arrivava fino al collo, dove portava il medaglione con l'ametista che stava così bene coi suoi occhi. «Hai gli occhi viola», le aveva detto la prima sera che erano state insieme. Lina le aveva raccontato di Lud, del periodo dopo la morte dei loro genitori, quando avevano vissuto loro due da soli. E di quanto l'avesse commossa il regalo del fratello per il suo ventiduesimo compleanno, quel medaglione di tiglio cesellato. Del fatto che avesse promesso a sua madre, sul letto di morte, di vegliare sempre su di lui. E di come adesso condividesse questa missione con Henny, la moglie di Lud.

«Hai detto che tuo fratello adesso ha ventiquattro anni».

«Ed è un adorabile sognatore».

«È un uomo adulto, però», disse Louise, che era più grande di Lud di appena qualche giorno.

«Non si smette mai di essere una sorella maggiore. Soprattutto quando i tuoi genitori si sono tolti il pane di bocca e sono morti per te e tuo fratello».

Louise si sedette accanto a Lina sul divano rosso corallo e le cinse le spalle con un braccio. «È una storia terribile. Anche a Colonia c'è stata molta povertà, ma personalmente non ricordo che mi sia mai mancato da mangiare. Si occupava di tutto mia madre, che è un genio dell'organizzazione. Mio padre invece preferisce il ruolo del professore con la testa tra le nuvole».

«Perciò hai preso da tua madre».

«Ho preso il meglio da entrambi. E adesso mi prendo anche te. Spero che Kurt non ci resti troppo male».

«Non siamo mai stati davvero insieme, e credo che lui lo sappia».

«Avete passato insieme solo quella notte di cui mi hai raccontato?».

Lina scosse il capo. «È stato un tentativo. Ed è anche andato bene. Il fatto è che mi osservavo dall'esterno. Era come se recitassi la parte della donna appassionata che sta con un uomo. La parte l'avevo imparata sui libri, però».

«Voglio leggerli anch'io, questi libri», disse Louise ridendo. «Fontane? Le avventure sessuali di Effi Briest? Non mi ricordo. E la Bovary? Ci sediamo sul letto a studiare come si fa l'amore? In *Enrico il verde* mi pare non ci sia nulla...».

«Non mi prendi sul serio...».

«Ma certo che ti prendo sul serio». Louise le tolse il braccio dalle spalle e si alzò in piedi. «Ho proprio voglia di un Gibson. Perché non ne prepari uno?». E si stiracchiò.

«Non ho proprio idea di cosa sia».

«È un cocktail. Io adoro i cocktail».

«Non credo di avere gli ingredienti per prepararlo».

«Gin, vermut, cipolline?».

Lina scosse la testa.

«Bisogna rimediare», disse Louise. «Ad Amburgo dove si va a comprare da bere?».

«Io faccio la spesa al negozio di coloniali» disse Lina. «Prima andava da Peers, in Zimmerstraße. Ci andava anche Henny.

«Kurt di sicuro lo sa. Chiederò a lui. E quel ricciolo che tieni nel medaglione, di chi è? O è un ritratto?».

Lina arrossì di nuovo fino al collo. «Qualche segreto vuoi lasciarmelo, Louise?».

Uscito dalla Sloman Haus, Bunge scese giù al pontile. Gli piaceva il porto: il vento in faccia, il senso di vastità del mare. Oltre il porto cominciava il mondo.

Si era incontrato con Kiep, che commerciava ancora

in superalcolici. Del resto grappe e liquori non stavano bene con la musica gaia e allegra che Bunge produceva?

Serate mondane. Sulla scena gli artisti e in sala, sopra i tavoli, litri e litri di alcol. Dopo lo spettacolo, nel foyer, belle ragazze con eleganti cappelli a bustina con la scritta Diamant Grammophon venivano prese d'assalto dagli spettatori ansiosi di portarsi a casa un disco.

Carl Christian Bunge svoltò in una delle stradine che si dipartivano dal lungofiume, la Rambachstraße. Si fermò davanti a un locale dall'aria molto malmessa.

Guardò nella vetrina, c'erano ragazze mezze nude e una cantante con una lunga sigaretta in bocca. Bunge ci mise un po' a riconoscere Margot. Era proprio lei. Anita invece non c'era.

Era passato un po' di tempo da quel giorno di gennaio del '24 in cui aveva avuto luogo il loro ultimo, sgradevole incontro. Più di due anni. Il loro provino non era andato bene, al produttore di Berlino non erano piaciute. In più le signorine si erano comportate come due dive capricciose.

Che arroganza, pensò Bunge. E adesso Margot era finita in quel localaccio. Però non era male da guardare. Era ancora chiuso. Bunge prese l'orologio dalla tasca destra. Un Länge & Söhne, eredità di suo padre. Gli era molto caro.

Era presto per un posto del genere. Sarebbero passate ore prima che aprissero la porta e gli permettessero di scendere i quattro gradini che portavano all'interno. Bunge poi aveva anche fame.

Di lì a un quarto d'ora Guste avrebbe servito la cena per i pensionanti. Lui era il benvenuto tutte le volte che voleva. Quella sera però non aveva voglia della buona cucina di Guste. Quella sera aveva voglia di avventura.

Un'idea folle gli attraversò la mente. Nel tempo necessario a tornare sul lungofiume, dove c'era il parcheggio dei taxi, la considerò e la scartò almeno un paio di volte. «Schmuckstraße», disse infine al conducente, si accomodò sul sedile e guardò sfilare le strade che portavano a St Pauli, l'enorme, tozzo Bismarck di granito piantato in mezzo al porto e infine la Schmuckstraße. L'autista non era contento di quel tragitto così breve. «Ancora un po' più avanti, signore? Al 18? Lì si mangia bene. Ci porto un sacco di gente». Bunge scosse la testa, alzò la mano per fargli cenno di fermarsi e gli diede una generosa mancia. Il buonumore tornò sul volto del tassista.

Il suo piano era camminare su e giù un paio di volte, annusare l'aria: non sapeva nemmeno come si chiamassero i cinesi con cui Ida aveva fatto amicizia. Sopra i negozi campeggiavano insegne a lui incomprensibili: per quanto ne sapeva, potevano esserci anche delle fumerie d'oppio lì dentro.

Infilò la testa in una porta e vide diversi cinesi in piedi dietro ai fornelli, intenti a tagliare verdure o mescolare pentoloni. Uno di loro lo guardò corrugando la fronte.

Certo, era strano quel posto. La gente si accalcava negli angoli, tutti con cappelli ingombranti e pantaloni corti e larghi. Che avevano nelle tasche?

Alla fine entrò in un locale da dove gli pareva che almeno uscisse un profumo invitante, ordinò dei wonton alla cantonese – dovevano essere una specie di ravioli – e poi guardò fuori dalla vetrina. C'era Mia. Che ci faceva in quel posto la cameriera di Ida? Bunge pensò subito che stesse facendo da tramite tra Ida e il suo amante.

Si sbrigò a pagare e uscì di corsa dal ristorante, ma Mia si era già dileguata. Ida gli aveva detto che con quel tizio, il cinese, era tutto finito. Sua figlia era un mistero per lui.

Tornò sulla Reeperbahn, dove trovò un taxi e si fece portare in Johnsallee. Basta con le follie, forse ormai era venuto per lui il tempo dei piaceri domestici. L'idea di incontrare Margot nei suoi nuovi panni di femme fatale non lo attirava più molto. Il canto delle sirene preferiva ascoltarlo da lontano, su uno scoglio alto e sicuro.

Delle lettere che Mia continuava a portare e che Ling accettava solo per affetto verso l'amica, Tian non ne lesse nemmeno una. Appena rientrato aveva chiesto a Ling di poter parlare con Mia per sapere almeno in che rapporti fossero i Campmann tra loro, e aveva saputo così che il marito era sempre al suo posto e che, sebbene non li si potesse definire una coppia di piccioncini, Ida lo accompagnava a tutti gli eventi sociali.

Per Ida gli agi e il prestigio sociale contavano più dell'amore.

Sempre poi che d'amore si fosse trattato, e non di un piacevole capriccio di una giovane signora un po' viziata.

Hinnerk Kollmorgen gli aveva fatto un'ottima proposta: diventare un dirigente della ditta importatrice di caffè. Il vecchio voleva andare in pensione. Suo nipote Guillermo era restio a lasciare la sede costaricana per trasferirsi ad Amburgo.

«Saresti il primo, lassù ai piani alti, a cui piace più il tè del caffè!», gli aveva detto Kollmorgen dandogli una poderosa pacca sulla spalla. A quelle pacche faticava ad abituarsi.

Tian aveva guardato fuori, attraverso la tendina, e non aveva avuto nessun dubbio che l'uomo anziano che passeggiava per Schmuckstraße altri non fosse che il padre di Ida. Un giorno di gennaio, all'inizio della sua storia con Ida, Tian era andato alla grande casa in Fährstraße, deciso a presentarsi e a dichiarare le sue onorevoli intenzioni, ma proprio mentre era lì a chiedersi dove fosse l'ingresso di quella specie di reggia, il cancello si era aperto e ne era uscita una limousine guidata da un autista. Da Bunge, seduto nelle profondità della lussuosa auto, non aveva avuto che una fugace occhiata.

Cos'era venuto a fare laggiù il padre di Ida? Forse cercava lui. Voleva dirgli qualcosa. Qualcosa come: lei vorrebbe la mano di mia figlia? Ma le mani di Tian non toccavano Ida da così tanto tempo...

Si scostò dalla finestra e uscì dalla stanza che era stata liberata apposta per lui. In soggiorno Mia e Ling parlavano fitto tra loro. Presto, non appena avesse firmato il nuovo contratto con Kollmorgen, avrebbe dovuto cercarsi un appartamento suo.

Che peccato amare tanto Ida.

Dal ristorante attiguo venivano rumori allarmanti. Si trattava di Zuko, il nuovo cuoco. «Non si inserisce!», strillava il padre di Tian. "Inserirsi" era la parola d'ordine, in casa dei suoi genitori.

Sentì un rumore di porcellane infrante e si alzò. Zuko aveva molte spiegazioni da dare. A Tian il padre non parlava più ormai, ma con Ling era ancora peggio.

Una ciotola a decorazioni bianche e blu gli passò vicino alla testa, quando entrò in cucina, centrò lo stipite della porta e andò in mille pezzi. Il giovane Zuko s'era slacciato i legacci del grembiule, lo aveva gettato sul pavimento e ora stava uscendo dalla cucina. Il padre di Tian bestemmiava a gran voce, e si voltò verso il figlio. No! Chang poteva anche levarselo dalla testa. Ling non avrebbe sostituito il cuoco che aveva appena sbattuto la porta. Yan Tian, il primogenito che avrebbe dovuto prendere in mano le redini del ristorante, le avrebbe proposto di andare a lavorare da Kollmorgen.

Anche quel giorno, in pausa pranzo, Lud era felice come un bambino, avvolto dall'aria mite della primavera, che aveva sempre un effetto positivo sul suo umore. Camminava sull'Osterbeckkanal e di tanto in tanto dava un morso al panino con formaggio e cetriolini che gli aveva preparato Henny. Non sembrava uno che di lì a poco sarebbe dovuto tornare in ufficio, ma piuttosto uno scolaro in un giorno di festa.

Procedeva lungo la Gertigstraße, sul canale, e a ogni ponte si fermava un momento a contemplare lo scintillio dell'acqua. Era bella, la vita. Se solo non ci fossero sempre tante ombre.

Le ombre da cui non poteva proteggere sua figlia Marike. Ultimamente, la notte, faceva spesso brutti sogni e si svegliava in lacrime. Sognava agnellini e maialini condotti al macello, che voleva disperatamente salvare.

Else non era una donna facile e Lud si era sempre sforzato con lei, perché era sua suocera, ma turbare un quel modo la bambina... questo non poteva perdonarglielo. Subito dopo Pasqua Marike sarebbe andata all'asilo, quello che aveva raccomandato Lina, dove si praticava il metodo Pestalozzi.

Il giorno prima, Henny aveva parlato con la madre, le aveva descritto l'asilo, ma Else aveva reagito malissimo al fatto che la nipote le venisse tolta così, da un momento all'altro; i moderni metodi educativi, poi, quelli che piacevano tanto a Lina, a Else non ispiravano nessuna fiducia.

Il guaio era che Else, se si sentiva offesa, perdeva ogni ragionevolezza. Era possibile che si rifiutasse anche di andare a prendere Marike il pomeriggio, ma in quel caso Lud era pronto a farsi avanti, nei giorni in cui Henny era di turno alla Finkenau: contava molto sulla generosità del suo capo.

Era già arrivato alla Papenhuder Straße, doveva tornare indietro. Forse gli conveniva passare il ponte e prendere il tram per un paio di fermate.

L'Alster era una distesa luccicante, da cui ammiccavano alcune vele bianche. Chissà chi erano i fortunati che di martedì facevano una gita in barca sul fiume. Lud si voltò a guardarli dall'altra parte del ponte, voleva fare loro un cenno di saluto. E attraversò. Quando il conducente della Opel lo vide, era troppo tardi.

Due ore dopo su quel ponte c'era Henny. Non era rimasta traccia di quello che era accaduto a Lud. Una goccia di sangue, una manciata di sabbia per nasconderlo. Niente.
Henny si muoveva meccanicamente, come uno dei pupazzi a molla di Marike. Aveva visto Lud all'ospedale di Lohmühlen, steso sul lettino all'obitorio. Non sapeva se definirlo sereno. Poteva dire a Lina che suo fratello, sul letto di morte, le era parso sereno? Non era ancora riuscita a parlarle: quel giorno aveva portato in gita i suoi allievi della Telemann.
Lud era stato investito da una macchina. Semplicemente. Lo ripeté a se stessa, nello sforzo di metterselo in testa. L'incomprensibile.
Un fazzoletto, qualcuno le porgeva un fazzoletto. Stava piangendo, allora? Henny guardò in viso la donna e le si risvegliò il vago ricordo di averla già vista. Più tardi Ida avrebbe raccontato che Henny aveva pianto disperatamente. Ma Henny non ne sapeva niente. Quel giorno era come se non l'avesse mai vissuto.
Ricordava solo il desiderio imperioso di rimandare qualcosa. Ma non ricordava di essere tornata a casa. Di essersi trovata davanti sua madre e Marike. Di aver seguito docilmente quella donna che nemmeno conosceva. Aveva una gran paura di dirlo a Lina, perché una volta le aveva promesso che avrebbe vegliato sempre su suo fratello.
Lud, sognatore e falegname.
Ecco, adesso cominciava a far male.

Settembre 1926

Henny aveva preso l'anello con il granato dal portagioie di legno che le aveva costruito Lud e non se lo era più tolto se non per lavarsi le mani col disinfettante e visitare le pazienti in sala parto, in sala puerperio e in ambulatorio.

«Purché non ti sia d'intralcio, quell'anello», aveva borbottato Else. «Non è un gioiello da portare tutti i giorni».

I semplici gesti quotidiani, che le ricordavano Lud. La sensazione al tatto del legno di ciliegio dell'armadio quando tirava fuori una coperta o un lenzuolo. Prendersi cura delle fucsie, che lei aveva piantato sul balcone perché piacevano tanto a Lud e che portava spesso sulla sua tomba. Poi, a ottobre, sarebbe passata ai fiori autunnali: ellobori, colchici.

«Ma papà quando torna?», aveva chiesto Marike.

Lina passava molto tempo con lei. «Elaboriamo il lutto sull'altalena o nella sabbiera. Certe volte ci viene da ridere», raccontava. Lina e Louise la facevano volare e lei voleva andare in alto, sempre più in alto, per tirare giù dal cielo Lud.

L'idea dell'asilo fu abbandonata: Else Godhusen non era disposta a fare tutta quella strada due volte al giorno solo perché la bambina venisse allevata secondo discutibili principi moderni. E lei era l'unica che potesse portarla e andare a prenderla ogni giorno con regolarità. Fu il suo triste trionfo, il fatto che ora Henny dipendesse ancora più di prima dal suo capriccio.

Era un bel settembre, come belle erano state la primavera e poi l'estate. Il mondo intorno non era in lutto, e a Henny il sole dava fastidio: il modo in cui traeva bagliori dal fiume e dai canali senza che Lud potesse vederlo.

Anche il granato che aveva al dito rifletté la luce del sole, quando Henny sollevò una mano per fare un cenno di saluto a Ida, che era in piedi davanti all'Hofweg-Palais e stava guardando dalla sua parte. Un'amicizia nata subito dopo la morte di Lud.

«Così ha voluto il Signore», aveva detto il pastore davanti alla tomba, prima di fare il segno della croce sulla bara. L'ultimo gesto religioso che Henny intendeva compiere.

Com'era graziosa Ida, con quel completo ancora estivo di raso bianco a pois. Henny decise di togliersi il lutto. A Lud non sarebbe piaciuto vederla così.

«Andiamo al Fährhaus», disse Ida. «Sei mia ospite».

Si sedettero a un tavolo vicino all'acqua, e a Henny tornò in mente quella sera in cui Käthe era stata gelosa di lei. Ida le raccontò del suo primo appuntamento con Campmann, delle sue noiose storie di banca, dell'uva di Bruxelles, del vino costoso che presto le era venuto a noia.

Nessuna delle due sospettava che stessero parlando della stessa sera dell'agosto del 1919.

«Prenoterò una visita da voi», le disse Ida, sorseggiando la seconda tazza di cioccolata adorna di graziosi ciuffi di panna montata. «Voglio capire perché non riesco a restare incinta».

Henny si domandò se lei e suo marito andassero a letto insieme. Da quando la conosceva, aveva sentito parlare così tanto e così male del loro rapporto che ne dubitava.

«Conosci il dottor Unger? È con lui che ho appuntamento».

«È bravo».

«Credi che mi piacerà?».

«Cerchi un dottore oppure un amante?», le domandò Henny. Che c'entrava lei con Ida? Lina definiva la sua nuova amica un camaleonte, che poteva assumere diverse sembianze a seconda della situazione. Ida però era lì quel giorno e l'aveva raccolta un attimo prima che cadesse.

Si erano sedute su un divano giallo e Ida l'aveva cullata, come si culla un bambino che piange inconsolabilmente. Poi Henny era andata a casa, per dire a Else e alla piccola quel che era accaduto. Ida l'aveva accompagnata fino alla porta.

«Sei solo il suo nuovo passatempo», le aveva detto Käthe. «Adesso che il cinese non è più disponibile».

Cinese? Henny non ne sapeva nulla.

«Ordiniamo un dolce?», propose Ida e si voltò per fare un cenno al cameriere.

Era un dato di fatto che, in compagnia di Ida, il dolore era più sopportabile. Con Käthe invece, felicemente sposata, Henny sentiva di più la sua condizione di vedova.

«Ecco Fräulein Grämlich», disse Ida. «Sembra un rettile».

Strappata ai suoi pensieri, Henny vide Ida alzarsi e raggiungere una signora anziana che si appoggiava pesantemente a un bastone col pomello d'argento. Ida l'accompagnò al loro tavolo.

«Fatemi riprendere fiato qui da voi», disse la vecchietta. «La sua amica e io non ci conosciamo, temo».

Ida presentò Henny e Fräulein Grämlich annuì. «Mi spiace vederla in gramaglie. Le interessa fare qualche opera buona per distrarsi?».

Henny fu sul punto di scoppiare a ridere. Adesso non

aveva più dubbi: appena arrivata a casa avrebbe messo via i vestiti neri per non indossarli mai più, e non le importava cosa sua madre reputasse decoroso al riguardo.

«Frau Peters lavora come ostetrica alla Finkenau e ha già molto da fare».

La Grämlich si voltò verso Ida. «Ho saputo che ha tenuto con sé Mia anche se era incinta. Di solito le cameriere, se si mettono nei guai, vengono cacciate di casa».

Ida si pentì subito di aver spostato su di sé l'attenzione della signora.

«E il suo amico cinese? Ho saputo che è tornato ad Amburgo».

Avrebbe fatto meglio a nascondersi sotto il tavolo o buttarsi nel fiume nell'istante stesso in cui la Grämlich aveva fatto il suo ingresso nella veranda del locale. Ida guardò Henny, che si era fatta seria. «Non conosco nessun cinese», si schermì con voce stridula.

«Che bella coppia eravate, lei e Herr Tian! Immagino che entrambe le famiglie fossero ostili». La Grämlich sorrise. Un serpente dai modi gentili.

«In ogni caso la ringrazio per la sua discrezione, in quel frangente. E come sta Claire Müller?».

«Purtroppo non è più tra noi», sospirò la Grämlich prima di compiere l'annoso sforzo di alzarsi.

«Mi dispiace molto», disse Ida. Che ne era dunque del rifugio a Wohldorf? Balzò in piedi per aiutare l'anziana signorina a lasciare il tavolo. Che non le venisse in mente di sedersi di nuovo e mettersi a snocciolare frasi che cominciavano tutte con «ho sentito dire che...».

«È stato bello rivederla, Ida cara. Un giorno o l'altro la chiamo, per un'opera di bene». Brandiva il bastone con fare minaccioso. Henny si accorse che l'impugnatura d'argento raffigurava proprio una testa di serpente.

«Di tempo ne avrà in abbondanza. Ho sentito dire

che di bambini non ne avete, lei e il suo banchiere». E con questo Fräulein Grämlich le salutò entrambe e se ne andò con passo incerto.

Ida diede un'occhiata al biglietto da visita che la donna aveva lasciato sul tavolo. «Immagino tu voglia sapere cos'è questa storia del cinese».

Rudi sentiva molto la mancanza dell'amico. La mitezza di Lud, che tante volte lo aveva lasciato di stucco o addirittura esasperato, adesso gli mancava. Lo spaventavano le parole gridate, e da un po' pareva che gridassero tutti: i compagni alle riunioni, la gente per strada.

Fino alla morte di Lud, finito sotto le ruote di una Opel, non si era accorto di quanto fosse cambiata la città. Il tram elettrico che sferragliava per le vie, i clacson delle macchine sempre più numerose, le linee ferroviarie che si erano moltiplicate per strade e ponti. Sotto e sopra la terra, il traffico scorreva frenetico.

Gli pareva che perfino la poesia fosse diventata rumorosa.

E poi Käthe, anche lei. Era scontenta che Rudi non si impegnasse abbastanza per il Partito. Per lei quello di Rudi era un comunismo annacquato. Moderato, ecco, Rudi si considerava un comunista moderato.

«Non te lo puoi permettere di questi tempi», lo aveva ammonito sua moglie. «Hai visto quell'Hitler?».

Negli anni recenti Hitler aveva formato un nuovo Partito, la NSDAP, dopo essere stato in prigione a Landsberg, e avendo trovato anche il tempo per ricevere le ammiratrici e scrivere un libro. Käthe aveva ragione: quell'uomo era pericoloso. Ampi settori della popolazione lo adoravano. Accendeva gli animi con la facilità di un incendio in un bosco arido, ed erano in pochi a storcere il naso di fronte alle sue farneticazioni. Dal nazionalismo al populismo, e da questo al più bieco fascismo, il passo era breve.

Rudi posò sul davanzale il volume di poesie di Ernst Toller.

Quei versi lo affascinavano e lo inquietavano. Gli trasmettevano un senso profondo di infelicità.

> Vi ho abbracciati con mani fiammeggianti
> Le parole diventano lance intrise di sangue

La prima volta che si era affacciato a quella finestra, si era immaginato una vita molto diversa: i bambini che giocavano in cortile o che imparavano a nuotare in piscina.

Lud aveva avuto Marike e si era cullato nella speranza di averne degli altri. Solo dopo la sua morte Käthe gli aveva rivelato che Henny aveva sempre preso precauzioni senza dirglielo. «Lo fai anche tu?», aveva chiesto subito Rudi. «No, a me non vengono proprio», era stata la risposta. Rudi era incerto se crederle o meno.

> Sappiamo di essere effimeri
> E dopo di noi ci sarà: niente degno di nota

Bertolt Brecht. Altri versi cupi. O forse era la morte di Lud che gli faceva vedere tutto sotto quella luce mesta.

Fin da quando era bambino la parola scritta era stata sua alleata, anche se in casa di sua madre non se ne trovavano certo molte. C'era un cassetto in cui Grit custodiva tutta la carta stampata in suo possesso: un libro di Rudolf Herzog, a cui non era mai seguito un secondo, nemmeno dello stesso autore.

Rudi aveva cominciato a cercare parole scritte non appena era stato in grado di decifrarle: gli annunci sulle bacheche, i cartelli pubblicitari dal droghiere, i giornali vecchi dimenticati sulle panchine del parco.

Su quel lato di Bartholomäusstraße cominciava a calare il buio. Käthe non sarebbe rientrata dal suo turno in clinica prima delle dieci.

Il suo turno quel giorno coincideva con quello di Henny. Era la classica sera in cui, poco tempo prima, sarebbe andato da Lud con una bottiglia di vino sotto il braccio.

C'era un tale silenzio, in casa.

Käthe avrebbe tanto voluto avere una radio. I vicini ce l'avevano già, e ogni tanto arrivavano fino a loro le note della sigla d'apertura del radiogiornale. Fino ad allora notizie particolarmente interessanti non ne aveva sentite, a meno di considerare tali i discorsi sull'aumento delle tasse. Forse era ora di cominciare a godersi qualcosa, finché erano in tempo. Lud stava risparmiando per prendere un pianoforte per Marike.

Rudi si sedette al piccolo scrittoio, un regalo che aveva fatto a se stesso. Un posto dove scrivere, mettere insieme le parole. Aprì il cassetto di destra, quello dove conservava i documenti. Una cartellina di cartone sottile, grigio, dove teneva il suo certificato di nascita. Grit aveva dovuto darglielo dopo che avevano fatto domanda per le pubblicazioni di matrimonio.

Ufficio di Stato Civile Amburgo-Neustadt
Nome e cognome: Rudolf Odefey
Data di nascita (in lettere): venti luglio millenovecento
Nome, cognome e professione del padre: ignoto
Nome e cognome della madre da nubile: Margarethe Odefey

La sera prima Käthe l'aveva detto di nuovo, mentre cenavano in cucina, sotto il lampadario.

«Tu e Grit non vi somigliate per niente».

Rudi si alzò per aprire una delle due bottiglie di bianco del Reno che aveva in dispensa. Anche Käthe ne avrebbe bevuto volentieri un bicchiere al suo rientro dalla clinica. Era una tranquilla vita borghese, la loro. Chissà se Käthe se ne rendeva conto. Gli venne da ridere. Hans lo definiva un romantico di sinistra. Lui invece, Hans Fahnenstich, era un comunista duro e puro. Finalmente aveva trovato un nuovo lavoro, alle industrie Heidenreich & Harbeck.

Perché Grit non aveva fatto scrivere il nome di suo padre invece di quell'umiliante "ignoto"? Di lui aveva pur sempre una foto, un fermacravatte di un certo valore. Almeno il suo nome doveva saperlo. Forse Grit stava proteggendo qualcuno.

Rudi aprì un altro cassetto e pescò in mezzo a varie foto quella di un giovanotto con uno sfondo alpino posticcio alle spalle. Portò la foto in cucina e la esaminò con attenzione sotto la luce del lampadario, per la centesima volta.

No, quello non era suo padre. Grit gli mentiva da ventisei anni.

Non sapeva nemmeno lui perché, ma ne era improvvisamente certo.

Forse suo padre era già morto da un pezzo, sepolto chissà dove. Rudi aveva davanti agli occhi la tomba di Lud. Era stato al cimitero di Ohlsdorf quella domenica, da solo. Senza Käthe.

Le fucsie erano quasi appassite. Presto sarebbero scomparse dalla tomba doppia, che Henny non voleva ma per la quale sua madre aveva insistito fino allo sfinimento. Forse ci avrebbero seppellito proprio Else, lì accanto a Lud. Suo marito era sepolto chissà dove in Masuria.

«Il marito va sempre a destra», aveva detto l'impiegato delle pompe funebri, quando l'avevano scelta. Henny lo aveva raccontato a lui e a Käthe.

«Buon per me, non dovrò cambiare abitudini. A me piace dormire a sinistra», era stato il commento di Käthe.

Rudi si versò un secondo bicchiere di Riesling. Hans gli dava spesso del comunista da salotto e gli faceva l'occhiolino. Non lo diceva con cattiveria, non ne era capace.

Forse avrebbe dovuto uscire dal Partito. Ma ne sarebbe venuto un altro motivo di conflitto con Käthe, e Rudi ne faceva volentieri a meno. Comunista da salotto, romantico di sinistra, principe dei poeti. Il terzo bicchiere di Riesling se lo versò con un ghigno in volto. Rudi Odefey si era aspettato tutt'altro dalla vita. Un po' come tutti.

Se non ci fosse stata Louise accanto a lei, Lina sarebbe morta il giorno in cui aveva saputo dell'incidente di Lud. «Un cuore spezzato», aveva detto Louise e poi aveva fatto di tutto per curarlo, quel cuore. Ma erbe medicinali, per quel genere di mali, non ce n'erano.

Lina aveva fallito. Non aveva saputo proteggere il suo fratellino. *Perdonami, mamma.* Furono minuti, ore, giorni e notti di strazio.

E Louise che faceva? Ascoltava e preparava cocktail. Non era una donna superficiale, Louise, ma voleva far conoscere a Lina qualche piacevolezza. Kurt Landmann l'aveva portata da Michelsen, dove si trovavano cibarie di pregio, e Louise passava ore ai fornelli a cucinare, agitare, mescolare. Le sole preghiere non bastavano a curare l'anima.

E così Lud non aveva fatto in tempo a conoscere Louise. Lina non era sicura di come l'avrebbe presa: due donne, una relazione saffica. Queste parole adesso le uscivano di bocca con assoluta tranquillità. Del resto era stata sempre un'anticonformista. La morte poi metteva tutto sotto una luce diversa, regalava la preziosa libertà di chiamare le cose col loro nome.

Ed era grata a Henny perché aveva fugato subito ogni suo dubbio al riguardo: Lud sarebbe stato felice di sapere che non era sola. Il nubilato obbligatorio per le insegnanti era uno dei suoi incubi. Per Lud non poteva esserci felicità nella solitudine. Non sarebbe stato tranquillo finché non avesse saputo che sua sorella aveva una relazione sentimentale.

Lina non sapeva molto delle idee di suo fratello, di come pensa un sognatore. Uno che aveva intagliato per lei un medaglione di legno di tiglio, perché aveva trovato una ciocca di capelli scuri in mezzo al libro di Stefan Zweig che lei stava leggendo.

Ecco chi era Lud, uno che costruiva scrigni per ciocche di capelli.

Lina, Louise e Henny. Sedute davanti alla grande finestra spalancata, a godersi l'aria ancora tiepida. Levarono i bicchieri alla memoria di Lud e poi bevvero osservando l'Eilbekkanal, che era scuro come il cielo che vi si rifletteva.

«Cos'è che stiamo bevendo?».

«Un Gibson», dissero in coro Lina e Louise.

Una delle stanze al primo piano della casa in Körnerstraße era già stata preparata a dovere. Carta da parati a fiorellini, né rosa né azzurri. Maschio o femmina, a Elisabeth non importava.

Non erano poi molti, alla Finkenau, i neonati che venivano affidati ai servizi per l'adozione. Unger arrivava sempre in ritardo, quando il piccolo era stato già assegnato a un'altra famiglia.

Elisabeth scriveva articoli e recensioni che riscuotevano una certa attenzione, anche fuori dalla cerchia della rivista. Ma questi successi la lasciavano piuttosto indifferente, non le bastavano. La stanza con le pareti a fiorellini, la culla e la sedia a dondolo attendevano fiduciosi.

211

Theo Unger sgranocchiava i bastoncini di zenzero ricoperti di cioccolata che gli aveva portato Elisabeth. Sentiva la mancanza della moglie, che ormai passava nella capitale gran parte del suo tempo, in attesa che un bambino si materializzasse in Körnerstraße dandole così un buon motivo per restare ad Amburgo.

«Ne vuole uno? Me li ha portati mia moglie da Berlino», disse porgendo la scatola di cartone a Henny.

Henny Peters. Nata Godhusen. Vedova.

Henny prese un bastoncino e rifiutò l'invito a pranzo.

Perché ricominciare da capo? Unger era un uomo sposato.

«La Brinkmann partorirà nelle prossime ore», gli disse. «È lei il medico di turno?».

«C'è motivo di aspettarsi delle complicazioni?».

«Ha il bacino stretto».

«Rachitismo? Allora ci vuole il cesareo».

«Non vuole», replicò Henny. «Ha paura dell'operazione».

«Le sono stati spiegati i rischi che corre?».

«Sì, ma non vuole saperne. La colonna vertebrale comunque è dritta. Non sembra rachitica».

«La visiterò. Vuole tenerlo, il bambino? Mi pare che il padre non intenda riconoscerlo, o sbaglio?».

Henny lo guardò sorpresa. Poi le tornò in mente.

La Brinkmann aveva dato alla luce una specie di vermiciattolo. Buon per lei, viste le ridotte dimensioni del suo bacino, che la testa e il corpo del bambino fossero piccoli. Henny si era occupata di lavare e rivestire con biancheria pulita sia la puerpera sia il neonato. Unger andò a controllarla e vide che Fräulein Brinkmann teneva amorevolmente in braccio la sua creatura. Fu un sollievo che non volesse sbarazzarsene.

Il posto di Elisabeth era un tavolo da Lutter und Wegner o in un altro locale elegante di Berlino, a ordinare le bevande e i piatti più alla moda commentando gli ultimi spettacoli, non a casa, a tenere in braccio un vermiciattolo che, appena venuto al mondo, già si portava addosso tutti i segni della povertà.

Si pentì immediatamente di quel pensiero meschino. Gli tornò in mente l'appuntamento mancato al Lübscher Baum, quando invece di raggiungere Henny si era scolato troppa grappa al cumino alla Bodega di Nagel per curarsi il raffreddore. Se non fosse accaduto quell'incidente, le cose adesso sarebbero potute essere completamente diverse.

Amava Elisabeth, ma lei non c'era mai.

«Come sta, Henny? Dopo la morte di suo marito, voglio dire».

Henny fece spallucce. Come doveva stare?

Chissà se si era pentita di aver usato degli anticoncezionali di nascosto, pensò Unger. Ma pensò bene di non riparlare con lei delle confidenze che si erano scambiati quel giorno.

Karl Laboe si fermò all'angolo tra Humboldt e Hamburgerstraße, si appoggiò al bastone e guardò meglio attraverso la porta aperta della farmacia. Era proprio la suocera di Käthe quella che stava parlando con Paulsen, il farmacista che gli preparava sempre la pomata per la schiena.

Laboe non sapeva mai cosa dire a Grit: era così nervosa e sfuggente. Non somigliava per niente al figlio, un bel ragazzo alto e robusto, dalla faccia aperta e pulita. Il padre doveva essere stato un omone. Forse i rapporti tra loro sarebbero stati più cordiali, se ci fosse stato un nipotino. Ma quello potevano anche scordarselo.

Pensò bene di farsi da parte perché la Odefey non lo vedesse: non poteva nemmeno togliersi il cappello in cenno di saluto, perché non lo portava. Fece un passo a sinistra e si mise a studiare la pubblicità degli sciroppi per la tosse. Da lì la visuale era anche migliore. Delle pillole bianche. Paulsen gliele versava in un sacchetto. Doveva chiedere a Rudi di cosa soffrisse sua madre. Anzi, lo avrebbe chiesto a Käthe, con cui aveva appuntamento di lì a poco.

Laboe si spostò ancora più a sinistra quando vide la Odefey pagare il conto e voltarsi svelta verso la porta. Fu così rapida che Karl per poco non perse l'equilibrio. Non aveva ancora cinquant'anni e già non si reggeva in piedi. Quella maledetta gamba.

Fu una fortuna che Grit avesse fretta; non lo degnò di uno sguardo. Karl Laboe tirò fuori l'orologio: mancava poco alle tre. Käthe lo aspettava.

«Potevi anche entrare!», gli disse arrivando trafelata davanti al Kaffeehaus Mundsburg. Si era fermata a chiacchierare con Landmann per le scale. A parlare di politica si trovava meglio col dottore che con Rudi.

«Ho appena visto tua suocera. In farmacia».

«Dunque? Vi siete detti qualcosa?».

«Non si è neanche accorta che c'ero. Stavo a guardarla da fuori, attraverso la vetrina».

Käthe scosse la testa e spinse suo padre nel locale. «Andiamo, dai. Offro io», disse. «Non ci concediamo mai niente. Oggi ce la godiamo».

Karl Laboe annuì contento. Caffè e torta non lo attiravano poi molto: avrebbe preferito qualcosa di più sostanzioso da innaffiare con un paio di birre. Però la torta Charlotte doveva essere proprio buona, stava dicendo Käthe.

Trovarono un tavolo vicino a una delle grandi finestre ad arco. Karl stava attento a portare la sua zoppia con un minimo di eleganza. «Per te la Charlotte, allora?», disse mentre era già a metà strada per il buffet dei dolci.

«Prendi un buono stipendio, ormai», le disse Karl quando ebbe davanti a sé un'altra fetta di torta. «Ve la passereste bene anche in tre».

Käthe si bloccò con la forchetta a mezz'aria, pronta a tuffarla in una coppa di crema al burro. «Ti prego, papà. Non ricominciare», gli disse.

«Pensavo solo che, se avessimo un nipotino in comune, anche i rapporti con la Odefey sarebbero migliori. Farebbe di certo piacere anche a lei un erede, no?».

«Ha un sacco di segreti. Non le servono nuovi membri della famiglia pronti a sommergerla di domande. Ha già Rudi».

«Ma sta male? Paulsen le ha dato delle pillole».

«Anche il ciambellone ripieno sembra delizioso... non ne ho idea. Lo chiedo a Rudi, se vuoi saperlo».

«Non ti pare che andiamo più d'accordo, io e te, da quando c'è Rudi?», disse Karl. «Te lo sei scelto proprio bene».

Käthe annuì facendo sparire l'ultimo boccone di crema. «Anche tu ti sei calmato parecchio, però».

«Siete felici, voi due?».

«Non è una domanda da te, papà! È la mamma a chiedere queste cose di solito».

Karl Laboe non replicò e fissò la mezza fetta di torta rimasta sul suo piatto. Come aveva fatto Käthe a far sparire la sua in pochi minuti? «È un vero peccato che non sappia chi è suo padre. Me lo immagino come un gran signore».

Karl non sapeva niente della storia del fermacravatte. Käthe lo guardò pensosa. «Un bicchiere di brandy ti aiuterebbe a digerirla?».

215

Karl annuì entusiasta. «In cambio ti do metà della mia fetta. Oggi non lavori?».

«Vado a prendere Rudi da Friedländer. Andiamo a una riunione. Bisogna che la sinistra si dia una mossa».

«Adesso i nazisti si salutano alzando il braccio. Il saluto tedesco. Va sempre peggio. Quelli come te e Rudi sono i loro principali nemici». Le prese la mano. «Sono preoccupato».

Grit era stata in diverse farmacie del quartiere, prima di trovare quello che cercava alla Victoria. Il frutto delle sue ricerche adesso era lì sul tavolo, ma non era sufficiente. Paulsen aveva detto che si trattava di un blando sonnifero.

A Rudi non lo aveva detto, ma aveva perso il lavoro alla fabbrica tessile. Gli teneva nascoste tante di quelle cose. Ma non lo aveva detto nemmeno a quelli dell'ufficio del lavoro, che avrebbero potuto assegnarle un sussidio di disoccupazione. E i venticinque marchi che le aveva dato Rudi erano finiti sotto il tavolo.

Sentiva una profonda, infinita stanchezza. Aveva promesso di prendere con sé il bambino e crescerlo come fosse suo. E ce l'aveva fatta: Rudi adesso stava in piedi sulle sue gambe. Adesso era il momento di pensare a se stessa, concedersi un po' di pace.

Prima però doveva parlare ancora una volta con Rudi. Era un bravo ragazzo, troppo buono per questo mondo. Che credeva di trovare, in mezzo ai comunisti? Le dispiaceva averlo preso in giro quando le aveva annunciato il suo ingresso nel Partito. Lei e Rudi avevano cercato di darsi affetto, ma erano sempre stati due estranei.

Grit Odefey radunò tutte le pillole sul tavolo, le osservò. Poi si alzò, prese la bottiglia del latte dalla dispensa e se ne versò un po' in una tazza. Era acido. Da bambino

Rudi rovistava spesso nel cassetto delle carte. Grit aveva distrutto quasi tutto prima della sua nascita e poi gli aveva raccontato una storia inventata. Della storia vera restavano solo la catenina e il fermacravatte.

Aprì la finestra e guardò la strada giù in basso. Tutto sommato non servivano pillole. C'erano tanti altri modi. Lasciò la finestra aperta, aspirò l'aria mite di settembre. Svuotò nello scarico del lavello la bottiglia del latte e prese del pane e del burro dalla dispensa. Ne tagliò due fette e mangiò con appetito.

Poteva anche andarci, a quella festa di fine estate in Johnsallee. Henny aveva la domenica libera, e Louise le aveva suggerito di portare con sé Marike.

«Sicura di volerti mettere quel vestito? In fondo sei ancora in lutto», aveva detto Else. Non che avesse addosso i colori più vivaci del mondo. Un abito blu scuro con i pois e il colletto bianchi, lungo fino al polpaccio.

Un grande giardino, sul retro di una grande casa a due piani: cespugli di ribes e una cisterna per l'acqua piovana in cui si rifletteva il caprifoglio. Un'altalena.

Guste Kimrath l'accolse con calore, le porse subito un bicchiere di vino bianco con la frutta e alla piccola diede del succo di pera. In quel giardino sembrava che tutto fosse naturale, normale, facile: Lina e Louise che si tenevano per mano come due amanti qualsiasi, Marike che andava sull'altalena e gli ospiti che la spingevano a turno. L'altalena non cigolava.

Nel vino nuotavano pezzi di pera e bacche di sambuco. Era leggero e dissetante: l'alcol neanche si sentiva. Henny si sedette su una poltrona di vimini bianca, in mezzo al prato, e per la prima volta da quel giorno di marzo non sentiva un peso sul petto.

«Mangiaci su una tartina col pesce affumicato. Sennò

ti dà alla testa», le disse Louise porgendole un piatto. Già si vedeva?

«Sei un po' rossa in viso», disse sorridendo Louise. «Nulla al confronto della nostra padrona di casa».

Guste si stava ravviando una ciocca di capelli rossi che le cadeva sempre sulla fronte. Sembrava un'allegra campagnola ben in carne e non certo una donna cresciuta in una casa benestante di Harvestehude. Un signore, rotondetto anche lui, la seguiva come un'ombra e l'ammirava raggiante di orgoglio. Henny venne a sapere solo dopo che era il padre di Ida.

«Un vero peccato, che lei non abiti qui da Guste. Potrei vederla più spesso», le disse un tale, belloccio, che non appena Henny alzò lo sguardo le si sedette accanto sull'erba.

«Fa' attenzione, Henny, quello lì è il nostro cantante d'opera», disse Louise scoppiando in un'allegra risata. «È un marpione, meglio stargli alla larga».

La vita quel pomeriggio era leggera.

«Henny e Jockel, così adesso ci conosciamo», disse il cantante.

Forse doveva dirlo che era una vedova, ancora in lutto per giunta. Henny si guardò la mano e rigirò sul dito l'anello col granato.

«Bell'anello».

«Me lo ha regalato mio marito. È morto a marzo di quest'anno».

«Il padre della bambina sul dondolo?».

Henny annuì.

«Mi dispiace molto», disse Jockel.

«L'amica di Louise, Lina, è mia cognata».

Jockel le prese la mano con l'anello e la baciò sul dorso.

Più tardi calò il freddo in giardino e la festa proseguì

in casa, nell'ampia sala riservata agli ospiti della pensione. Jockel aveva preso sulle spalle Marike e la portava in giro da una stanza all'altra con suo grande divertimento.

«*Steuermann! Lass die Wacht! Steuermann! Her zu uns!*».

Proprio l'*Olandese Volante*.

Jockel cantava, la bambina rideva a crepapelle.

«Attento a non mandarla a sbattere contro il lampadario!», gli disse Louise.

Era ora di tornare a casa, proprio adesso che la festa era al suo culmine.

Presero un taxi tutte insieme, Lina, Louise e Henny. Quest'ultima e la bambina furono le prime a scendere. Henny vide la luce accesa al primo piano dell'edificio, casa sua. Doveva essere Else, che voleva controllare a che ora rientrava. L'avrebbe fatta apparire come una premura, un favore che le faceva. Senza nemmeno chiederle il permesso. L'ingerenza di sua madre nella sua vita stava superando ogni limite. Come se la morte di Lud l'autorizzasse a tornare a controllarla e a dirle come doveva vivere.

La porta si aprì prima che Henny mettesse la chiave nella toppa. «Ve la siete spassata, eh?», fece Else.

«Sì! Evviva!», strillò Marike.

Else scosse il capo. «È la cattiva influenza di quella Louise». Poi si rivolse a Henny. «Stanotte dormo qui. Domani sei di turno».

«Sì, ma all'una di pomeriggio», obiettò Henny. Ma non aveva voglia di sostenere una lite con sua madre. E non voleva guastare l'umore allegro di sua figlia.

«Di filato a letto, Marike. Sei esausta», ordinò Else.

«Mamma!», Marike strinse il braccio alla madre, in cerca di supporto.

«A quest'ora i bambini della tua età vanno a dormire».

«È una serata speciale e poi sono solo le nove», disse Henny. E dove pensava di dormire sua madre? Un sospetto Henny ce l'aveva.

«Mi sono già preparata il letto sul lato di Lud», disse sua madre, quasi le avesse letto nel pensiero.

«Adesso prepariamo alla nonna un bel letto in salotto», disse Henny in tono gaio, come se non avesse mai smesso di giocare con Marike. Andò in camera da letto e prese cuscino e coperta, poi aprì l'armadio di ciliegio e prese le lenzuola. Else la guardava, con l'aria di chi è sul punto di piangere.

Quando il divano fu pronto, Marike corse in camera sua e tornò con uno dei suoi orsacchiotti. «Per farti compagnia mentre dormi, nonna».

«Dopo che avrò messo a letto Marike, sediamoci in balcone a bere un bicchiere insieme», disse Henny nel chiaro tentativo di smorzare la tensione.

«Fa troppo freddo fuori», disse Else.

«Puoi metterti uno dei cardigan di Lud». Se si fosse piegata, non avrebbe più avuto diritto di parola in casa sua.

Ma Else si coricò subito sul divano e spense la luce. Alle nove e un quarto di sabato sera.

Henny si sedette da sola in balcone, in mezzo alle fucsie. Presto sarebbero state sostituite dagli aster autunnali.

E se le fosse piaciuto uno come Jockel? Era troppo presto. Scusami Lud, pensò. Il granato era rosso come il vino. L'aveva comprata Lud, quella bottiglia. Aveva cominciato a conoscere i vari vini da quando aveva fatto amicizia con Gröhl, che li vendeva.

Il dottor Unger riceveva privatamente a partire dal primo pomeriggio, l'ora in cui di solito non si operava e la grande parata, come la chiamava Landmann, ovvero il giro di visite, era già finita. Il primo appuntamento, alle tre e mezzo, era con Ida Campmann. Quando Unger arrivò, la paziente era già nel suo studio.

«Forse Frau Peters le ha già detto qualcosa di me».

Unger la guardò. «Henny Peters? La nostra ostetrica?».

«È una mia amica».

Unger scosse il capo. «Frau Peters è molto discreta», disse.

«Non ho dubbi al riguardo. Ma sarebbe stato un sollievo se le avesse detto lei in anticipo qual è il problema».

«Perché non me lo spiega lei?».

«Non riesco a restare incinta, vorrei sapere perché».

«Allora cercheremo di scoprirlo».

Il dottore le fece delle domande e annotò le risposte. Gli parve di capire, fra le righe, che Ida Campmann non fosse proprio una moglie innamorata. Provò ad avvicinare con cautela l'argomento. Le domandò, ad esempio, se avesse avuto rapporti con altri uomini.

Ida tentennò un poco. «Con uno», disse alla fine. «Ma ha sempre preso precauzioni». Non era la completa verità. Quel giorno, prima della sua partenza per la Costa Rica, Tian non era stato attento. Quanto aveva sperato, Ida, di aver concepito un figlio!

«Coito interrotto?».

«No. Usava il preservativo».

«Ora devo visitarla».

Ida si sfilò le calze di seta e il reggicalze, poi si sollevò la sottoveste per sistemarsi sulla sedia. Era la sua prima visita ginecologica, ma Unger aveva un modo di fare che la metteva a suo agio.

«Con che frequenza lei e suo marito avete rapporti?».

«Ogni volta che lui ne ha voglia».

La risposta lasciò Unger perplesso. Ida Campmann non gli sembrava per nulla il tipo di donna che si piega alla volontà di un altro.

«E con che frequenza ne ha voglia, suo marito?».
«Tutti i giorni». Ida sorvolò sul fatto che la maggior parte delle volte lei lo respingeva. Le premeva soprattutto sapere se aveva o meno delle possibilità di concepire un figlio.

Unger la visitò a fondo e con delicatezza, poi la pregò di rivestirsi.

«Suo marito ha un medico di fiducia?».
«Crede che dipenda da lui?».
«È possibile. Dalla visita risulta tutto normale».
«Non andrà a farsi visitare. Un Campmann non ha difetti».
«Magari ha un amico di famiglia che possa convincerlo».
«Perché non ci prova lei?».

Unger ci pensò un momento. «Posso provare», disse alla fine. Quando Ida Campmann ebbe lasciato lo studio, Unger si ripromise di chiedere a Henny. La discrezione era una bella cosa, ma lui voleva sapere se Ida dormiva o no con Herr Campmann.

Tian teneva d'occhio Ling che batteva a macchina un contratto seduta alla sua scrivania. Hinnerk Kollmorgen era molto contento di lei, e anche Tian. Al ristorante cinese si era scatenato l'inferno, quando Yan Chang era venuto a sapere che anche sua figlia intendeva sottrarsi all'influenza della famiglia e iniziare una vita sua.

Da giugno, fratello e sorella condividevano un appartamento a Grindelhof, di fronte alla sinagoga. Si trovavano bene nel quartiere ebraico, dove c'era anche l'università. L'atmosfera era più vivace che in Schmuckstraße, dove nonostante l'esotismo regnava anche un senso di tristezza.

Da Grindel si arrivava in un attimo sull'Alster e sulla Jungferstieg, e la Rothenbaumchaussee conduceva a Harvestehude, il quartiere delle famiglie benestanti e delle loro ville con grandi giardini, senza distinzioni religiose.

Per il giorno dei morti erano andati entrambi dai genitori, avevano rivolto un pensiero ai defunti e messo le ciotoline di riso davanti alle loro immagini, ma i loro nonni erano sepolti in Cina, perciò di tombe da visitare non ne avevano.

Del resto Tian e Ling andavano abbastanza spesso in Schmuckstraße, se non altro per far visita alla madre, perché al padre proprio non era andato giù che entrambi i figli avessero intrapreso strade che li sottraevano al suo controllo.

Ling aveva un ragazzo, un giovane cinese che lavorava in un ingrosso di tappeti nella zona dei magazzini. Anche Tian usciva spesso con le ragazze, ma con nessuna in modo regolare.

Amare Ida era la sua disgrazia. Si sentiva vittima di una specie di incantesimo che gli impediva di interessarsi a qualunque altra donna. Un maleficio. Pensava a Ida ogni giorno, prima di dormire e al risveglio.

«È diventata un'ossessione», diceva Ling.

I contatti tra Ling e Mia si erano interrotti. In Schmuckstraße nessuno si sarebbe sognato di darle il nuovo indirizzo di Ling. Forse Ida provava ancora qualcosa per lui e sarebbe venuta a cercarlo alla ditta. Ormai avevano entrambi venticinque anni. Quanto avrebbe dovuto aspettare ancora?

Campmann era andato su tutte le furie quando Ida gli aveva chiesto di andare a parlare con un dottore della Finkenau, un ginecologo. Chissà che intrigo stava architettando.

Doveva esserci di mezzo quell'ostetrica che sua moglie si era messa a frequentare negli ultimi tempi. Da quando le mogli si sottoponevano a visite di quel genere senza il permesso dei mariti?

«Sei mesi fa tuo padre ha chiesto una proroga del credito a tempo indeterminato», disse. Armi spuntate, le sue.

«E questo che c'entra con me?».

«Posso negargli il credito e lasciarti, e tu ti ritroveresti con un padre che non sa tenersi un centesimo in tasca».

«Ah, Campmann!».

«O magari pensi di mantenerti da sola?».

Ida non avrebbe saputo da dove cominciare. Era dura da ammettere, ma non ce l'avrebbe mai fatta a rinunciare al lusso: il suo matrimonio non era altro che un contratto commerciale.

Campmann si adombrò. Sapeva cosa passava per la testa della moglie. Forse era il momento di dirle degli orecchioni. Forse le aveva fatto un torto non dicendole di essere con ogni probabilità sterile. Forse Ida aveva davvero tutte le ragioni per avercela a morte con lui.

«Il dottor Unger sembra convinto che il problema sia tuo».

«Non me ne importa niente di quel che dice il tuo dottor Unger».

«Adesso sei volgare, Campmann. Finora avevi mantenuto almeno un po' di classe».

Umiliazioni. Soltanto continue umiliazioni. Campmann si guardò intorno in preda a un bisogno imperioso di fare a pezzi qualcosa. Magari quella lampada col paralume giallo e quella ridicola base di porcellana. Sì, se Ida avesse osato ingiuriarlo ancora, l'avrebbe presa e sbattuta contro il muro.

«Da bambino ho avuto gli orecchioni», sbottò.

«E allora?».

«È molto probabile che io sia sterile».

Ida cominciò a ridere, sempre più isterica.

Campmann prese la lampada e la scagliò contro il muro, mandando in pezzi il pastorello con lo zufolo. Poi scoppiò a piangere.

Grit aveva cominciato a fare dei sogni. Non le succedeva da anni, e sognava sempre di quando era nato Rudi. Era ormai chiaro che la madre non sarebbe sopravvissuta al parto, perché già prima delle doglie aveva la febbre alta. Era luglio e nella loro mansarda faceva molto caldo. Era sempre vivo il terrore del colera, che aveva imperversato solo otto anni prima. Therese non riusciva più a bere nemmeno un goccio d'acqua.

Grit non era certo un'ostetrica, non aveva alcuna competenza. Ma c'era solo lei in quella stanzetta subito sotto il tetto. Sua sorella minore era rimasta incinta di un tale che già da mesi non si faceva più vedere.

«Devi promettermi che si chiamerà come suo padre», aveva mormorato Therese, negli ultimi istanti in cui era riuscita a tenere in braccio per poco il suo bambino.

Forse Grit le aveva detto di sì, ma non aveva mai avuto nessuna intenzione di mantenere la promessa. Lei non avrebbe cresciuto un piccolo *Angelo*. L'uomo che l'aveva generato non aveva proprio nulla di angelico.

A Therese non aveva lasciato che pochi gioielli di dubbio valore: una catenina e un fermacravatte con una perla. Nemmeno una foto. Grit ne aveva rimediata una da un rigattiere: un giovane tedesco di bell'aspetto, i capelli chiari.

Al piccolo Rudi quella storia era bastata. Se solo non avesse avuto i boccoli neri di Angelo… Non somigliava nemmeno un po' a sua madre.

Rudolf. Un nome regale e imponente. Germanico.

Poi il bambino aveva sviluppato la passione per i libri, per la poesia. Nessuno della sua famiglia si era mai interessato a quelle cose. Rudi le era diventato estraneo. Però gli aveva voluto bene lo stesso.

Angelo se ne era tornato in qualche paesotto di cui Grit non ricordava il nome, nelle vicinanze di Pisa. Pisa la conosceva, c'era una torre pendente. Se pure quell'uomo aveva lasciato da qualche parte un indirizzo, era andato perso da chissà quanto tempo.

Poi c'era il triste ricordo della sepoltura di Therese, una cerimonia molto modesta, in cimitero. Che follia, ripensare a quelle cose ventisei anni dopo.

Raccontare tutto a Rudi. Si era ripromessa di farlo tante volte, ma non l'aveva fatto mai. Grit si guardò intorno, in cucina, e prese la sua decisione. Accese il gas e infilò la testa nel forno.

L'unica circostanza fortunata di quella misera morte fu che suo figlio trovò il corpo in pieno giorno. Se fosse stato buio e Rudi avesse acceso la luce, ci sarebbe stata una brutta esplosione in Herderstraße.

«Ti do una mano», gli disse Karl dopo che Grit fu sottoterra. Per le esequie di sua madre, Rudi non aveva badato a spese: aveva voluto darle il meglio che poteva permettersi. Adesso restavano da sgomberare quelle due camere al quarto piano.

Non che fosse la prima volta che Rudi aveva la possibilità di perlustrare l'appartamento in cerca di indizi. Si era ritrovato spesso lì dentro da solo. Ma tutto quello che poteva costituire un indizio di chi fosse suo padre era già in suo possesso.

Il certificato di nascita. Il fermacravatte. La foto, chiunque fosse quel tizio. Rudi portò dabbasso i modesti mobili che erano appartenuti a sua madre, e fu solo Karl a prendere per sé qualcosa, perché Käthe, che alla suocera non si era mai affezionata, non volle niente.

Rudi trovò il cartellino di Grit. Una sua foto del giorno della cresima, davanti St Gertrud: completo nero, i suoi primi pantaloni lunghi, una spillina d'oro sul bavero. Anche Grit aveva sempre voluto dargli tutto, questo gli era stato chiaro fin da quando era piccolo. Sì, le aveva voluto bene e si era sforzato di essere un bravo figlio. Lo diceva sempre anche lei.

«Sei un bravo figliolo».

Una foto sbiadita di Grit da giovane, a braccetto con una ragazza più giovane ancora, in mezzo a un giardino. Vestiti bianchi con il collo alto che le privavano di ogni grazia. I capelli tirati dietro le orecchie al punto da farle sembrare calve. Rudi non aveva mai visto quella foto prima di allora.

Forse era una cara amica. O forse Grit aveva avuto una sorella. Non ne aveva mai sentito parlare. Rudi era cresciuto senza nonni e nonne, senza zii e zie. Grit era sola al mondo, finché non aveva avuto lui. Il giardino però non sembrava quello di un orfanotrofio.

Karl guardò la foto e anche lui riconobbe subito Grit da quella tensione del volto che la caratterizzava: una donna che dalla vita non si era mai aspettata nulla. La ragazza più giovane invece sembrava piena di speranza. Aveva un'espressione più morbida, un sorriso più largo.

Verso la fine di settembre Rudi andò all'oreficeria di Jaffe, di cui Lud gli aveva parlato. Mise il fermacravatte sul pezzo di feltro nero posato sul bancone di vetro. Moritz Jaffe studiò a lungo il gioiello con l'aiuto di una lente d'ingrandimento. Poi scese nello scantinato e tornò con un catalogo, cercò una pagina in particolare e la consultò a lungo. Poi annuì.

«L'oro è solo una placcatura», disse. «Ma la perla è un pezzo raro. Non ne avevo mai vista una così grossa. A un'asta a Lipsia ne hanno venduta una simile a duemila marchi». Jaffe si sistemò gli occhiali che minacciavano sempre di rotolargli giù dal naso. Studiò Rudi con una certa diffidenza.

«Non crede che io possa possedere un oggetto simile, vero?».

Lo sguardo di Jaffe scivolò sul modesto completo che Rudi aveva addosso. «Veramente non ne ho mai dubitato».

«Si ricorda di Ludwig Peters?».

«È un pezzo che non lo vedo. Ogni tanto passava a trovarmi».

«È morto. Un incidente stradale».

«Mi dispiace moltissimo», disse Moritz Jaffe.

«Aveva stima di lei».

Jaffe annuì. «E io di lui. Un bravo giovane, pieno di sensibilità. Posso farle un'offerta per la perla?».

«No», rispose Rudi. «Per ora no».

«Le auguro di poterla tenere a lungo», disse Jaffe un attimo prima di sporgersi sul bancone per tendergli la mano.

Rudi uscì dal negozio e la porta si chiuse lentamente alle sue spalle con uno scampanellio prolungato. Grit s'era portata nella tomba il segreto delle sue origini. L'uomo che l'aveva messa incinta l'aveva abbandonata, ma le aveva lasciato quel gioiello di gran valore.

Che misero destino, portarsi dentro il rancore per tutti quegli anni e negargli con tanta ostinazione ciò che voleva sapere.

Febbraio 1930

«Non credo proprio che l'insegnante voglia vedere la *tua* bella scrittura», disse Henny guardando sua madre che a labbra strette scriveva qualcosa sul quaderno di Marike. La piccola era seduta lì accanto, tutta presa a disegnare un uomo con un cappello.

«Chi è?», domandò Else dopo un'occhiata sospettosa all'album da disegno. Sarà stato mica uno di quei maniaci che se la prendevano coi bambini? Ce n'era uno a Düsseldorf. Strangolava donne e bambine e poi tagliava loro la gola.

«È il nostro maestro», disse Marike. «È nuovo».

«Adesso lasciala scrivere», disse Henny.

«Ma sì, voglio solo farle vedere come si fa».

In aprile Marike avrebbe iniziato il secondo anno di scuola, a luglio avrebbe compiuto otto anni. Una bella bambina dai capelli morbidi e biondi, identica a suo padre. A parte il fatto che non era una sognatrice.

«Non ti venga in mente di legarle i capelli con un gran fiocco» disse Else. «L'assassino di Düsseldorf è attratto dalle bambine che vanno in giro in quel modo. Era sul giornale».

«Mica se ne va in giro per Amburgo».

«Sei sempre la solita incosciente, Henny».

No, non lo era affatto. La sua era la vita di una brava

vedova, che faceva visita a sua cognata e alla compagna, partecipava ogni tanto a una festa alla pensione di Guste e tra un mese – Käthe c'era già passata – avrebbe compiuto trent'anni.

«Sei stata sempre così», disse Else Godhusen, «e così era anche tuo padre. Altrimenti non ci sarebbe andato, in guerra».

Henny non commentò. Diventava sempre più complicato fare certi discorsi con sua madre.

«Ormai la follia è ovunque», disse Else. «E di sicuro anche Käthe fa la sua parte. Lì alla Finkenau che dicono, della loro ostetrica comunista?».

Marike alzò gli occhi dal quaderno. «Che ha fatto zia Käthe?».

«Che follia, che vorresti dire?», domandò Henny. Accartocciò la pagina di giornale con dentro le bucce delle patate, poi la riaprì per ripescare il coltello che aveva dimenticato.

«Tutta questa storia dei comunisti e dei nazisti. In centro, a Hammerbrook, c'è stata un'altra rissa. Ma poi quel Wessel è ancora vivo? Guarda che è stato un comunista a spargli in testa».

«Ti ricordo che Horst Wessel non era proprio quel che si dice un brav'uomo. Era un capo delle SA. Una sola grande squadra di picchiatori, ecco cosa sono».

«E allora per questo motivo uno gli spara in testa? Insomma, era ancora un ragazzo. E Rudi e Käthe poi che dicono di questa storia? Sono contenti?».

«Non mi va di parlarne adesso».

Marike aveva cominciato a masticare la matita guardando a turno la madre e la nonna. Non riusciva a immaginarsi che zia Käthe e zio Rudi potessero stare dalla parte dei cattivi. Rudi, in particolare, le piaceva proprio. Si accucciava sempre sui talloni per parlare con lei.

«La Lüder dice che ad Altona la gente non ha più il coraggio di uscire per strada, con tutti questi scontri».

«Mi sembra un'esagerazione», disse Henny. «Marike, fammi vedere il quaderno». Si sedette al tavolo accanto a sua figlia e lesse che la primavera vicina già faceva rallegrare i merli, i tordi, i fringuelli e gli storni. A commento, Marike aveva disegnato un rametto di salice carico di amenti.

«Anche il suo Gustav sta coi nazisti», puntualizzò Else.

«Ma se ha solo quindici anni! E poi che dovrebbe significare *anche*?».

«Non è mica tutto sbagliato, quel che dicono i nazionalsocialisti».

Henny si sentì formicolare il cuoio capelluto. Se solo ci fosse stato Lud. Avrebbe parlato della SPD con i suoi modi gentili, togliendo ogni forza ai ragionamenti di Else. Lei non ci riusciva; finiva sempre per litigare con sua madre.

«Con te non si può parlare di politica, ecco», disse Else. «Accendi il gas e metti a cuocere le patate, così abbiamo qualcosa da mangiare. Patate con cosa?».

«Con la ricotta e l'erba cipollina. Ho comprato anche un pezzo di Edamer».

Else Godhusen fece una smorfia. «A casa ho ancora una bistecca di spalla. Dovrà aspettare fino a domani, allora. Tanto l'ho messa sul davanzale della cucina, sta al freddo».

Henny pensò che non c'era motivo di far aspettare la bistecca, ma non disse nulla.

«A marzo saranno già quattro anni che Lud è morto», disse sua madre. Guardò Marike, che aveva messo il quaderno dentro la cartella di scuola. «Vattene a giocare in camera tu quando hai finito con i compiti».

«Voglio sentire anch'io le cose che dici di papà».

«Non è una cosa per orecchie piccole come le tue».

«Mamma, per favore! Le fai venire un sacco di insicurezze».

«Di quali insicurezze vai parlando?».

«Finirà per pensare che vuoi dire brutte cose sul conto di suo padre. Prima Käthe e Rudi, adesso Lud».

«Sono sincera, tutto qua».

Secondo Henny la sincerità era sopravvalutata, ma dopo avere messo sul fuoco la pentola con le patate tornò a sedersi senza fare commenti.

«Mi do la zappa sui piedi», disse Else non appena Marike fu uscita dalla cucina, «ma secondo me dovresti andartene al Lübscher Baum e trovarti un uomo. Stai cominciando a invecchiare. Guarda cos'è successo a me. Non mi vuole più nessuno. Quel Gotha così com'è arrivato se ne è andato».

«Hai saputo più niente di lui?», domandò Henny nella speranza di cambiare argomento.

Else fece un gesto spazientito con la mano. «Il solito biglietto di auguri per il nuovo anno, nient'altro. Un porcellino della felicità, stavolta, che porta in groppa un tanghero in divisa marrone». La simpatia di Else per i nazisti era piuttosto incostante.

«Scrive che sta facendo carriera nel Partito».

«Ecco, splendido». Henny si alzò per tritare l'erba cipollina e mescolarla alla ricotta. Per fortuna Ferdinand Gotha non era stato che una meteora, un'infatuazione passeggera. Nel giro di Henny non c'erano simpatizzanti dei nazisti: ed era meglio che non arrivassero, per il bene dei suoi amici e colleghi.

Henny lavò l'erba cipollina e la mise sul tagliere.

«Che poi in realtà al Lübscher Baum ci siamo già state», disse Else.

«Guarda, scordatelo. È meglio», disse Henny trinciando energicamente gli steli.

«L'ebreo è una negatività che va cancellata», disse Kurt Landmann. Era in piedi davanti al lavandino e si lavava le mani. Quella mattina aveva fatto venire al mondo quattro bambini. Il popolo aumentava.

«Chi lo dice?» domandò Unger.

«Goebbels, quel vecchio guerrafondaio».

Landmann prese un asciugamano e si guardò le unghie, tagliate molto corte. «Che dice in proposito la famiglia Liebreiz?».

«Secondo i genitori di Elisabeth è solo uno schiamazzo momentaneo, non durerà».

«La domanda è solo *quanto* durerà, e *quanta* gente riusciranno ad ammazzare. Non è più possibile minimizzare quel che sta succedendo».

«Mio suocero non arriverà all'anno prossimo. Ha un cancro allo stomaco in stadio avanzato».

«Mi dispiace. È sempre stato un amante della buona cucina».

«E infatti la pappa d'avena non se la fa servire nemmeno adesso. Continua a ordinare le solite prelibatezze da Michelsen: se le rigira in bocca e poi le sputa».

«Elisabeth come la prende?».

«Cosa, Hitler o il padre in fin di vita? È terribilmente inquieta per entrambe le cose. L'atmosfera a Berlino sta cambiando. Goebbels lavora con abilità, e lo stesso Wessel come arruffapopoli ci sapeva fare, bisogna riconoscerlo. Per quanto riguarda suo padre, Elisabeth ha promesso che verrà più spesso ad Amburgo».

Landmann ripensò a quella sera di gennaio in cui era stato a casa di Unger in Körnerstraße: la moglie non c'era ma erano rimasti a chiacchierare piacevolmente anche senza Elisabeth. Poi Theo l'aveva portato al primo piano e gli aveva fatto vedere la cameretta già pronta. Dentro la culla sedeva un orsacchiotto bianco. Erano quasi quattro anni che quell'orsacchiotto aspettava. Uno schiamazzo momentaneo anche quello.

«Torna a trovarmi nel mio appartamentino da scapolo», disse ora Landmann. Nonostante fosse salito nella gerarchia della Finkenau, e si sarebbe potuto permettere una casa più grande e più bella, viveva ancora nella Bremer Reihe in mezzo alle opere d'arte.

«Volentieri», disse Unger. Perché adesso gli era venuta in mente Henny Peters? Forse perché quella volta in casa di Landmann, riverso sul divano per i postumi della sbornia, non aveva potuto tentare la fortuna con Henny.

«La massima di Goebbels, secondo cui gli ebrei hanno la colpa di tutto, è un veleno lento ma efficace», disse Landmann. «Ho letto il libro di Hitler. Dovresti andartene all'estero con Elisabeth».

«E tu?», domandò Theo Unger.

«Io sono un battitore libero, Theo. Non devo rispondere di nessuno. Anche mia madre è morta, per cui non ho motivi di preoccupazione».

«Stento a credere che le cose si metteranno davvero così male», disse Unger. «Finiremo per impazzire, da soli, con tutta questa storia di Hitler. Ma poi che vado a fare all'estero? Il mio posto è qui. E per Elisabeth la lingua tedesca è uno strumento di lavoro».

Kurt Landmann alzò le spalle. Forse era lui a vedere tutto nero.

Hans Fahnenstich, quell'omone un po' goffo e di buon cuore, era diventato per lui un buon amico. Fahnenstich credeva che il comunismo li avrebbe salvati: era capace di trovare della bellezza sia nel controllo esercitato da Mosca che in quella lingua straniera, piena di clausole e di ordini complicati. A Rudi dispiaceva che, alla Sezione Wasserkante, nessuno vedesse in Fahnenstich quel che vedeva lui.

Anche Käthe si era fissata con il comunismo. Più i nazisti riuscivano a imporsi, meno era disposta ad ascoltare le ragioni di Rudi. Già da tempo non capiva più la distanza che si era aperta tra loro e gli ideologi del Partito. Rudi intuiva di trovarsi su una china sbagliata, ma non ce la faceva a tornare indietro. Non voleva offendere né lei né Hans. E tantomeno perderli.

Il fermacravatte stava nell'ultimo cassettino dello scrittoio. Käthe sapeva bene che valeva molto, ma non capiva perché significasse tanto per lui. Se Rudi avesse avuto un figlio sarebbe stato bello, un giorno, passarglielo. Tutto qua. Una cosa di valore che si tramandava di generazione in generazione.

A Hans Fahnenstich Rudi non aveva detto niente di quell'eredità preziosa. Temeva che la loro amicizia potesse vacillare. Rudi si sentiva stretto tra il mondo dei benestanti e quello di chi non possiede niente. Senza poter raggiungere né l'una né l'altra sponda. Che altro gli restava, se non essere trascinato via dalla corrente?

> Sono infinitamente lontano
> dall'essere felice
> solo una debole luce
> sull'altra sponda annuncia la felicità.

Gli sarebbe piaciuto poter riportare la vita indietro di qualche anno. Andare a riprendere Lud. E anche Grit, probabilmente.

> Mi sono dimenticato
> come evitare la paura
> che mi trattiene
> dal traversare la corrente dura.

Era la prima volta che scriveva dei versi suoi. Gli sarebbe piaciuto scrivere qualcosa di allegro.

> Ho visto in controluce
> che il ponte è caduto
> e la debole luce
> ormai ho perduto
> e mi abbandono
> alla corrente che mi conduce.

Quando suonarono alla porta, Rudi spinse il foglio sotto la cartellina di pelle. Il campanello suonava con insistenza. Rudi mandò un'occhiata all'orologio da parete, quello che un tempo era stato di Grit: era una delle poche cose che lui e Käthe avevano tenuto. Forse era lei, Käthe. Di tanto in tanto dimenticava le chiavi. E però no, era troppo presto perché fosse lei. Erano passate da poco le dieci.

Rudi non conosceva l'uomo che vide venire su per le scale. Era coperto di sudore e sembrava senza fiato.

«Nemmeno tu il telefono, eh? Niente, non ce l'ha nessuno», disse.

Rudi stava sullo stipite della porta, incerto se far entrare quello sconosciuto che gli dava del tu.

«Hans si sta mettendo nei guai, qui nell'osteria all'angolo. È ubriaco fradicio e parla a ruota libera. Tu sei Odefey, no?».

Rudi annuì. «E lei?».

«Erich. Un collega di Hans. Ma vedo che lei ha bisogno di un discorsetto educato prima di muoversi. La cosa importante è che tiriamo fuori Hans, ho sentito un tale che telefonava ai nazisti. Stanno arrivando con una squadra di picchiatori».

Fahnenstich era in piedi su un tavolo allo Sternkeller e con la faccia paonazza teneva un infuocato discorso contro la peste nazista. «All'amico la mano, al nemico il pugno», brontolò quando Erich e Rudi lo tirarono giù dal tavolo.

«Sei proprio sicuro, bello?» disse uno dei presenti.

«Così ti spaccano le ossa», commentavano altri.

Rudi avrebbe volentieri risposto qualcosa a tutta quella gente, ma Erich ce la stava mettendo tutta per trascinare lo scatenato Fahnenstich fuori dallo Sternkeller.

«Portiamolo da te, dobbiamo sparire subito. Stanno già arrivando, li senti?».

A Rudi cadde la chiave mentre cercava di aprire il portone di casa. Senza smettere di mugugnare, Hans Fahnenstich si era appoggiato con tutto il peso sulle spalle dei due compagni. Rudi pregava che quelli delle SA non li avessero già sentiti.

«*Die Straße frei den braunen Bataillonen!*»[6].

Le voci erano ormai vicinissime, quando Rudi riuscì ad aprire la porta, che subito si richiuse dietro di loro. Dovettero portare a braccia quell'orso fino al quarto piano. Quando lo misero su una sedia, la testa gli crollò sopra il tavolo della cucina.

«Può restare da te, per il momento?», domandò Erich.

Rudi andò alla finestra e la aprì. La strada era immersa nel silenzio, ma dall'osteria all'angolo giungeva un gran fracasso. Probabilmente i picchiatori se la stavano prendendo con tavoli e sedie. «Tu intanto vai», disse. «È tutto calmo di sotto. Però prendi la Beethovenstraße, non passare davanti allo Sternkeller».

«Manco morto. Grazie allora. Se per te è così impor-

---

6. «Fate strada alle Camicie brune!». È l'*Horst-Wessel-Lied*, adottato inizialmente dalle sole SA e diventato poi nel 1933 l'inno nazionale della Germania nazista.

tante possiamo darci del lei. Hans me l'aveva detto, che sei uno raffinato».

«Ma per favore», disse Rudi. «Lo vuoi un caffè?».

«No, cerco di sgattaiolare verso casa finché quei criminali si divertono a distruggere l'osteria».

Dalla finestra Rudi lo vide avviarsi verso la Beethovenstraße. Via dall'osteria.

Hans si era addormentato con la testa sul tavolo. Rudi decise di preparargli da dormire sul divano. Käthe sarebbe stata fiera di lui, almeno.

Andò allo scrittoio, sollevò la cartellina di pelle, prese il foglio di carta e, senza guardarlo, lo fece a pezzetti. L'*Horst-Wessel-Lied* era molto più potente di quelle sue deboli parole.

Nel pomeriggio Elisabeth era stata a casa dei suoi, si era seduta al capezzale di suo padre e gli aveva tenuto la mano a lungo. Nessuno di loro aveva previsto che avrebbe perso le forze tanto rapidamente.

Theo era ancora in clinica, la domestica aveva la serata libera ed Elisabeth adesso era sola in casa. In altri tempi se ne sarebbe rallegrata. Nel salone girava ancora sul grammofono un disco che Elisabeth aveva fatto partire per scacciare il silenzio. *Ich küsse Ihre Hand, Madame*, "Le bacio la mano, signora", cantava Richard Tauber. Glielo avevano regalato per la prima del film: la canzone segnava l'inizio della storia del cinema sonoro tedesco. Elisabeth ne aveva scritto sulla rivista «Die Dame», sdebitandosi così di quell'omaggio non certo disinteressato. Ascoltando le ultime battute della canzone salì al primo piano ed entrò nella cameretta.

Quando prese l'orsacchiotto dalla culla, le sue unghie laccate di rosso brillarono contro il bianco della pelliccia. *Manicure lunaire*, era così che nei saloni di bellezza di

Berlino chiamavano quel modo di limare le unghie e di ricoprirle con uno dei nuovi smalti americani. Ma a Elisabeth quelle unghie non sembravano nemmeno sue. «Sembra sangue», le aveva detto suo padre quando gli aveva fatto una carezza.

Rimise l'orsacchiotto nella culla appoggiandolo sul cuscino a fiorellini. Proprio sopra il fasciatoio era appeso un carillon che riproduceva la ninna nanna di Brahms, ma Elisabeth si guardò bene dal tirare la cordicella. Già senza ninna nanna si sentiva le lacrime annidate dietro gli occhi. No, non piangeva per il bimbo che mancava nella loro vita. Piangeva per quel vecchio che era sempre stato il suo custode e che adesso moriva nella casa di Klosterstern.

Nella cameretta, Elisabeth aveva creato la stessa intimità agiata in cui era cresciuta ed era stata felice. Forse voleva tornare all'infanzia. O forse era solo una femmina cui veniva negata la possibilità di diventare madre.

Eccola là, la carrozzina delle bambole di quando era bambina. Anche il cavallo a dondolo era stato suo. Con cautela Elisabeth salì in groppa. La sella da signora per cavalli a dondolo gliel'aveva comprata sua madre, in Inghilterra. Suo padre invece avrebbe voluto vederla cavalcare come un ragazzo.

Elisabeth tirò fuori un fazzoletto dalla manica della camicetta di seta e lo tenne in mano tutto appallottolato. Nel caso in cui le lacrime fossero scese per davvero.

«Ah, sei qui», disse Theo Unger spalancando la porta. «Ho appena parlato al telefono con tua madre».

Elisabeth lo guardò dal basso. «Non dirmi che...», interruppe la frase a metà. Non poteva essere.

«No, non si tratta di tuo padre. Ho chiamato casa dei tuoi perché volevo passare a prenderti, ma tua madre mi ha detto che eri già uscita». Theo si accostò a Elisabeth e le appoggiò una mano sulla spalla. «Ed eccoti qua, seduta in lacrime su una sella da signora».

«Theo», disse Elisabeth alzandosi. Il cavallo prese a dondolare. «Ci sono anche tante donne povere che partoriscono da te in clinica, no?».

Unger sentì la nuca irrigidirsi leggermente.

«Per favore, tutto questo dallo a loro. Voglio tenere soltanto il cavallo e la carrozzina delle bambole».

«E il figlio che volevamo adottare?».

«Non voglio nessun figlio».

«Sei sicura?».

«Sì», disse Elisabeth Unger. «Vieni, andiamo di sotto. Mettiamo un altro disco nel grammofono e beviamo lo Château Pétrus, me l'ha dato mio padre. Dice che il 1921 è stata un'ottima annata, per cui sarebbe un peccato sputarlo. Quanto tempo gli resta ancora, secondo te?».

«A primavera ci arriverà», disse Theo Unger.

Lene aveva strappato il foglio dal quaderno su cui teneva i conti di casa, e come se non bastasse aveva scritto con una matita spuntata. Mia riusciva a malapena a decifrare la lista stilata da sua sorella. Una cartella, una lavagnetta, forbici e colla. Delle boccette d'inchiostro. Biancheria intima, camicie, calzini.

Tutto questo in quantità sufficienti a tutti e tre i ragazzi. Fritz sarebbe andato a scuola in aprile insieme al cugino più piccolo, nato nel 1923 ma in autunno.

E secondo Lene, lei come avrebbe dovuto pagarla tutta quella roba? E il berretto da marinaio, poi: era davvero indispensabile per iniziare la scuola a Wischhafen, minuscolo villaggio sull'Elba? Da quelle parti i bambini non potevano andare in giro a capo scoperto? Forse Lene avrebbe dovuto preoccuparsi di meno di queste amenità e di più dell'igiene dei bambini.

«E dire che gli ho già mandato un bel pacchetto per il compleanno!», disse Mia ad Anna Laboe che stava tirando fuori un dolce dal forno. Ne aveva decorato la superficie con delle mele invernali. Erano già abbastanza sfatte, ma per la torta andavano bene.

«Be', tirare su un bambino costa», disse la Laboe pensando a Käthe – che ancora non ne aveva – e ai suoi due figli più piccoli, che erano arrivati a compiere soltanto sei e quattro anni. Nonostante i brutti pensieri, Anna stava bene nel suo grembiule bianco inamidato. In quella cucina calda. Non era mai stata pagata così bene nella sua vita, spesso poteva anche portarsi a casa la roba da mangiare. Adesso, per i lavori più pesanti, i Campmann facevano venire una donna a ore. Certo, la casa non era paragonabile a quella di Fährstraße, ma Ida riusciva a governarla con generosità sempre maggiore.

«Me la dai una fetta di dolce?», domandò Mia.

«Si deve innanzitutto raffreddare, e poi prima ne porti un pezzo al padrone. Nello studio». In quella casa Anna Laboe era l'unica ad avere di tanto in tanto un pensiero per Friedrich Campmann.

Ida era in piedi davanti allo studio del marito, incerta se entrare o meno. Lo sentiva telefonare incollerito, a voce alta. Parlava probabilmente con la segretaria, sulla quale scaricava spesso le faccende che lo infastidivano. Non era un buon momento per dirgli che le servivano più soldi da spendere in prelibatezze gastronomiche.

Ida non era contenta quando Campmann lavorava da casa. E glielo faceva capire. La cosa che le piaceva di più, invece, erano i viaggi di lavoro che sempre più spesso portavano suo marito a Berlino e a Dresda. La sua presenza in casa procurava soltanto fastidi: saltavano anche le pause caffè in cucina.

Dal corridoio Ida lanciò un'occhiata al suo boudoir: c'era adesso un grande airone di porcellana bianca, con un nuovo paralume giallo. L'airone era tutto in pregiata porcellana di Meissen. La vista delle due spade incrociate sulla base della lampada, il blasonato marchio di fabbrica, provocava puntualmente a Ida un brivido di soddisfazione. Aver fracassato il pastorello con lo zufolo era costato caro a Campmann.

«È stupefacente quel che riesce a sopportare il tuo matrimonio», aveva detto Henny. «E dire che l'avevi dato per spacciato già quattro anni fa».

Certo, in cambio degli anni passati accanto a Campmann Ida aveva avuto lussi e agi di ogni genere: ma questo non la rendeva più felice. Nemmeno Henny viveva con un uomo che amava, ma Henny aveva dei doveri. Un bambino, un lavoro, la vita vera.

«Lene scrive che oltre a tutto il resto ci vorranno anche gli abbecedari, in aprile», stava brontolando Mia nel momento esatto in cui Ida entrò in cucina.

«Anna, si ricordi per favore di ordinare la zuppa di tartaruga da Heimerdinger. Ma va bene anche da Michelsen, per quanto mi riguarda».

Karl era rimasto a bocca aperta quando Anna gliel'aveva raccontato: sua moglie era diventata una che telefonava ai negozi di specialità gastronomiche della città per ordinare la roba più costosa a disposizione.

«Che non ti venga in mente di portare a casa una zuppa del genere, comunque», aveva detto Karl. «Io le tartarughe non me le mangio».

«E quale sarebbe il problema con gli abbecedari?», domandò Ida guardando Anna e non Mia, che seduta al tavolo rimuginava tra sé e sé.

«La sorella di Mia ha mandato una lista della spesa per quando il piccolo Fritz dovrà andare a scuola. In aprile».

Campmann non avrebbe sborsato un soldo. Chiamava il piccolo Fritz il "marmocchio" di Mia. Toccava a lei mettere mano al portafoglio. «Posso darti qualcosa io», disse.

Mia sporse il labbro inferiore farfugliando un ringraziamento. Ida sospirò. La sua messaggera d'amore le dava sui nervi, da quando l'amore non c'era più.

Ida del resto non sapeva più dare un nome ai suoi sentimenti: forse amava ancora Tian, forse era rimasta attaccata al sogno di quell'amore.

In agosto avrebbe compiuto ventinove anni e sedeva in quella cucina, sprecando la sua vita con Campmann e con un padre che quasi non ci stava più con la testa.

Bunge si divertiva. Era il momento giusto. Prosecco nell'Alsterpavillon, bistecca di manzo da Ehmke ogni volta che aveva qualche soldo in tasca. A Weimar i politici tremavano, la Repubblica era in equilibrio precario: Bunge vedeva arrivare la catastrofe, ma era deciso a ballare sul vulcano fino al momento dell'eruzione. Giocava sempre d'azzardo, come del resto aveva fatto dopo la morte dello Scoiattolo. In quel localaccio di Rambachstraße, alla fine, non ci era più andato. Che Margot facesse pure la diva dei bassifondi, a lui non interessava più. Per qualche tempo aveva pensato che Guste e la sua buona cucina non gli potessero bastare: ma quella donna era una forza della natura, e di forze della natura ce n'era bisogno. Soprattutto ne aveva bisogno lui.

Guste aveva fatto della sua casa un rifugio per i molti transfughi di quegli anni. Era cominciata coi russi, dopo la fucilazione dei Romanov a Ekaterinburg. Era stato allora che a Guste era venuta l'idea di aprire una pensione nella casa ereditata dai genitori.

E adesso erano già dodici anni che la mandava avanti a tutto beneficio dei suoi ospiti, alcuni dei quali ormai da tempo non pagavano con puntualità. Lui stesso era stato accolto da Guste in un momento estremamente precario, poi gli erano entrati un po' di soldi: e dunque di nuovo bella vita, serate del Trocadero, acquisti pazzi nei negozi del centro.

Lo scorso ottobre, al venerdì nero della borsa di New York, ci avevano un'altra volta lasciato le penne, lui e la Diamant Grammophon. La lussuosa abitazione nella Rothenbaumchaussee non poteva più permettersela, ma Guste gli aveva messo a disposizione una stanza molto grande. Con una seconda porta che dava nell'ala privata.

Quell'affare con il Sudamerica non era andato in porto, anche perché il suo socio si era comportato da vero coniglio. Lui se ne stava al sicuro in mezzo ai suoi diamanti. Con i dischi però si potevano fare tanti, tanti soldi; di questo Bunge era ancora convinto. Campmann avrebbe dovuto aspettare un altro po' per rivedere i suoi soldi.

Guste gli aveva liberato la stanza. Lui si era portato un paio di mobili dei tempi della Fährstraße. Del resto si sarebbe sbarazzato senza troppi rimpianti, in modo da rimediare anche un po' di liquidi per pagarsi gli stravizi. Non era un sentimentale: l'orologio da polso però, quello che era stato di suo nonno, non l'avrebbe ceduto mai e poi mai.

Bunge si fermò per sbottonarsi il cappotto ed estrarre dalla tasca del gilè – portava un vestito a tre pezzi – l'orologio d'oro. Come sempre la vista del quadrante gli fece bene. Ma sì, decise di fare un salto da Brahmfeld e Gutruf, la vecchia gioielleria sullo Jungfernstieg, a vedere se c'erano in vetrina orologi di Lange & Söhne e a quanto li vendevano.

Arrivando da St Petri passò accanto al caffè Vaterland e considerò brevemente se fermarsi per una colazione come si deve. Una ragazza arrivava dall'Alsterdamm in compagnia di un uomo più anziano e passò davanti a Bunge imboccando la Jungfernstieg. Era avvolta in una folta pelliccia. Ida lo portava ancora, lo zibellino? Era passato parecchio da quando gliel'aveva visto addosso l'ultima volta.

Era tempo di fare una nuova passeggiata con Ida. Poteva portarla proprio lì, al Vaterland. Anche se per lei era probabilmente troppo scuro e modesto. Ma Bunge voleva capire che aria tirava in casa Campmann. Aveva sentito dire che suo genero era in contatto con il gerarca nazista responsabile per l'intera Berlino.

Ci mancava solo che Campmann diventasse un nazista. Non se lo poteva assolutamente permettere: un dirigente della Dresdner Bank. Lì dentro erano tutti ebrei. Lui, Bunge, con gli ebrei non aveva nessun problema. Ce n'erano alcuni anche alla pensione di Guste.

Bunge era quasi arrivato alla gioielleria, quando fece un passo indietro e si voltò. La ragazza con la pelliccia era Margot. Senza alcun dubbio.

Carl Christian Bunge ridacchiò compiaciuto quando la vide appoggiare l'indice sulla vetrina: in quel punto c'era di sicuro qualcosa di molto costoso. A suo tempo era andato con lei in un'altra gioielleria (Brahmfeld e Gutruf erano ancora troppo legati al ricordo dello Scoiattolo) e si era tuttavia rifiutato di comprarle la collana d'oro massiccio che desiderava.

Gli dispiaceva un po' per quell'anziano signore che entrava adesso nel negozio seguito dall'avida Margot. Come stava bene lui, con Guste.

«Cosa c'è che non va a Lerchenfeld?».
«Che è troppo vicino, per esempio».
Louise scosse la testa. «E allora? Potremmo dormire più a lungo. In teatro non devo comunque andare prima

di mezzogiorno. È crudele far suonare la campanella quando la gente normale ancora dorme».

«Be', così hanno la testa ancora libera dai pensieri», disse Lina.

«Senti, qual è la vera ragione?».

«Sto bene alla Telemann».

«Però a Lerchenfeld potresti insegnare Tedesco e Arte. Le materie che hai sempre desiderato».

Il professor Schröder, preside del ginnasio Lerchenfeld, l'aveva molto stimata a suo tempo come alunna modello della scuola appena riaperta; sarebbe stato contento di averla oggi nel corpo insegnante. Tra un anno però sarebbe andato in pensione: chi sarebbe stato il suo successore? Era una questione aperta, imponderabile, mentre alla Telemann era tutto chiaro. Anche il processo di riforma scolastica aveva raggiunto uno stadio più avanzato.

«Ti basta attraversare il ponte e sei arrivata», disse Louise. «Tutta vita guadagnata».

«Non fosse che il tragitto fino a Eimsbüttel a me piace».

«Pensa a *noi*», disse Louise.

Louise sapeva essere molto insistente, anche se non sempre le sue pressioni ottenevano l'effetto desiderato. Uno dei segreti sui quali ancora cercava di fare luce riguardava la ciocca di capelli contenuta nel medaglione di Lina.

Aveva lasciato la stanza alla pensione in Johnsallee: ma la sua amicizia con Guste era rimasta. Che lei e Lina fossero una coppia e si amassero, lo sapevano sia Guste che il padre di Louise a Colonia. Sua madre invece preferiva vedere la loro convivenza come una forma di pensionato per ragazze.

«E poi forse non è un bene tornare da insegnanti nella scuola in cui si è stati alunni per tanti anni».

«Sciocchezze!», disse Louise. «Hai letto il pezzo che ti ho lasciato?».

Lina annuì. «Volete metterlo in scena?».

«La prima è a marzo. A Lipsia. Spero che riusciremo a farlo mettere nei programmi della stagione ventura».

«Ho qualche difficoltà con Brecht».

«Non ti piace muoverti in spazi ignoti».

«Se così fosse non starei insieme a te. Comincerei una "amicizia particolare" con Landmann».

«Io ho sempre visto Kurt come uno spazio ignoto», disse Louise. «È l'unico uomo di cui sia mai stata innamorata. È una cosa che abbiamo in comune».

Lina non disse niente.

«E dai, dimmelo se per te ce n'è stato un altro. Tanto lo so che da queste parti l'acqua è profonda. Quella ciocca di capelli nel medaglione... vieni vicino a me sul divano e fammela vedere», disse Louise battendo la mano sulla stoffa rosso corallo.

«Non se ne parla nemmeno. Devo correggere dei compiti».

«Sciocchezze», disse Louise. Era il suo nuovo modo di mettere a tacere le obiezioni.

Lina sedette alla scrivania e aprì la sua cartellina.

Louise saltò in piedi. «E allora adesso vado a preparare dei cocktail», disse battendo le mani.

«Se credi di sciogliermi la lingua con l'alcol, ti sbagli di grosso», disse Lina.

Perché esitava tanto ad andare a Lerchenfeld? Doveva essere il ricordo di Robert. Era stato lui ad aprire il girotondo dei morti.

A fine autunno 1916 aveva ricevuto la notizia che Robert era caduto in una delle ultime battaglie sulla Somme. Subito dopo, a dicembre, le era morto il padre. A gennaio la madre.

«Mi piace sul serio il tragitto verso Eimsbüttel», disse mentre Louise le appoggiava un bicchiere sulla scrivania.

«Certo, hai vissuto sempre nello stesso angolino e adesso hai voglia di vedere il mondo», disse Louise.

«Cos'è questa roba verde?».

«La *Crème de menthe* che ho concesso alla delizia del nostro palato. Sempre lo stesso Gibson è noioso».

Lina ne assaggiò un sorso. «Ha un sapore pericoloso».

«È solo un Mint Julep», disse Louise. «In realtà ci vorrebbero delle foglie di menta, ma non le abbiamo».

«Comunque io adesso correggo i compiti».

Louise si ritirò imbronciata sul divano e prese *Ascesa e caduta della città di Mahagonny* di Brecht.

Theo Unger si appoggiò allo schienale. Si era seduto in modo da poter vedere il quadro di Maetzel, quella *Natura morta con statuina africana* che era diventata una delle sue opere preferite.

Mancavano invece i *Campi* di Willy Davidson: al loro posto adesso era appeso un quadro che rappresentava una scena orgiastica. Delle donne che si buttavano in mare. Portavano lunghi costumi da bagno scuri ma, nonostante questo, sulla spiaggia sembrava regnare una gran libertà.

«Paesaggi nordici», disse Landmann. «Eduard Hopf, *Bagnanti sulla spiaggia dell'Elba*. Il Davidson aveva cominciato a mettermi tristezza. C'è troppo, troppo marrone. Hopf è uno che ama le donne».

«Mi piace davvero molto», disse Unger prendendo il bicchiere di cognac che gli stava porgendo Landmann.

«Hai detto che volevi raccontarmi qualcosa. Si tratta di Elisabeth?».

Bevendo il cognac, Unger descrisse quanto era successo giorni prima nella cameretta sulla Körnerstraße.

«Elisabeth è sempre stata un po' volubile. Oggi questo, domani quello...».

«Cambiare idea ogni quattro anni non è mica tanto volubile, in fondo», disse Unger. «Ma quanto posso prendere sul serio questo dietro-front?».

«È il corso degli eventi che la tormenta. Elisabeth non vuole prendersi la responsabilità di un bambino che prima o poi potrebbe trovarsi in pericolo».

«A questo non avevo pensato affatto».

«Se Wessel muore, Goebbels avrà il suo martire. E allora...».

«È una cosa che ti preoccupa molto, a quanto pare».

«Ho sentito da un collega di Berlino che il signor *Sturmführer* ha rifiutato l'aiuto di un medico che stava accorrendo. Perché era ebreo».

«Pazzi ce ne sono ovunque. Continuo a credere che non succederà il peggio. Heinrich Brüning è un uomo assennato».

«Per quanto tempo ancora sarà cancelliere un uomo di centro?».

«Un popolo civile non si consegna a dei folli».

Kurt Landmann si stupiva di come tutti, intorno a lui, fossero impegnati a fare finta di niente. Aveva un grande talento per prendere la vita con allegria o sarcasmo, ma non si era mai rifiutato di riconoscere la verità. Perché facevano tutti così? Si sentiva come uno che lancia allarmi in mezzo al deserto.

«Come sta tuo suocero? È sempre stato un uomo estremamente lucido».

«E lo è ancora. Ma a livello fisico sta cedendo. Ha molto coraggio. Ha ricominciato ad alzarsi e prende parte alla vita».

«Lo sa che Elisabeth ha rinunciato al desiderio di avere dei bambini? Ci ha sempre tenuto, ad avere dei nipotini».

«No, ancora non lo sa. Credo in ogni caso che questa sia per lui l'ultima delle preoccupazioni. D'altra parte un figlio adottivo è una cosa diversa. Non viene dal proprio sangue e dalla propria carne».

«Carne e sangue», disse Landmann, «sono sopravvalutati».

«Perché non hai una famiglia tua?».

«Forse negli anni in cui potevo farmela ho avuto troppo a che fare con soldati morenti. E le infermiere della Croce Rossa erano già tutte impegnate».

«È una scusa», disse Unger.

«Sì», disse Landmann.

«Posso ben immaginare che ci sia stato un grande amore».

«Sì», disse Landmann. «Ma non aspettarti confessioni da parte mia».

«Che povere creature siamo. Tutti noi», disse Unger sedendosi in modo da poter osservare più comodamente le *Bagnanti sulla spiaggia dell'Elba* di Hopf.

Un grande amore. Unger si mise in ascolto di se stesso.

Käthe era incerta quanto Rudi. Sapeva però di trovarsi in un momento decisivo della storia. *Qui sto, non posso fare altro.*

Non che Martin Lutero le interessasse molto. Aveva fatto la cresima nel 1914 insieme a Henny, ma già allora i suoi dubbi erano più grandi della sua fede. Oggi credeva a una sola cosa: Hitler andava fermato. Era un pericolo senza fine per qualunque essere vivente.

Quando Rudi le aveva detto quanto valesse il fermacravatte di suo padre, all'inizio lei si era entusiasmata al pensiero di andarsene via insieme a lui, di iniziare una nuova vita. Rudi però era uno che preferiva conservare. Avrebbe custodito la spilla nell'ultimo cassettino per l'eternità.

Käthe non si sentiva disposta a condurre la vita umile

dei suoi genitori, ma una vita più agiata sarebbe stata per lei un peso sulla coscienza. Due stanze e cucina, più un balcone orientato a sud-ovest, rappresentavano per lei una sufficiente quota di felicità. Senza bisogno di una perla preziosa.

Decisiva era stata la notte in cui, rientrando a casa, aveva trovato Hans Fahnenstich sul divano. Non dubitava più di Rudi. Avrebbe combattuto insieme a lei per la giusta causa. Mai più guerra.

Käthe era in camera di sterilizzazione, aveva in mano un vassoio pieno di strumenti ed era immersa nelle sue riflessioni quando la porta si aprì alle sue spalle.

«Käthe, proprio lei stavo cercando», disse Kurt Landmann.

«Un'emergenza?». Quel pomeriggio non erano previsti parti, ma forse era appena arrivata un'ambulanza.

«Si potrebbe definirla anche così». Landmann richiuse la porta dietro di sé. «Qualcuno l'ha diffamata presso la direzione della clinica».

Käthe dovette appoggiare il vassoio, le sue mani avevano cominciato a tremare. Cosa aveva rubato, ultimamente? Non le venne in mente nulla. Era da tanto ormai che non toccava più la roba da mangiare nella cucina del reparto privato.

«Attività comuniste», disse Landmann.

Käthe espirò forte e si guardò intorno alla ricerca di un posto dove sedere: trovò uno sgabello davanti alla finestra. «Il Partito Comunista Tedesco è un'organizzazione legale», disse. «Ha deputati al parlamento nazionale e in quello cittadino di Amburgo».

«Lei e suo marito avreste partecipato a una rissa e avreste fatto discorsi eversivi. In un'osteria. Lo Sternkeller, mi pare».

«Ero in servizio qui quando è successo».

«Quindi è al corrente dei fatti».

«Mio marito ha portato via un amico ubriaco che aveva cominciato a straparlare. E un delatore ha telefonato alle SA. La rissa c'è stata solo dopo l'arrivo delle SA, Hans e Rudi erano già andati via».

«E un altro delatore ha pensato bene di ricamarci sopra e soffiare la storia all'orecchio del direttore».

«Perché?».

«Per danneggiare lei. E le cose peggioreranno parecchio, Käthe, tra fascisti e sinistra sarà guerra civile. Ne ho parlato spesso anche con il dottor Unger, tra poco gli cadranno le orecchie a forza di sentire i miei presagi da uccello del malaugurio».

«Non fanno che chiudere occhi e orecchie, tutti. Non vogliono prenderne atto», disse Käthe. «E adesso? Cosa farà lei riguardo a questa storia?».

«Racconterò al capo la stessa identica cosa. Lei era in servizio e suo marito ha fatto il buon samaritano».

«Mi crede, allora?».

«So già da parecchio tempo che lei ruba il cacao in polvere. E tuttavia la ritengo una persona buona, Käthe. Sincera. Faccia più attenzione, anche col cacao».

Käthe era arrossita, cosa che le accadeva di rado.

«Torni a cantare più spesso nel coro delle suore», ridacchiò Landmann. «Ho sentito che prima di Pasqua ci sarà un concerto con cantate di Paul Gerhardt. *Esci, mio cuore, e cerca la gioia*».

Käthe si alzò dallo sgabello. «Grazie», disse.

«Una delle ostetriche mi ha detto che presto ai medici ebrei non sarà più permesso far venire al mondo bambini tedeschi».

Il viso di Käthe si fece ancora più rosso dall'indignazione. «Chi è che l'ha detto?», domandò. «Voglio saperlo».

Landmann scosse la testa. «Chissà che anche la Holde

non bazzichi lo Sternkeller. Dica anche a suo marito di fare più attenzione. È l'ora dei delatori».

Henny attraversò quel cortile scolastico che conosceva così bene. Nella Bachstraße avevano giocato a campana e a guardie e ladri. Lei e Käthe erano andate a scuola nel 1906, e adesso in aprile Marike sarebbe stata promossa in seconda elementare. Non aveva idea del motivo per cui il maestro l'avesse convocata. Era il successore di Fräulein Kemper, stimata da tutti e trasferitasi nello Holstein insieme al marito.

Marike era brava a scuola, non c'erano mai stati problemi: e però il giorno prima era tornata a casa con un biglietto che pregava sua madre di presentarsi per un colloquio. Al maestro era dispiaciuto il disegno che Marike gli aveva fatto? Forse non era venuto troppo bene. Else aveva creduto che rappresentasse un assassino di bambini...

Era caduta una pioggia leggera, si sentiva un piacevole odore di terra umida. Henny salì le scale dell'edificio, poi si voltò e ancora una volta guardò il cortile ripensando ai vecchi tempi. Erano passati ventiquattro anni da allora.

Lud invece andava a scuola nella Schillerstraße: sarebbe stato impossibile incontrarsi prima. Caro Lud, pensò Henny facendosi girare intorno al dito – come sempre quando era triste – l'anello con il granato.

Ernst Lühr era molto più giovane di come Henny se l'era immaginato. Non poteva proprio essergli piaciuto quel disegno. Un uomo di bell'aspetto, con folti capelli scuri, che sorridendo la invitò a entrare nella classe in cui Marike trascorreva tutte le sue mattine.

«Ha combinato qualcosa?».

«Marike? No», disse lui ridendo. «Desidero conoscere personalmente i genitori dei bambini che mi vengono affidati. Ho già iniziato con i bambini che mi danno più pensieri, ma oggi ho deciso di farmi un regalo e di conoscere la madre dell'alunna più brava. Certo, la piccola Inge la insegue da vicino, ma sembra esserci una certa simpatia tra le due. Non è una lotta all'ultimo sangue».

«Lei sa che Marike cresce senza padre? Mio marito ha avuto un incidente mortale quattro anni fa».

«Sì, me lo ha detto il preside. L'esperienza della perdita non è stata risparmiata nemmeno ai bambini nati nel dopoguerra. Mi dispiace molto, sia per lei che per la bambina».

«Mia madre è un grande aiuto. Forse l'ha già vista, qualche volta viene a prendere Marike».

Ernst Lühr scosse la testa. «La maggior parte delle volte vedo Marike che si allontana in compagnia di Thies. Credo le piaccia molto».

Henny non aveva mai sentito nominare questo Thies.

«Fanno la stessa strada verso casa. Anche Thies abita in Canalstraße, ma più verso l'Hofweg».

«Ma cosa mi tocca sentire!», disse Henny alzandosi dal piccolo, troppo piccolo banco di scuola.

«Posso anch'io accompagnarla per un tratto verso casa? La mia giornata di lavoro è finita, ormai. O ha altri programmi?».

Henny scosse la testa. «Ho fatto il turno di mattina, oggi».

«Marike è così fiera che lei faccia nascere i bambini».

«Ah, ha saputo anche questo».

Ernst Lühr tirò fuori il cappello da sotto la cattedra. «Ha visto il disegno che mi ha fatto Marike?».

«Uomo con cappello», disse Henny.

«Mi sono riproposto di dormire di più», disse Lühr. «L'uomo con il cappello ha un'aria da vecchio».

«Sogliola», disse Ida. «No, anzi, *Tournedos alla Rossi-*

ni». Abbassò il menù di qualche centimetro e attraverso le palme dell'Alsterpavillon mandò un'occhiata in direzione dello Jungfernstieg. Cadeva una pioggerella sottile.

«Guarda che il mio portafoglio non è quello del tuo consorte», disse Bunge.

«Devo ordinare qualcosa di meno costoso, paparino? Due sardine all'olio per sessanta centesimi?». Si rendeva conto di essere davvero molto sfacciata, ma le faceva rabbia che suo padre fosse di nuovo in difficoltà. Da anni usava la sua unica figlia come merce di scambio con Campmann, che non gli cancellava il debito. Ordinarono dei vol-au-vent e due bicchieri di sherry.

«E l'appartamento in Rothenbaumchaussee? Lo lasci? Immagino che tornerai da Guste Kimrath».

«Già fatto», disse Bunge constatando che il pomeriggio stava prendendo una piega che non gli piaceva affatto. Sfogare il proprio malumore sul vecchio padre: Ida gli sembrava estremamente insoddisfatta. «Insomma: dividete ancora tetto e letto, tu e Friedrich?», domandò.

«Io spendo i suoi soldi e lui fa sesso con me tutte le volte che vuole. Quell'uomo è sterile, è vero, ma ha la potenza di un toro».

«Ha la... cosa?». Ma come parlava Ida?

«Hai sentito benissimo», disse Ida. «Per anni mi ha vista struggermi dal desiderio di un figlio. Solo quando ho preso l'iniziativa di fare un controllo, ed è venuto fuori che la cosa non dipendeva da me, si è degnato di dirmi che da bambino ha avuto gli orecchioni».

«Perché, ti piacerebbe avere un bambino da un uomo che non ami?».

«Mi piacerebbe avere un bambino dal mio cinese, come lo chiamano tutti». Le venne in mente la Grämlich.

«L'hai imparato da lui, questo linguaggio così rozzo?».

Ida si alzò, spingendo la sedia all'indietro con tanta

forza da farla cadere. «Tian è la persona più fine che io abbia mai incontrato», disse, poi uscì dall'Alsterpavillon piantando in asso un padre allibito al quale venivano serviti in quel momento due bicchieri di sherry.

Sull'altro lato della Jungfernstieg, Campmann stava uscendo dalla banca, ma i due non si videro. Lui si era calcato il cappello sulla fronte, lei rimuginava sul modo in cui aveva appena lasciato suo padre. Forse aveva esagerato. A volte si infuriava come una bambina, lo aveva notato anche Henny.

Ma era la rabbia che la faceva reagire in quel modo infantile. Rabbia per la sua incapacità di mettere la parola fine: con suo padre, di cui si era fidata; con la vita di lusso che la narcotizzava. E soprattutto con quel traditore di Campmann.

Possibile che la Steenbocks non le avesse insegnato proprio nulla, nemmeno a stare dritta sulle proprie gambe? No, solo roba che non serviva a niente. Garbati temi di conversazione.

Henny le aveva raccontato che Elisabeth Liebreiz aveva sposato uno dei medici della clinica. Gente ricca sfondata, i Liebreiz, Ida li conosceva di nome.

«È diventata critica teatrale», aveva detto Henny. Ida era convinta di non avere nessun talento, invece. Si stava dirigendo verso la piazza del municipio. Attraversò la strada e si fece quasi investire da un taxi. Solo questo ci mancava. Che finisse al cimitero, accanto al marito di Henny.

Alzò un braccio e il taxi si fermò.

Si poteva presentare a casa della Grämlich senza annunciare il suo arrivo? Netty sarebbe inorridita di fronte a tanta maleducazione. Ma Ida non aveva voglia di reprimere il suo slancio. Chi lasciava un biglietto da visita sul tavolo doveva pur aspettarsi dei visitatori. Anche dopo diversi anni. Prese dal suo elegante portafoglio il biglietto ormai logoro e lesse l'indirizzo al conducente.

Se l'era immaginato diverso, il domicilio di Fräulein Grämlich: in fin dei conti quella donna si muoveva nella più alta società. Come riusciva, alla sua età, a trascinarsi per le scale fino a quel sottotetto nella Hoheluftchaussee? Ida stessa ansimava leggermente quando arrivò in cima.

Il cappello portato dalla Grämlich nelle occasioni ufficiali era certamente fuori moda: ma per qualità e fattura era ben al di sopra della cuffia sgualcita che la signorina aveva in testa quando aprì la porta. Che poi chi la portava ancora, la cuffia? Ida ebbe la sensazione di essere stata catapultata in un'altra era.

«Ida Campmann», disse la signorina rimasticando a lungo la propria sorpresa. «È venuta per purificarsi?».

Purificarsi? Ida cercava dei contatti. Anche in un lebbrosario, per quanto la riguardava, o dalle serve gravide. Voleva crearsi una rete di sostegno nel caso in cui avesse lasciato Campmann. Perché non cominciare con la beneficienza? Nella vita c'era sempre qualcosa da imparare, in qualunque posto. Chi l'aveva detto? Netty? No. Non era da lei dire una cosa del genere.

Fräulein Grämlich servì un tè assai pallido, sul fondo della tazza si vedevano nuotare delle particole come se nell'acqua fosse stata bollita una tartaruga. A Ida si strinse la gola, ma riuscì lo stesso a ingoiare un sorso. Forse doveva smettere di ordinare tutti i giorni le prelibatezze di Heimerdinger o Michelsen.

«Sto pensando all'Ospedale Speciale per le Insufficienze Mentali», stava dicendo la Grämlich, «è una succursale dell'Istituto Alsterdorfer. La direzione verrà presto affidata al pastore Lensch, un uomo irreprensibile, sa?».

Fräulein Grämlich aveva deciso di non fare sconti a

quella viziata Frau Campmann, nata Bunge. Che Ida l'avesse trovata in quelle condizioni non poteva che rafforzare la sua decisione.

«E cosa dovrei fare io, in questo posto?», domandò Ida.

«Ho idea che sarebbe proprio brava a portare un po' di allegria ai deficienti», disse la Grämlich con aria divertita.

Guste fu subito conquistata dalla proposta di Louise di passare una serata in allegria. Non che volessero fare concorrenza alla festa degli artisti nel Curio-Haus sulla Rothenbaumchaussee, dove la gente di teatro andava a bere fino allo stordimento. Solo che il tema della loro festa era *Maschera di vetro*, e Guste non ambiva a tanto. "Urrà", avrebbe voluto scrivere sugli inviti: Louise però si era ribellata e aveva scritto «ALAAF», il grido carnevalesco della Renania dove la gente era famosa per i festeggiamenti scatenati.

Louise non intendeva fare rinunce: avrebbe ballato sui tavoli a entrambe le feste.

«Anche da noi ci sono cose squisite da mangiare e da bere», aveva detto Guste a Bunge. «E le ragazze saranno tutte poco vestite». Sapeva bene come entusiasmare un dongiovanni: peccato solo che il cantante d'opera se ne fosse andato già da tempo, adesso cantava al teatro di Dessau. Bunge però, prima di restare di nuovo senza soldi e attaccarsi alle sue mammelle, aveva fatto in tempo a comprare un grammofono all'ultimo grido.

«Io porto i fiori», disse.

«No, all'allestimento ci pensa Louise. Tu però puoi aiutare con l'organizzazione. Da fare ce n'è abbastanza. Pelare le patate per l'insalata e preparare il punch con spumante e limone».

Bunge chiese di invitare anche Ida. Gli pesava sul cuore il modo in cui se n'era andata dall'Alsterpavillon. Da allora non si era più fatta sentire.

A quanto pareva pensava ancora a quel cinese. Bunge avrebbe anche consigliato a Ida di lasciare Campmann, ma quest'ultimo non faceva mistero del fatto che la durata del credito andava di pari passo con la presenza di Ida. Bunge aveva le mani legate.

«In questo caso invitiamo insieme a Ida anche il cinese», disse l'incomparabile Guste. Secondo Bunge non era una buona idea. Ancora meno gli piacque la proposta di Guste di mascherarsi da avvoltoio, simbolo della bancarotta. Il suo senso dell'umorismo tendeva decisamente al macabro.

Lina non aveva mai avuto un animo troppo carnevalesco. Non era da lei mascherarsi e rendersi ridicola come una scimmietta. E non dipendeva dal fatto che veniva dal Nord: la lasciassero in pace con quella storia della Lega Anseatica. Ci fosse stato Lud, avrebbe raccontato che Lina si scatenava solo andando sulla slitta.

«Almeno un cappellino!», le disse Louise. «Oppure le stelle filanti intorno al collo, Lina. Per favore!». Lei si sarebbe mascherata da Colombina, aveva trovato il costume nel magazzino del Teatro Thalia. Dimenticare le brutture, almeno per un giorno. Vivevano, tutti, sotto un cielo dalle ore contate. Avrebbe proposto all'intendente del teatro di mettere in scena *Oplà, noi viviamo!* di Ernst Toller. Aveva ragione lui, il mondo era una casa di matti.

Bunge era in piedi sulla scala, tirava da parete a parete una corda per i palloncini e appendeva ghirlande. Nel punto esatto in cui le voleva Louise. Si sporse troppo in avanti e sentì uno strappo all'altezza del petto: pensò che gli stesse venendo un infarto, ma passò subito.

Quella storia di Ida lo addolorava molto. Tutti parlavano di dolore del cuore, dispiaceri del cuore, spasmi del cuore. Forse Ida lo considerava un vecchio stupido, si capiva anche dal modo in cui erano andate le cose all'Alsterpavillon; per lui invece era uno strazio sapere sua figlia ostaggio di Campmann.

Il problema erano sempre i soldi.

«Ma no, più verso sinistra», disse Louise, Bunge si sporse ancora e quasi cadde dalla scala.

«Vieni giù», disse Guste tenendo per il bavero un giovanotto appena presentatosi alla porta per chiedere i prezzi delle stanze. Come prima cosa gli toccò salire sulla scala.

«Allora, che tipo di stanza sta cercando?», gli chiese Guste dopo che il suo lavoro venne approvato da Louise.

Una stanza piccola, disse lui. A marzo avrebbe cominciato un tirocinio da libraio. Da Kurt Heymann. In che quartiere? Eppendorf.

Libraio suonava bene alle orecchie di Guste Kimrath, era gente con la testa sulle spalle. E poi non sembrava uno di sinistra.

«Gliene faccio vedere una», disse, «poi vediamo se possiamo metterci d'accordo».

Momme Siemsen non poteva crederci: non era poi così piccola la stanza, e per di più se la poteva permettere. Ad Amburgo, la grande metropoli. A Dagebüll, il suo paesino, non lo avrebbero mai detto; in una zona niente male, per di più. Sua madre si preoccupava che finisse a St Pauli, il quartiere a luci rosse che a Dagebüll conoscevano tutti senza che nessuno ci fosse mai stato.

Avrebbe comprato una mappa della città e avrebbe fatto un cerchio intorno alla Johnsallee, così a Dagebüll tutti avrebbero visto come si era sistemato bene.

«Ah, domani qui c'è una festa di carnevale», gli disse Guste. «La stanza può occuparla da subito, giovanotto, e cominci a pensare al costume».

Momme Siemsen tornò nell'anticamera, dove aveva lasciato la valigia. Quello che sua madre ci aveva messo dentro sarebbe stato comunque considerato da tutti, probabilmente, un costume di carnevale.

Non gli importava. Stava cominciando una nuova vita. La metropoli gli piaceva enormemente. Per il sollievo Momme emise un gran sospiro.

Ida annunciò che non sarebbe andata alla festa. Ma prese la decisione all'ultimo momento, poiché dapprima aveva pensato che una serata allegra le avrebbe fatto bene dopo la sua prima visita all'ospedale psichiatrico. Nonostante questo, non aveva nessuna intenzione di mostrarsi subito così arrendevole con suo padre.

«Perché vuoi cominciare proprio in un posto così difficile?», le aveva domandato Henny. «La Grämlich lo fa apposta. Lì dentro non resiste nemmeno gente con uno stomaco meno delicato del tuo».

E invece Ida era andata da brava all'ospedale all'ora stabilita e aveva seguito lungo i corridoi un'infermiera sommamente annoiata da quell'ennesima signora caritatevole che le capitava tra i piedi.

Si sentivano grida acute arrivare da dietro le porte. I visi che Ida riuscì a vedere erano inespressivi. Disperazione ovunque. Quando entrarono in una sala, Ida si sentì colpire con forza all'inguine e abbassò gli occhi per guardare il viso rinsecchito di una vecchia che urlava trionfante. Per quella gente lei non rappresentava nient'altro che una provocazione.

«A domattina, allora. Presto», le aveva detto l'infermiera, con una profonda avversione nella voce. «Cominciamo alle sei».

Ida sedeva sul suo divano nella stanza del sole, che già da tempo nessuno chiamava più così. Nemmeno lei. Intorno regnavano il giallo e la seta, ma ci volle parecchio prima che il suo stato d'animo si rasserenasse.

«Che devo fare?», disse guardando Henny. «Non posso sottrarmi. Darei alla Grämlich un'ulteriore soddisfazione. Le piace vedermi fallire».

«Te la senti di andare nelle case e aiutare le giovani madri con i neonati?».

«Non è ridicolo aiutare in casa altrui quando a casa mia ho una cuoca e una governante?».

«Mica devi cucinare o spolverare».

«Cosa, allora? Controllare se danno da mangiare ai piccoli? Se gli cambiano il pannolino? È gente che abita nei cortili, reagiranno allo stesso identico modo dell'infermiera all'ospedale».

«Non si tratta solo dei cortili. Tutte le madri hanno bisogno di aiuto nei primi giorni».

«Ma io non ho nessuna esperienza con i neonati. Avrei paura di far loro del male».

«L'idea l'ha avuta uno dei nostri medici alla clinica, il dottor Landmann. Gli è venuta quando una donna che aveva appena partorito è tornata a casa dicendo che preferiva che il piccolo restasse sporco piuttosto che rischiare di annegarlo nella tinozza».

«Sarebbe una cosa splendida, se solo avessi idea di come si accudisce un neonato», disse Ida. Era sull'orlo delle lacrime.

«Landmann vuole organizzare dei corsi. Non da noi alla clinica: un medico, un conoscente di Landmann, mette a disposizione il suo ambulatorio. A me e Käthe hanno già chiesto di partecipare come insegnanti».

«Credi che ne sarei capace, Henny?».

«Sì», disse Henny. «Ti presento Landmann. Unger lo conosci già. Credo che inizieremo già prima di Pasqua».

«E *tu* invece perché non sei alla festa di carnevale di Guste Kimrath?», domandò Ida.

Henny si alzò. «Perché sono in servizio, comincio tra

poco», disse. «E parlerò subito di questa cosa al dottor Landmann».

«Karstadt è più bello», disse Anna Laboe, «ma il vecchio Heilbuth mi manca. Fai appena in tempo ad abituarti a una cosa che già te la portano via».
«Ma se ci sei andata per ventiquattro anni, da Heilbuth», disse Karl. «Käthe aveva tre anni, e tu eri incinta del primo maschietto. Non l'avevi preso da loro il bricco per la birra? Mica mi ci abituo a queste bottiglie, il bricco era più solido».
«Karstadt è anche parecchio più caro».
«Ah, Annsche, diventiamo vecchi se cominciamo a piangere sulle cose di una volta che adesso non ci sono più».
Lo sguardo di Anna cadde sul posacenere nel lavandino della cucina. Karl si era concesso un bel sigaro. «Potremmo andare a Laboe», disse a suo marito. «Ho dei giorni liberi dopo Pasqua, di sicuro farà già caldo. Pasqua cade alta, quest'anno».
«E poi facciamo un salto in spiaggia e pensiamo a quanto eravamo giovani quando ci siamo sposati».
«Pensa, da Karstadt mi metto sulla scala mobile e vado su e giù», disse Anna, «da un piano all'altro».
«Ecco, vedi. Le novità hanno anche qualcosa di bello».
«Forse è stato tutto troppo piccolo, nella nostra vita». Aveva cominciato a fare strani pensieri. Come se solo ora si fosse accorta di come si stesse bene in una bella casa, con una cucina dotata di tutto l'occorrente.
«Non dire stupidaggini», disse Karl Laboe. «Anche se in parte hai ragione. Non abbiamo avuto tanta fortuna».
«Però siamo stati felici», disse Anna.
«Dimmi una cosa, Annsche. Tu lo sai quanto ti voglio bene?».
«Sì», disse Anna Laboe. «Lo so, Karl». Che tenero che

era diventato. Ma era una cosa che diceva spesso anche lei. Purché non fosse un brutto presagio: le venne in mente sua nonna, sottoterra ormai da un'eternità, che diceva sempre: «Quello non dura più tanto, è diventato tutto morbido. Lo vogliono gli angeli».

«Tutte stupidaggini», disse Anna Laboe ad alta voce.

«E io che ho detto?», disse Karl.

Henny si era messa dietro la tenda e guardava i due bambini che si tendevano la mano dall'altra parte della strada. Le ci volle qualche istante per capire cosa stessero facendo: ballavano. Facevano giravolte e si scambiavano cenni del capo. Poi cominciarono a darsi piccoli colpi con la punta del dito. Henny sorrise e subito si ritrasse quando vide che Marike aveva alzato lo sguardo verso la finestra. Ma certo, come aveva fatto a non ricordarsene subito: "Col ditino dai, dai, dai. Con la testa vai, vai, vai".

Sentì tre rapide scampanellate: Marike faceva sempre così quando sapeva che sua madre era in casa. La bambina corse rumorosamente su per le scale e si buttò tra le braccia di Henny. «Abbiamo imparato una canzone, di una vera operetta!», disse. «Un'operetta su Hänsel e Gretel».

«Ve l'ha insegnata il maestro Lühr?».

«Sì», disse Marike, «adesso gli voglio più bene che alla signorina Kemper. E voglio bene anche a Thies».

«Non mi hai ancora raccontato niente di Thies».

«È un ragazzo della mia classe, vive anche lui qui nella nostra strada. Posso andare a giocare da lui, oggi?».

«Thies ha già chiesto a sua mamma se va bene?».

«Ha detto che mi chiama. Cioè, perché hanno il telefono anche loro, perché suo papà sta al giornale e quindi è proprio fisso che deve parlare con la gente che vuole qualcosa».

«E i compiti?».

«Ah... dobbiamo solo scrivere le parole della canzone. Ne ho già scritta metà».

«Va bene, ma ti porto io da Thies», disse Henny. «Così sentiamo se sua madre è d'accordo».

Il telefono squillò poco dopo che si erano messe a tavola per mangiare gnocchi e mele cotte. Marike corse a rispondere, ascoltò, parlò con la bocca piena. A quanto pareva Thies la capiva comunque. «Alle tre e mezza», disse Marike tornando a tavola.

«E il numero civico?», domandò Henny quando si erano già avviate. Marike scosse la testa. «Ha detto che ci aspetta davanti casa».

Thies non era davanti casa. Era invece nell'androne e tirava una palla contro la parete. Quando furono più vicine, il cuore di Henny cominciò a battere più forte. Alla bambina invece quel luogo non diceva niente, nonostante fosse venuta spesso a fare visita a suo padre in laboratorio. Del resto Marike aveva soltanto tre anni quando Lud era morto. Aveva dimenticato il cortile con l'acciottolato, la stanza con le pareti imbiancate a calce e le finestre dagli infissi di ghisa.

«Abitate qui da molto, Thies?».

«Soltanto un anno», disse quel ragazzino dai morbidi capelli scuri che gli ricadevano sulla fronte. Il modo che aveva di tirarli da parte – quasi carezzandoli – era una cosa che certo già piaceva alle ragazzine. «Quanto tempo può restare Marike?».

«Prima abitavamo a Winterhude», disse una giovane donna apparsa sulla porta che si presentò come Sigrid Utesch.

«Anni fa mio marito aveva preso in affitto la rimessa che c'è in cortile», disse Henny. «La falegnameria era la sua grande passione. Purtroppo non c'è più, ha avuto un incidente».

«Mi dispiace. Thies me l'aveva detto che il papà di Marike non c'è più. Nella rimessa adesso c'è l'atelier di un pittore, cosa che ci ha sorpreso perché non è molto luminoso, là dentro. Le va di entrare per un caffè?».

«La ringrazio, ma è il mio giorno libero e ho diverse commissioni da sbrigare. Lavoro come ostetrica alla Finkenau. Per lei andrebbe bene se venissi a prendere Marike alle cinque e mezza?».

«Noo, di più!», dissero in coro Thies e Marike.

«Vogliamo fare alle sei?», propose la madre di Thies. I bambini già correvano in cortile cantando *Fratellino, vieni a ballare con me*.

Campmann si sfilò l'anello e lo mise nella tasca della sua giacca grigio scuro.

Non l'aveva mai fatto quando andava alla casa d'appuntamenti di Helène Parmentier: la fede nuziale la teneva al dito. Ma là era un cliente, che pagava per i servizi che riceveva. E qui, invece, cos'era?

Si guardò intorno nel bar dell'hotel Adlon: era attorniato da una clientela internazionale, la lingua predominante quella sera sembrava essere l'inglese. Accanto a lui c'erano due signore dall'accento americano che a quanto pareva giravano sole come se fosse la cosa più normale del mondo. Le donne laggiù si comportavano in pubblico con una disinvoltura che lui trovava quasi oscena. Al tempo stesso però lo affascinava e lo incuriosiva. Forse erano sedute lì con il consenso dei mariti, oppure erano nubili e facevano quello che volevano. Erano così diverse dalle donne che conosceva lui. Campmann pensò a Ida, così ostinata ma così poco disinvolta.

Quel poco di inglese che sapeva lo aveva imparato in parte al Collegio del Johanneum (tardi però, erano considerati più importanti il latino e il greco antico) e il resto steso in trincea, con gli inglesi dall'altra parte. A Berenberg, poi, c'erano stati dei corsi di lingua specialistici a seconda del ramo di attività. Chissà se ne sapeva abbastanza per attaccare bottone, magari iniziare un amorazzo.

Incontrare di nuovo, finalmente, una donna che lo prendesse sul serio, che riconoscesse il suo valore; una donna di cui non avrebbe dovuto pagare né mendicare i favori. Era proprio quella la sua sensazione: dover mendicare i favori erotici di sua moglie. Doverla lavorare come fosse un campo arido. Sarebbe rimasto sbalordito se avesse saputo che lei, ogni tanto, pensava a lui come a un onnipotente stupratore.

Si mise ad ascoltare il pianista che in quel momento evocava le note di *Schöner Gigolò, armer Gigolò*; poco lontano gorgogliava la famosa Fontana degli Elefanti. Prese un altro sorso dal suo Singapore Slim. In verità i cocktail non gli piacevano, preferiva una bella birra chiara.

Quella sera, ancora sul presto, era passato sotto la Porta di Brandeburgo. Aveva sentito il respiro della capitale. Ma perché poi doveva strisciare davanti queste americane? Strisciare non si addiceva a un uomo tedesco.

Si era accorto già da tempo che Ida non portava più la fede nuziale: aveva tutto il diritto di considerarsi libero, insomma. Finì di bere il cocktail, adesso sentiva sulla lingua il sapore del brandy. La bionda si era alzata per andare nel salone degli specchi. La bruna gli piaceva comunque di più, forse perché niente in lei – nemmeno il colore dei capelli – gli ricordava Ida.

Il culto dei capelli biondi professato dai nazisti, su di lui non aveva presa. Goebbels, che batteva e ribatteva sempre su quello stesso tasto, era tutt'altro che un tipo nordico. Lo aveva incontrato quel giorno stesso, non da rappresentante della banca ma da simpatizzante molto in vista. Pur guardandolo dal basso della sua modesta statura, era stato Joseph Goebbels a dare il tono alla conversazione.

Friedrich Campmann fece un sorriso all'americana bruna e subito pensò che forse era stato troppo audace. Lei però ricambiò il sorriso. Forse allora era ancora un bell'uomo, ma se ne era dimenticato a causa di sua moglie, che lo trascurava. Una volta tornato ad Amburgo, avrebbe chiesto a Ida dove fosse finita la sua fede nuziale.

La bionda non sembrava intenzionata a tornare. Campmann si alzò, oltrepassò i due sgabelli che lo separavano dall'americana e si inchinò pronunciando il proprio nome.

Poi, in un inglese passabile, le chiese se poteva offrirle un Singapore Sling.

Poco prima del turno mattutino l'ostetrica responsabile aveva portato nella sala parto grande la nuova collega. Hildegard Dunkhase veniva dalla clinica ginecologica dell'ospedale universitario e a Käthe bastò un quarto d'ora per capire che avrebbe portato guai.

Decise di scoprire per quale motivo si fosse trasferita. Il direttore dell'ospedale universitario era Heynemann, un convinto conservatore: e la nuova collega sprizzava spirito tedesco pure dalle asole della blusa accuratamente inamidata. I due sembravano fatti l'uno per l'altra. Cosa voleva allora dalla Finkenau, quella?

Sotto il colletto, al posto della spilla dell'Associazione Ostetriche Tedesche, Käthe non faceva fatica a immaginare il distintivo del Partito con la croce uncinata. Mandò un'occhiata a Henny, che però sembrava tutta intenta ad ascoltare il discorso della responsabile. Fu invece Landmann a raccogliere e ricambiare lo sguardo. Si capirono al volo, erano entrambi preoccupati. Fino a quel momento l'atmosfera tra colleghi si sarebbe quasi potuta definire liberale; Käthe sospettava che l'arrivo di Hildegard Dunkhase avrebbe cambiato le cose.

Finito il suo turno, Käthe bussò alla porta dello studio di Landmann dove c'era la radio accesa.

«Entri pure, Käthe», disse lui ad alta voce.

«Ora vede anche attraverso le porte chiuse?».

Landmann sorrise. «Me l'aspettavo, che sarebbe venuta. Il turno è finito, e le sarà di certo arrivata la notizia».

Käthe restò sorpresa: non sapeva di cosa stesse parlando il dottore, lei voleva soltanto aprirsi il cuore a proposito della nuova ostetrica con cui aveva trascorso diverse ore in sala parto.

Landmann notò lo smarrimento nel suo viso e abbassò il volume. Anche lei e Rudi adesso avevano in casa una radio a valvole come quella. «Horst Wessel è morto», disse Landmann. «È stata la setticemia, alla fine. Avrebbe dovuto farsi curare prima. Così ha soltanto sofferto inutilmente per settimane».

«Sembra quasi che le dispiaccia per lui».

«Lei lo sapeva che ha rifiutato di farsi soccorrere da un medico perché era ebreo?».

«No, non sapevo nemmeno questo. Ero venuta qui da lei solo per parlarle un po' della Dunkhase».

«Si sieda, Käthe. Oggi era già di turno insieme a lei?».

Käthe prese posto sulla sedia davanti alla scrivania di Landmann. «Ho scoperto perché ha cambiato clinica: si è scontrata con un medico che tiene incontri sulla contraccezione. Gli ha detto che è un degenerato, che vuole danneggiare il popolo tedesco; certo, ha detto, lui è un ebreo, non ha interesse a che la popolazione aumenti. Non posso lavorare con una del genere».

«È sbalorditivo che Theodor Heynemann abbia preferito allontanare una nazista anziché il suo collega».

«O forse anche questa è solo una mezza verità», disse

Käthe. «C'è una possibilità, anche minima, che non superi il periodo di prova?».

«Ha moltissima esperienza. Ho sentito dire dal capo che ha già vent'anni di servizio alle spalle».

«Allora dovrò stare ben attenta a come parlo. Il capo ha già un conto in sospeso con me per quella storia dello Sternkeller».

«Direi che il conto in sospeso ce l'ha piuttosto chi ha fatto la delazione».

«Allora sa chi è stato?».

Landmann scosse la testa. «E se anche lo sapessi non glielo direi. Abbiamo già abbastanza tensioni».

Käthe si alzò. «Grazie, è sempre pronto ad ascoltarmi», disse. «Sono molto contenta di lavorare con lei».

«Anche se una volta in sala parto l'ho addirittura minacciata?».

«Era fuori di sé per l'agitazione. E poi si è già scusato».

«Spero che resteremo insieme ancora a lungo, Käthe», disse Kurt Landmann.

«Non l'hanno ancora preso, il *vampiro di Düsseldorf*», disse Else. «Ha ammazzato un sacco di gente. Mi domando cosa stia facendo la polizia». Mise da parte il giornale e guardò Marike di sfuggita per poi sussurrare all'orecchio di Henny: «Beve il sangue delle sue vittime».

Ma la discrezione non era proprio tra le virtù di Else Godhusen. Marike alzò lo sguardo dall'album di disegno: «Che schifo», disse.

«Be', allora vi lascio da sole», disse Henny. «Ti prego, mamma. Basta con queste storie orribili».

«Ma se sta tutto scritto sul giornale!».

Henny carezzò i capelli di Marike. Niente baci oggi, altrimenti ne avrebbe voluto uno anche Else. E in questo momento Henny non ne aveva voglia.

«E vai a far nascere bambini, allora», disse Else con freddezza.

C'era poco da fare: senza Else non ce l'avrebbe mai fatta. La bambina. Il lavoro. E poi la casa, le faccende. Tutto senza Lud. Forse era ingiusta con sua madre, ma non la sopportava più. Sperava solo che la situazione non peggiorasse.

Else aveva ripreso in mano il giornale. «Tutti dentro, dovrebbero metterli», disse, «questi delinquenti».

«L'assassino?», chiese la bambina. Henny la sentì quando era già corridoio e stava indossando cappotto e cappello.

«Tutta questa gentaglia di sinistra», si lasciò sfuggire sua madre.

«Mamma, per favore!», strillò Henny dal corridoio.

«*Mamma, per favore*», la scimmiottò sua madre.

Henny si richiuse la porta alle spalle. Negli anni successivi alla morte di Lud non si era mai nemmeno sognata di accogliere un altro uomo nella sua vita. Adesso invece stava prendendo in considerazione questa possibilità pur di mettere un freno alle ingerenze di Else. Anche se non era per nulla detto che funzionasse.

Uscendo in strada respirò profondamente. L'aria profumava già un po' di primavera. Marike aveva portato a casa una lettera del maestro. *Non ho fatto niente di male, mamma*. Forse stavolta era la mamma di Marike che stava per combinare qualcosa.

Ernst Lühr le faceva la corte.

Doveva pur esserci una vita diversa. Henny aveva però la costante sensazione di vivere in un tempo in cui non ci si poteva preoccupare più di tanto dei propri crucci privati. Käthe e Rudi erano molto, molto in allarme. Lei invece si sentiva piuttosto lontana dalla politica.

Non le piacevano i nazisti. E i comunisti? Le sembravano tutti esagerati. Rudi aveva chiamato Lud "un social-democratico moderato", così come chiamava se stesso "un comunista moderato".

Ma il tempo della moderazione era tramontato, ormai.

Agosto 1930

Lina non credette ai suoi occhi quando vide Louise arrivare con la BMW Dixi. La piccola quattro posti decappottabile, con la carrozzeria verde e il parafango nero, le sembrava un miraggio.

«E da quando hai la patente?».

«Da ieri», disse Louise.

«E la macchina?».

«È un regalo di Kurt. Gli ho promesso che lo scarrozzerò in giro per la città quando sarà vecchio e malato. Lui spera che la macchina abbia una vita lunga!».

«Credevo che da brava ragazza di città tu fossi contraria alle macchine».

«La ragazza di città ha pensato di fare un piccolo viaggio a due. Lungo il Reno, magari. Insomma, è ora che tu conosca la mia terra. Hai le vacanze scolastiche e io quelle del teatro».

«E Landmann? Lo portiamo con noi?».

Louise rise di cuore. «Lui non ha ferie», disse. «E poi in due è più bello. Hanno anche preso quel maniaco che aggrediva le donne. Possiamo viaggiare in tutta tranquillità lungo il Reno, bellezza. Kürten è in gabbia!».

L'eco degli efferati omicidi di Düsseldorf era arrivata fin nel profondo Nord, ma a maggio un certo Peter Kürten aveva confessato.

«Magari potremmo portare con noi Henny e Marike».
«Niente da fare. Siamo due innamorate *on the road*».
«Sei una terribile egoista», rise Lina. Quella donna aveva portato nella sua vita un'enorme ondata di entusiasmo. «E quando vorresti partire?».
«Domani?».
«Dammi un altro giorno», disse Lina che aveva sempre bisogno di preparativi. Stirare le camicette, fare la valigia con calma, salutare Henny e Marike.
«Andiamo a trovare i tuoi, a Colonia?», domandò.
«Certo. Dovete conoscervi meglio. Voglio dire, li hai visti una volta sola. Tre anni fa».
Gli Stein avevano fatto tappa ad Amburgo durante un viaggio verso Sylt; era appena stato inaugurato l'Hindenburg-Damm, che collegava l'isola con la terraferma. «Anch'io da giovane al pensionato avevo tante care amiche», aveva confidato Frau Stein a Lina. La madre di Louise vedeva solo quello che voleva vedere.
«Il Reno», disse Henny. Sedevano in balcone accanto alle fucsie che Lud aveva tanto amato e che lei continuava a piantare ogni estate. «Il fiume del destino tedesco». Le era venuto in mente un compleanno di tanti anni prima, sua madre che cantava.
«*Non prenderanno il Reno, fiume libero di Germania*».
«Hai un ammiratore», disse Lina.
«Come ti viene in mente?».
«Me l'ha raccontato Marike».
«E ti dispiace?».
«No. Sono contenta, la tua vita va avanti come la mia».
A luglio Marike aveva compiuto otto anni. Era furba come una volpe. Le piaceva ciò che vedeva accadere tra Henny e Ernst Lühr.
Else invece non diceva niente. Aveva esortato sua figlia a cercarsi un uomo al Lübschen Baum, è vero, ma

adesso le sembrava che le cose si stessero muovendo troppo in fretta.

Era destino di Henny che l'amore non dovesse mai crescere a poco a poco nella sua vita, bensì esplodere con violenza. Così era stato con Lud e così sembrava dovesse essere con Ernst. Con Theo Unger forse le cose sarebbero andate diversamente. Ma il destino aveva voluto altrimenti.

«Me lo presenterai, il tuo maestro?».

«Possiamo fare una cena a quattro quando tornate».

«È generoso?».

«Sì», disse Henny.

«Ed è di larghe vedute?».

Henny esitò. «Non sopporta Käthe. È la sola cosa che mi dispiace».

«Semplice antipatia, o perché Käthe è comunista?».

«Entrambe le cose».

«Be', in fondo qualche problema ce l'hanno tutte le coppie».

«Anche tu e Louise?».

«Louise è una che si annoia presto. Ama i cambiamenti». Lina rise. «È un miracolo che con me abbia già resistito quattro anni. È stata lei che mi ha convinto a scegliere Lerchenfeld, io sarei restata alla Telemann».

«Cominci a settembre?».

«Dopo le vacanze estive». Lina si alzò e con il dorso della mano lisciò la sua gonna di lino. «Fatti abbracciare, cara cognata», disse.

«Buon viaggio», disse Henny, «e salutami il Reno».

Era una meravigliosa giornata estiva, ma suo padre aveva freddo. Elisabeth entrò in casa per prendere un altro di quei plaid di cachemire che mandava sempre sua zia Betty da Bristol. La sorella di sua madre, di cui lei portava anche il nome, si era sposata in Inghilterra poco prima della fine del secolo. Nella lista dei regali i plaid erano da trent'anni *her favourites*.

Elisabeth adagiò con cautela la coperta color sabbia sul padre che, disteso su una sdraio, guardava il giardino in fiore. Fritz Liebreiz era vicino agli ottanta, vent'anni più vecchio di sua moglie, ma era sempre stato un uomo robusto, che si godeva la vita, fino a quando l'anno precedente non si era ammalato di cancro. Adesso sua figlia avrebbe potuto portarlo in braccio. Era diventato un mucchietto d'ossa.

«Ogni anno, l'ultimo giorno di Hanukkah, quando tutte le candele erano accese nel candeliere, pregavo Dio perché ci permettesse di essere ancora tutti insieme alla prossima Festa delle Luci. Che ci preservasse tutti». Guardò Elisabeth per accertarsi che avesse sentito quelle sue parole mezze sussurrate. Lei gli prese la mano. «Adesso sono io quello che se ne deve andare».

«Sì, papà», disse lei, negarlo sarebbe stato ridicolo. Il vecchio sapeva bene cosa lo aspettasse. Gli carezzò la mano.

«So che non puoi promettermelo, però cerca di essere felice. Theo è un brav'uomo». Anche questa frase non presupponeva una risposta, ed Elisabeth continuò a stringergli la mano.

«Abbiamo perso parecchi soldi con il crollo della borsa. Ma ce ne sono ancora abbastanza per dare a te e tua madre tutto ciò di cui avete bisogno».

«Ho il mio lavoro, papà».

Fritz annuì. «Sono fiero di te, bambina. Prenditi cura di tua madre. Forse dovrebbe andarsene in Inghilterra, da Betty. Questa casa è sempre stata troppo grande, anche quando tu eri piccola e qui vivevamo in tre, ma adesso sarebbe una specie di labirinto per lei da sola».

«Io e Theo penseremo a tutto. Non affaticarti, papà».

Fritz Liebreiz tacque e guardò le rose inglesi: bianco, arancione, rosa chiaro. Avevano nomi come *Lady Emma Hamilton*, *Generous Gardener*. Erano sempre regali di sua cognata. Fritz inspirò lentamente il loro profumo, un piacere che il suo stomaco riusciva ancora a tollerare.

«Hitler non conquisterà il potere. Chi dice il contrario sono i soliti menagramo. I tedeschi non sono così stupidi».

Stavolta fu Elisabeth a tacere. Non era certa che suo padre avesse ragione.

«Tenetemi ancora con voi, anche quando sarò morto».

Elisabeth dovette fare uno sforzo per restare seduta sullo sgabello di vimini. Avrebbe voluto addentrarsi nel più profondo e nascosto angolo del giardino per piangere a dirotto, ma non lasciò la mano di suo padre. Solo dopo che si fu addormentato, quando sentì il suo respiro lieve e regolare, lasciò la presa e si alzò per raggiungere le querce in fondo al giardino. Non era finita, ancora.

Ida trascorse la mattina del suo ventinovesimo compleanno davanti a un fasciatoio, a mettere pannolini più e più volte a un neonato per mostrare alla mamma – che non sembrava una persona particolarmente sveglia – le diverse fasi dell'operazione.

Il leggero vestito estivo e la giacca si erano tutti bagnati perché il piccolo si era fieramente ribellato alla mano che gli reggeva la pancia per non farlo annegare nel catino di smalto.

Adesso avrebbe messo sul tavolo la brochure di Henkel & Cie per raccomandarne la lettura alla madre. *Il nostro piccolino – consigli per la manutenzione*. Durante il corso Käthe aveva trovato irritante quel titolo, sembrava una guida per uno che si era appena comprato una macchina. Ma la critica di Käthe era andata ben oltre: distribuire alla gente la brochure Henkel non faceva di loro delle portaborse al servizio dell'industria? Del resto non tutte le madri avevano tempo di leggere un mattone come il *Manuale delle partorienti* del professor Birk, uscito da poco.

Che lei e Käthe si capissero al volo su tante cose era stata per Ida una sorpresa; ancora più sorprendente si era rivelato il suo talento con i lattanti. Forse in lei c'erano davvero delle doti assopite.

Quella mattina erano state Mia e la Laboe a preparare per Ida una piccola festa di compleanno. Il consorte – come sempre più spesso ormai negli ultimi mesi – si era fermato a Berlino. Lei certo non aveva obiezioni, anche se alcuni indizi rivelavano che Campmann avesse una relazione extraconiugale. Per esempio lasciava in giro fatture di alberghi e ristoranti, una chiara provocazione nei suoi confronti.

La Laboe aveva fatto una torta di compleanno sulla quale aveva disegnato un 29 con la panna. Ida avrebbe fatto volentieri a meno di quei due numeri così in bella vista, come pure della canzone cantata da Mia. Ma era tutto fatto con le migliori intenzioni.

Papà l'aveva invitata a pranzo all'hotel Atlantic, dove già a suo tempo – in una cerchia ristretta – avevano festeggiato il suo diciottesimo compleanno. Sembrava dunque che suo padre avesse di nuovo soldi da spendere: al ristorante Pfordte, dentro l'hotel, non si sarebbe accontentata dei vol-au-vents né di pane e prosciutto, Papà avrebbe dovuto pescare più a fondo nel portafogli. Zuppa di astice, forse anche un lucioperca guarnito di ostriche.

Già sulla tromba delle scale, dopo essersi congedata dalla neomamma e dal bambino, Ida sbirciò l'orologio da polso che aveva messo nella borsetta per evitare che finisse sott'acqua. Quel prezioso gioiello svizzero gliel'aveva regalato Campmann, tempo addietro, per un compleanno. Quello di oggi sembrava fermamente intenzionato a ignorarlo.

Forse Ida aveva esagerato a dirgli senza mezzi termini che aveva gettato nell'Alster la fede nuziale. Poteva dirgli che l'aveva semplicemente *perduta*. Se non altro aveva evitato di aggiungere che la tartarughina di giada bianca invece la conservava gelosamente.

Superò in pochi salti i gradini che la separavano dal piano nobile. Fu Mia ad aprire, svelta neanche fosse stata appostata dietro la porta. Alla Laboe, invece, Ida aveva dato una serata libera. Come ringraziamento per la torta, e anche perché quella sera Ida avrebbe mangiato fuori.

«Ho una gran fretta, Mia. Chiama subito un taxi, per favore, io intanto mi cambio. E chiama anche Frau Peters per confermare il nostro incontro di stasera».

L'automobile era già davanti al portone quando Ida uscì dalla camera con il vestito di piqué bianco. «Hanno consegnato questo per lei», disse Mia. *Dopo*, avrebbe voluto rispondere Ida, ma già aveva in mano quel pacchettino minuscolo.

Suo padre sedeva nel cortile interno, vicino alla fontana. Si alzò e le baciò la mano. «Ah, papà», disse Ida con imbarazzo. Gli voleva bene, certo. Nonostante i guai finanziari in cui si andava sempre a ficcare e dei quali lei faceva le spese.

Aprì il pacchettino quando fu sola nel bagno delle signore, davanti al grande specchio che le restituì un viso congelato dallo stupore.

«È successo qualcosa, nella toilette?» domandò suo padre. «Sembri diversa».

Ida scosse la testa e ordinò delle pesche *à l'Aurore*.

Quelle bianche pesche galleggianti nello champagne rosa avrebbero reso il conto ancora più caro, ma suo padre non batté ciglio.

Quando suo padre fece cenno al cameriere che le chiamasse un taxi, Ida gli disse di lasciar stare: il tragitto dall'Atlantic al Palais non era lungo. Una passeggiata lungo l'Alster le avrebbe fatto bene.

Arrivata a casa aprì il cassetto in basso della toeletta e tastò il vano foderato di velluto grigio. Mise sul palmo della mano la tartarughina bianca e la osservò accanto al minuscolo elefante di giada nera. Il regalo era arrivato senza biglietto, nemmeno una riga.

Solo dopo qualche tempo Ida uscì dalla stanza per chiedere a Mia chi l'avesse consegnato.

«Uno come tanti. Non era cinese», disse Mia.

Ida non le staccava gli occhi di dosso.

«Un uomo, non ricordo altro… Con un berretto da portuale».

«Era giovane, vecchio?». Ida era insospettita da tutta quella vaghezza.

Mia alzò le spalle. «Né giovane né vecchio», disse.

Ida sospirò. Poteva significare una cosa sola: Tian voleva riallacciare i rapporti con lei.

Colonia. Bonn. Coblenza. Boppard. Assmannshausen.

Lina aveva nella borsa la guida turistica, ma Louise conosceva bene la strada.

Le gite domenicali della sua infanzia. Il vento fischiava loro nelle orecchie nonostante i foulard, il cielo sopra il Reno era di un blu abbagliante. Anche con gli occhiali da sole.

A Colonia era andato tutto bene, ma erano state contente di riprendere il viaggio. Non stavano più tanto attente a nascondere la natura del loro rapporto. Louise aveva prenotato due stanze all'hotel Corona, anche quello un ricordo della sua infanzia. C'erano viti che si arrampicavano tutt'intorno alla terrazza, stanze di lusso: davanti il Reno, sul retro i vitigni.

«Ho chiesto due stanze adiacenti», disse Louise. «Se uno vuol capire... Ma non me ne importa niente».

Lina non era altrettanto disinvolta: ma d'altra parte cosa c'era di strano in due amiche molto affezionate? Era la stessa storia che si era raccontata Grete Stein. La madre di Louise sentiva la mancanza dei nipotini. Il padre insegnava ancora all'università, di lì a due anni ci sarebbe stata una cerimonia per il pensionamento: Louise temeva che in quel momento nella casa dei suoi a Lindenthal la noia avrebbe avuto il sopravvento, e insieme alla noia il desiderio di nipoti anche per lui.

La prima sera all'hotel Corona conobbero due giovani inglesi che avevano una casa editrice a Londra. Un'allegra cena a quattro sulla terrazza, con tanto vino. Louise era convinta che quei due fossero una coppia, anche se facevano di tutto per sembrare eterosessuali.

Il giorno dopo Hugh e Tom lasciarono la loro Roadster nel parcheggio e presero la nave per Loreley, e le donne decisero di trascorrere qualche giorno senza allontanarsi: passeggiate tra i vitigni, bagni nel Reno. Decisero che al ritorno degli inglesi da Loreley sarebbero saliti tutti e quattro sulla cima del Drachenfels, a Königswinter.

Più tardi quella sera Louise sgattaiolò nella stanza di Lina, due porte più in là. In corridoio incrociò Hugh in pigiama, che si mise un dito sulle labbra. Louise non poté fare a meno di sghignazzare.

Giorni dopo batterono tutta la zona del Drachenfels – ma non a piedi, faceva troppo caldo. Scartarono anche l'idea di andare a dorso d'asino o con il treno a cremagliera: nella città vecchia, a Königswinter, Hugh aveva scoperto delle carrozze a noleggio.

Attraversarono la Valle degli Usignoli e c'era tra loro tanta di quell'armonia che una vecchia venditrice di souvenir, davanti all'osteria affollata di turisti, credette fossero due coppie in luna di miele.

«Infatti è così», disse Louise, e subito baciò Lina sulle labbra. Tom baciò Hugh. Per mitigare lo sgomento di quella gentile signora comprarono quattro bicchieri con l'immagine del castello in rovina.

Le due coppie si salutarono nella terrazza dell'osteria locale bevendo quattro bottiglie di Riesling del Castello di Vollrads, annata 1927, poi ogni coppia si ritirò nelle rispettive stanze senza che nessuno sgattaiolasse per i corridoi.

Henny aveva davanti a sé una coppa d'argento con una porzione di Fürsten Pückler; con il cucchiaio pescava in verticale, lentamente, per raccogliere tutti e tre i gusti insieme. Fragola, vaniglia e cioccolata. Faceva così da quando era bambina: e restò allibita quando vide che Ernst mangiava un solo strato per volta, non senza avere prima eliminato qualunque traccia del precedente.

Che fosse generoso ma al tempo stesso anche meschino?

Sedevano sulla terrazza in cima al grande magazzino Karstadt, inaugurato in pompa magna due anni prima.

«Tante di quelle vetrine», aveva detto Else per l'occasione, «non riesco nemmeno a guardarle tutte! Chi se la compra, tutta questa roba?».

Un'orchestrina stava suonando. Henny ed Ernst finirono il semifreddo. *Auch wirdst mich einaml betrügen*, anche tu un giorno mi tradirai. Quella canzone veniva cantata anche in un film che avevano visto in aprile, era stata la prima volta che erano andati al cinema insieme.

Ernst somigliava tantissimo a Willi Forst, o almeno così le sembrava.

Adesso si stava pulendo la bocca con il tovagliolino di carta. «Posso avere l'onore di una danza?», disse.

«Sono le quattro del pomeriggio di un giorno qualunque della settimana. Porto il vestito di tutti i giorni».

«Saresti bella anche con il grembiule».

Si lasciarono cullare dal valzer. Una seconda coppia si era aggiunta a loro sulla pista, poco a poco Henny mise da parte ogni imbarazzo. «*Quando il bianco lillà fiorirà ancora...*», cantava il cantante con la bocca incollata al microfono. Sopra Henny c'era il cielo di Amburgo, alcuni metri più in basso le case e le strade in mezzo alle quali trascorreva la sua vita.

Ernst la precedette verso il tavolo, ordinarono due tazze di caffè e del brandy. La vita quotidiana sembrava lontana, lontanissima.

«Hai visto ultimamente la tua amica Käthe?».

«Due ore fa, in sala parto».

«L'ho incontrata al Gänsemarkt. Distribuiva volantini con altri comunisti».

Henny sentì un vento freddo passarle sul cuore. «E allora? Ne hai preso uno anche tu?».

«No». Ernst alzò il bicchiere e le fece un sorriso, sembrava non essersi accorto di averla fatta arrabbiare. «Si tratta della manifestazione di domenica».

«Ne ho sentito parlare», disse Henny. Era stata Käthe a informarla.

Per un istante Ernst Lühr sembrò contrariato. «Ovviamente non hai intenzione di andare?».

«No. Certo che no». Non era una simpatizzante del Partito Comunista Tedesco, Ernst lo sapeva ormai da tempo.

«Ci saranno di nuovo degli scontri. La sola cosa che

mi stupisce è che finora non ci siano stati ancora più morti. Da entrambe le parti».

Ernst si capiva a meraviglia con Else. Era una cosa di cui Henny avrebbe dovuto preoccuparsi? Ma no, che discorsi. Doveva smetterla, era insano quel continuo osservarlo e valutare le sue reazioni.

«Perché mi guardi con quest'aria pensierosa?», domandò Ernst.

Henny scosse la testa.

«Domenica non vogliono soltanto sfilare per Barmbeck, dove hanno notoriamente parecchi simpatizzanti. Vogliono andare anche verso Eilbeck».

«E là ci saranno i nazisti ad aspettarli?».

Ernst Lühr girò il cucchiaino nel caffè. Si voltò verso l'orchestrina che dopo avere fatto una pausa stava attaccando una delle canzoni dell'*Angelo azzurro*.

Anche quel film l'avevano visto insieme. Al Palast-Theater.

Il clarinetto era intenzionalmente fioco. No, quasi lascivo. *Io sono dalla testa ai piedi fatta per l'amore.*

«Parliamo di cose piacevoli», disse Lühr prendendo la mano di Henny. «Ti amo e ti chiedo di diventare mia moglie».

Quelle Lucky Strike che Joan accendeva ogni quarto d'ora gli davano fastidio. Ultimamente tutte le donne che incontrava fumavano. Nei film, nella vita. I baci di Joan sapevano di fumo, anche se poi lui tendeva a dimenticarsene quando Joan gli affondava nella schiena le sue lunghe unghie coperte di smalto rosso ed emetteva suoni che Campmann non aveva mai sentito. Nemmeno da Carla.

In generale non aveva mai conosciuto una donna come Joan Broadstreet, che lavorava come corrispondente per il «Philadelphia Inquirer». C'erano momenti in cui Campmann aveva addirittura nostalgia di sua moglie, così dipendente da lui. Joan invece aveva una spiccata tendenza a prendere in mano le cose: e dal momento che di soldi ne aveva quanti ne voleva, non aveva nessun bisogno di compiacerlo. Quando Campmann sollevava un'obiezione perché lei aveva deciso qualcosa senza chiedere il suo parere, anche solo il programma di una serata, Joan sorrideva e si accendeva una Lucky Strike.

«Vorrà dire che vengo io ad Amburgo. Così mi porti nei cabaret e nei bar del vostro quartiere a luci rosse», disse quando Campmann le annunciò che per qualche tempo non sarebbe riuscito ad andare a Berlino così spesso. Ultimamente aveva trascurato troppo l'ufficio di Amburgo.

Joan ad Amburgo. L'idea non gli piaceva affatto. Nella capitale poteva ben dimenticare la fede nuziale, ma ad Amburgo si giocava con regole diverse. Non pensava a Ida, ma ai signori della Dresdner Bank. Nel cammino che doveva portarlo al vertice, l'ultima cosa che gli serviva era uno scandalo.

Joan parlava un tedesco quasi senza errori, anche se con un forte accento. La cosa piaceva a Campmann, e lo faceva anche sorridere quando ripensava a quella sua prima manovra d'avvicinamento all'hotel Adlon.

«Eri così dolce», gli aveva detto Joan. Nessuna donna gli aveva mai detto una cosa simile. Con i tempi che correvano valeva la pena di raggomitolarcisi dentro, di godersela. Era diventato tutto così faticoso. La politica si immischiava nel lavoro delle banche, esigeva l'introduzione di misure nuove che non avrebbero portato nulla di buono. Il Cancelliere gli stava alle costole, stessa cosa il Presidente della Banca del Reich. Il Lanificio Altotedesco, la Danat-Bank, tutte gatte da pelare per la sua banca.

Basta. Adesso intendeva godersi una serata all'Horcher, uno dei ristoranti più in voga di Berlino. E poi sarebbero andati nella Kantstraße, a casa di Joan. *Apartment*, diceva lei.

Ida. La sentiva molto lontana. L'aveva chiamata per il compleanno: lei aveva risposto però per monosillabi. Era insieme a quell'ostetrica. Di sicuro era offesa perché non le aveva regalato niente. Una copia di *Narciso e Boccadoro*, uscito da poco, era ancora nella sua stanza in albergo. Gliel'avrebbe dato al rientro. In passato era stato molto più generoso con sua moglie.

Campmann si mise il vestito leggero e le scarpe a due colori impostegli da Joan. Lo facevano sentire un po' un damerino.

Uscì dall'hotel, fece cenno a un taxi. «Lutherstraße 21», il tassista annuì. Conosceva bene la strada, gli ospiti dell'Adlon andavano spesso all'Horcher.

Campmann si lasciò scorrere davanti agli occhi la scintillante, caotica Berlino.

Gli sfuggì un profondo sospiro.

In realtà tutto quel che desiderava era una donna che gli volesse bene.

La tredicenne giaceva davanti a Landmann, respirando tranquilla nello stato di lieve narcosi che il medico le aveva appena procurato. Avrebbe potuto visitarla anche senza anestesia, ma non voleva affaticare ulteriormente la bambina. «È stata violentata, è evidente», disse a Käthe. «Avvertiamo subito la polizia. Chiami il commissariato sulla Oberaltenallee, è meglio».

La bambina era stata portata alla clinica da sua zia. «Credo che abbiano fatto qualcosa alla piccola Elfriede», aveva detto, e purtroppo aveva ragione. Elfriede Lüttjen era stata stuprata.

«Trattiamola meglio che possiamo, Käthe. La sistemi in una stanza singola del reparto privato. E con una sdraio per la zia, che per favore resti qui tutta la notte. Ogni costo ulteriore sarà a carico mio», disse Kurt Landmann. Bisognava evitare di mettere la bambina in una camerata di quindici donne, tutte ansiose di dire la propria in base a preziosissime esperienze personali. Il danno era già abbastanza grande.

«Si sospetta di qualcuno?», domandò Käthe dopo che la piccola, chiamata da tutti Friedchen, era stata portata nella stanza.

«Questo la zia dovrà dirlo agli inquirenti», disse Kurt Landmann.

Si avvicinò al lavandino e si lavò le mani come se con quel gesto avesse potuto lavare anche le colpe del mondo. «Ci pensi lei a preparare una bella cioccolata calda per la bambina e per la zia. Usi il cacao che c'è in cucina», sorrise, «e stavolta ha il permesso ufficiale di un medico».

Käthe arrossì leggermente.

«Suo marito che fa? Sta bene?».

«Adesso sa per cosa deve lottare», disse Käthe. «Domenica parteciperemo alla grande manifestazione».

«Quella della sinistra? Spero che vada tutto bene», disse Kurt Landmann. «Rischia di diventare un massacro».

Guste gli aveva prestato i soldi e accennato un sorriso, quando Bunge le aveva detto che presto ne avrebbe guadagnati molti di più. Ida gli era costata cara, al ristorante. Ma stavolta non aveva battuto ciglio.

E in ogni caso un affare per le mani ce l'aveva davvero. La produzione di un disco, e dei migliori. Era già in contatto con un tale della Radio del Nord: e la radio era la vetrina dell'industria discografica. Bastava che facessero sentire una canzone più volte al giorno e la gente accorreva a fiumi nei negozi.

Momme pendeva dalle sue labbra. Quel ragazzo gli piaceva, era contento di fargli conoscere la città. Erano andati al Trocadero, al cinematografo: tutte queste cose a Dagebüll non c'erano, soltanto pecore lungo gli argini del canale.

Avevano in programma anche St. Pauli: un futuro libraio doveva pur avere una certa pratica del mondo. Come avrebbe potuto consigliare ai clienti *Anna Karenina* o *L'amante di Lady Chatterley* senza sapere nulla dei piaceri o anche degli aspetti più sfacciati della vita?

Guste sedeva in giardino e aveva cominciato a pulire i fagiolini. Ormai era la stagione giusta per pere, fagiolini e speck. Bunge adorava quel piatto. Ma sì, era proprio una fortuna essere lì, era una fortuna essersi trovato in difficoltà. Le cose che gli facevano bene, spesso le riconosceva quando era ormai troppo tardi.

La giovane cantante che stava tenendo d'occhio cantava anche le canzoni del cabaret, come a suo tempo avevano fatto Margot e Anita: ma con tutt'altra classe. Il tipo della Radio del Nord ne era rimasto incantato. Forse avrebbe dovuto invitare quell'adorabile viennese insieme a suo marito, di modo che Guste non lo credesse di nuovo infatuato e tutto preso a rincorrere le sottane.

Fece un cenno di saluto a Guste che aveva alzato la testa e lo stava guardando dal giardino. Quel caro viso senza trucco, incorniciato dalla fiera capigliatura rossa.

Bunge si ritrasse dalla finestra con l'intenzione di scendere in giardino per sedersi accanto a Guste. Però prima di tutto passò in cucina e aprì lo sportello di quel meraviglioso frigorifero Bosch che Guste aveva comprato in estate. Era sempre la prima, quando c'era da dotarsi di qualche comfort all'ultimo grido.

Prese la bottiglia già iniziata di Mosella, poi due bicchieri dalla credenza a vetri. Come si diceva in passato, nelle colonie? *Niente alcolici prima del tramonto*. Ma in un giorno d'agosto certe regole non si potevano prendere sul serio. Bunge guardò l'orologio della cucina: le cinque. Per lui andava benissimo.

Guste non aveva nessun bisogno di bere per essere allegra. Toglieva le punte ai fagiolini con mano leggera. A lui invece, dopo aver bevuto, risultò molto più facile tessere le lodi del nuovo progetto discografico. Guste gli fece capire che in ogni caso non riusciva ad apprezzare fino in fondo il suo talento commerciale.

La zia di Friedchen non riusciva a credere a quanto fosse accaduto. Non avrebbe dovuto far dormire il cugino della piccola nella stessa stanza con lei. Avrebbe dovuto sistemarlo sul divano in cucina.

I genitori erano assenti.

Il padre era caduto in guerra, nelle ultimissime settimane. La madre aveva un impiego in campagna. La zia di Friedchen piangeva piano, come tra sé e sé.

Piangeva più per suo figlio che non per la verginità di Friedchen. Cosa gli sarebbe successo, ora? Uno che aveva lavorato in cantiere, al porto di Brema. Adesso sedeva di fronte al commissario e da un momento all'altro sarebbe finito a Hostenglacis, la prigione di Amburgo, in carcerazione preventiva.

«Ma comunque non le ha rotto niente?» domandò la zia di Friedchen.

«Avrà dei danni psicologici, senza alcun dubbio», disse Landmann.

«Sotto, dico».

Il ventenne aveva aggredito sua cugina in modo brutale, ma *sotto* sarebbe guarita.

La zia di Friedchen non era una donna cattiva. Però non aveva tenuto presente l'indomabile brama sessuale di un uomo semplice, e per di più ventenne. Era una vittima anche lei. Vittime tutte e due.

Henny prese in braccio il bimbo appena nato e fece cadere nei suoi occhi qualche goccia di nitrato d'argento. Una specie di tortura per un esserino nei primi minuti di vita. Ma in quel modo avrebbero prevenuto ogni eventuale infezione da parte degli agenti patogeni della gonorrea. Meglio fargli prendere quel brutto spavento ma metterlo al riparo dal pericolo.

Il giorno prima un bimbo era soffocato a causa del cordone ombelicale.

«Certe cose accadranno sempre meno. Impareremo a prevenirle», aveva detto Unger a Henny. «La medicina ha fatto passi avanti enormi, eppure un bambino soffoca con il cordone intorno al collo e a un altro viene la febbre puerperale. Quel che gli studenti ascoltano nel nostro auditorium è molto più avanzato di quanto la generazione precedente sapeva in fatto di ginecologia. Anche se non basterà mai, certo».

No, non sarebbe mai bastato.

«Un medico deve fare la sua diagnosi con i sensi, con le mani, con la testa», aveva detto Landmann nell'auditorium per tessere subito dopo le lodi della radiografia. «Dovremo disabituarci, in Medicina, al pensiero deterministico. Dovremo trovare un approccio più complesso».

Quando i turni glielo permettevano, Henny andava a sentire le lezioni nell'auditorium della Finkenau, inaugurato due anni prima. La meravigliava che Kurt Landmann non fosse stato ancora scelto come successore dell'attuale direttore.

«Perché è ebreo», aveva detto Käthe.

«I grandi ospedali sono pieni di ebrei. Anzi, la scienza in generale. Pensa a quell'Einstein».

Il sabato lei e Käthe finivano il turno insieme. «Andiamo a bere un caffè?», domandò Henny.

«Ho appuntamento con i compagni».

«Käthe, vuoi davvero andare alla manifestazione domani?».

«Che razza di domanda. Non ti fa bene il tuo maestro. Che ti va raccontando? Che starsene quieti è il primo dovere di un cittadino?».

«Non abbiamo mai litigato per questioni politiche, tu e io».

«E infatti non stiamo litigando. Ma stare a guardare, aspettare gli eventi, Henny, non va più bene. E l'ha capito anche Rudi».

«Insomma, fate attenzione», disse Henny. Abbracciò Käthe, che aveva fretta di raggiungere i compagni di Partito. Poi dalla finestra guardò la sua amica che si allontanava.

Avrebbe preferito non andare. Rudi odiava quei cortei, ma Käthe credeva al comunista risorto in lui da quando era andato a tirar via Hans dallo Sternkeller. Non voleva deluderla. E non voleva deludere nemmeno Hans, Erik e tutti gli altri che si sarebbero radunati a Schleidenplatz, a Barmbeck, per marciare contro i fascisti. C'era tra loro parecchia gente della Lega dei Combattenti del Fronte Rosso – il braccio paramilitare del Partito Comunista Tedesco – anche se era stata messa fuori legge.

Un afoso giorno d'agosto: la calura avrebbe infuocato gli animi ancora di più. Tra le fila passavano bottiglie di birra, Rudi vide che anche Hans ne prendeva una. Che sollievo che Käthe fosse stata trattenuta in clinica in sostituzione di una collega malata. Ancora rabbrividiva quando ripensava alle sue urla rabbiose.

«Sei senza bandiera, compagno. Nelle prime file stanno solo quelli con la bandiera», tuonò, voltandosi, un uomo con un berretto da conducente.

Arrivarono Erik e Hans, entrambi con la bandiera rossa. Nell'altra mano Hans aveva ancora la bottiglia di birra. Rudi venne sospinto di nuovo in avanti e si fermò subito dietro Erik e Hans. La massa si stava mettendo in marcia.

Sfilarono prima lungo la Lohkoppelstraße, davanti al caseggiato della *Produktion*, il progetto abitativo gestito autonomamente dalla sinistra; la gente li salutava dalle finestre. Dal Barmbecker Markt arrivarono a Dehnhaide e presero la von-Essen-Straße. Tutto filò liscio, anche quando infine arrivarono a Eilbecktal. Le preoccupazioni di Rudi erano state del tutto infondate.

«Dov'è Käthe?», gli domandò un uomo che si era fatto largo fino a lui.

«In sala parto», disse Rudi, «a portare al mondo una generazione con qualche speranza in più».

«Bene», disse l'uomo. «È per questo che lottiamo».

Intorno a loro, intanto, l'atmosfera era cambiata. Non c'erano più sostenitori alle finestre. La gente del quartiere restava dietro le tende. Forse avevano paura di vedere un'altra battaglia come quella dell'ottobre 1923, che aveva lasciato parecchi morti sulle strade.

«Colpite i fascisti, è uguale dove!». Qualcuno lo disse per primo, altri lo ribadirono, in breve lo gridavano tutti. Arrivarono nella Maxstraße, che divideva Eilbecktal da Wandsbeck.

Un secondo dopo scoppiò il tumulto. Orde di SA armate di bastoni e coltelli irruppero dall'osteria all'angolo. Adlerhorst, lesse Rudi con la coda dell'occhio. Non lo sapeva nessuno che quel posto era un covo di nazisti? Magari invece lo sapevano e proprio per questo c'erano passati davanti.

Venne colpito, cadde, cercò di non farsi calpestare e travolgere dalla calca. C'erano ovunque poliziotti che fino a quel momento si erano tenuti nell'ombra. Rudi si alzò. Barcollava.

Sentì degli spari, ma non capì da dove arrivassero. Doveva essere la polizia, chi altri aveva armi da fuoco? Possibile che si fossero messi a sparare? Sentì in bocca un sapore di ferro, doveva essersi morso la lingua nel cadere. Vide l'uomo con il berretto da conducente che a Schleidenplatz aveva chiamato in prima fila la gente con la bandiera. Gli colava il sangue da sotto il berretto. E Hans, Erik, dov'erano?

Qualcuno gli strinse le gambe cercando di farlo cadere un'altra volta, qualcuno che aveva la forza di un orso. Rudi ci mise una frazione di secondo a capire chi fosse, poi riuscì a trascinare il corpo sanguinante davanti alla porta di un negozio. La scritta sopra la porta sembrò quasi cadergli addosso, come le parole avevano sempre fatto nella sua vita: «FIORI E PIANTE». Fu contro la porta chiusa di una cosa innocua come un negozio di fiori che Rudi appoggiò la schiena, urlando per chiamare soccorso, con la testa di Hans Fahnenstich in grembo.

Hans aprì gli occhi. Erano occhi blu come il mare. Come quelli dell'imperatore, come quelli di Hitler. Che razza di pensieri, forse stava cominciando a impazzire.

Gli occhi di Hans Fahnenstich erano spalancati, rigidi, quando infine i barellieri portarono via il suo corpo senza più vita.

Rudi si alzò a fatica e s'incamminò con loro, voleva dare testimonianza di chi fosse quel morto sulla barella. Il suo migliore amico da quando era morto Lud.

Karl non era uno capace di fiutare il pericolo. Tutte quelle fosche predizioni non lo avevano mai toccato davvero. Una domenica però gli tornò in mente quel che aveva detto a Käthe tempo prima: «Sono preoccupato».

Aveva paura che i suoi ragazzi finissero schiacciati in mezzo ai due opposti schieramenti. In mezzo, poi. Käthe ormai marciava in prima fila insieme ai comunisti. Il ragazzo invece era più moderato. Si teneva lontano dai tumulti.

Adesso si pentì di non avere una radio. Di sicuro stavano dicendo qualcosa sul corteo. Dalla strada arrivavano voci concitate, gente con le bandiere rosse tutte strappate passava sulla Humboldtstraße.

Che aveva detto Anna? Che Käthe aveva il turno e non era andata al corteo, se non aveva capito male. Magari fosse stata lì, la sua Anna. Lei sapeva sempre cosa fare. E poi era svelta, capace, aveva le gambe buone: avrebbe potuto fare un salto giù in strada, chiedere, sentire. Invece era da quella gente che pisciava nelle tazze d'oro, a preparare una cena di gala.

Karl trasalì quando suonarono alla porta dabbasso. Un suono debole, come un segnale convenuto. Andò alla porta, la aprì: sentì qualcuno che si trascinava su per le scale.

«Rudi, ragazzo mio!». Karl lo portò dentro con fare circospetto, come se il corridoio fosse pieno di sbirri. Signore Iddio, era pieno di sangue. Prima di tutto su una sedia, in cucina. Scaldare l'acqua per le ferite. Tutto quel sangue. E le donne non c'erano, non c'erano.

Quando alla Finkenau arrivarono le prime notizie sullo scontro che aveva messo fine al corteo e si sparse voce che c'erano stati tre morti, Käthe aveva appena finito il suo turno e si era tolta il grembiule da ostetrica. Quasi corse via in sottoveste.

Nella Bartholomäusstraße Rudi non c'era. La piccola

sezione del Partito nella Humboldtstraße era chiusa. Käthe fece la terza tappa fino a casa dei suoi genitori e si attaccò al campanello.

In cima alle scale trovò la porta di casa socchiusa. Corse in cucina e vide prima suo padre che zoppicava intorno al tavolo, poi Rudi. Lo abbracciò con tanto trasporto che in un attimo fu coperta di sangue almeno quanto lui.

«Attenta», disse Karl. «Gli fai male».

Il bricco dell'acqua fischiò. Karl era quasi grato di potersi rendere utile: versò l'acqua bollente in una vaschetta, la mescolò con acqua fredda. Andò in camera da letto per prendere un asciugamano pulito.

Käthe deterse il viso di Rudi con acqua e aceto. L'occhio sinistro era gonfio, la fronte aveva graffi profondi. Gli sanguinavano le labbra e aveva un ematoma sotto la camicia strappata.

«Chi sono i morti?», domandò Käthe a bassa voce.

«Anche Hans». Rudi parlava con voce atona. «È morto tra le mie braccia».

Karl Laboe tese l'orecchio. Hans era quel ragazzo che aveva aiutato a portare su la credenza. Un tipo così a modo. Andò alla credenza e si mise a frugare. C'era ancora una bottiglia di acquaforte di cumino, da qualche parte. Il ragazzo aveva bisogno di un goccetto. Come aveva fatto a non pensarci subito?

Trovò la mezza bottiglia di liquore e senza chiedere a nessuno riempì tre bicchierini che mise poi sul tavolo. «Bevete», disse. «Non è una soluzione, ma alleggerisce la testa». Bevvero tutti e tre. Nessuno aveva il coraggio di chiedere chi avesse sparato a Hans. Forse Rudi lo sapeva. I nazisti erano armati di bastoni e coltelli, solo la polizia aveva armi da fuoco. O no?

Hans aveva trentadue anni, un bravo ragazzo pieno di ideali. Anche l'uomo con il berretto da conducente era morto. Gli avevano sfondato il cranio, di sicuro un nazista. Il terzo a lasciarci la vita era stato un diciassettenne di Hammerbrook.

«Che grande merda», disse Karl, poi trovò che era troppo poco per quel che era successo e si versò un altro bicchierino.

Käthe si sedette accanto a Rudi e gli mise una mano sulla spalla. «Piangi», disse, «forse ti farà bene».

Ma Rudi sedeva con lo sguardo perso in lontananza. Sembrava si sentisse responsabile per quei tre morti.

Karl si sedette sospirando sul divano e distese la gamba zoppa sotto il tavolo della cucina. Quante ne aveva passate. La morte dei suoi maschi. Sperava che Rudi se la cavasse, un sacco di gente se la cavava in mezzo ai guai della vita. Ma era ancora presto per dirlo.

Ida si domandava se fosse o meno il caso di fidarsi di Mia. Diceva che da anni non era più in contatto con Ling, ma aveva sentito dire che fratello e sorella non vivevano più in Schmuckstraße.

Sulle prime Ida aveva pensato di andare lì di persona e mettersi sulle tracce di quei due. Chissà se c'era ancora il ristorante. Fece questa domanda anche a Mia, che però rispose di non saperlo. Ma il suo modo di fare insospettiva Ida.

Erano passate due settimane dal suo compleanno. Il libro che Campmann alla fine le aveva regalato lo aveva aperto un paio di volte: ma non riusciva a entusiasmarsi né per Narciso né per Boccadoro, erano tutti e due troppo stravaganti. Cosa avevano a che fare con lei?

L'elefante di giada invece l'aveva tenuto in mano molto spesso.

Non sapeva se interpretarlo come un piccolo gesto nostalgico per un amante del passato o come un tentativo di rimettersi in contatto con lui. Ma in questo caso perché non si faceva sentire?

Tian aveva compiuto ventinove anni poche settimane prima di lei. Era possibile che vivesse ancora da solo? Ida decise di andare in una biblioteca per controllare la lista pubblica degli indirizzi. St. Pauli e il porto.

"Un uomo, non ricordo altro... Con un berretto da portuale".

Con tutti i disoccupati che c'erano per le strade di Amburgo non era difficile prenderne uno, mettergli in mano un berretto e incaricarlo di una commissione. Forse Tian aveva fatto così.

No. Aveva mandato una persona di fiducia. Di questo Ida era sicura.

Ah, questi cinesi e i loro traffici! Avrebbe potuto telefonarle, il numero di Campmann era nell'elenco telefonico; o forse addirittura Tian ce l'aveva ancora. La ricerca di Ida invece era stata vana, Tian nell'elenco non c'era.

Solo dopo un po' le venne in mente il nome Kollmorgen. La ditta importatrice di caffè un tempo era nella Große Reichenstraße. Magari stava ancora là. Hinnerk Kollmorgen era un commerciante navigato, sapeva come muoversi in tempi di crisi. Probabilmente anche la Grämlich sapeva dove si trovava Tian. Ida aveva ancora nelle orecchie il tono complice dell'anziana signorina che snocciolava pettegolezzi al Fährhaus.

Ma di andare a mendicare informazioni da quella vecchia vipera proprio non aveva voglia, preferiva cullarsi nella speranza di trovare ciò che cercava da Kollmorgen. Doveva solo mettere insieme il coraggio di andarci.

Fritz Liebreiz morì in pace. Sua moglie gli sedeva accanto nella camera da letto della loro grande casa. C'erano Elisabeth, Theo e anche Betty, sua cognata. Pochi altri della sua stessa fede sarebbero morti così in pace negli anni seguenti, in Germania. Una morte sontuosa, il pomeriggio dell'ultimo giorno di agosto.

«*He has passed away*», disse Betty. «*Good old Fritz*».

Ma le ultime parole di Liebreiz non c'entravano niente con la religione. Alle sue labbra non era salito nessun *Schma Israel*. Disse invece: «Cercate di volervi bene». All'ultimo momento gli erano mancate le forze per benedire la sua famiglia. Ma da quell'uomo buono, che aveva dedicato loro una vita di amorevoli premure, si sentirono tutti comunque benedetti.

Betty si offrì di provvedere a tutto il necessario: lavarlo, mettergli la lunga camicia bianca mortuaria che Fritz aveva comprato già da tempo. «Andate in mezzo alle rose», disse, «prendetevi tutto il tempo. *I know what to do. I did it all for Joseph*».

Il marito di Betty, morto già da anni, era stato un ebreo molto devoto. Di sicuro Fritz Liebreiz non avrebbe dato molta importanza a quei rituali, ma nessuno fece obiezioni. Andarono con gratitudine in giardino e commemorarono il marito e il padre, al quale sarebbe piaciuto vederli sedere al tavolo rotondo di vimini e chiedere alla cuoca di preparare bevande e sandwich.

Già da un anno avevano iniziato a prendere congedo da lui.

«*Lehaim*», disse Theo Unger quando tutti levarono il bicchiere. Alla vita. Avrebbe fatto tutto quel che poteva per proteggere le donne di Fritz Liebreiz.

Solo più tardi, quando arrivò alla clinica e raccontò a Kurt Landmann della morte del suocero, si sentì terribilmente fragile. Eppure non gli mancava niente. Aveva Elisabeth al suo fianco e i genitori a Duvenstedt, dove a suo padre cominciavano a mancare le forze per mandare avanti l'ambulatorio. Il vecchio sperava che il figlio Theo prendesse il suo posto. Unger non aveva nessuna intenzione di diventare un medico di campagna, ma non aveva ancora trovato il coraggio di dirglielo.

«Siamo tutti seduti su una grande giostra, che ci fa girare in tondo», disse Landmann.

«E a qualcuno comincia a girare la testa».

«Quando ci sarà il funerale di tuo suocero?».

«Presto, tra due giorni», disse Unger con aria sorpresa.

«E già, noi ebrei non siamo gente che perde tempo», disse Kurt Landmann.

Aprile 1933

Henny cercò di sollevare la carrozzina sull'alto gradino che portava nel negozio di stoffe. Aveva visto con la coda dell'occhio un uomo delle SA, e d'un tratto quello le sbarrò la strada.

«Lo sa che questo è un negozio di ebrei?».

Henny guardò quella faccia da ragazzino, le pareva di conoscerla.

«Oggi il Führer ha invitato tutti a boicottare i negozi degli ebrei. Dagli ebrei non si compra nulla».

Gli tremava la voce per quanto si sentiva importante. Allora lo riconobbe: era il figlio dei Lüder. «Fammi passare, Gustav. Cosa sono adesso queste stupidaggini?».

Gustav esitò. «Henny Godhusen», disse. Lei però Godhusen non lo era più da parecchio. Adesso era diventata Henny Lühr. Come faceva in fretta a lasciarsi i nomi alle spalle.

«Tua madre lo sa che sei qui?».

Gustav gonfiò il petto con una tale veemenza che il berretto con la visiera minacciò di cadere. «Signora, questo non lo tollero».

«Facciamola finita. Devo andare da Simon. Mi servono federe nuove per i cuscini».

Gustav Lüder si guardò intorno. Non si vedevano in

giro altri uomini delle SA, non c'erano altri negozi di ebrei nella Herderstraße. Il più vicino era quello di Moritz Jaffe all'altezza della Humboldtstraße.

Il cenno del mento di Gustav la invitava a entrare, fare quello che doveva fare e sparire il prima possibile.

«Tienimi la porta aperta», disse Henny, «che devo passare con la carrozzina».

La richiesta lo lasciò così sbalordito che eseguì senza protestare.

I Simon non credettero ai loro occhi quando videro un uomo delle SA aprire la porta a una cliente. Avrebbero voluto affrettarsi incontro a Henny, ma non avevano il coraggio di uscire da dietro il bancone.

Gustav però era già sparito, come se temesse di prendere la peste in quel negozio che conosceva da quando era bambino.

Frau Simon aveva gli occhi rossi di pianto e tirava su con il naso quando salì sulla scala pieghevole per aprire il cassetto con le federe di lino. «Ne abbiamo alcune anche con l'orlo a giorno», disse.

«Ne prendo due di quelle più semplici». Klaus, che non si era svegliato mentre Henny sul gradino parlava con Gustav, cominciò adesso ad agitarsi dentro la carrozzina e si tirò su a sedere.

«Ah, presto sarà troppo grande per la carrozzina», disse Frau Simon.

Henny annuì. Il bimbo cresceva a vista d'occhio e non aveva nemmeno un anno e mezzo. A quell'età Marike era uno scricciolo, al confronto. Tutto aveva ricominciato a correre, nella vita di Henny. Fidanzamento, matrimonio, gravidanza.

Quel marzo Hitler aveva vinto le elezioni. Henny aveva votato per la SPD, cosa che le aveva fatto provare una grande nostalgia di Lud. Preferiva non sapere per chi avesse votato Ernst, sperava solo che si fosse limitato ai nazional-liberali della DVP[7].

Frau Simon incartò le federe, Henny pagò. Herr Simon le consegnò imbarazzato un pacchetto. «È solo un fazzolettino», disse, «ma del miglior cotone».

«E perché?», domandò Henny.

«Perché è stata così gentile a venire oggi in negozio».

Henny si sentì avvampare. «Allora non posso accettarlo», disse. «Ho fatto la cosa più ovvia del mondo, sono anni che vengo a comprare da voi».

«In questo caso lo accetti come ringraziamento per tutti questi anni di fiducia».

«Lei è Frau Peters, no?», domandò la Simon.

«Sì», disse Henny, «ma da due anni mi chiamo Lühr. Che ne sarà ora del negozio?».

«Non possiamo andare avanti a lungo così. Mio marito vorrebbe andare dai nostri parenti in Olanda. Però può darsi che fra pochi mesi Hitler non conti più nulla e avremo dato via il negozio per niente».

«Helene», disse Herr Simon con severità.

«Io resterò una vostra fedele cliente».

Stavolta fu Helene Simon a tenerle aperta la porta. Gustav s'era fatto di nebbia. Quel giorno era andato tutto bene, ma si preannunciavano tempi molto duri.

Il giorno prima del matrimonio, Henny si era tolta l'anello col granato e l'aveva riposto nel portagioie di ciliegio. Non era l'unica cosa dalla quale si separava, quel giorno: Ernst aveva detto chiaro e tondo che non voleva vivere in Canalstraße. Voleva un nuovo appartamento.

Lo trovarono in uno dei condomini a cinque piani

---

7. *Deutsche Volkspartei*, Partito Popolare Tedesco. Partito nazional-liberale del periodo della Repubblica di Weimar, sciolto all'indomani delle elezioni del 1933 e della presa del potere da parte di Hitler.

lungo il Mundsburger Damm. Quattro stanze, luminoso, al terzo piano. Con un balcone davanti e uno dietro. Quasi un posto per gente dell'alta borghesia. Adesso Henny era più vicina a Lina e anche alla Finkenau; per Ernst invece il tragitto da casa alla scuola in Bachstraße si era allungato.

Da Herderstraße, dov'era andata a comprare le federe, Henny girò con la carrozzina in Winterhuder Weg e quando passò davanti al suo vecchio appartamento le venne una gran nostalgia. In realtà non aveva vissuto: la vita aveva sempre avuto il sopravvento. A diciannove anni aveva già imboccato la sua strada.

Il piccolino cercò di tirarsi su nella carrozzina: per fortuna c'erano le cinghie a tenerlo, altrimenti sarebbe caduto a testa in giù sulla strada.

Henny sapeva di non aver mai voluto un altro figlio. Però lo amava come amava Marike. Il destino le era calato addosso e non poteva far altro che adeguarsi.

Negli anni molte cose erano cambiate. Käthe era in pensiero per Rudi, che era diventato molto attivo nel Partito. E pensare che lei stessa lo aveva esortato a impegnarsi di più, quando essere comunisti non significava ancora rischiare la vita.

All'angolo con Hamburger Straße, Henny andò da Mordhorst e comprò un panino per Klaus e due cornetti dolci per Ernst e Marike. Il piccolo allungò le manine verso la busta. Quel bambino aveva sempre fame. La cosa riempiva di gioia Else, perché Marike invece era piuttosto schizzinosa.

Tra una mezz'ora Marike sarebbe uscita da scuola, dove faceva adesso la sesta classe. Non con sua zia: Lina insegnava nelle classi superiori.

Ernst probabilmente era già a casa, il sabato aveva soltanto quattro ore di lezione. Si sarebbe occupato di

Klaus nell'ora in cui lei iniziava il turno. Le volte in cui Ernst non poteva, era sua madre a guardare il bambino. Come aveva fatto anche per Marike.

Due bambini, un marito, una bella casa grande. E un lavoro in cui ormai era brava. Henny non sapeva se tutto questo bastasse per essere felici. Aveva creduto di potersi tenere fuori dalla politica, ma ora non le sembrava più possibile. Henny aveva paura dei nuovi tempi.

«Sappia che per me è un passo difficile, caro Landmann. Nutro per lei una grande stima, non ne ho mai fatto un segreto. E però ho le mani legate. La nuova legge è entrata in vigore ieri».

«Metto subito la mia roba in uno scatolone», disse Kurt Landmann.

Il suo capo alzò le mani in segno di protesta. «La prego, resti fino alla fine di aprile. Non vogliamo eseguire con più solerzia del necessario la nuova trovata dei signori al potere, e del resto abbiamo ancora delle cose da regolare, qui».

Landmann esitò.

Che senso aveva perdere tempo in quisquilie, con la lama della ghigliottina pronta a scattare?

«È stata sua la proposta di assumere due nuovi medici. Il dottor Kolb di Marburgo è anche lui di fede mosaica, e dunque purtroppo non più candidabile. Il collega di Bonn invece potrebbe prendere servizio a partire dal primo di giugno».

Kurt Landmann guardò oltre il direttore della clinica, fuori della finestra che dava sul giardino. Gli alberi fiorivano, la primavera esplodeva indisturbata.

«Forse potremmo parlare insieme delle nuove candidature. Prima della settimana santa».

Landmann riportò lo sguardo su di lui. I cinque minuti dedicati alla solidarietà erano finiti. Il primario gli stava praticamente chiedendo di designare un suo successore.

«Sa già cosa farà? Tutto questo si annunciava da molte settimane ormai».

Landmann scosse la testa. Vedeva nero già da anni, ma nemmeno lui aveva creduto che, dopo l'elezione di Hitler, avrebbe perso nel giro di pochi mesi il suo posto di medico e dirigente alla Finkenau.

Il capo si alzò. Era un congedo.

Kurt Landmann gli strinse la mano.

Theo Unger sedeva sul granito freddo del davanzale. Si dice sia di conforto cercarsi un luogo inusuale, occupare un posto diverso dal solito, quando accadono delle disgrazie. Come se da quel davanzale si potesse avere una prospettiva nuova e diversa sulla situazione, negata alla solita sedia davanti alla scrivania di Landmann. Unger si ricordò che Elisabeth aveva trascorso metà della notte appoggiata al radiatore nel salone, quando era arrivata la notizia che suo padre aveva una malattia mortale.

«Legge per la restaurazione della funzione pubblica», disse Landmann, sembrava stesse mormorando una formula magica per la preparazione di un veleno.

«Che eufemismo infame», disse Unger.

«Dunque non sono stato abbastanza pessimista».

«E adesso che farai?».

Landmann alzò le spalle.

Dal davanzale della finestra Unger drizzò la schiena. «Il divieto vale anche per i medici di campagna?», domandò.

«Ancora no. Solo negli ospedali».

«Prenderesti in considerazione la possibilità di esercitare la professione a Duvenstedt?».

Kurt Landmann lo guardò sorpreso.

«Come ben sai, a mio padre cominciano a mancare le forze. Lui vorrebbe che andassi io a dargli una mano, per poi succedergli, ma io non ne ho nessuna intenzione».

«E credi che di questi tempi tuo padre accoglierà un medico ebreo in ambulatorio? E che lo presenterà ai pazienti?».

Non doveva mostrarsi titubante proprio adesso. Anche se gli venne in mente che già una volta era stato troppo fiducioso: la volta in cui aveva presentato ai suoi una nuora ebrea. Ma appunto, tutto si era aggiustato. I suoi genitori volevano un gran bene a Elisabeth.

«Se per te è fattibile ci parlo. Ma forse preferisci andartene all'estero. Vienna, Zurigo».

«Sto per compiere cinquantuno anni, divento sempre più sedentario», disse Landmann. «La voglia di viaggiare mi sta passando».

«Allora parlerò col mio vecchio», disse Unger.

Käthe non era per niente stupita. Al posto della spilla dell'Associazione Ostetriche Tedesche, Hildegard Dunkhase portava in bella vista sulla camicetta lo stemma del Partito. Da quando era entrata in servizio tre anni prima, le cose non erano migliorate: erano poche quelle che lavoravano volentieri con lei. Ma da quando Hitler era andato al potere la Dunkhase era in ottima forma.

Nella stanza delle infermiere distribuiva volantini per conto della Corporazione Ostetriche del Reich, l'organizzazione ufficiale in cui erano state fatte confluire d'ufficio tutte le altre forme associative. Organizzavano corsi sull'eredità genetica e sulla purezza della razza.

Fin dal giorno della presa del potere, in gennaio, la Dunkhase aveva ostentatamente ignorato il dottor Landmann: quando però lungo i corridoi e nelle sale della clinica si sparse la voce del suo licenziamento, non si trattenne più dal ridacchiare apertamente. «Meno male, ha finito di mettere le mani addosso ai bambini tedeschi», disse, e Henny riuscì a trattenere all'ultimo momento la mano di Käthe che si preparava a colpire. Non le sfuggì l'espressione di trionfo sul viso della Dunkhase.

«Ti metti in pericolo, Käthe, in pericolo serio!», le disse Henny quando furono sole davanti ai loro armadietti. «Ti tengono d'occhio, cosa credi. Sono scatenati, da quando c'è stato l'incendio al Reichstag».

«Non posso stare a guardare senza fare niente».

«Se solo gliene dai la possibilità, la Dunkhase ti taglia a pezzettini e ti mangia per colazione».

«La notte scorsa Rudi ha ricevuto nuove istruzioni da Mosca. Stanno tutti lavorando per far cadere Hitler. Non può durare a lungo».

Henny si mise l'indice sulle labbra, come se avessero orecchie anche le pareti.

«Vi fanno scivolare i messaggi sotto la porta?», domandò piano.

«No, Radio Mosca. Trasmettono istruzioni in codice che vengono poi decifrate, scritte e distribuite su carta», sussurrò Käthe. «Allo Stadthaus hanno già cominciato a torturare. Di brutto. I negozianti lungo il Neuer Wall si lamentano delle urla».

Henny non voleva sapere chi lo avesse detto a Käthe. Avrebbe preferito non sapere niente, come se non riconoscere l'orrore fosse stato un modo per non farlo esistere.

«Magari una sera vieni da noi», disse Käthe. «Così possiamo parlare apertamente come una volta. A casa tua non sono proprio benvenuta. Non più. Se solo penso a quant'era bello, noi quattro insieme. Io e te, Rudi e Lud».

Della felicità ci si accorgeva sempre quando ormai era troppo tardi.

«Mi domando come faremo, qui, senza Landmann»,

disse Käthe. L'aveva sempre protetta, ma non le sarebbe mancato solo per quello. Perdeva con lui un fratello d'elezione.

«Ci sono già problemi da Friedländer?», le domandò Henny. «Dici che devono chiudere e Rudi perderà il lavoro?».

«Per il momento sembra che vadano avanti. Ma la chiusura dell'"Hamburger Echo" è stata un duro colpo per lui. È lì che ha imparato il mestiere».

«In che razza di tempi ho fatto venire al mondo Klaus. Forse hai fatto bene tu a non avere figli».

«Ti rivelo un segreto, Henny, ma tienilo per te». Käthe si voltò per guardare in faccia la sua amica. «Non posso più avere bambini. Una mammana mi ha rovinato».

Aveva taciuto per quattordici anni: ed ecco, all'improvviso, il bisogno di raccontare. Come per non pensarci più.

«Sei stata da una mammana? E quando?».

«Dopo la prima volta che ho fatto l'amore con Rudi. Eravamo giovani, non siamo stati attenti. In seguito ha comprato dei preservativi, ma ormai a quel punto avrebbe potuto risparmiarseli. Io stessa l'ho scoperto soltanto dopo, quando abbiamo cominciato a pensare di avere un figlio. Rudi ancora non lo sa».

«Ti sei fatta visitare da Landmann?».

Käthe scosse la testa. «Sono andata altrove».

Henny pensò all'ambulatorio nella Emilienstraße e al diaframma che si era fatta inserire all'insaputa di Lud. Le donne avevano un potere nuovo. Purché lo usassero a fin di bene.

«Rudi non mi perdonerebbe mai di aver abortito», disse Käthe. «Un bambino nostro! Figurati, lui mi avrebbe sposata il giorno dopo che ci siamo conosciuti».

«Dovresti dirglielo».

Käthe scosse la testa. «Nemmeno tu hai raccontato tutto al tuo Lud».

«E non sai quanto mi pesa sulla coscienza», disse Henny.

Si aprì la porta: Hildegard Dunkhase studiò attentamente la tensione sui loro visi.

«E allora si rattristi come si deve, Frau Lühr», disse. «Quanto a lei, Frau Odefey, immagino si renda conto di avere i giorni contati».

Louise trattenne il respiro. «Non a causa mia, quindi?», domandò quando riuscì di nuovo a respirare.

«Che c'entri tu?».

«Perché adesso sono una lebbrosa».

«Che stupidaggine. Non ha niente a che vedere con te», disse Lina.

«Recentemente uno dei tecnici di scena mi ha detto che ho i tratti semitici», disse Louise. «Per cui non credere che io sia tanto al sicuro, qui con la mia sposa bionda».

«Sei il ritratto di tuo padre».

«È tutto assurdo. Perché devi andartene da Lerchenfeld?».

Stavolta fu Lina a fare un respiro profondo prima di parlare. «La nuova legge permette esclusivamente agli insegnanti laureati di lavorare nei ginnasi. Io ho fatto soltanto le magistrali. È una cosa che colpisce praticamente la metà del corpo insegnante, da noi».

«A settembre saranno tre anni che insegni lì».

«E adesso sono arrivati i nazisti e si fa tutto a modo loro».

Louise sedette sul divano rosso corallo, incrociò le braccia e appoggiò il mento su una mano, in una posa meditabonda.

«Posso cercare di tornare alla Telemann. O alla Lichtwark. Ma ci proveranno in tanti, la legge non riguarda mica soltanto Lerchenfeld».

«E se ce ne andassimo a Londra? Forse Hugh e Tom hanno qualcosa per noi, in casa editrice».

«Non credo sia tanto semplice. E poi tu stai bene, al Thalia».

«Chissà per quanto tempo, ancora. Gli artisti stanno emigrando in massa».

Lina scosse la testa. Non voleva emigrare. Quel che aveva in Germania era troppo importante per lei. Henny, Marike e Klaus, loro erano la sua famiglia. E poi l'appartamento che amavano e che potevano permettersi, con vista sul canale. Non le sembrava che Louise corresse un reale pericolo. Era per metà ariana. Anche lei stava già incorporando quella stupida terminologia.

«Ho invitato Kurt per il venerdì santo», disse Louise. «Ho pensato che sarà una buona occasione per stare un po' insieme. Hai presente Gesù che si mette a tavola con i suoi ragazzi, no?».

«Quella è l'ultima cena. Non mi sembra mica di buon auspicio».

«Sciocchezze. Cucino io e penso anche al vino».

«E Kurt come l'ha presa?».

«Sai com'è fatto, prende in giro se stesso e il mondo».

«E tua madre? Ce la farà a superare questi brutti tempi?».

«Mah, lo spero. E poi c'è mio padre vicino a lei», disse Louise con voce rotta. Era una situazione da teatro dell'assurdo.

Sempre tutti quei leprotti e quelle uova colorate che ogni anno, a Pasqua, Guste doveva nascondere in giro per il giardino. Era andato con lei a comprare i dolciumi in un negozio di Eppendorfer Baum. Lo gestivano due vecchie ebree, ancora sconvolte perché il primo aprile degli sgherri delle SS si erano piazzati davanti al negozio. Volevano mettere paura ai clienti. A Bunge era sempre piaciuto essere prodigo con tutti. Ma adesso cosa restava da fare, se non ritirarsi nella sfera del privato? Il mondo non era più un posto affascinante.

Guste dava una mano alla gente come poteva. Come aveva sempre fatto. Non che volesse attirare su di sé la poco desiderabile attenzione dei nuovi padroni. In confronto a loro il Kaiser era stato un vero uomo di mondo.

Nella cameretta in mansarda, la più piccola di tutta la casa, viveva un giovane che stupidamente si era fatto notare dalle camicie brune di Berlino. Era poco più di un bambino. «Guste, Guste», aveva detto Bunge, «non è che presto toccherà anche a noi la sorte di quel povero olandese, Van der Lubbe?». Al giovane militante comunista era stata addossata la responsabilità dell'incendio del Reichstag, anche se si sapeva bene che non poteva essere lui il colpevole.

Carl Christian Bunge aveva sgraffignato di nascosto un paio di ovetti di cioccolata che Guste aveva messo da parte nella credenza di quercia del tinello. Avrebbe sempre potuto ricomprarli, alla domenica di Pasqua mancava ancora una settimana. I più buoni erano quelli al brandy.

A Ida avrebbe comprato un grande uovo di cioccolato da Hübner, al Neuer Wall. La sua bambina viveva in un mondo tutto suo. A quanto pareva lei e Campmann non dividevano né tavola né letto. Ma il caro genero stava facendo una rapida e fulminea carriera. Lui e lo Scoiattolo sì che avevano avuto i piedi ben piantati per terra.

Proprio buono quell'uovo al croccante. Domani stesso sarebbe andato al negozio a Eppendorfer Baum, così nessuno si sarebbe accorto che aveva fatto incetta di dolciumi proprio nel periodo del digiuno. E con l'occasione sarebbe anche passato a salutare Momme da Heymann. Il ragazzo doveva sapere che lui lo stava seguendo con occhio benevolo. Un mentore, un padre. Si sentiva a suo agio in quei ruoli, anche se era un mentore squattrinato. Il vero capo era Guste. Una matriarca di tale bellezza che nemmeno un pittore fiammingo sarebbe riuscito a farla meglio.

Forse Ida credeva che i soldi gli uscissero senza sforzo dalle orecchie. Campmann non si capacitava di quanti gliene servissero. Forse li pretendeva a titolo di risarcimento per il fatto che lui aveva un'amante, come altre mogli pretendono pellicce e gioielli. Solo che Ida li voleva in contanti e li chiamava *indennizzo*.

All'inizio Campmann aveva creduto che li passasse di nascosto a quell'incapace di Bunge. Il vecchio però viveva soprattutto a spese della proprietaria della pensione. Il disco che aveva prodotto, messo da Ida nell'armadietto del grammofono, non lo ascoltava più nessuno: aveva seguito il destino di tutto quel che Bunge aveva fatto dopo la guerra.

Campmann aspettava sul binario cinque della Stazione Centrale e guardava l'ora.

Avevano appena annunciato che il treno aveva due minuti di ritardo. Se davvero a partire dal mese successivo l'Amburghese Volante[8] avrebbe collegato con regolarità Amburgo e Berlino, per arrivare nella capitale ci sarebbe voluto poco più di un paio d'ore: vedersi sarebbe diventato ancora più semplice.

8. L'autotreno DRG 877, soprannominato l'Amburghese Volante, fu il primo treno veloce a trazione diesel-elettrica in servizio regolare in Germania, sulla tratta Amburgo-Berlino. Inaugurato nel 1933, fu a suo tempo il treno più veloce del mondo nella sua categoria.

La sera prima Ida l'aveva accompagnato a una cena di gala in un lussuoso albergo. Lo faceva sempre quando l'invito recitava «Dott. Friedrich Campmann e consorte». Ida brontolava ogni volta, ma in realtà le piaceva andare in società. Preferiva di gran lunga entrare in quelle fastose sale sotto gli occhi ammirati degli astanti che andare a cambiare pannolini nelle case dei poveracci. Del resto anche le consorti di altri banchieri e pezzi grossi dell'economia si dedicavano alle opere di bene. Ida che faceva il bagnetto ai neonati aveva un effetto eccellente nel bel mondo. Campmann aveva già ricevuto molti complimenti per i meriti di sua moglie come dama di carità.

Venne annunciato l'arrivo del treno da Berlino. Joan scese dal vagone ristorante. Passava quasi tutto il viaggio nel ristorante anziché nello scompartimento. Era un suo capriccio. Ma ancora dopo tre anni i capricci di Joan esercitavano su di lui una malia – per quanto la sua voglia di divertirsi, che puntava in particolare sui night-club della Reeperbahn, cominciasse a pesargli.

Trovava molto ipocrita la posizione rigida e pudibonda del nuovo governo riguardo a nudità e prostituzione, che andavano secondo loro relegate nel segreto di luoghi invisibili.

La sera prima un armatore gli aveva passato un indirizzo: spogliarelli, e di gran classe. Non la solita sciocca pesca delle carte, nella quale con dei magneti appesi a un filo venivano pescate tutte le carte che coprivano il corpo della ballerina fino a lasciarla nuda.

Come prima cosa però Campmann aveva fatto prenotare un tavolo appartato da Cölln's, che era famoso per le ostriche. Joan le adorava. Aveva sentito dire più di una volta che alle donne piacciono le ostriche. Probabilmente qualche giornale illustrato aveva scritto che l'alto contenuto proteico fa bene alla carnagione. Non poteva spiegarsi altrimenti la loro passione per quella polpa molle; lui preferiva il caviale.

Stasera però già pregustava quello che da Cölln's era sempre il suo piatto preferito: lo spesso filetto di manzo con cipolle dorate e patate arrosto. Gli dava forza: cosa di cui avrebbe avuto bisogno durante la notte, all'hotel Jacob sulla Elbchaussee. Lontano quanto bastava sia da casa sia dall'ufficio.

Joan lo avrebbe spogliato chiamandolo "mio dolce nazista". Il suo tedesco era peggiorato da quando Hitler era andato al potere. Forse voleva tracciare un confine non valicabile.

Eccola là, splendida nel suo tailleur attillato. Campmann le fece un cenno, poi con la stessa mano sollevò la falda del suo cappello bianco.

Ida prese le fruscianti banconote da cento marchi che nel pomeriggio aveva infilato con indifferenza nella tasca del cardigan sotto agli occhi di Campmann. Le trasferì nella cassetta di metallo che aveva comprato appositamente per custodire il suo crescente patrimonio. Stava in un angolino del grande armadio in cui metteva i vestiti.

C'era una banconota in più rispetto al solito, forse a causa di tutti i complimenti che aveva ricevuto la sera prima e che Campmann aveva incassato come se fossero rivolti a lui. O forse perché la sua puttana americana era venuta ad Amburgo e lui aveva subito annunciato che sarebbe stato via per due sere.

Ida non ci pensava proprio a separarsi da Campmann e a lasciare campo libero all'americana. Non ancora. Avrebbe resistito finché non avesse messo da parte abbastanza soldi per permettersi una vita indipendente. Una bella vita.

Non aveva nessuna fretta da quando quel giorno di settembre, poco dopo il suo ventinovesimo compleanno, aveva visto Tian che teneva tra le braccia un'altra donna nella Große Reichenstraße. Aveva anche pensato che il piccolo elefante nero forse non glielo avesse mandato lui. Campmann però non era abbastanza fantasioso da poterle fare uno scherzo così infame. Ling? Aveva mandato lei l'animaletto di giada? Ma perché poi avrebbe dovuto farlo? Di sicuro la sorella di Tian era contenta che Ida fosse sparita.

Passando in corridoio sentì arrivare dalla cucina le voci di Mia e della Laboe. La domenica delle palme Mia era andata a Wischhafen ed era ancora tutta infiammata d'entusiasmo per il dirigente locale del Partito Nazionalsocialista: suo cognato, il marito di Lene.

«Non avrei mai detto che uno come Uwe avrebbe fatto strada», disse con la voce che le vibrava d'orgoglio per quella parentela eccellente. «Fritz è fortunato, tra un anno può entrare nella Gioventù Tedesca e diventare uno di loro».

La Laboe era furba abbastanza da non fare commenti. Entrando in cucina Ida le strizzò l'occhio.

«Ha già sentito le novità su mio cognato?», le domandò subito Mia.

«In abbondanza», disse Ida sedendosi al tavolo della cucina.

«Un pezzo di arrosto? Appena uscito dal forno», disse la Laboe. «Stavo giusto per mettermi a tagliarlo. Poi faccio anche una remoulade».

Ida scosse la testa.

«Perché nessuno mi chiede niente?», brontolò Mia.

Ida avrebbe voluto chiedere piuttosto notizie di Käthe. Ma non era cosa per le orecchie di Mia, che presto sarebbe tornata dal dirigente locale del Partito. Qui, nella sua cucina, si incontravano i due poli estremi della politica tedesca.

«Herr Campmann mangia in casa, stasera?», domandò Anna.

«No. È in giro per lavoro».

Sul viso di Mia apparve un'espressione maligna. Ida non sapeva per quale motivo continuasse a sopportarla. Ormai doveva essere l'abitudine.

«Adesso un sacco di gente se la farà sotto», disse Mia. «Tutti quelli che in passato hanno messo a Uwe i bastoni tra le ruote. È sempre stato bravo a spalare il letame dalla stalla».

La Laboe mise sul tavolo un piatto con delle fette di dolce. Forse voleva chiudere la bocca a Mia, che lanciò una rapida occhiata a Ida, prese un pezzo di dolce e cominciò a mangiarlo rumorosamente.

«Quando la nave va a picco, i topi vengono a galla», disse Anna Laboe.

Ida la guardò allibita.

«Ma per il momento è solo un'ondata che fa impennare la prua».

Ida pensò che la sua cuoca la sapesse molto più lunga di lei. Su un sacco di cose. Questa Laboe era una donna sorprendente.

Mia continuava a masticare, non aveva capito niente.

Andar via dalla casa sul Klosterstern non era stato troppo difficile per sua suocera. Unger all'inizio se ne era meravigliato, adesso però gli sembrava una mossa molto prudente da parte di Ruth mollare tutto dopo la morte del marito.

Una parte rilevante del patrimonio ancora disponibile era stata trasmessa a Elisabeth: ma giocando d'anticipo sul decreto del Presidente del Reich in materia di valuta,

Ruth era riuscita a trasferire parecchi soldi anche in Inghilterra. Il desiderio di Liebreiz che sua moglie andasse a vivere dalla sorella Betty si era realizzato.

Anche Unger era sollevato. E grato a Fritz Liebreiz per aver provveduto a tutti. Gli restava da parlare con suo padre per sistemare Landmann, ma la cosa risultò più semplice di quanto avesse immaginato. Quando addirittura sua madre disse allegra: «Ma come, siamo evangelici, qui! Che ne sarà di noi?», Unger capì subito che diceva per scherzo. Lotte aveva sempre avuto una vena sarcastica. Landmann le sarebbe piaciuto di sicuro.

I due vecchi genitori avevano già visto Landmann al matrimonio di Theo ed Elisabeth, ma non potevano ricordarsi di lui: quel giorno la casa sul Klosterstern straripava di gente.

«Portalo qui», disse suo padre. «Se è un bravo dottore me ne accorgerò, fidati».

Tra i due le cose si svolsero con grande cordialità. Unger e Lotte rimasero nell'ingresso a sentire le risate che provenivano dallo studio, finché Unger padre e Landmann non uscirono fuori dandosi pacche sulle spalle come vecchi compagni d'università. Theo Unger riportò Landmann in città con la Mercedes 170 di Elisabeth.

«Com'è andata?», gli domandò.

«Andremo d'accordo», disse Landmann. «Anche se il sogno di tuo padre era avere te nell'ambulatorio e tua moglie e tre bambini nella casa accanto».

«Be', sognare è consentito a tutti», disse Theo.

«Perché non hai voluto?».

«Perché c'è bisogno di me alla Finkenau».

«Buffo, l'avrei detto anch'io».

«Scusa», disse Theo Unger.

«Finché ci ho lavorato, non sapevo che quella clinica fosse la mia vita».

«Mi offri un cognac? Con vista sulla natura morta di Maetzel e sulle bagnanti di Hopf?».
«Assolutamente».
«La vita va avanti», disse Unger.
«Assolutamente», disse Kurt Landmann.

«Ferma così», disse Ernst puntando verso Henny la Agfa Box.
Else teneva per mano Klaus che stava imparando a camminare.
Marike raccoglieva le pigne cadute dagli abeti.
Henny aveva lo stesso vestito che portava sette anni prima, in un giardino della Johnsallee. Blu a pois con il colletto bianco.
«Così, perfetto», disse Ernst. «Sei bellissima».
Venerdì santo. Ernst non aveva scuola, Henny non era di turno. Avevano deciso di fare una gita in famiglia.
«Più tardi ci fermiamo al ristorante davanti al mulino. Ordiniamo l'agnello arrosto», disse Ernst.
Henny guardò Marike, che si era fatta scura in viso. Il porcellino poteva anche mangiarlo, per quanto le pesasse. Ma l'agnellino mai e poi mai.
«Il venerdì santo si mangia pesce», disse Else.
Click. La Agfa aveva scattato. Quelle foto gialline Enrst le incollava tutte nell'album di famiglia: creava ricordi, i nuovi tempi gli piacevano. Finalmente un po' di stabilità. La democrazia non aveva portato alla Germania niente di buono.
«Posso dormire da Thies, il lunedì di Pasqua?», domandò Marike.
«Non se ne parla nemmeno», dissero all'unisono Ernst ed Else.
«Perché no?», domandò Henny. La bambina la guardò piena di speranza.

«E mettiamoli allora direttamente nello stesso letto, facciamo prima», disse Ernst.

«Ne riparliamo in un altro momento», disse Henny prendendo dalla mano di Marike una pigna particolarmente ben conservata.

«Per il momento è solo venerdì santo», disse Ernst guardando sua suocera. «E sia, allora. Trote». Poi mise Klaus, che piagnucolava, nel passeggino di vimini.

«Gamba, gamba, male», diceva Klaus.

«Ma poi sarà il caso di portare il bambino al ristorante?», domandò Else.

«Ho con me il libro dei coniglietti pasquali», disse Henny.

Si avviarono verso il mulino, il muschio attutiva i loro passi. All'improvviso Ernst stese un braccio per fare segno di fermarsi. «Un capriolo», sussurrò. «Lì davanti».

Click. L'Agfa aveva scattato. Ma il capriolo già non si vedeva più.

Il volantino numero 10 celebrava un anniversario. Non c'era nessuno nella stanza a vedere il sorriso amaro che si era dipinto sulla faccia di Rudi. Smise di girare la manovella per ascoltare cosa stesse accadendo nell'appartamento accanto.

No, tutto a posto. Niente rumori sospetti.

La paura non se ne andava. Mai. Perché poi accettava tutto quello? Ogni tanto si raccontava di averlo promesso ad Hans mentre stava morendo, ma in realtà quella domenica non si erano detti una sola parola. Dalla bocca di Fahnenstich era uscito soltanto sangue.

Cento copie. Era tutto quel che era riuscito a fare del volantino numero 10, oggi. Troppo poche: avrebbero raggiunto un giro molto, molto ristretto. Avesse avuto a disposizione le macchine tipografiche di Friedländer, avrebbe potuto sommergere di volantini tutta Amburgo. Ma Friedländer era ebreo, la tipografia era costantemente sotto l'occhio vigile delle autorità.

Nonostante splendesse il sole davanti alla finestra, Rudi non era dell'umore giusto per un venerdì santo. Käthe era alla clinica, aveva il turno con il dottor Landmann. Com'è che non aveva ancora piantato baracca e burattini, quello?

Rudi avvolse nelle lenzuola il ciclostile e lo mise nel cesto della biancheria. Ci buttò sopra la vecchia coperta per cavalli che aveva trovato nella cantina della tipografia. La chiave della soffitta era ancora sul tavolo della cucina: la mise in tasca e afferrò il grande cesto di vimini.

Meno male che vivevano al quarto piano, a una sola rampa di scale dalla soffitta. Aveva appena cominciato a salire quando la porta dell'appartamento accanto si aprì. Era il vicino, un tipo simpatico. Lo conoscevano da anni. Usciva per la sua passeggiata quotidiana, aveva in mano bastone e cappello. «Salve, Herr Odefey. Si fa ordine in casa? Anche mia moglie, è tutto il giorno che pulisce. Come se il venerdì santo fosse fatto per questo. È che lei pulisce tutti i venerdì, santi o non santi».

«Mia moglie ha messo via alcune cose che non ci servono più. Per il momento vanno su in soffitta».

«Sì, sì. Le donne. Devono sempre trovare qualche lavoretto da darci».

Si mise il cappello e cominciò a scendere.

Chissà se si era accorto del macchinario ingombrante che stava in fondo alla cesta. Ma no, si disse. Rudi ricominciò a salire su per gli stretti gradini, poco più larghi della scaletta di un pollaio. Non era facile mantenere l'equilibrio con quel cesto che pesava come un macigno. Il trambusto che sentì provenire dal piano terra rese tutto ancora più complicato.

Se adesso la polizia gli avesse sfondato la porta di casa avrebbe trovato una scatola rossa, di latta, con su scritto «LE ERBE AROMATICHE DI HERMANN LAUE» e dentro cento volantini. Non aveva nemmeno richiuso il coperchio.

La scatola di latta l'aveva trovata con Karl a casa di Grit. Non si ricordava di averne mai vista una del genere. Quali erbe aromatiche comprava sua madre? La scatola era quasi vuota, c'erano dentro solo un paio di pettini e dei fiocchi che Rudi non poteva immaginare fossero appartenuti a Grit.

Qualcuno al piano di sotto si mise a ridere. I poliziotti non ridono. Perquisire un appartamento non è certo il massimo del divertimento. Rudi aprì la porta della soffitta e trascinò il cesto fino all'estremità opposta della stanza, dove si trovava la nicchia assegnata a loro.

«Pensate alle sofferenze di Nostro Signore», stava dicendo la voce stridula della portiera mentre Rudi ridiscendeva le scale. «Non vi vergognate? Proprio in questo santo giorno».

Rudi si sporse per sbirciare quanto stava accadendo e vide sul pianerottolo i due gemelli del primo piano insieme a un terzo ragazzo.

«Fuori, andate a fare penitenza!».

Rudi sgattaiolò nel suo appartamento e si versò un bicchierino di grappa.

Tian stava alla finestra e guardava i credenti che, come ogni Shabbat, entravano nella sinagoga. Non sembrava avessero ancora cambiato nulla delle loro abitudini, anche se qui nel quartiere c'era molta più ansia che nella Große Reichenstraße o al Rödingsmarkt, dove invece sembrava che il commercio si stesse rianimando.

«Fai colazione con me?».

Tian si girò verso sua sorella che aveva preparato la tavola per due. La teiera era sul fornellino portatile. Su un piatto di porcellana c'erano delle fette di pane tostato.

«Sei tornato a casa tardi ieri», disse Ling.

«Sono rimasto fino a tardi in ufficio e poi sono tornato a piedi. Si stava bene fuori». Tian si sedette e prese una fetta di pane tostato. Non facevano più colazione alla maniera cantonese, ovvero con ravioli al vapore. Avevano cambiato le loro abitudini ormai già da anni, da quando si erano trasferiti nell'appartamento sul Grindelhof. Continuavano però a bere grandi quantità di tè, per quanto entrambi lavorassero nel settore del caffè.

Ling si era fidanzata, ma aveva poi rotto il fidanzamento. Fratello e sorella vivevano adesso come una vecchia coppia, lui presto avrebbe compiuto trentadue anni e lei trenta. In Cina, la terra natale dei loro genitori e dei loro avi, la gente li avrebbe considerati due piante rinsecchite, due che nessuno aveva voluto sposare.

«Speravo fossi stato con una donna».

Tian sorrise. «Dovresti smetterla di preoccuparti per me». Ling amava la propria indipendenza, ma ci teneva molto a sistemare suo fratello. L'ultimo tentativo lo aveva fatto con Traute, una delle impiegate della Kollmorgen a cui Tian era piaciuto fin dall'inizio.

Tian non ripensava volentieri al giorno in cui Traute gli si era buttata tra le braccia e lo aveva supplicato di amarla. Era stato difficile per entrambi doversi rivedere in ufficio, ma trovare lavoro non era facile e Tian non se l'era sentita di licenziarla.

«Non combinarne un'altra come con Traute. Non provarci nemmeno», disse spalmando della marmellata d'arancia sul suo toast.

«Finiscila. Sono passati anni», disse Ling.

«Sto bene qui con te».

Ling scosse la testa. «Tu ami ancora Ida».

«No», disse Tian.

«Troppo energico questo no», ribatté Ling con aria complice.

Tian appoggiò la fetta di pane nel piatto. Era sempre possibile che Ida lo avesse cercato senza trovarlo, il giorno del suo ventinovesimo compleanno.

Del resto, se le importava di lui, non doveva fare altro che venire in ufficio da Kollmorgen. Con quell'elefantino aveva creduto di toccarle il cuore. Ma forse la vita l'aveva indurita. Lui invece era rimasto un sentimentale.

Ling sospirò. «Mangia. Sei dimagrito».

Tian prese il pane tostato ma non lo addentò. No, non avrebbe fatto un altro tentativo di riavvicinamento. La delusione gli bruciava ancora troppo.

Il tempo della fiamma, il tempo del raffreddamento. Di tanto in tanto Tian ricorreva a Lao Tse, il filosofo dei suoi avi.

Era una questione di sopravvivenza. Tutto.

Landmann mangiò la zuppa di lenticchie tuffando il cucchiaio direttamente nella pentola. Non aveva voglia di apparecchiare la tavola come al solito con piatto, tovagliolo ricamato e uno dei cucchiai d'argento lasciatigli da sua madre.

La zuppa gliel'aveva cucinata la donna di servizio, come ogni sabato sera. Gli sarebbe restata fedele, quella donna. Perché era una brava persona e anche perché la pagava più di quanto non si facesse in genere ad Amburgo. Sperava di potersi sentire al sicuro ancora per un po', nel suo guscio. Con il padre di Unger aveva concordato che durante la settimana sarebbe rimasto a dormire a Duvenstedt, in quella che un tempo era stata la cameretta di Theo e Claas.

Il quadro di Okke Hermann era il suo ultimo acquisto.

Non il migliore della sua collezione, ma il profilo di quella grande duna lo faceva pensare alle *Donne di Nidden*, la ballata di Agnes Miegel. Nel guardare il quadro gli erano tornate in mente le ballate di quel volume rosso pallido che Oda leggeva quando erano a Westerholz: e a quel punto era stato sommerso dai ricordi, proprio come le donne di Nidden dalla duna di sabbia. Era Oda che gli leggeva le ballate. Le sere d'estate sulla spiaggia, davanti al Mar Baltico.

Quattro settimane dopo era scoppiata la guerra e non si erano visti mai più. Oda era scomparsa.

Una volta era stata anche in quell'appartamento in Bremer Reihe, lui ci si era trasferito da poco; era il 1912 e aveva appena preso servizio all'ospedale Lohmühlen, nel quartiere St Georg. Il suo primo posto di lavoro. Kurt Landmann mise la pentola nell'acquaio, avrebbe pulito più tardi. La cosa importante adesso era non lasciarsi demoralizzare dagli eventi recenti. Quel pasto frugale direttamente dalla pentola doveva restare un'eccezione.

La situazione era questa: da maggio sarebbe stato medico di campagna a Duvenstedt. Era grato a Theo e a suo padre. Frau Unger sembrava ancora un po' scettica: ma la casa era grande, Landmann avrebbe fatto attenzione a non starle tra i piedi. Avrebbe preferito poter tornare a casa propria anche durante la settimana, ma per il padre di Theo era importante soprattutto la guardia medica notturna. Nei paesini di campagna la gente non esitava a presentarsi alla porta o a telefonare alle due di notte.

La foto di Oda era rimasta tutti quegli anni nel diario che Landmann aveva tenuto durante la guerra. Si erano logorati entrambi, diario e foto: se li era portati dietro da un fronte all'altro.

Da qualche parte doveva esserci anche una seconda foto: lui e Oda, seduti su una di quelle poltroncine da spiaggia col tendalino, che sorridevano al fotografo che con tutto il suo armamentario batteva la zona dei fiordi intorno a Flensburg.

Landmann guardò l'orologio. Gli sembrò che il tempo facesse fatica a passare. Mancavano ancora dieci ore all'inizio del turno. Era contento di sostituire Theo la domenica di Pasqua. Solo quattordici giorni, ancora e sarebbe stato il primo maggio.

«Mi ha dato tutto quello che aveva nella caffettiera», disse Jacki. «Ci nasconde i soldi. Prima li metteva sempre nella credenza in cucina, dietro lo zucchero, ma mio padre se n'è accorto. È più forte di lui, li prende e va all'osteria».

«I soldi puoi tenerteli», gli disse Guste Kimrath. «Non mi devi niente». Osservò quel ragazzo che era andato a svegliare sua madre in piena notte dicendole che doveva fuggire. Subito. «Ma perché qui, poi? È più sicuro che a Berlino?», gli domandò Guste.

«Qui non ho distribuito volantini».

«Be', la polizia passa in continuazione anche da noi».

Jacki aveva quindici anni, ma tra la camicia che gli andava stretta e gli ispidi capelli biondi sembrava ancora più giovane.

Le si era presentato alla porta dicendo che lo mandava sua madre. È vero, Guste aveva la fama di essere una che raccoglieva i relitti portati dal mare: ma come poteva essere arrivata fino a Berlino, quella fama? Sul momento però non aveva detto niente.

«Mamma lavora nella sartoria del Teatro del Popolo. È lì che ha sentito parlare di lei. Che se uno ha bisogno, non lo manda via».

Guste annuì. Non faceva che arrivare gente di teatro. «E adesso lo sa che qui da me ti è andata bene?».

Jacki scosse la testa. «Non è che può chiamare lei, in teatro? Io non mi fido, magari qualcuno riconosce la mia voce».

Guste si alzò a fatica dal vecchio e logoro divano in mansarda. Avrebbe dovuto mettercene uno nuovo. «Il numero ce l'hai?».

Jacki prese la sacca che costituiva il suo unico bagaglio. Probabilmente se la portava dietro dai tempi della scuola.

Guste prese il foglio e lesse le quattro cifre del numero del teatro sulla Bülowplatz. «Non ci sarà nessuno, è Pasqua», disse.

«Figuriamoci. È la sartoria».

«Ah, eccoti qua», disse Bunge ansimante. Era appena arrivato in cima alle scale. «Di sotto ci sono due poliziotti, Momme li sta tenendo occupati. Però vogliono parlare con te, Guste».

«E tu vieni fin quassù per fargli vedere la strada? Li porti da Jacki?», disse Guste allarmata.

«Non credo si tratti di Jacki. Per lui non verrebbero gli sbirri della questura, ma quelli della polizia di Stato».

Guste conosceva il più vecchio dei due, che in quel momento si affacciò dal corridoio con aria imbarazzata. «Mi dispiace, Frau Kimrath, ci è stato segnalato che il suo registro non viene aggiornato come si deve. Dobbiamo fare un controllo».

«Ma certo, signori cari. Volentieri. Presumo che la segnalazione fosse anonima, vero? Be', la concorrenza non dorme».

«Devo solo dare un'occhiata nel registro. Posso?».

Scesero insieme. Guste prese il registro da sotto il bancone e accennò con il mento alle poltroncine nell'ingresso. «Prego, si sieda».

L'agente lesse con calma, valutando attentamente ogni nome. «Ci sono anche degli ebrei tra i suoi ospiti?».

«Non è mica proibito».
«No. Non è proibito». Le restituì il libro e si alzò. «Amici come prima, allora», disse. «Ce ne andiamo. È Pasqua anche per noi. Preferiremmo fare altro che perquisire le case della gente».

La doppia porta del salone venne fatta scorrere con energia: apparve Bunge con un cestino in mano. Guste immaginò che fosse stato tutto il tempo dietro la porta.

«Posso offrirvi un uovo di cioccolata per addolcirvi il lavoro?».

«Be', non varrà certo come un tentativo di corruzione», disse il più vecchio, e aveva già allungato la mano quando notò la disapprovazione dipinta sulla faccia del suo collega.

Ritirò la mano e poi, ancora una volta, disse: «Mi dispiace».

«Veda di non fare passi falsi, Frau Kimrath», la redarguì il poliziotto più giovane. «La fama di alloggiare un popolino variopinto ce l'ha già».

Poi risuonò alto il saluto d'ordinanza: «Heil, Hitler!», e gli agenti uscirono dalla pensione.

Novembre 1933

Vennero alle quattro del mattino. Con i sottogola allacciati e le pistole nelle fondine di cuoio. Brandivano manganelli di gomma. Era la Schupo[9] di Amburgo, quelli che sbrigavano le faccende sporche per conto della polizia di Stato.

Quando il campanello prese a suonare con insistenza, Käthe e Rudi saltarono giù dal letto cercando i vestiti; Käthe era ancora in sottoveste e già quelli frugavano negli armadi, rovesciavano i cassetti, buttavano scatoloni sul pavimento facendo rovinare fuori il contenuto.

Rudi era immobile, Käthe invece urlava con voce strozzata dalla paura.

Cosa cercavano? Cosa volevano? Il ciclostile, pensava Rudi. Era nella nicchia in soffitta, ma Käthe non lo sapeva; pensava che il laboratorio fosse nella cantina della tipografia Friedländer.

Gli agenti non chiesero di vedere la soffitta.

Käthe non fece in tempo a capire per quale motivo, ma all'improvviso Rudi aveva il cappotto addosso. Non capì subito che lo stavano spingendo fuori in quel piovoso, primissimo mattino di novembre. Rudi si voltò verso di lei, ma non furono concessi loro abbracci né saluti.

---

9. Si tratta della *Schutzpolizei*, divisione della polizia di Stato tedesca.

Si aprì la porta del vicino. Quell'uomo così affabile, che da dodici anni viveva accanto a loro, alla vista di Rudi condotto fuori in malo modo fece un cenno del capo come per annuire. Che voleva dire? Di certo non un cordiale saluto.

All'inizio dell'anno c'erano state delle fiaccolate. Ma poi nessuna sollevazione. Solo uomini affabili che annuivano.

Käthe andò alla finestra. Rudi alzò la testa e la vide, avrebbe voluto farle un gesto per salutarla. Ma uno degli uomini gli diede una tale spinta che quasi lo fece cadere.

Tremando dalla testa ai piedi, Käthe si infilò la gonna e il maglione.

Sedette allo scrittoio il cui contenuto era tutto sparso a terra, e pianse. Dove portavano Rudi? Forse al Neuer Wall, dove sorgeva il famigerato Stadthaus, la centrale amburghese del terrore nazista.

Cercò di convincersi che l'avrebbe visto tornare a casa quel giorno stesso. Poi cominciò a rimettere in ordine lo scrittoio, il santuario di Rudi.

Avevano rovesciato tutto, ma non avevano cercato bene. In uno degli ultimi cassetti c'era ancora il pacchettino, avvolto in un foglio di quell'«Hamburger Echo» che da marzo aveva interrotto le pubblicazioni.

Il fermacravatte del padre di Rudi.

Fuggire. Un pensiero che Käthe non aveva mai concepito in vita sua. Magari in Danimarca, in Svezia. Il fermacravatte sarebbe bastato a pagare il viaggio. Via da questo Paese. E Anna, e Karl?

Käthe cominciò a fare ordine in quel caos. Aveva ancora tre ore di tempo prima che iniziasse il suo turno in clinica. Se solo ci fosse stato ancora Landmann alla Finkenau.

Henny, Ernst e Marike gli cantarono la canzone di buon compleanno, anche se Klaus non era particolarmente interessato. Compiva due anni. Ricevette in regalo dei libri illustrati, una scatola di costruzioni, un atlante e un tamburo che era proprio quel che ci voleva per Else. Era sempre più insofferente al rumore. Per fortuna non era ancora arrivata, sarebbe stata lì poco prima di mezzogiorno.

Henny oggi aveva la giornata libera. Non che in clinica si facessero favori a nessuno ormai. Era stato un caso. Erano cambiate tante cose alla Finkenau: quel medico arrivato da Bonn era un superiore difficile. Un minuto tutto gioviale e il minuto dopo intransigente e pronto a punire. Il dottor Landmann era rimpianto da molti.

Ernst uscì, sarebbe tornato nel pomeriggio, in tempo per il caffè e il dolce. Marike salutò e se ne andò a scuola.

Squillò il telefono ed era Unger. Henny pensò subito che non poteva significare nulla di buono. Forse c'era semplicemente bisogno di lei in clinica.

«C'è Käthe qui da me», disse Unger. «Oggi hanno arrestato suo marito».

Henny mise il bambino nel passeggino e si avviò verso la Finkenau, dimenticandosi completamente di Else che doveva arrivare portando una focaccia. Rudi, caro Rudi. La pioggerella sottile non migliorava certo il suo stato d'animo.

Spinse il passeggino davanti alla Dunkhase, che aveva tutta l'aria di sapere già cosa stesse succedendo. Passò anche davanti al dottor Aldenhoven, il medico di Bonn.

«Il suo nome oggi non risulta nella tabella del turno, Frau Lühr, men che mai con passeggino», disse, e non gli piacque vedere Henny che entrava senza bussare nello studio del dottor Unger. Tutta quella confidenza tra il collega Unger e le ostetriche, in particolare la Lühr e la

Odefey, non gli sembrava affatto opportuna. Aldenhoven teneva in gran considerazione le gerarchie.

«Se vuoi ti sostituisco io oggi», disse Henny stringendo Käthe tra le braccia, «così puoi andare allo Stadthaus».

Cercare Rudi. Era proprio quello che Käthe voleva fare. Accettò con gratitudine l'offerta. Dovette solo aspettare che Klaus venisse riportato a casa dalla nonna.

«Non dire niente, per favore», disse Henny a Else, la quale si era sempre aspettata che prima o poi a Käthe sarebbe successa una cosa del genere. Ne era sicura dal giorno del diciannovesimo compleanno di Henny, poco dopo la guerra.

«Bastava sentire come parlava del Kaiser», disse Else Godhusen, «e della patria. L'ho sempre detto che si sarebbe messa nei guai. In un modo o nell'altro. Voglio dire, non è chiaro che Hitler non sopporta i comunisti?».

«Adesso devo tornare in clinica. Grazie per l'aiuto».

«Povero biscottino», disse Else rivolta a Klaus. «Non ce l'eravamo immaginato così il tuo compleanno, vero? Anche la torta è triste».

«Be', invece ve la potete mangiare in allegria quando tornano Ernst e Marike. In cucina c'è anche uno sformato di patate già pronto per pranzo, dovete solo metterlo in forno», disse Henny aprendo la porta di casa.

«Fortuna che almeno *tu* hai un marito con un po' di sale in zucca», disse Else.

Ma già Henny non la sentiva più. Scese giù per le scale, uscì sul Mundsburger Damm.

«Chi si ficca nei guai fa una brutta fine», stava dicendo in quello stesso momento Else al suo nipotino Klaus, rovesciandogli davanti tutto il contenuto della scatola di costruzioni.

Käthe dovette brigare per un'ora intera prima di venire a sapere che Herr Odefey si trovava effettivamente in stato di fermo precauzionale, ma non allo Stadthaus. A quanto pareva gli avevano risparmiato lo scantinato delle torture.

«Vada a cercarlo al campo di concentramento di Fuhlsbüttel», le aveva detto un uomo con l'aria di un normale agente di guardia. «Magari gli potrebbe portare qualche vestito, è probabile che si sia sporcato».

Lo avevano letteralmente trascinato nel fango?

Käthe andò nella Bartholomäusstraße e riempì la borsa che usava di solito per fare la spesa. Ci mise della biancheria e una pesante giacca di maglia, molto calda. Del sapone, uno spazzolino da denti. Infilò nella borsa anche il libro di poesie che era appoggiato, aperto, sul comodino di Rudi.

Piccolo canto di Marie von Ebner-Eschenbach.

Penitenziario di Fuhlsbüttel, dietro le cui mura adesso era stato costruito anche un omonimo campo di concentramento. Käthe si avvicinò al cancello, che con le sue due torri e i mattoncini rossi non aveva nemmeno un aspetto tanto minaccioso.

In compenso le mise una gran paura l'uomo delle SS che prese la sua borsa e ne rovesciò il contenuto su un grande tavolo nero, poi fischiò nel vedere il volume di poesie di Ebner-Eschenbach. Scosse il volume e ne scorse rapidamente le pagine come se si aspettasse di veder saltare fuori delle figure animate. Non trovò né quelle, né messaggi nascosti. Buttò il libro a terra davanti ai piedi di Käthe.

«Riporti a casa anche la giacca. Non li vogliamo mica viziare», disse buttandola accanto al libro.

«Posso parlare con mio marito?».

Seduta nel vagone della metropolitana, Käthe aveva

ancora nelle orecchie la risata di scherno di quell'uomo. Teneva in grembo la borsa della spesa con dentro la giacca, le poesie e la biancheria che le avevano consegnato dopo averle ordinato di aspettare. Oltre a quella, la camicia e le mutande che Rudi si era infilato precipitosamente alle quattro del mattino. C'erano macchie di sangue.

Käthe non si era mai interessata alle poesie che leggeva Rudi. Stavolta però, quando arrivò a casa, si sedette al tavolo della cucina e cominciò a leggere il libro. Sentiva di doverglielo.

> Una canzoncina. Oh suvvia,
> davvero si può amare tanto
> quel che c'è dentro? Sarà poi vera?
>
> C'è dentro l'armonia,
> un suono bello, un canto
> e un'anima tutta intera.

Aveva cercato un mondo incontaminato, il suo Rudi. Käthe chiuse il libretto e lasciò scorrere le lacrime. Prese quella poesia come una dichiarazione d'amore.

«Cospirazione al fine di alto tradimento», disse Käthe nella cucina dei suoi genitori.

«Ma vi hanno trovato in casa qualcosa?», domandò Henny che sedeva accanto a lei anziché a casa propria, dove già iniziavano i festeggiamenti per il piccolo Klaus. Pensava a quella volta che in primavera Käthe le aveva raccontato dei volantini. Ma non aveva idea di quanto ne sapessero in proposito i Laboe.

«Niente», disse Käthe. «Non hanno trovato niente».

«Lo dici come se la cosa ti meravigliasse», disse sua madre. «Figlia mia, che vanno cercando da voi? Che combinate? Il Partito Comunista è stato messo fuori legge dopo l'incendio del Reichstag».

«Preferisci non saperlo, credimi», disse Karl. «Anche perché sennò vengono a prendere anche te».

Anna Laboe guardò suo marito. «Perché, tu che ne sai?», domandò.

«Faccio due più due. Rudi non avrà mica smesso con quei volantini solo perché a Berlino è bruciata la baracca».

«Se non hanno trovato niente devono rilasciarlo per forza», disse Henny. «Devi andare da un avvocato, Käthe. Magari Unger può consigliartene uno. Dovranno pur esserci dei mezzi legali».

Käthe la guardò come se fosse atterrata da un altro pianeta. «Sono rimasti solo i mezzi illegali», disse.

Henny si stava chiedendo se fosse quella la stabilità tanto agognata da Ernst, il suo concetto di Stato forte.

«Adesso devo andare a casa», disse Henny. Il suo turno era finito da due ore, Ernst e Else lo sapevano bene. Quando andò in corridoio per mettersi il cappotto, Käthe la seguì. Henny avrebbe voluto dirle con tutto il cuore: *Puoi venire da me in qualunque momento*. Ai tempi di Lud glielo avrebbe detto sicuramente.

«Grazie per la sostituzione stamattina», disse Käthe. «Grazie di tutto».

«Käthe, quando hai bisogno di me, chiamami. Io vengo di sicuro».

«Pensi anche tu che Rudi tornerà presto?», domandò Käthe appoggiando la testa sulla spalla dell'amica.

«Sì», disse Henny carezzandole i capelli.

«Ti sto bagnando il cappotto di lacrime».

«Ti voglio bene».

«Anch'io ti voglio bene», disse Käthe staccandosi dalla spalla. «Vai dai bambini e dal tuo Ernst, allora».

Henny uscì sulla Humboldtstraße e alzò lo sguardo fino al vecchio appartamento dei suoi genitori. Il palazzo sull'angolo, al secondo piano: era cresciuta lì. Le finestre non erano illuminate.

Nella cucina di Henny Else stava provvedendo a preparare il piatto con le tartine. Non c'era soltanto il solito salame di tutti giorni: Henny aveva comprato dal bavarese all'angolo del prosciutto fresco, del vero formaggio svizzero e un pezzo di anguilla per Ernst.

Con un coltello da cucina Else avrebbe tagliato per lungo i cetriolini e avrebbe deposto tra le tartine – come tante perle – le cipolline sottaceto. Faceva così già quando Henny era una bambina.

E piano piano in Henny si insinuò un senso di gratitudine: perché ormai solo un tratto brevissimo la separava da casa, dove avrebbe potuto lasciarsi alle spalle tutta la disperazione di quel giorno.

«Si può sapere dove sei stata?», le domandò Else non appena mise piede in corridoio.

«Non hai detto che il turno finiva alle quattro?», domandò Ernst. «Sono quasi le sei e mezza».

Henny non diede retta ai rimproveri, non si scusò nemmeno; prese la manina caldissima di Klaus, che subito, tutto esaltato, la portò in soggiorno davanti a un'alta torre di mattoncini in legno. Un attimo dopo la fece franare rovinosamente.

«Klaus, adesso basta», disse Ernst. «Non buttare giù la torre». Il piccolo però rideva a crepapelle.

«Be', allora possiamo mangiare», disse Else arrivando dalla cucina con il vassoio. Cetriolini a ventaglio. Cipolline allineate come perle. «Henny, apri tu una birra per tuo marito».

«Adesso ti acchiappo, adesso ti acchiappo!», esclamò giocoso Ernst, afferrò suo figlio che gongolava di gioia e lo mise sul seggiolone. Marike sedeva a tavola senza dire una parola. Avevano parlato dell'arresto di Rudi? Davanti ai bambini? Marike voleva bene a Rudi.

«Sei stata da Käthe, immagino», disse Else.

«Adesso festeggiamo il compleanno di Klaus», disse Ernst versandosi la birra schiumante nel bicchiere. «Alla salute!».

«In realtà non mi dispiacerebbe un bicchierino di vino», disse Else. «In fondo è un giorno di festa».

«Scusa, avrei dovuto pensarci», disse Ernst arretrando con la sedia. «Però devo scendere giù in cantina».

«Ma no, non disturbarti», disse Else. Ma già Ernst si era richiuso la porta alle spalle. «Insomma, che succede con Rudi?», domandò Else. «Avremo pure noi il diritto di sapere». Marike drizzò la schiena e guardò Henny con attenzione.

«Lo hanno portato a Fuhlsbüttel».

«La prigione principale?».

«Accanto. È un campo per i prigionieri politici, l'hanno costruito da poco».

«E adesso che gli fanno?», domandò Marike.

«Speriamo che torni presto a casa».

Else fece schioccare la lingua. Forse un segno d'incredulità, o forse aveva sentito il rumore di Ernst che rientrava in casa.

«Che velocità!», gli disse. «Con tutte quelle scale».

Ernst non aveva più fiato, ma ricevette con piacere il complimento. Stappò il vino e prese due calici dalla credenza.

«Allora di nuovo… alla salute!», disse levando il bicchiere. La schiuma era quasi completamente evaporata, cosa che lo irritò. «Che ne dite di un po' di musica, signore?». Si alzò, fiero del suo nuovo grammofono. *Liebling, mein Herz lässt dich grüßen* intonarono Lilian Harvey e

Willy Fritsch. Ernst andò in cucina per prendere un'altra birra.

Solo più tardi, a letto, Ernst domandò di Rudi e Käthe. Henny si sentì sollevata, perché non le sembrò di sentire nella sua voce nessuna nota di biasimo o di malignità.

Seduta sul bordo della vasca, Louise guardava sciogliersi la pastiglia di essenza d'abete. L'acqua diventava verde. «Tra un attimo il tuo bagno è pronto», disse alzando la voce in modo che Lina potesse sentirla dalla stanza accanto.

Lina entrò e immerse una mano nell'acqua. «Temperatura eccellente. Dovresti fare la bagnina. E io anche».

«Bagnina? In un bordello, forse. Hai un concetto sbagliato del mestiere di bagnino, mia cara. Mica preparano bagni verdi: stanno ai bordi della piscina con un fischietto in mano».

Lina si tolse il kimono ed entrò in acqua. «Ieri abbiamo decisamente esagerato», disse. «Kurt non faceva altro che riempire i bicchieri».

«Chi ha delle preoccupazioni tiene sempre la bottiglia a portata di mano».

«Non hai avuto la sensazione che le cose vadano abbastanza bene, a Duvenstedt?».

«Ma sì, certo. Solo che non fa per lui. Che dici, vado in cucina a prendere delle aringhe arrotolate? Fanno bene dopo una sbronza».

«Non abbiamo aringhe arrotolate», disse Lina lasciandosi affondare nel verde. «Nel senso che diventare medico di campagna non è mai stato un suo desiderio?».

«E nemmeno avere a fianco un vecchio e gentile dottore che controlla ogni sua mossa».

«Il vecchio Unger fa fatica a passare il testimone».

«Spero solo che i nazisti non alzino il tiro promulgando un divieto generale per tutti i medici ebrei».

Lina sospirò e scivolò nella vasca fino a sentire sulla nuca il contatto dello smalto freddo. Cosa ne sarebbe stato di tutti loro? Certo, per lei finora c'era stata solo l'interruzione della carriera di insegnante al ginnasio. Ad altri era andata molto peggio.

La sua collega ebrea Dorothea Bernstein aveva dovuto lasciare il Lerchenfeld e a quarant'anni era stata messa a riposo. Senza pensione.

«Hai un'aria tetra», disse Louise. «Vengo da te nella vasca?».

«Ah, sei proprio convinta che servirebbe a qualcosa?», sorrise Lina. Era domenica, fuori si sentivano i rintocchi delle campane della chiesa vicina e lei faceva il bagno: conducevano una vita ben lieta, in quei tempi oscuri. «Domenica prossima ci sono le elezioni per il parlamento», disse.

«Io non ci vado», disse Louise sfilandosi la camicia. «Fammi posto». Entrò nella vasca creando un piccolo sommovimento ondoso.

«Perché, si può? Uno non ci va e basta?».

«Mica ci deporteranno per questo. E del resto non si può scegliere davvero per chi votare. La Germania è già uscita dalla Società delle Nazioni, ed è un'ipocrisia chiedere al popolo di esprimersi in proposito. Si può votare per un Partito solo, il loro».

«Magari controllano le liste per vedere chi non è andato a votare».

«Fifona».

Fifone.

Lo diceva sempre suo padre a Lud. Lud non avrebbe avuto problemi da Nagel & Kaemp. Erano ariani al cento per cento, non correvano nessun rischio.

«Tuorlo d'uovo con salsa Worcester, sale e pepe», disse Louise.
«Eh?».
«È quel che butta giù il mio caro padre quando beve troppo. Abbiamo le uova fresche e la salsa Worcester. L'ho comprata per i vol-au-vent».
«Meno male, allora siamo salve», disse Lina.
«E se ci andassimo davvero, in Inghilterra?».
«E che fa in Inghilterra un'insegnante tedesca?».
«Come vanno le cose nella nuova scuola?».
«Credono anche loro nel processo di riforma scolastica. Quindi anche a loro i nazisti stanno poco simpatici».
«Per adesso». Louise cominciava ad agitarsi, l'acqua si stava raffreddando. Uscì dalla vasca e si avvolse nel grande asciugamano con le iniziali della madre di Lina.
«Come, e io?», domandò Lina.
«Si è inumidito appena».
«Sei proprio figlia unica».
«Donna dagli occhi violetti, esci dall'acqua. Vieni a letto con me».
«Solo dopo che avrai preparato il tuorlo miracoloso. Ma che sia con la ricetta di tuo padre», disse Lina.
Chi l'avrebbe mai pensato.

Dalla finestra Kurt Landmann guardò giù nella Bremer Reihe, la nebbia stava velando le case dall'altra parte della strada. Forse avrebbe fatto meglio ad andare a Duvenstedt quella sera stessa, la sua presenza era richiesta già alle sette della mattina dopo. Non poteva permettersi ritardi dovuti al maltempo.
L'ebreo, diceva la gente del paese, però lo rispettavano. Riconoscevano che era un bravo dottore. E lui sapeva come venire incontro al vecchio Unger. Era stato fortunato, pensò Landmann.

Theodor Unger, il vecchio, si ritirava con in mano un quotidiano locale o una rivista illustrata quando in sala d'aspetto non c'erano più pazienti. Se c'era bel tempo andava in giardino, d'inverno invece si fermava in soggiorno. Le visite a domicilio adesso toccavano a Landmann, che faceva il giro in bicicletta. Se avesse mai sospettato che un giorno sarebbe stato catapultato via dalla metropoli, sarebbe stato decisamente più avveduto rispetto all'opportunità di prendere la patente.

«Ecco che arriva il dottore nuovo in sella alla sua bici!».

L'aveva detto il vecchio Harms, il suo paziente preferito. Gli faceva ogni giorno un'iniezione di insulina. Kurt Landmann pedalava sovrano per le stradine di campagna.

Si ritrasse dalla finestra e decise di restare a casa. Le serate erano tristi a Duvenstedt da quando era arrivato l'autunno.

Lotte Unger lo invitava ad andare da loro in soggiorno, ma lui non voleva stare sempre addosso ai due vecchi e passava il suo tempo nella vecchia stanza dei ragazzi, sotto il tetto. Alle pareti c'erano ancora gli attestati delle gare di equitazione cui aveva partecipato Claas, il fratello minore di Theo.

Lotte era una donna in gamba. Cosa che Landmann apprezzava molto. In primavera aveva rinunciato alle piccole aiuole accanto alla gabbia dei polli e dei conigli per allestire al loro posto un orto. «Non si sa mai cosa può succedere, con quello là», aveva confidato a Landmann. Intendeva Hitler. Il vecchio Unger era invece più fiducioso nella capacità del governo di portare al Paese l'agognata stabilità.

Landmann andò in cucina, prese i bicchieri dallo scolapiatti e li mise nella vetrinetta Biedermeier. Era stata anche quella un lascito di sua madre. Quanto avevano bevuto, il giorno prima. Soprattutto lui e Louise. Lina invece si era controllata, come sempre.

Il quadro di Okke Hermann era appeso storto. Il giorno prima lo aveva tirato giù dal gancio per mostrarlo meglio alle sue amiche. Probabilmente quando lo aveva riappeso era già mezzo sbronzo.

Girando il quadro Louise aveva esclamato: «Però, che bel titolo allegro!». Landmann non sapeva nemmeno che il quadro avesse un titolo. Il gallerista glielo aveva venduto come *Le donne di Nidden*.

Lina aveva letto il titolo e scosso lievemente la testa. «Questa cosa non mi piace, Kurt. Compri un quadro dal titolo *La morte?*».

A Landmann era venuto in mente *L'urlo* di Edvard Munch, forse l'artista aveva preso a modello il suo più illustre collega.

«Ma no, neanche lo sapevo che si chiama così. L'ho comprato solo perché mi ricorda una cosa».

«Racconta», aveva detto Louise stringendosi a lui. Ma Landmann non era ubriaco al punto da raccontare loro di Oda.

Elisabeth aveva sentito quanto si andava mormorando dell'attore comunista Hans Otto: che fosse stato buttato da una finestra del terzo piano. Nella Voßstraße, dov'era la sede della sezione berlinese del Partito nazista.

Rabbrividì quando, passando lungo la Voßstraße, vide il grande stendardo appeso alla facciata del palazzo. «UN POPOLO, UN FÜHRER, UN SÌ». I nazisti ce l'avevano fatta, con la loro Lista di Unità Nazionale. Era rassicurante sapere che poteva partire in ogni momento per l'Inghilterra, andare da sua madre e dalla zia Betty. Ma allora cosa ne sarebbe stato di Theo?

Prese un taxi per arrivare alla Lehrter Bahnhof, con

l'Amburghese volante sarebbe stata a casa in due ore e mezza. Era contenta di andarsene da Berlino per un po'.

A gennaio aveva visto allo Staatstheater la prima di *Faust II*, Hans Otto era sul palco insieme a Gründgens e Werner Krauß; adesso giaceva gravemente ferito in un letto d'ospedale e presto sarebbe morto perché dopo essere stato licenziato dal teatro aveva fatto politica attiva. Da comunista. Aveva trentatré anni, come il secolo che stavano vivendo. Due anni più di lei. Stava crollando tutto. Rinunciare ad avere un bambino era stata la scelta giusta.

Elisabeth non aveva idea di cosa le sarebbe successo riguardo al lavoro. «Die Dame» e la «Vossische Zeitung» accettavano ancora volentieri i suoi pezzi, ma all'interno delle redazioni erano cambiate tante cose, tanti collaboratori fidati erano stati licenziati, nessuno sapeva se Ullstein sarebbe riuscito a resistere ancora a lungo. La spada di Damocle dell'arianizzazione pendeva su di lui come su tanti altri editori.

Elisabeth entrò in uno scompartimento della prima classe e trovò un altro viaggiatore, che quando lei si mise a sedere si alzò educatamente, poi tornò a dedicarsi al quotidiano che stava leggendo. «La Stampa». Appena passata la cittadina di Ludwigslust, l'uomo mise da parte il giornale; ora guardava scorrere il paesaggio. Cominciava a scendere la sera.

Elisabeth si pentì di aver mostrato così apertamente a uno sconosciuto il libro che stava leggendo. *La strada del ritorno* di Erich Maria Remarque. Quel tale doveva essere italiano e forse sapeva che il libro in questione era tra quelli bruciati sulla Berliner Opernplazt, in quanto contrari ai principi del nuovo regime. Mussolini era pur sempre uno degli alleati di Hitler. Forse lavorava addirittura per lui, quell'uomo così attraente che le sedeva davanti.

Doveva aver letto i suoi pensieri, perché sorrise. «Ho letto *Niente di nuovo sul fronte occidentale*, questo che ha lei ancora non lo conosco», disse in un tedesco impeccabile anche se con accento marcato.

«È il seguito, più o meno», disse Elisabeth.

«Remarque non suscita più molta simpatia. Ho sentito dire che alla prima del film Herr Goebbels ha ordinato di far correre in giro per la sala dei topi bianchi».

«È bene informato».

«Mi perdoni, mi chiamo Garuti. Mi occupo di cultura presso l'ambasciata».

Era vero, quindi. Elisabeth sentì che il viso le si imporporava leggermente.

«Ma non sono una spia né un delatore».

«Non ho pensato che lo fosse». Doveva essere sulla cinquantina. I capelli, folti e ricci, mostravano già le prime tracce di bianco. Era dunque possibile che fosse in servizio diplomatico già da prima di Mussolini.

Arrivati ad Amburgo l'uomo le diede il suo biglietto da visita. «DOTT. A.A. GARUTI». Soltanto sul binario, quando dopo che si furono salutati lo guardò allontanarsi in fretta, a Elisabeth venne in mente che non gli aveva detto come si chiamava lei.

«Un bel giovanotto tedesco, sano e forte!», disse il dottor Aldenhoven mostrando alla mamma esausta il neonato che Henny teneva tra le braccia.

«C'è tutto?».

«E che dovrebbe mancare?», rise il dottor Aldenhoven in quel suo modo chiassoso e gioviale che faceva sempre sussultare Henny.

«Frau Lühr, che succede? Sarà mica debole di nervi», disse il dottore. «Le dita delle mani ci sono tutte, quelle dei piedi pure. E anche in mezzo alle gambe è tutto a posto».

Peccato non possa ancora alzare il braccio per fare il saluto nazista, pensò Henny. Ieri Unger le aveva fatto vedere un libro appena uscito, il *Manuale della puericultura*. In copertina c'era un robusto bambino con il braccio alzato.

«Com'è che si chiamerà?», domandò Aldenhoven.

«Heiner».

«Nome germanico anche questo! Del resto non possono mica chiamarsi tutti Adolf o Hermann». Il dottore fece un'altra tonante risata.

Nei limiti del possibile Henny lasciava a Käthe i turni di guardia insieme a Unger e Geerts. Da quando l'ostetrica capo non stava bene, lei la sostituiva spesso, assumendo un ruolo sempre più dirigenziale. Per Käthe erano tempi difficili alla clinica da quando la Dunkhase aveva raccontato a tutti che suo marito era rinchiuso nel campo di concentramento a Fuhlsbüttel.

Aldenhoven era un bravo medico, ma si era allineato ai tempi nuovi. Anche se non era un infame come la Dunkhase.

Di Rudi nessuna notizia. A Käthe era stato permesso altre due volte di portargli la biancheria. Quella che riportava a casa era sempre sporca di sangue.

«Gli faranno un regolare processo», disse Ernst. «Se è innocente, la cosa verrà provata».

Sembrava crederci davvero. Henny invece no.

«Basta con questo muso!», disse Else. «Manca poco a Natale. Hai due bambini, dei doveri».

Venne presto il Giorno dei morti.

Henny andò con Marike al cimitero di Ohlsdorf per mettere una composizione di fiori e rami d'abete sulla tomba di Lud.

Marike aggiunse un disegno che si era già tutto bagnato di pioggia quando arrivarono al cancello del cimitero.

La figlia di Lud aveva disegnato il suo fratellino, Henny e se stessa.

Il giorno dopo Henny andò a un appuntamento con Ida, che però aveva tutt'altro per la testa. Non soffriva né per Käthe né per la Germania: era innamorata.

«Ha delle mani stupende», disse.

«E che ci fa, con queste mani stupende?», domandò Henny.

Ida le mandò una lunga occhiata di disapprovazione. «Suona il pianoforte al Quattro Stagioni», disse.

Henny s'immaginò subito una specie di damerino o di gigolò, poi si pentì: non tutti i pianisti riescono ad arrivare alle sale da concerto.

Musicisti, parolieri e compositori stavano già emigrando in massa, ma questo non lo sapevano né Henny né Ida né gli avventori del Quattro Stagioni.

«Non sapevo che tu frequentassi posti del genere».

«Scherzi? Ci vado sempre. Con Campmann».

«Be', evidentemente anche senza Campmann. A meno che non gli piaccia guardarti flirtare con altri uomini».

«Sei diventata noiosa a forza di stare con Lühr».

Henny si guardò le mani, poi la grossa fede nuziale. Forse Ida aveva ragione. «Raccontami cosa succede nel bel mondo, allora», disse.

Ida non percepì l'ironia nel suo tono. Le raccontò ogni cosa con l'entusiasmo di chi coltiva da tempo un amore segreto e ha finalmente trovato qualcuno disposto ad ascoltare.

«Quando ha finito di suonare il pezzo, si è alzato dal pianoforte a coda ed è venuto al tavolo da me», disse Ida.

«E poi?».

«Ha fatto un inchino e mi ha dato il suo biglietto da visita. Purtroppo non poteva sedersi con me, la direzione non lo permette».

«E tu l'hai chiamato davvero?».
«Non sai in che condizioni ero! Ero come un'assetata. Jef è un uomo abbagliante e ha reso tutto più facile. Viene dal Belgio».
Era una spiegazione?
«Non mi piace tutto questo. E l'elefantino? E Tian? Insomma, prendi una decisione con Campmann. Ormai è ora».
«Ti sei scordata che ho visto Tian abbracciare un'altra donna?».
«Perdonalo. Vi siete lasciati anni fa. Non può mica passare la vita a mortificarsi».
«E che faccio, gli corro dietro?».
«Cosa hai fatto concretamente per il tuo grande amore, a suo tempo?».
Senza accorgersene avevano alzato la voce, meno male che Mia era in libera uscita. Campmann non c'era comunque mai. Quando più tardi si salutarono, erano entrambe esauste e tristi.
Henny camminò lungo l'Hofweg, poi prese la Papenhuder Straße fino al Mundsburger Damm. Non fece il tragitto più corto per arrivare a casa. Forse anche lei preferiva sottrarsi a un paio di verità sgradite.

«Non è giusto quello che stanno facendo con gli *itzig*[10]», disse il vecchio Harms tirandosi giù la manica della camicia. Landmann gli aveva appena applicato un piccolo cerotto dopo l'iniezione di insulina.
«No, non è giusto», fece eco il medico.
«Se ha voglia di farsi un giro di acquavite e birra, venga da me una di queste sere. Al vecchio dottore non è mai piaciuto bere».
In quel momento, per qualche ragione, a Landmann

10. Soprannome sprezzante dato agli ebrei durante il nazionalsocialismo.

venne in mente l'acquavite di cumino, con cui anni prima aveva fatto prendere una sbornia al giovane Unger. Forse Henny Lühr, a quel tempo ancora Godhusen, sarebbe stata davvero la donna giusta per Theo.

«Be', se è un invito non dico di no».

«Quando vuole, dottore, quando vuole. Da quando mia moglie non c'è più, le sere sono lunghe qui al villaggio. E la casa troppo grande».

«Sì, ne so qualcosa», disse Kurt Landmann. «Serate passate in solitudine».

«Noi ci capiamo bene, signor dottore. Anche se lei è un *itzig*».

«Lo credo anch'io», disse Landmann rasserenato. Quel vecchio, con la sua franchezza, gli faceva bene. Da tempo non gli succedeva più.

Forse, contrariamente alle previsioni, sarebbe andata bene ancora per qualche tempo.

Gli avrebbero permesso di esercitare la professione qui al paese, tra cavalli al pascolo e vecchie fattorie. Amburgo, lo Stadthaus e anche Fuhlsbüttel sembravano lontani.

I polli razzolavano in cortile, i conigli dormicchiavano nel recinto. D'estate si mangiavano fagioli appena sgranati e foglie d'insalata riccia o di lattuga.

Quando rientrò vide davanti alla porta dell'ambulatorio la Dixi di Louise.

«Volevo solo vedere come te la passi, tutto qua. Lina è preoccupata».

«Perché, tu invece no?», rise maliziosamente Landmann.

«Tu sei come me. Uno che non molla mai», disse Louise.

«Tu ci sei nata, spavalda».

«Ma va'! Dai, facciamo un giro».

Landmann guardò l'orologio. La prossima visita era fra un'ora. Louise aveva qualcosa di strano.

«E i tuoi genitori? Tutto bene?», le domandò mentre salivano in macchina.

«Pare di sì. Almeno a quanto ne so».

Piovigginava. Meno male che la Dixi aveva un tettino da sollevare in caso di maltempo. «Insomma, cos'hai?», domandò Landmann.

«In teatro mi hanno fatto capire che me ne devo andare», disse Louise.

Niente li avrebbe fermati, sarebbero andati avanti. Fino alla fine.

«Non dimenticare che tu sei come me», le rammentò Landmann mentre Louise con la Dixi già girava l'angolo per andarsene. «Una che non molla mai!».

Poi entrò nell'ambulatorio, dove incise un foruncolo ed esaminò parecchie lingue pastose.

Il pianista di Ida suonò una canzone nuova di zecca, era appena stata cantata in un locale di Harlem: *Stormy Weather*. Suonò *Smoke Gets in Your Eyes* di Jerome Kern e *Isn't it a Pity* dei fratelli Gershwin. Suonò fino a mettersi in una posizione spiacevole, perché nella sala del camino quella sera sedevano anche i nuovi padroni; non portavano l'uniforme marrone, poco apprezzata in quel luogo così elegante. Al bel pianista di Ida venne chiesto di eseguire il repertorio musicale tedesco.

Una sera Ida arrivò al Quattro Stagioni e lui non c'era più. Sparito da un giorno all'altro. «Un ingaggio ad Amsterdam», le disse costernato l'uomo della reception, anche a lui erano sempre piaciute quelle canzoni che sentiva arrivare dalla sala del camino. Ma il giovane musicista purtroppo si era rifiutato di cambiare il suo repertorio per compiacere i nazisti.

Ida sedette nella sala del camino, già addobbata per Natale, e si sfilò i guanti chiari.

«Posso portare il suo cappotto nel guardaroba, gentile signora?».

Lasciò che il cameriere le togliesse il cappotto di pelle scamosciata, foderato di pelliccia, poi subito ordinò un'insalata di astice e un bicchierino di sherry. Aveva bevuto sempre e solo tè al Quattro Stagioni, ma ora aveva bisogno di sostanze più stimolanti.

Al pianoforte a coda sedeva un ragazzino che cantava in quel momento *Adieu, mein kleiner Gardeoffizier*. Il compositore, Robert Stolz, era nelle grazie del regime.

Ida bevve lo sherry troppo in fretta e si sentì invadere dall'amarezza: non riusciva a tenersi un amante nemmeno per due settimane. Campmann ne aveva una già da tre anni.

Se solo avesse potuto mettere le mani in mezzo alla roba di Campmann! Le sarebbe piaciuto fare a pezzettini con un paio di forbici i vestiti che gli aveva regalato Joan. Sentì salire la collera: con che spudoratezza suo marito e l'americana vivevano la loro relazione!

Una domenica Campmann si era seduto al tavolo della colazione con una nuova vestaglia di seta e le aveva detto come se niente fosse che era un regalo di Joan. Gliel'aveva comprata da Saks, sulla Quinta.

«Non ha soltanto buon gusto, ha anche i soldi». Si godeva la sua vendetta per tutto quel che Ida gli aveva fatto patire dal giorno in cui si erano sposati.

Ordinò un altro sherry.

Una situazione umiliante: continuare a mangiare alla stessa tavola quando da tempo non condividevano più il letto, ricevere le telefonate di quella donna che chiedeva di parlare con suo marito, sentirgli addosso il suo profumo, trovargli dei capelli scuri sul colletto. Ma il pensiero che l'americana potesse un giorno insediarsi al piano nobile del Palais al posto suo per Ida era ancora più intollerabile.

Il giorno in cui quella giramondo si fosse decisa a tornare a Philadelphia o a New York o dove voleva lei, purché di là dell'oceano, Ida avrebbe chiesto il divorzio.

Ma per il momento le toccava aspettare che Joan se ne andasse. Senza contare che i soldi nella cassetta di ferro nel suo armadio non bastavano ancora: da quando aveva smesso di fare le cose di nascosto, Campmann s'era fatto tirchio.

Una signora le fece un cenno da uno dei tavoli vicini. Non era la moglie di quel tale, quello che lavorava alla Camera di Commercio? Ida non aveva un'amica, in quel mondo che tutto sommato era il suo.

La strategia che aveva adottato con Campmann aveva finito per nuocere alla sua amicizia con Henny. Aveva preferito il lusso alla libertà. Henny l'aveva definita una "bassa manovra della coscienza" e per giunta non aveva mostrato la minima comprensione quando Ida aveva smesso con l'assistenza alle neomamme.

«Continuo a sentirmi fuori posto», aveva detto Ida.

«Troppi piselli sotto il materasso della principessa», aveva ribattuto Henny tagliente.

Eppure Ida si sentiva di nuovo piena di speranze. A questo Henny non pensava.

Il lunedì dopo il Giorno dei morti le aveva dato dell'egocentrica. Ida aveva replicato che Ernst era un insopportabile piccolo borghese. Da allora, il silenzio. Ida voleva riconciliarsi.

Mangiò l'insalata d'astice con la stessa fretta con cui aveva bevuto lo sherry, che le aveva dato alla testa.

Quanto le mancava Jef! Le sue mani, che sapevano suonare meravigliosamente anche il suo corpo. Essere desiderata aveva risvegliato in lei il desiderio. Si sentiva giovane e circondata da un alone rosa. Dalla testa ai piedi.

Un venerdì di inizio dicembre Rudi tornò a casa. Era rasato a zero e aveva sempre freddo. Käthe ringraziò il cielo di essere lì quando Rudi arrivò. Lo avvolse in diverse coperte e lo fece stendere sullo stesso divano che aveva già ospitato Hans Fahnenstich. Mise altra legna nella stufa, gli diede da bere del tè bollente con il miele. Rudi però tremava di freddo. Landmann passò quella sera stessa per dare un'occhiata ai postumi delle torture. Lasciò loro della pomata, degli antidolorifici per il corpo e altri per l'anima. Una bottiglia di cognac. Henny portò una pentola di brodo di pollo. Ma tutto questo non bastò a riscaldare Rudi. Aveva in corpo la fredda umidità di novembre e la ferocia dei torturatori.

Di notte giaceva tra le braccia di Käthe senza riuscire a dormire, se prendeva sonno si svegliava di soprassalto: ansimava come se trattenesse le urla. Käthe gli chiese di raccontarle delle torture, per liberarsene. E alla fine lui l'accontentò.

«Dobbiamo andarcene», disse Käthe.

«E i tuoi genitori?» domandò Rudi. «Stanno invecchiando».

«Abbiamo ancora il fermacravatte».

«È meglio tenerlo da parte. Nel caso in cui le cose dovessero volgere al peggio».

Ma Käthe non riusciva a immaginare niente di peggio.

Maggio 1938

«Una mostra ha bisogno di una lunga preparazione», stava spiegando con un sorriso il dottor Garuti a Elisabeth, la quale al fianco di suo marito visitava il Museo di Arte e Design.
«Anni fa, in treno, lei non mi rivelò il suo nome. Ma è bello che il destino ci abbia riavvicinati».
Sì. Era stato il destino. Il destino aveva voluto che Elisabeth Unger fosse al riparo dal braccio delle *leggi per la protezione del sangue e dell'onore tedesco*, promulgate nel settembre 1935. Il matrimonio misto con Theo Unger la proteggeva. Come si sentiva grata che suo padre non fosse vissuto abbastanza da assistere al varo delle Leggi di Norimberga e che sua madre vivesse dalla zia Betty in Inghilterra. Lei stessa aveva riflettuto a lungo sull'opportunità di emigrare, senza arrivare però a nessuna conclusione. E adesso era lì, all'inaugurazione di una mostra di ceramiche italiane: ad ammirare brocche, scodelle, piastrelle, rilievi vecchi di seicento anni. Quel bel signore italiano che aveva incontrato in treno anni prima adesso aveva i capelli bianchi come la neve.
La consorte del direttore della clinica era la curatrice della mostra: presenza obbligata, dunque, per il primario

Theo Unger. «Che bello che siate riusciti a venire!», aveva detto la curatrice sorridendo più a lungo a Theo che a lei. Una frazione di secondo, non di più. Probabilmente era solo una che dava la precedenza agli uomini.

Garuti prese alcuni bicchieri dal vassoio che gli porgeva un cameriere: «Beviamo insieme per festeggiare il nostro nuovo incontro. È un vino abruzzese. Rustico ma eccellente». Porse un bicchiere a Elisabeth, un altro a Unger. Poi ne prese uno per sé. «Salute», disse indirizzando a Elisabeth uno sguardo adorante. La cosa non disturbò Unger: lo trovava pieno di *charme*, questo italiano.

«Si beve bene», disse poi Garuti. «Non trova?».

«È vero», disse Theo Unger assaggiando il vino. «E dunque lei ha conosciuto mia moglie in treno?».

«Sul tragitto Berlino-Amburgo. Ma parliamo di diversi anni fa. Anni che per lei, signora», disse rivolgendosi a Elisabeth, «sono passati senza lasciare traccia. Io invece sono diventato un vecchio dai capelli bianchi».

«Viene spesso ad Amburgo?».

«Purtroppo no. Solo per la preparazione di questa mostra. Faccio parte del personale dell'ambasciata, a Berlino».

Unger gli avrebbe chiesto volentieri come mai parlasse un tedesco così impeccabile, ma immaginò che sarebbe stato poco educato. Era un diplomatico di stanza a Berlino, ovvio che parlasse tedesco. Garuti però aveva già dimostrato in passato, seduto in treno davanti a Elisabeth, di essere bravo a intuire i pensieri altrui.

«Ho studiato in Germania», disse, «secoli fa. Amo questa terra e le sue donne».

«Vorrei poterla invitare a cena da noi», disse Elisabeth.

«Purtroppo domani riparto per Berlino. Peccato», disse Garuti. «Ma stavolta non ci perderemo di vista», aggiunse spostando lo sguardo su Theo Unger. Il dottor Garuti era un galantuomo.

Non poteva sapere che Unger era contento che sua moglie fosse fatta oggetto di tante, lusinghiere attenzioni. Negli anni precedenti Elisabeth era stata messa all'angolo. Da più parti. La Ullstein era stata epurata di tutti i collaboratori non ariani, «Die Dame» adesso usciva per i tipi degli Editori Tedeschi e non dava più incarichi ad autori non ariani. L'altro committente di Elisabeth, la «Vossische Zeitung», aveva chiuso i battenti di propria iniziativa per motivi politici già nel marzo del 1934. «Riteniamo che la funzione di un giornale come la "Vossische Zeitung" sia giunta al termine», aveva comunicato la redazione ai lettori. Adesso Elisabeth scriveva testi per il catalogo della casa di moda Robinsohn, quella sul Neuer Wall.

Ma quanto era destinata a durare ancora la Robinsohn? Le tetre previsioni di Kurt Landmann si erano rivelate fin troppo ottimistiche.

Theo e Kurt si vedevano, se non erano in servizio, ogni domenica. Avrebbero fatto presto una piccola gita in campagna con la Mercedes di Elisabeth.

«È il verde mese di maggio», aveva detto Landmann. «Cogliamo l'occasione».

Al momento del congedo il dottor Garuti mandò a Elisabeth un ultimo, lungo sguardo. Anche se i capelli erano bianchi, gli occhi di un italiano restavano sempre ardenti.

«Brindiamo ai miei ottanta, signor dottore, senza di lei non ci sarei arrivato».

Il vecchio Harms aveva davanti a sé quattro bicchieri: ne riempì due di acquavite di cumino e due di birra. Kurt Landmann conosceva già la procedura. Il bicchiere di birra andava tenuto tra pollice e mignolo, quello di liquore tra medio e anulare. Il liquore finiva nella birra e i due insieme nella bocca. A Duventstedt, oltre che ad andare in bicicletta, Landmann aveva imparato anche a bere *Lütt un Lütt*.

Theodor Unger, il vecchio, ormai non lavorava più. Aveva settantaquattro anni e affiancava Landmann soltanto quando la sala d'attesa era troppo piena o c'era bisogno di un assistente per una piccola operazione.

Già diverse volte Kurt Landmann gli aveva raccomandato di pensare a un successore più giovane: ma il vecchio non ne voleva sapere.

«Lei può farlo benissimo per almeno altri dieci anni», diceva sempre. «Non lo vogliamo, qui, uno sbarbatello che vuole rifondare la Medicina».

«Altri due, signor dottore?».

Landmann rise. «Le piace vedermi barcollare in bici!».

«Ma no, lei è uno di città. Non le fa né caldo né freddo».

Lotte Unger era otto anni più giovane e più perspicace di suo marito. Il suo cruccio più grande era che il figlio maggiore Claas si era arruolato nelle SS, squadroni a cavallo. Da quando era arrivato Landmann, Claas aveva brillato per la sua assenza in casa dei genitori. Del resto qualche problema l'aveva avuto anche con la cognata. I figli di Claas avevano venti, diciannove e diciassette anni: soltanto Nele, la più piccola, andava ancora a trovare i nonni a Duvenstedt, che nel frattempo non era più un distretto pienamente rurale perché l'anno precedente era stato annesso alla circoscrizione di Amburgo.

«Vi tengo lontano vostro figlio», aveva detto Landmann.

Lotte però aveva scosso la testa energicamente: «Deve rinsavire. E poi sarà di nuovo il benvenuto».

«Adesso però devo andare», disse Landmann al vecchio Harms. «Di sicuro c'è già qualcuno in sala d'attesa».

«E allora gli dica che Harms oggi compie ottant'anni!», disse il vecchio ridendo di cuore. «Non ci avrebbe creduto nessuno, qui in paese, quando mi sono ammalato. Grazie a lei invece sono ancora qui a far danni».

«Deve ringraziare l'insulina, soprattutto», disse Landmann.

Sopra il divano, in soggiorno, era appeso un vecchio poster della tipografia Friedländer. *Leone su elefante*. Rudi l'aveva fatto incorniciare quando nel 1935 la tipografia aveva chiuso i battenti. I figli del fondatore erano riusciti a farsi concedere altri due anni, perché il Reich aveva bisogno di stampare gli slogan in grandi tirature. Poi però era finita davvero, l'ultimo foglio era stato il numero 9078.

Rudi aveva trovato lavoro in una tipografia sulla Zimmerstraße: biglietti da visita, carta da lettere, annunci di nascita, di matrimonio, di morte. Continuava ad ascoltare Radio Mosca, ma il ciclostile in soffitta non c'era più. Marciva nella cantina di una casa vuota, i cui abitanti erano riusciti a varcare il confine con la Danimarca.

Lui e Käthe continuavano a resistere e cercavano di non farsi notare. A parte ascoltare la radio, non facevano nulla che potesse metterli in pericolo. Al telefono, che si erano messi in casa da poco, non dicevano mai nulla di compromettente. Rudi sapeva bene di essere sempre nel mirino della polizia segreta, perché era stato internato nel campo di concentramento di Fuhlsbüttel.

Giorni prima aveva fatto un'offerta di due marchi a sostegno delle famiglie dei compagni in prigione. Certo non immaginava che i donatori del Soccorso rosso, che ufficialmente nemmeno esisteva più, venissero registrati in una lista vera e propria, come fossero membri di una cooperativa edile.

In qualche modo questa lista era finita nelle mani della Gestapo e una tranquilla domenica mattina tutti coloro che avevano fatto una donazione furono portati via. Odefey, l'ultimo nome, non lo trovarono.

Per puro caso Rudi era dovuto correre alla Finkenau all'alba, perché durante il turno Käthe si era sentita improvvisamente poco bene.

Svoltando l'angolo videro la Mercedes nera davanti a casa loro.

Stavano già tornando in strada: erano in borghese, ma quelli della Gestapo si riconoscevano anche senza uniforme.

Arretrando lentamente, Käthe e Rudi tornarono nella Bachstraße.

«Che vogliono adesso?», domandò Käthe.

«Non lo so», disse Rudi. Sudava.

Si era completamente scordato della donazione. Sapeva solo che a casa non potevano tornare.

«Andiamo a Duvenstedt», disse Käthe. «Landmann ci aiuterà».

Rudi non ne era tanto sicuro. Un medico ebreo epurato che aiutava un comunista in fuga.

«Ma ce la fai, Käthe? La strada è lunga. Come ti senti?».

«Meglio. Lo spavento mi ha rialzato la pressione».

«Non è che sei incinta?».

«No», disse Käthe, e tacque come aveva sempre taciuto.

Erano già in treno quando a Käthe venne in mente che era domenica: magari Kurt Landmann si trovava a casa sua in Bremer Reihe e non a Duvenstedt. «Vorrà dire che faremo una passeggiata nel bosco. E cerchiamo di capire come procedere», disse Rudi.

«Hai fatto per caso qualche battuta su Hitler?», domandò Käthe.

Rudi scosse la testa.

La Dunkhase, pensò Käthe. Ma proprio non capiva di cosa potesse accusarla.

«Ho fatto un'offerta di due marchi per le famiglie dei compagni in prigione».

«È questo, allora. Ma come hanno fatto a saperlo?».

Quando arrivarono alla casa dei genitori di Unger, videro un'altra Mercedes davanti alla casa. Una 170 scura.

«Restiamo calmi», disse Rudi. «Se ci giriamo e ci mettiamo a correre ci tradiamo da soli».

Kurt Landmann stava portando in macchina un cestino con delle brioche e un thermos. Era uno spuntino da consumare durante il tragitto verso l'Holstein, prima di arrivare a Drosselbek. Lì si sarebbero fermati alla trattoria Waldhaus, per pranzare e ammirare i cigni.

Theo Unger era entrato in casa per salutare i suoi genitori: era ancora presto, ma si annunciava una magnifica giornata di primavera e i due vecchi erano già svegli da tempo.

Landmann si stupì di vedere lì sulla strada Käthe e suo marito e posò bruscamente il cestino sul tetto della Mercedes di Elisabeth. La loro presenza a Duvenstedt non poteva significare niente di buono: poco probabile che avessero deciso di fare una scampagnata da quelle parti.

Quando riconobbe Landmann, Käthe corse verso di lui e si gettò tra le sue braccia. Disse solo una frase:

«La Gestapo davanti a casa nostra».

A Unger bastò l'occhiata di Landmann per capire la situazione. I suoi genitori lo avevano accompagnato davanti al cancello: senza mentire presentò loro Käthe come un'ostetrica della Finkenau e Rudi come suo marito. Aggiunse che i due volevano far visita a degli amici e che avrebbero fatto un tratto di strada insieme a loro.

Attraversarono in auto la foresta del Wohldorf, mangiarono le brioche davanti al monumento ai caduti della Grande Guerra. Bevvero il caffè. «E adesso?», domandò Unger.

Di tornare semplicemente a casa nella Bartholomäusstraße non se ne parlava nemmeno. La Gestapo non si lasciava sfuggire i suoi bocconi dai denti.

Landmann, seduto su un ceppo, ascoltava gli uccelli. Stava pensando a un vecchio tutto solo in una casa troppo grande.

«Chiederò al vecchio Harms. Solo per i primi giorni, poi bisognerà trovare un'altra soluzione. Entrare in clandestinità, se necessario».

In clandestinità, pensò Rudi. Per due miseri marchi che aveva dato alle famiglie dei carcerati. Forse avrebbe fatto meglio a costituirsi. Farsi torturare negli scantinati dello Stadthaus o nel campo di concentramento. Cinque anni prima per poco non ci aveva rimesso la vita.

«Mettiamo in pericolo quel povero vecchio», disse Unger.

«Ho un fermacravatte con una perla di valore, me l'ha lasciato mio padre. Un oggetto simile è stato venduto a un'asta per duemila marchi», disse Rudi.

«In Danimarca», andava farfugliando Käthe, «oppure in Svezia». Meglio che in clandestinità. La clandestinità non era un *luogo*.

«Di questi tempi tutti vogliono vendere preziosi», disse Landmann. «Non sarà né facile né veloce».

Rudi era come narcotizzato. La fuga. Non era questo che si era augurato.

«Non voglio mettere in pericolo nessuno», disse.

«E allora a casa mia, in Bremer Reihe», disse Landmann. «Mettere in pericolo me ormai è impossibile. Cerchi di vendere quella perla, Rudi».

Käthe cercò di far capire a quell'uomo chi fosse. Nominò il miglior amico di suo marito e disse in che modo era morto.

«E sa dirmi quale prezzo è stato realizzato per una perla simile?».

«Duemila marchi, a Lipsia. È stato lei a dirlo a mio marito».

Jaffe annuì. «Temo solo che non sia più possibile».

«Troppi gioielli in giro?».

«Anche. Ma soprattutto i miei contatti non sono più buoni come una volta. La gente non vuole più fare affari con me. Non si faccia scrupolo se preferisce affidare la cosa a qualcun altro».

«Mio marito desidera che se ne occupi lei».

«Perché non è venuto lui stesso?».

«Si nasconde dalla Gestapo».

«Torni domani sera», disse Moritz Jaffe. «Farò il possibile».

«*Quando sventolano le colorate bandiere*», intonò Fritz, il figlio di Mia. «Dai, mamma, la conosci. È la stessa melodia».

Mia annuì.

«*Quando l'ultimo raggio ha mandato / della sera il sole dorato / di Hitler si ritira il reggimento / nel piccolo villaggio senza vento*».

Fritz aveva quattordici anni ed era in carne come sua madre.

La voce aveva cominciato a scurirglisi da poco. Stava in piedi nella cucina di casa Campmann con l'uniforme della Gioventù Hitleriana, in pantaloni corti, e cantava. Mia lo guardava commossa.

«E zio Uwe che fa?», gli domandò. «È ancora dirigente del Partito?».

«Vedessi come rigano dritto, quando c'è lui!», disse Fritz. «Distribuisce frustate a destra e a sinistra».

Perché, Uwe aveva un cavallo? Mia non se ne ricordava.

Anna Laboe appoggiò infastidita sul tavolo i piatti con i waffel. D'altra parte il giovane Fritz non poteva farci nulla, non era mai stato particolarmente intelligente. Che ne sarebbe stato di quel ragazzo? Crescere insieme a un nazista che si rende importante frustando la gente.

«E i ragazzi di Lene? Sono anche loro nella Gioventù Hitleriana?».

«Certo», disse Fritz che con la camicia bruna tutta cosparsa di zucchero a velo stava già mangiando il secondo waffel. «Devi tornare a trovarci, su a Wischhafen, mamma. Adesso davanti casa abbiamo anche un'asta per la bandiera».

«E l'apprendistato?», domandò la Laboe.

«Comincia ad agosto».

«Anche i tuoi cugini andranno a lavorare in campagna?».

«Noo», disse Fritz. Che razza di domande, pensava.

«Loro lo fanno a Glückstadt, all'Assessorato per la Navigazione», disse Mia.

«Posso prendere uno dei tuoi waffel, mamma?».

«"Un giovane tedesco deve essere snello, slanciato, svelto come un levriero, resistente come il cuoio e duro come l'acciaio"», disse Friedrich Campmann entrando in cucina. «Frau Laboe, un bicchiere di latte per favore». Poi mandò a Fritz, tutto intento a divorare le cialde, un'occhiata poco indulgente. «Chi l'ha detto?», gli chiese.

«Il Führer», disse Fritz. «A proposito della Gioventù Hitleriana».

Campmann annuì. Era già qualcosa.

Anna Laboe porse al padrone un bicchiere di latte gelato, come piaceva a lui.

«E adesso fuori dalla mia cucina, Fritz», disse Campmann. «Vai a sfrecciare come un levriero sul lungofiume. Può farti soltanto bene».

Jaffe aveva portato Käthe nel retrobottega. Il fermacravatte era posato sul tavolo.
«Mi dispiace», disse. «Di offerte oneste ormai non ne ricevo più. Potrei vendere la spilla soltanto a un prezzo ben al di sotto del suo valore reale, e francamente non glielo consiglio».
«Cosa farebbe al mio posto? Potrei provare con una delle grandi gioiellerie sulla Jungfernstieg».
Moritz alzò le esili spalle. «Può provare. Vedranno subito che la perla è di gran valore anche se è montata su un supporto falso. Ma il tempo stringe, e i signori gioiellieri lo sanno. Giocheranno al ribasso».
«Ci provo. Non ho altra scelta».
«Suo marito si trova in un nascondiglio sicuro?». Jaffe prese una bustina, ci mise dentro la spilla e la diede a Käthe.
«Sì», disse Käthe, «ma non può restarci a lungo». Chissà che poi la Gestapo non tenesse d'occhio già da tempo le abitazioni dei medici ebrei.
«Mi saluti suo marito».
«E lei, Herr Jaffe? Cosa ha intenzione di fare?».
«Io ho fatto la guerra per il Kaiser».
E questo l'avrebbe aiutato? Käthe vide il dubbio affiorare negli occhi dello stesso Jaffe. «Non sono ricco e non ho parenti all'estero», disse quell'ometto. «Non mi resta che vivere di illusioni. Dio la protegga», disse sorridendo.
«Protegga anche lei», disse Käthe, poi uscì dal negozio di Jaffe facendo suonare il campanellino appeso alla porta.

C'era rimasto soltanto il ghiaccio nel bicchiere di Louise. Le ci voleva qualcosa di più abbondante. Si alzò dal divano rosso corallo e portò il bicchiere in cucina. Beveva troppo in fretta. Se n'era accorto anche suo padre quando era andata a Colonia a trovare i genitori ed erano andati una sera, lui e lei, alla birreria Unkelbach.

Sua madre quasi non usciva più di casa. Perché non stava bene, diceva la versione ufficiale: in realtà non si fidava più a camminare per strada, anche se al padre di Louise non risultava che le fosse mai accaduto niente di male. «È agorafobia», diceva Joachim Stein. «Arrivata insieme ai nazisti».

Louise aveva messo giù la forchetta e bevuto tutto d'un fiato il suo bicchiere di vino, quando suo padre le aveva proposto di tornare a Colonia per vivere insieme a loro. «Qui sei al sicuro, hai un padre ariano», aveva detto sorridendo tristemente. «Lina non può proteggerti, e poi si tratta anche di soldi».

«Ho ancora dei soldi. In tutti questi anni Lina ha insistito per pagare l'affitto da sola. Sono riuscita a risparmiare».

A queste parole il sorriso di Joachim Stein si era fatto più largo e più allegro. «Mia figlia e il risparmio», aveva detto, «sono due cose che non stanno insieme».

«Resto da Lina. Sono in buone mani».

«E come ti vanno le cose dal punto di vista professionale?».

«Leggo manoscritti per un editore che si occupa di teatro. Riuscirò a far passare l'inverno».

«Far passare l'inverno. Sempre che non siamo all'inizio di una nuova era glaciale».

Poi avevano tracannato due grappe ciascuno.

No, non sarebbe tornata a Colonia. La sua vita era ad Amburgo. Louise si avvicinò alla grande finestra a tre battenti e guardò gli alberi in fiore sopra il canale. Un idillio, ancora. Più che mai con un drink in mano. Tornò al divano e aprì il *Libro dei cocktail* di Harry Craddock che Hugh e Tom avevano spedito loro per Natale. Era la pagina del Brandy Toddy. Gli ingredienti li aveva tutti: brandy, acqua, una zolletta di zucchero. *Simple as that*.

Si era sentita ottimista, a Colonia. O forse aveva finto per non far preoccupare troppo suo padre. Le aveva chiesto notizie di Kurt, perché aveva sentito dire che presto ai medici ebrei sarebbe stato vietato l'esercizio della professione.

«Perché te ne stai seduta al buio?», domandò Lina appena rientrata, dopo aver acceso la luce.

«Al crepuscolo, non al buio», disse Louise. «Le anime sorrette da un afflato romantico la chiamano anche "l'ora azzurra". Hai mangiato?».

«Un panino da Henny ed Ernst. Cosa bevi?».

«Brandy Toddy. Una cosa noiosissima».

«Che ne è del buon vecchio Gibson?».

«Non abbiamo più vermut».

Lina si sfilò le scarpe e si sedette sul divano accanto a Louise. «Henny è molto preoccupata per Käthe», disse. «Me l'ha detto quando siamo rimaste sole per un momento. Purtroppo in presenza di Ernst non se ne può parlare».

«Perché, che è successo a Käthe?», domandò Louise con voce già un po' incrinata.

«Suo marito si nasconde dalla Gestapo. A casa di Kurt».

«Mio Dio! Ma è possibile che lo stesso Kurt sia sotto osservazione... chi è al corrente di questa cosa?».

«Soltanto Henny, Unger, noi due e le poche persone che si stanno occupando della faccenda».

«Che non lo venga a sapere Lühr, per carità».

Lina sapeva bene quanto Louise diffidasse di Ernst, e

trovava che esagerasse. Ernst Lühr approvava il regime, è vero, ma non era detto che fosse anche un delatore.

«Rudi deve andarsene da quella casa. Sennò Kurt finirà presto in un campo di concentramento», disse Louise con voce adesso *molto* incrinata.

«Käthe sta cercando di vendere un fermacravatte di gran valore. Con i soldi proveranno a fuggire in Danimarca o in Svezia».

Louise sospirò. «Adesso vedo tutto nero», disse. «Spero solo che non scoppi la guerra. Vorranno annettersi anche altri Paesi oltre all'Austria. Quelli erano tutti contenti...».

Lina ripensò ai suoi genitori, che durante l'ultima guerra erano letteralmente morti di fame per garantire ai figli la sopravvivenza. Quel secolo era una lunga sequela di infamie.

Louise ricominciò a sfogliare il libro dei cocktail. Ma le mancava sempre qualche ingrediente.

Si ripromise di fare un salto da Michelsen, anche se coi soldi adesso doveva stare attenta. «Consiglio allora un bel Mosel leggero», disse, «ne abbiamo ancora una bottiglia».

«Senti, usciamo», disse Lina. «Dovrebbe esserci un locale carino nella Deichstraße. Con una bella atmosfera».

«È da parecchio che non vado da quelle parti», disse Louise.

«E andiamo, allora. Facciamo un giro per la città vecchia».

Di solito era Louise ad avere iniziative di quel genere. Ma Lina sentiva che la sua compagna era tornata da Colonia con una certa tristezza addosso.

Käthe quel pomeriggio si era presa del tempo libero per vendere la perla. Le rimaneva un ultimo indirizzo nella Spitaler Straße, e lì tentò la fortuna.

Provava vergogna a farlo, ma era una cosa che lei stessa non si spiegava.

Aveva raccolto alcuni commenti sprezzanti sulla montatura placcata oro: ma lei non aveva mai cercato di farla passare per oro vero. Poi, quando il gioielliere portava all'occhio la lente di ingrandimento e osservava la grande perla, subito cambiava espressione. Ciononostante le offerte che aveva ricevuto finora erano ridicole.

Il gioielliere nella Spitaler Straße offrì duecento. Era ben al di sotto del valore reale, ma più di quanto avessero offerto gli altri.

Quanto sarebbe potuto andare avanti Rudi con una somma del genere? Käthe disse che ci avrebbe pensato, fece il breve tragitto fino alla Bremer Reihe e tirò fuori dalla tasca la chiave di riserva datale da Landmann. Bussò quattro volte per annunciare che era lei. Si girò più volte per ispezionare la tromba delle scale, si mise in ascolto. Poi aprì la porta e trovò Rudi appiattito contro il muro.

Si sedettero in cucina, a discutere delle alternative e del fatto che stavano svendendo il loro gioiello.

In quel momento sentirono una chiave infilarsi nella serratura.

Kurt Landmann entrò in cucina con una busta piena di specialità gastronomiche. Salmone affumicato, insalata di asparagi, fragole. Sembrava l'ultimo pasto del condannato a morte. Landmann aveva già annunciato che la casa doveva essere sgombrata per sabato sera, perché sarebbe arrivata la donna delle pulizie. Mancavano ancora due giorni.

«Ha tempo per mangiare insieme a noi, Käthe?».

Landmann voleva parlare con loro di una cosa, ma aspettò che finissero di mangiare. «Ho un compratore per il fermacravatte».

«Nella Spitaler Straße mi hanno offerto duecento marchi», disse Käthe.

Landmann scosse la testa. «Non se ne parla nemmeno. Hans Hansen ne paga duemila».

Chi era Hans Hansen?

«Un figlioccio di mia madre», disse Landmann. «Hans è un amante delle belle cose e adora i gioielli. Quando mia madre è morta gli ha lasciato uno dei suoi anelli, una tormalina rosa circondata da piccole perle. Mi è venuto in mente ieri e l'ho subito contattato. Per fortuna Hans è ancora benestante».

Prese una fragola e ne staccò il picciolo. «Le va di affidarmi il fermacravatte, Käthe? Avrete i soldi domani. La prima tappa sarà Flensburg, da lì costeggiando i fiordi Rudi arriverà a Egernsund. Che è già Danimarca. Ho fatto tutte le ricerche del caso. Per i sette chilometri lungo i fiordi troverà un pescatore. Ormai sono sì organizzati, lassù».

Kurt Landmann si sentiva come se stesse giocando a guardie e ladri.

Adesso non gli restava che reclutare Unger per il viaggio in macchina verso Flensburg. Con la Mercedes di Elisabeth. Si ritrovò ancora una volta a pentirsi di non aver mai preso la patente.

«Non sto sognando?», domandò Käthe.

«No, piccola Käthe, non sta sognando. Ma per qualche tempo dovrà fare a meno di suo marito. Speriamo soltanto che non sia troppo a lungo».

«Vuole comprare la perla senza averla vista? Per quella somma?». Rudi non riusciva a crederci. «Lo sa che la montatura non è di oro vero?».

«Sì, ma gli interessa solo la perla. E di me si fida a occhi chiusi».

Landmann mangiò un'altra fragola con aria soddisfatta.

«E se venissi anch'io in Danimarca?», domandò Käthe. «Non dovremo restarci in eterno. In fondo che gliene importa alla Gestapo?».

«Perderebbe il posto alla clinica, Käthe».

Rudi prese una mano di Käthe. «Il dottor Landmann ha ragione», disse. «E poi non starò lontano tanto a lungo, tornerò presto. Pensa anche a Anna e Karl».

Nonostante fosse molto grato a Landmann per avere trovato un compratore, Rudi era vicino alle lacrime. Una parte di lui avrebbe preferito consegnarsi agli aguzzini piuttosto che andare in un Paese straniero. Abbassò la testa, chiuse gli occhi e restò in silenzio.

«Non dimentichi quello che le hanno fatto».

Rudi rialzò la testa e annuì. Gli erano tornate davanti agli occhi alcune immagini. La cella. La tinozza piena di feci. La bile che era la sola cosa che gli uscisse dallo stomaco. *Ho fatto parlare gente ben più testarda di te.* Appeso mani e piedi agli anelli di ferro, perché si rifiutava di fare nomi. I calci, le botte, le urla. *E allora sta' zitto e crepa, sporco comunista!*

«E a Flensburg come ci arriva? In treno?».

Landmann andò nella stanza accanto, dov'era il telefono. Sentirono che parlava, ma non capivano cosa stesse dicendo. «Domattina alle otto», disse quando tornò in cucina. «Ci viene a prendere Unger».

«Sono di turno», disse Käthe.

«Non è necessario che lei venga. Anzi, renderebbe tutto più complicato».

Adesso era Käthe quella vicina alle lacrime.

Landmann invece rifletteva su cosa avrebbe dovuto raccontare a Unger padre, che non sarebbe stato affatto contento di doverlo sostituire in ambulatorio.

«Non esca di casa con grandi valigie. Di sicuro c'è gente appostata».

«Ma Rudi non ha niente qui», disse Käthe.

«Torni stasera con la sola borsa della spesa, Käthe. Il resto Rudi lo comprerà in Danimarca. A questo punto i soldi non sono un problema».

«Ecco il fermacravatte», disse Käthe tirandolo fuori dalla bustina. «Ancora non l'ha nemmeno visto».

Landmann si mise il piccolo gioiello sul palmo della mano. «Vi costa molto doverlo vendere?».

Rudi scosse la testa. «No. Anche se mi sarebbe piaciuto conoscere l'uomo che me l'ha lasciato».

Aldenhoven esaminò le rane con attenzione, avevano tutte deposto le uova.

Ventiquattro ore prima era stata iniettata loro l'urina di tre donne alle quali poteva ora portare la notizia. C'erano buone speranze. «Queste possono tornare nella vaschetta», disse indicando le rane. L'infermiera tirocinante gli piaceva, era una tipa sveglia.

Due delle donne avevano dichiarato di avere usato il metodo di contraccezione consigliato nel libro di Knaus e Ogino. Aldenhoven poteva soltanto scuotere la testa quando sentiva quei nomi. Più che informare sul tema della contraccezione, quel libro pareva un manuale di biologia riproduttiva. Sperava che la notizia della gravidanza non sconvolgesse troppo quelle due donne. Una aveva già sei figli, l'altra era praticamente una ragazzina piena di entusiasmo: sperava che la notizia non guastasse il suo spirito.

Per fortuna quel giorno non sembrava ci fosse molto da fare: certo, era irritante che il dottor Unger avesse annunciato soltanto all'ultimo momento di doversi assentare, ma non c'era da temere una situazione caotica. In ogni caso Unger non era andato a fare una gita in campagna con le sue ostetriche preferite, che erano entrambe al lavoro. Käthe Odefey gli sembrava anche quel giorno agitata e distratta.

Avrebbe dovuto farle una bella sgridata, e magari approfittarne per parlare della situazione insostenibile creatasi tra lei e la Dunkhase. Si provocavano a vicenda, anche quando erano l'una accanto all'altra in sala parto e incitavano le partorienti a spingere. Adesso la Dunkhase aveva sparso la voce che la Gestapo teneva di nuovo d'occhio il marito della Odefey a causa della sua attività di agitatore politico.

Lui di quelle beghe non voleva saperne niente. Non condivideva le opinioni politiche della Odefey, ma gli sembrava più affidabile della Dunkhase, che era una delatrice nata.

Aldenhoven ancora rabbrividiva ripensando all'occhiata che gli aveva lanciato quella strega quando lui aveva fatto una battuta innocua. Aveva detto solo che bisognava immaginarsi la razza ariana bionda come Hitler, snella come Göring e alta come Goebbels.

Imboccando il corridoio del primo piano Aldenhoven vide all'estremità opposta Käthe Odefey davanti a una finestra. Aveva spalancato entrambi i battenti, il cielo era di un azzurro terso, l'aria di maggio profumava: eppure le spalle della Odefey erano scosse dai sussulti.

«Posso aiutarla? Si tratta di suo marito?».

Käthe si girò di scatto e scosse la testa con veemenza.

«Si prenda il pomeriggio libero», disse il dottor Aldenhoven. «Non c'è poi tanto da fare, oggi». Gli piaceva essere uno di quei capi che fanno piccole concessioni.

Tenendosi forte alla ringhiera, Karl Laboe si trascinava verso il primo piano. La sua gamba paralizzata sembrava pesante come una pietra, il cuore era sotto sforzo. E dire che aveva solo sessant'anni, Anna aveva la sua stessa età ma in confronto sembrava una bimbetta. Arrivato al penultimo gradino si fermò: c'era qualcuno sul pianerottolo.

«Papà, sono io», disse la voce di Käthe.

Karl portò una mano al cuore. «È successo qualcosa?».

Le donne lo accusavano di non avere immaginazione: adesso però la sua testa era piena di immagini. Rudi in una pozza di sangue, buttato dentro un camion come uno straccio.

«È successo qualcosa a Rudi?», domandò. Gli sembrava impossibile che quel ragazzo dall'animo gentile, che leggeva poesie, fosse ora un imboscato che rischiava la vita a ogni passo.

«È partito in automobile per Flensburg insieme a Landmann e a Unger», disse Käthe. «Da lì con una piccola barca a vela dovrebbe costeggiare i fiordi fino alla Danimarca».

Karl Laboe non sapeva se rallegrarsene o meno. Tirò fuori la chiave dalla tasca dei pantaloni e aprì la porta di casa. «Prima entra», disse. «Non facciamoci sentire da tutti».

«Papà, forse non lo vedrò mai più».

«Intanto sappiamo che lassù non corre rischi. Ma come fa a pagare? Dove ha preso i soldi?».

Käthe pensò alla busta con le banconote che Landmann le aveva dato la sera prima, quando aveva portato a Rudi la borsa con le sue cose. Venti pezzi da cento. Rudi aveva insistito perché lei ne prendesse tre.

«Il dottor Landmann è riuscito a vendere il fermacravatte del padre di Rudi».

Questi dottori. Tanto di cappello, per come si rendevano utili. Karl era sempre stato un po' diffidente verso la gente istruita. Questi però avevano il cuore al posto giusto, oltre che mani buone per aiutare. Karl Laboe si lasciò cadere sul divanetto, oggi non stava per niente bene. «E verremo avvisati quando Rudi arriverà sano e salvo in Danimarca?».

«Dovrebbe chiamare lui stesso a casa di Unger».

«Hai un telefono nuovo nuovo e non ti serve a niente».

«Potrebbero intercettarci».

Karl Laboe annuì. Adesso lo poteva ben dire che la tecnologia era uno strumento del diavolo.

«Versa un po' di acquavite per tutti e due», disse.

«Sicuro che sia una buona idea? Papà, devi andare dal medico».

«Ma se ci vado in continuazione. È che le gocce per il cuore costano un occhio».

«Te le compro io, allora».

«Prima un bicchierino», disse Karl.

«Posso dormire qui da voi, stanotte?».

«Su questo divano mezzo sfondato?».

Käthe annuì. «Devo solo avvisare Henny che sono qui. Unger chiamerà lei per dirle che Rudi è salito sulla barca».

«Con quella ragazza siete ancora amiche come una volta».

«Sì», disse Käthe Odefey.

Il motore già scoppiettava quando Rudi salì a bordo. La barca, un monoalbero, portava il nome di una certa *Helge Branstrüp*.

A bordo c'erano delle reti, ma l'affare più redditizio erano chiaramente i fuggiaschi. Duecento marchi per sette chilometri di traversata.

Landmann e Unger si tenevano sull'argine a pochi passi di distanza e non fecero cenni di saluto con la mano: non era un vaporetto per gite nel tempo libero quello che stava sciogliendo gli ormeggi.

«Non sarebbe una possibilità anche per te?», domandò Unger. «La fuga lungo i fiordi, magari verso la Svezia?».
«E che ci vado a fare?».
«E che ci va a fare Rudi Odefey?».
«Lui è giovane».
«Tu non sei vecchio».
«Ma no, va ancora bene là in campagna con tuo padre. Dovrebbe solo cominciare a cercarsi un successore più giovane. Per ogni evenienza».
La piccola barca già scivolava sull'acqua nella luce del crepuscolo.
L'ora dei pescatori era la mattina presto. In questo erano simili alla Gestapo.
«Che dici, aspettiamo finché non torna la *Helge Branstrüp*? Tra un'ora al massimo dovrebbe essere qui».
«Non ti fidi del pescatore?».
«Sì», disse Landmann, «mi sembra un solido uomo d'affari».
«Vieni, laggiù c'è una cabina telefonica».
Dopo essersi frugato nelle tasche Unger tirò fuori delle monete e un foglietto con il numero di telefono di Henny.
«Il parto gemellare di domani è stato spostato alle otto», recitava il messaggio che avevano concordato insieme.
Henny rispose al primo squillo. «Sarò puntuale», replicò Henny quando udì la frase.
«E noi adesso invece ce ne andiamo da Piet Henningsen», disse Landmann quando Unger uscì dalla cabina. «A mangiare platessa e bere birra».
«Sei a Duvenstedt, domani?».
«Tuo padre mi ha messo in castigo. Sono in servizio sabato e domenica, perché oggi ha dovuto lavorare lui al posto mio. Sono libero solo a partire da domenica sera».

«Com'è che conosci così bene questa zona dei fiordi?».
«Eh», disse Kurt Landmann. «C'era una volta...».
«Kurt, chi è Hans Hansen?».
«Un nome. Un nome come un altro».
Theo Unger annuì. «Me l'ero immaginato», disse.

«Dove vuoi andare, a quest'ora?», chiese Ernst. «Sono le nove passate».
«Faccio solo un salto da Else. Deve venire prima, domani. Il dottor Unger vuole anticipare il parto gemellare».
«Sarebbe anche ora che tua madre si mettesse un telefono in casa. Non si può fare sempre su e giù».
«Sì», disse Henny chiudendosi la porta alle spalle.
Käthe camminava nervosa sul marciapiede davanti a casa dei suoi.
«Non resistevo più, di sopra», disse. «Insomma, dovrebbe essere arrivato in Danimarca già da un pezzo».
«Infatti è arrivato. È andato tutto bene».
«Secondo te lo rivedrò?».
«Ma certo», disse Henny.
«Sarei così contenta se tu potessi dormire da me per qualche notte».
«Verrei volentieri, ma Klaus è ancora troppo piccolo». Non era vero.
Quando Henny aveva il turno di notte, Klaus restava a casa con suo padre e con Marike. Era un bambino sveglio, di sei anni, andava a scuola già da aprile. Nella classe di suo padre, cosa che a Henny non piaceva affatto. Sarebbe stato meglio se avesse avuto impressioni nuove, diverse rispetto a casa.
Käthe non disse nulla. Henny si era sposata troppo in fretta, sia la prima che la seconda volta. Lud era stato per lei un buon marito, tenero e premuroso, ma sempre re-

stio a concederle delle libertà. Lühr restava un maestrino anche a lezione finita.

«Perdonami, Käthe. Sappiamo tutte e due che è una scusa stupida. Klaus si offenderebbe a morte se sapesse che lo tratto come un bambinetto».

«Hai paura di Ernst».

«No. Però non ne posso più di dover discutere con lui».

Käthe provò un tale desiderio di Rudi che il cuore prese a batterle forte.

Che animo generoso aveva il suo Rudi. L'aveva sostenuta perfino nei desideri che erano incompatibili con i suoi.

Henny la abbracciò. «È al sicuro», disse. «Andrà tutto bene».

Non sarebbe andato bene un bel niente, pensò Käthe. Chi avrebbe immaginato, anche solo nel 1933, quel che li aspettava? Che Rudi sarebbe stato perseguitato dalla Gestapo per avere dato due marchi a delle persone in difficoltà.

«Sei in servizio, domani sera?».

«No», disse Henny. «Solo la mattina».

«Forse Ernst ti permette di venire a bere una birra all'aperto nello Stadtpark. Se il tempo è ancora bello come oggi».

Era improbabile che Ernst approvasse. Il giorno dopo era sabato: e di sabato, giorno che annunciava la pace domenicale, Ernst voleva tutta la famiglia riunita. «Alle sei, alla stazione Mundsburg», disse Henny. A costo di sacrificare la quiete domestica.

E adesso ne aveva già settantuno. Era un fatto. Piccola festa in giardino, con del punch. La festa in grande Guste gliel'aveva già preparata l'anno precedente. Jacki era appena arrivato da Berlino, un giovanotto di vent'anni che nel frattempo aveva messo la testa a posto e imparato un mestiere in banca. Con un taglio di capelli come si deve. Basta con le bravate contro i nazisti.

Anche Bunge in un modo o nell'altro si arrangiava, con quelli. Il Kaiser o Hitler, per lui in fondo era uguale. Ce l'avrebbe fatta. Certo, aveva avuto i brividi quando era passato davanti al parco sportivo sul Turnweg e aveva visto e sentito un istruttore della Gioventù Hitleriana con i suoi ragazzini.

«Cosa siamo noi? Ragazzi! E cosa vogliamo diventare? Soldati!».

Questa cosa non gli era mica piaciuta. Quei bambini non avevano idea di cosa significasse essere soldati. Anche se in verità al fronte non c'era stato nemmeno lui: aveva già quarantasette anni quando era scoppiata la guerra e poi commerciava in caucciù, un settore di rilevanza bellica.

La cosa bella dell'invecchiare era che nessuno si aspettava più da lui che facesse soldi. Nemmeno Ida si lamentava più per quel debito con Campmann. Abitava ancora con suo marito nell'Hofweg-Palais. Bunge credeva che un giorno o l'altro si sarebbero trasferiti in un posto ancora più lussuoso, in Elbchaussee: suo genero se lo poteva permettere. Probabilmente i suoi soldi finivano nelle casse del Führer oppure in stravizi con l'amante a Berlino.

«Ci sono ancora le tartine al salmone di ieri», disse Guste che era appena apparsa con un vassoio sotto l'arco della doppia porta. Bunge fece cenno di no, il pane dove era posato il salmone ormai era sicuramente diventato molliccio.

«Ti offro il primo gelato della stagione», disse.

La breve passeggiata fece bene a entrambi, dalla Rothenbaumchaussee passarono nel Grindelviertel dove c'era una nuova gelateria. Sulla stoffa del nuovo vestito di Guste erano stampati grandi fiori che sarebbero stati perfetti per le tende dei saloni dell'hotel Atlantic: un po' eccessivi, però, per il corpo florido e massiccio di Guste. «Hai un aspetto magnifico», le disse comunque quando dalla Johnsallee girarono sulla Schlüterstraße. «Allora, per me cioccolato e liquore all'uovo».

«Il quartiere è cambiato», disse Guste. «Sono tutti così nervosi. Non c'è da stupirsi».

«A me non sembra», disse Bunge puntando verso un tavolino della gelateria Cadore. Meglio invece vaniglia e fragola? Erano i preferiti di Guste.

Mentre leccava il suo cono, Bunge vide uscire dal palazzo accanto un cinese molto alto, con un elegante vestito di lino. Si guardarono, poi il cinese si allontanò in fretta. Bunge era sicuro di aver riconosciuto Tian.

Kurt Landmann era appena arrivato a casa sua nella Bremer Reihe quando qualcuno suonò il campanello. Andò ad aprire e sul momento gli parve di trovarsi davanti un ragazzino: quello invece tirò fuori una piastrina ovale, legata a una catenella da orologio. Gli bastò buttare un'occhiata sulla piastrina per riconoscere il simbolo della Gestapo con l'aquila del Reich. Ma come, ne avevano mandato uno solo? Il sabato sera? Landmann lo fece entrare. Che altro poteva fare?

«Ha spesso ospiti che si fermano a dormire?».

Landmann avrebbe volentieri risposto che erano affari suoi. «Succede», disse invece, «quando gli ospiti hanno alzato troppo il gomito».

L'uomo della Gestapo sorrise. «Sto pensando a un ospite che è rimasto da lei per diversi giorni».

«È proibito?».

«Sì, se l'ospite si nasconde perché è ricercato».

Chi aveva saputo di Rudi? Chi aveva avvisato la Gestapo? Kurt Landmann si sforzò di apparire terribilmente annoiato. «Ospito ogni tanto dei colleghi, sia uomini che donne. Sono un medico».

L'uomo annuì. «Lei è stato congedato nel 1933 ai sensi della Legge per la restaurazione della funzione pubblica», disse, poi osservò per qualche secondo i quadri di Emil Maetzel ed Eduard Hopf.

Era al corrente anche di Duvenstedt? Kurt Landmann temette che per colpa sua i genitori di Unger finissero nei guai. Nessuno però gli aveva proibito di esercitare come medico di campagna.

«Lei colleziona arte negra?».

«Nel quadro di Maetzel c'è la figura di un negro, in questo ha ragione».

L'uomo della Gestapo sorrise di nuovo, poi andò alla porta. «Buona serata», disse mentre si allontanava, lasciando Landmann esterrefatto.

Cosa era stato, un avvertimento? Landmann aveva già in mano la cornetta del telefono, ma la rimise sulla forcella e per qualche secondo guardò l'apparecchio con diffidenza. Intercettavano le sue chiamate?

Era una tiepida sera di maggio: forse sarebbe stato meglio andarsene a piedi lungo l'Eilenau nella speranza di incontrare Lina e Louise. Voleva parlare loro dei suoi quadri. Magari però non erano davvero in pericolo, avendoli appesi ai muri di casa sua. Non era una galleria d'arte. Forse quelli si erano appostati giù in strada nella speranza che lui li portasse da Rudi.

Occhioni blu, pensò. Che curiosa espressione per dire *ingenuo*. Che poi gli occhi azzurri erano anche il loro ideale. Azzurri come il mare, come quelli di Hans Albers. I suoi occhi invece erano marroni. Color ambra, aveva detto Oda una volta.

Kurt Landmann prese il mazzo di chiavi dalla scrivania, uscì e chiuse la porta a chiave. Ma sì, avrebbe fatto una passeggiata lungo l'Eilenau. Aveva un gran bisogno di parlare con persone amiche.

C'erano solo sei tavolini sulla piccola spianata davanti al Nikolaifleet, la tromba jazz di Harry James aveva appena fatto vibrare le ultime note che si andavano disperdendo sulla superficie del canale. *Dream a Little Dream of Me*. La puntina venne frettolosamente staccata dal disco, il volume delle conversazioni si abbassò. *Ich werde jede Nacht von Ihnen träumen*, cantava ora in tedesco Johannes Heesters.

Soltanto l'oste restava all'interno del buio locale rivestito in pannelli di legno; i clienti, in una bella serata di primavera, stavano più volentieri all'aperto: anche i signori che si erano appena seduti al tavolo accanto a quello di Lina e Louise. Al Vecchio Carillon non capitava spesso di vedere seduti a un tavolo gli uomini delle SS. A Lina sembrò che uno dei due, alzando lo sguardo dal menù, la guardasse ammiccando. O se l'era sognato?

«Tutto grazie ai tuoi capelli biondi», sussurrò Louise. «Cerca di non essere troppo scostante. Ricordati che ci sono *io* qui con te».

Non c'era dubbio, Lina piaceva al più giovane dei due mentre l'altro, un uomo dalle ciglia vistosamente bianche, osservò a lungo Louise. Ma il suo sguardo era decisamente meno benevolo.

Se qualcuno avesse chiesto a Lina di pronunciarsi sull'aspetto di Louise, lei non avrebbe detto che aveva i tratti semitici. Capelli scuri, occhi scuri, forse erano state queste cose ad attirare l'attenzione dell'uomo. Ma no. Nei lineamenti di Louise c'era qualcosa di meridionale, di esotico, che la escludeva dall'ideale di bellezza dei nuovi padroni. Avrebbe potuto essere una romana. Erano caratteristiche che aveva ereditato da suo padre: era pur possibile che la gente di Colonia avesse qualche traccia dell'antica Roma nel corredo genetico.

La loro conversazione si spense quando sarebbe stato invece opportuno cominciare un piccolo litigio, far correre qualche parola di troppo prima che a quegli uomini venisse in mente di avvicinarsi, quali che fossero le loro intenzioni. Ma ormai Lina e Louise fissavano il canale senza parlare, appese ai loro bicchieri come per sorreggersi.

«Finisci il vino e andiamo», disse Lina.

L'uomo delle SS con gli occhi da albino fece un cenno al cameriere. «Due birre».

«Subito», disse il cameriere, e fece per allontanarsi.

«Cos'è, fate entrare gli ebrei in questo locale? Che mi dice della signora del tavolo accanto?».

Il cameriere diventò tutto rosso. I clienti avevano smesso di parlare, si sentivano le suole delle scarpe raschiare sotto i tavoli.

Ich wollt, ich wär ein Huhn, cantavano adesso a gran voce Lilian Harvey e Willy Fritsch. Il proprietario del locale – che non era più eroico dei clienti, ma aveva seguito la scena fin dall'inizio – aveva alzato il volume del grammofono.

«Andiamo», disse di nuovo Lina, ma con più decisione. Poi si alzò. Conosceva bene la sua compagna: temeva che quella serata si concludesse con un interrogatorio allo Stadthaus. O anche peggio, magari.

«È deplorevole che lei frequenti certe compagnie», disse il più giovane guardando Lina.

«Su questo ha ragione», disse Lina. «È diventato spiacevole, qui. Ce ne andiamo».

«Domani farò venire qualcuno a controllare che sulla

porta ci sia il cartello "GLI EBREI NON SONO GRADITI"», disse l'altro.

«E adesso? Come la concludiamo questa serata?», domandò Louise quando furono sulla strada. «Andiamo a cercare fortuna altrove?».

«Torniamo a casa», disse Lina. «Ne ho abbastanza di stare in giro».

Quando la Dixi voltò nel Lerchenfeld, sembrò a entrambe di vedere Kurt Landmann che arrivando dall'Eilenau attraversava la strada diretto verso il centro. Louise suonò il clacson, ma lui non diede segno di avere sentito.

«Ma sì, era Kurt», disse Louise. «Mi raccomando, chiamiamolo quando arriviamo a casa. Sembrava triste».

Lina non ci aveva fatto caso, ma anche lei pensava che Kurt avesse bisogno della loro amicizia. Più del solito.

Quella sera però dimenticarono di chiamarlo.

Ernst alle fucsie preferiva i gerani. Crescevano rigogliosi sul balconcino rivolto a sud, al terzo piano della loro casa sul Mundsburger Damm, e in luglio e agosto, il periodo di maggior rigoglio, i fiori scendevano giù fino ai vicini del secondo piano.

Rossi gerani nei vasi, sul tavolino la tovaglietta bianca ricamata con sopra i bicchieri buoni, nella coppetta di cristallo i biscotti fiorentini presi nel miglior negozio. Cucchiaini d'argento e sole pomeridiano.

Henny servì il vino mettendo nei bicchieri una sottilissima fetta di fragola, voleva che tutto fosse perfetto. Succedeva di rado che lei e Ida sedessero a chiacchierare sul balcone di casa sua anziché nella grande loggia, ben più elegante, sull'Hofweg.

La loro amicizia era fatta di alti e bassi. All'inizio, il giorno dell'incidente di Lud, c'erano state le braccia consolatrici di Ida. Per qualche tempo ognuna era rimasta affascinata dallo stile di vita dell'altra, poi era subentrata una reciproca perplessità.

Quanto raccontava Anna Laboe della cucina di casa Campmann aveva però presto ricucito quello che era stato il solo, serio strappo tra di loro. Anna aveva raccontato a Henny che Ida non cercava soltanto il lusso, e che il vero motivo per cui odiava tanto Joan era che lei era riuscita a conquistare Campmann.

Ida bevve un primo bicchiere di vino, se ne lasciò versare un secondo. Henny tagliò un'altra fragola. A quanto pareva la sua amica cercava il coraggio nel bicchiere.

«Mio padre ha visto Tian che usciva da un palazzo sul Grindelhof. Per un momento si sono guardati, ha detto».

«E poi?», domandò Henny, sempre pragmatica.

«Mio padre è andato a leggere il campanello. C'erano solo i nomi di Tian e Ling».

«Vive con sua sorella».

«Insomma, Henny. Sai bene che l'ho visto abbracciato a una donna. In Reichenstraße».

«È stato quasi otto anni fa, Ida. E comunque quel che mi lascia esterrefatta è la tua sicurezza. Davvero provi ancora le stesse cose?».

«Non ci sono stati altri amori nella mia vita. Con Jef è stata solo una piccola tresca».

«Forse stai solo scambiando la nostalgia per amore».

Ida scosse la testa. «Lo amo ancora», disse con tono quasi caparbio. «La notte resto sveglia a pensare a lui e il cuore mi batte così forte che non riesco più a prendere sonno».

Si lasciò versare il terzo bicchiere di vino, senza fragola stavolta. Henny era troppo interessata al seguito della storia.

«E adesso che succederà?», domandò.

«Secondo Bunge dovrei cercare di contattare Tian».

«Da quando chiami tuo padre "Bunge"?».

«"Papà" per qualche motivo è una parola che non trovo più, come se l'avessi persa».

«E perché ti consiglia di contattarlo dopo tutto questo tempo?».

«Dice che la vita è troppo breve per rinunciare all'unico amore che ci è venuto incontro».

«Un vero filosofo», disse Henny guardando i gerani.

«Che devo fare?».

«Scrivigli».

«Non so da dove cominciare».

«Niente effusioni. Soltanto luogo, giorno e ora».

Ida la guardò con tanto d'occhi. «Oppure potrei sedermi nella gelateria lì accanto e aspettare».

«Ce n'è una?».

«Proprio di fianco al portone. Bunge e Guste erano lì quando Tian è uscito dal palazzo».

«E allora vacci. Ma presto».

«Il tuo grande amore è stato Lud?».

Henny esitò per una frazione di secondo. «Sì», disse poi. Aveva fatto tante cose troppo in fretta nella sua vita, ma su questo non aveva dubbi. Aveva amato Lud.

«E con Ernst? Stai bene?».

«Quando ci siamo conosciuti mi ha regalato *Come farò felice mio marito* di Elsa Herzog. Spero di riuscirci», disse Henny ridendo. Che razza di risposta. Guardò subito Ida per vedere se se ne fosse accorta, ma l'amica aveva già la testa altrove.

«Allora portami della carta da lettere, per favore. La penna stilografica ce l'ho nella borsa», disse Ida. «Adesso o mai più».

Era un giorno piovoso. Un'acquerugiola incessante. Ida si era seduta nella gelateria a uno dei tavolini col ripiano di marmo e fissava i dipinti alle pareti come se gli scorci mediterranei con le Alpi alle spalle e le gondole sparse qua e là fossero la cosa più interessante che le fosse mai capitato di vedere.

E se Tian non fosse venuto? Per umiliarla, magari. Era possibile anche che invece si presentasse ed entrambi scoprissero di non piacersi più. Erano passati tanti anni, erano invecchiati. Parecchio invecchiati. In estate avrebbero compiuto tutti e due trentasette anni.

Ida aveva chiuso le mani a pugno, le nocche erano bianchissime: ma non poteva accorgersene nessuno, le teneva affondate nelle tasche della giacca marrone. La mano sinistra stringeva l'elefantino.

L'attesa le parve eterna, anche se in effetti durò solo pochi minuti durante i quali, al riparo dalla pioggia nell'ingresso del palazzo accanto, Tian cercava di farsi coraggio per superare quei pochi metri che lo separavano dalla gelateria Cadore – così chiamata da Ugo, il gelataio, in omaggio al suo luogo natale, una valle delle Dolomiti.

Nella tasca sinistra della giacca di Tian c'era la lettera di Ida; aveva fatto appena in tempo a sottrarla allo sguardo di Ling. Era anche a causa di sua sorella se aveva rinunciato a lei. O forse solo per la paura di subire nuove umiliazioni.

Quando infine Tian arrivò, Ida non sentì i suoi passi che si avvicinavano. Aveva caldo e avvertiva una strana pressione intorno alle orecchie, come se si stesse ammalando. Una febbre improvvisa.

Tian era davanti a lei e la guardava. Poi le prese una mano e la baciò. Dovette schiarirsi la gola prima di pronunciare quelle due sillabe: *Ida*.

Non ci furono dichiarazioni d'amore: ma nessuno dei due ebbe in proposito il benché minimo dubbio. Si tennero la mano e parlarono a lungo, a bassa voce.

Tian si accorse che Ida era cambiata molto. Non c'erano sul suo viso tracce evidenti del tempo, ma adesso era una donna che sapeva qualcosa della vita. Fu subito sicuro di potersi fidare di lei.

Ida vedeva solo il suo giovane Tian, abbagliante come una volta, tutt'altra cosa dalla piatta bellezza di Jef. Forse al suo viso si era aggiunta solo un velo di tristezza. Del resto tra loro due era sempre stato lui il più riflessivo.

Ida adesso avrebbe voluto ridere dell'assurdo malinteso del settembre 1930, quando la povera Traute – innamorata non corrisposta – si era buttata tra le braccia di Tian in mezzo alla strada.

Invece nessuno rise. Avevano perso fin troppo tempo a causa di quella supposizione avventata. E anche perché Ida non aveva voluto dare a Tian un'altra possibilità. Com'era stata spietata.

Ugo arrivò con due bicchierini di liquore italiano al limone. Doveva aver capito subito la situazione.

Erano tempi difficili per cominciare una vita nuova.

Ma non era ancora troppo tardi. Che bello.

Novembre 1938

Era tradizione dare un'occhiata prima di tutto alla vetrina di Schrader, anche se da Karstadt la scelta in fatto di giocattoli era più variegata. Già Marike aveva schiacciato il nasino contro quella vetrina sulla Herderstraße, e ora toccava a Klaus. La settimana successiva sarebbe stato il suo settimo compleanno, doveva ancora completare la lista dei desideri.

In cima alla lista c'erano le rotaie e una locomotiva della Märklin. Da Else desiderava ricevere anche un vagoncino verde e uno rosso con la seconda e la terza classe. Glielo aveva consigliato Ernst, che lo trovava un giocattolo "adeguato".

«Di' a Marike che io voglio altri soldatini», disse Klaus, indicandone un intero esercito.

Lo sguardo di Henny sfiorò le statuine con l'uniforme delle SA e l'Hitler con il braccio mobile.

«Voglio le due aiutanti della Croce Rossa. Secondo te Marike ce li ha i soldi anche per il cavallo?».

Klaus era stato una benedizione. Quando Henny litigava con Ernst, si calmava pensando che senza di lui non l'avrebbe mai avuto. Aveva una buona influenza su tutti, riusciva perfino a mitigare i contrasti di Ernst con Marike, ormai sedicenne, che contestava il patrigno. Inoltre

Klaus teneva Else in perpetuo movimento: quando non aveva niente da fare, tendeva alla depressione.

«Noi diciamoglielo, poi si vedrà», disse Henny. Il cavallo lo avrebbe aggiunto lei. La paghetta di Marike copriva a malapena il cinema con Thies e qualche cosmetico. L'amico della prima infanzia era rimasto accanto a Marike anche adesso che erano adolescenti. Henny non escludeva che Thies un giorno sarebbe diventato suo genero.

«Andiamo a trovare zia Käthe?», chiese Klaus.
«Ci vuoi andare?».
Un sì lungo di Klaus. Era attaccato a Käthe come Marike lo era a Rudi, che ora viveva da sei mesi su nello Jutland, nel punto in cui si incontrano il Baltico e il Mare del Nord.

Käthe non stava bene. Logorio interiore lo definiva Landmann, che andava a trovarla a casa per curarla, anche se ufficialmente non poteva. A partire dal 30 settembre ai medici ebrei era stata tolta l'abilitazione: per Kurt Landmann era stato un duro colpo, e anche per il vecchio Unger, che si era addirittura rifiutato di cercarsi un altro successore.

Ora l'anziano medico era di nuovo in attività: il certificato di malattia per Käthe l'aveva firmato lui.

Kurt Landmann iniettò a Käthe una soluzione di ferro e vitamine, le consigliò bagni di luppolo e una bevanda miracolosa della madre di Unger che anni prima aveva già avuto risultati positivi: vino rosso e uovo. Smise di lasciarle le pillole contro l'insonnia, anche se riteneva poco probabile che Käthe arrivasse a togliersi la vita. Lei rivoleva solo il suo Rudi.

«Perché non portiamo dei dolci?», chiese Henny.
«Sì, dai!», disse Klaus.
Peccato che la piccola pasticceria dei Löwenstein in

Humboldtstraße non esistesse più. Sarebbe stata di strada. Il fornaio non aveva la crema al burro. Henny comprò tre girelle all'uvetta, un biscotto coperto di zucchero per Klaus e una fetta di torta alla crema in più per Käthe. Cibo consolatorio. Peccato non aver trovato del ciambellone ripieno.

Käthe apparve guardinga nello spiraglio della porta, chiusa da una catenella.

Contro la Gestapo, che ogni tanto la cercava a casa, la catenella serviva a poco. Sullo scrittoio c'erano le lettere che Rudi spediva al vecchio Harms a Duvenstedt. «È mio nipote che sta in Danimarca», aveva detto il vecchio al postino. «È molto agitato per il suo vecchio zio. Forse pensa all'eredità».

Il postino aveva detto di sì e si era fatto carico di portare a destinazione le lettere indirizzate a Skagen. Indirizzo: fermoposta. Non aveva fatto domande.

«Che cosa può ancora accadermi, dottore?», aveva detto il vecchio Harms a Landmann, che era andato a chiedergli il favore. «Basta che sia lei a farmi l'iniezione. La sua è la mano migliore».

Stando alle lettere, Rudi se la passava meglio di Käthe. Ma diceva poi la verità? Raccontava di aver trovato un buon alloggio e che aveva un lavoro in una tipografia che stampava manifesti per un piccolo museo. Una volta aveva infilato nella busta una cartolina artistica, un quadro della pittrice Anna Ancher. *Sole nella stanza azzurra*. Rudi si stava inventando un quadretto idillico a beneficio di Käthe.

«Lunedì torno al lavoro», disse Käthe a Henny. «Secondo Kurt è meglio che stare a casa da sola».

«Gli dai del tu?».

Käthe annuì.

«Come sta Landmann?».

«Sembra sempre forte», disse Käthe. «Ma come sta veramente, non sono in grado di dirlo».
«Posso mangiare un altro po' della tua torta alla crema, zia Käthe?».
«Prendila pure, Klaus. A me non va più».
No, Käthe non stava bene.

Joan aveva parlato di tornare in America. Questo lo aveva rattristato.
«Non amo più il tuo Paese», aveva detto a Campmann. «L'ultima cosa bella qui sono state le Olimpiadi». Ma dalle Olimpiadi di Berlino ormai erano passati due anni.
Campmann mise da parte il pensiero, aveva già troppo da fare in banca. Dalla fine dell'anno precedente erano spariti dalla Dresdner Bank quasi tutti gli ebrei. L'istituto di credito considerato ebraico per tradizione! Il nuovo assetto non aveva certo nuociuto a Campmann, anche se c'erano stati dei rincari.
«Ma perché non vieni con me a Philadelphia?», se ne era uscita Joan, ma non parlava sul serio. Che se ne faceva laggiù di un banchiere che finanziava i nazisti?
Campmann ora soggiornava più spesso al Palais. Ida aveva perso ormai ogni interesse per lui e la casa: i due si evitavano. Però c'era la Laboe: quella donna, una sempliciotta, riusciva a mandare avanti la casa in maniera eccellente. Campmann ne era piacevolmente stupito.
Ora beveva volentieri il latte ghiacciato in cucina da lei, quando Mia non era nei paraggi. La cameriera somigliava sempre di più a un pingue ranocchio, che gracchiava slogan di bassa lega. Nessuno gli impediva di mettere Mia fuori dalla porta, ma in queste cose era diventato flemmatico.
Non sapeva con certezza se Ida avesse o meno un amante. Probabilmente passava molto tempo da Bunge.

Almeno si aiutavano a rimuovere il pensiero dei rispettivi fallimenti. Ida era un'inetta, proprio come il vecchio. Non si era accorto che ogni tanto spariva da casa un pezzo di mobilia. In camera di Ida e nel suo salottino privato non metteva piede da tempo.

La Laboe taceva, perfino Mia teneva la bocca chiusa. Campmann non le poteva soffrire, perché facevano il suo gioco.

Ida non aveva idea dei pensieri di Campmann sulla sua inettitudine.

Lei voleva vivere. La vita. L'amore. Momme l'aveva aiutata a trasportare i mobili da Hofweg a Johnsallee nel furgone del vinaio Gröhl rimediato da Guste Kimrath: Guste era una sua buona cliente.

Le poltroncine gialle del salottino, provenienti dalla casa in Fährstraße, c'erano già. La lampada con l'airone Ida l'aveva lasciata al suo posto: era sempre stata un debole rimpiazzo, anche se costoso, per il pastore che suonava il piffero. Preferiva fare nuovi acquisti per la loro vita insieme. Tian sembrava preoccupato che la loro stanzetta al primo piano si riempisse troppo di mobili. Ma era felice di come erano andate le cose. Erano una coppia. Ora dovevano solo sopravvivere ai nazisti.

Amare Ida era una vera fortuna.

Ling aveva avuto grosse riserve su quella relazione. I dubbi si erano affievoliti solo con il passare del tempo, via via che Ida rimaneva al fianco di Tian.

Ida cercava di conquistarsi la fiducia di Ling con azioni prudenti. Compreso il fatto di non presentarsi nell'appartamento che Tian condivideva con sua sorella, ma di chiedere invece a Guste Kimrath di farle usare il più spesso possibile la stanza di Tian, in Johnsallee. Avere Guste al suo fianco era un sollievo che Ida non si sarebbe mai potuta immaginare. Cominciava a capire suo padre, che le era così attaccato.

Le serate intorno al tavolo nella cucina di Guste si potevano definire cospirative: non si faceva che parlare male di Hitler. Bunge insinuava occasionalmente la paura che un giorno potesse unirsi a loro un informatore. Guste invece sembrava molto tranquilla. Già il fatto che Ida e il cinese vivessero lì insieme, i nazisti lo avrebbero considerato una violazione della legge sulla purezza della razza. Guste aveva preteso che non lo si chiamasse più "il cinese", ma semplicemente Tian. E Tian fu. Cara Guste... solo lei poteva far sembrare semplice e naturale un ricongiungimento amoroso come il loro, e di quei tempi per giunta.

Anche Momme adesso era lì in pianta stabile: dopo un intermezzo a Husum aveva trovato un posto nella libreria di Kurt Heymann. Il richiamo della grande città aveva prevalso sulla nostalgia per il Mare del Nord.

Un giorno al tavolo della cucina si era seduta Ling. «Una volta porti anche sua sorella», aveva detto Guste a Tian. «Mi farebbe piacere».

Erano tempi in cui si doveva rimanere uniti. Con la speranza che la polizia di Stato non tenesse sott'occhio quella variopinta compagnia.

«Ma figuriamoci se è il primo figlio!», esclamò la Dunkhase. Lo disse ad alta voce e in sala parto. Unger la spedì fuori dalla porta. Anche se la madre del neonato aveva mentito, non c'era motivo di umiliarla. La cosa non riguardava l'ostetrica. Neanche lui, in realtà, tuttavia si ripromise di affrontare l'argomento con la puerpera. Forse dietro la bugia si nascondeva una difficoltà.

«Ho dato via due bambini», gli spiegò la donna quando do andò a trovarla in reparto e si sedette vicino al suo let-

to. Nessuno poteva origliare, i letti vicini erano vuoti. «Mio marito non sa che ho avuto figli da nubile. È successo prima che ci conoscessimo».
«Si arrabbierebbe se lo sapesse?».
«È un uomo severo».
«E dove sono i bambini? Cosa sa di loro?».
«Sono stati adottati da famiglie senza figli».
Quella un tempo era stata anche l'intenzione di Elisabeth. Oggi parlava di quanto era grata di non avere la responsabilità di un figlio in tempi così terribili.
«Mi dispiace che l'ostetrica abbia alzato la voce. Frau Dunkhase si è sentita ingannata. A un'ostetrica esperta non si può dare a intendere niente».
«L'essenziale è che non venga a saperlo mio marito».
«Di questo me ne occuperò io», disse il dottor Unger. «È stato informato del lieto evento?».
«Arriverà dopo il turno. Lavora in municipio».
Unger si alzò. Il suo, di turno, era finito, e si sentiva esausto. Il lavoro in clinica, i compiti che si era assunto a Duvenstedt. La preoccupazione per Kurt. Inconcepibile che un medico straordinario come Landmann non avesse più il permesso di esercitare. In quel momento il fortunato padre arrivò dal municipio, dove probabilmente aveva interrogato e torturato, o magari si era limitato a mettere a verbale, come niente fosse, quelle atrocità.
Unger raggiunse il suo studio, si tolse il camice e per un attimo pensò di prendere il cognac dall'armadio, ma voleva andare a casa in auto. Forse Elisabeth era già arrivata: quel giorno gli aveva parlato dei nuovi cataloghi della Robinsohn a cui stava lavorando.
La Mercedes era parcheggiata non lontano dalla clinica. Ora la guidava lui per gestire meglio i viaggi a Duvenstedt. Elisabeth si era comprata una piccola DKW Cabrio. Di denaro ne avevano a sufficienza, anche se ora che

svolgeva lui la funzione di amministratore del patrimonio, il conto di Elisabeth registrava solo poche migliaia di marchi e non si poteva più trasferire niente all'estero.

Theo Unger parcheggiò davanti al garage in Körnerstraße e alzò gli occhi verso la casa illuminata in cui Elisabeth lo aspettava. Fuoco nel camino. Un disco sul grammofono.

Stavano bene. Nonostante tutto. Pregava che durasse ancora per un po'.

«Le cose vanno sempre peggio», aveva detto quel giorno Geerts, mentre deponeva un nuovo nato nelle braccia dell'infermiera. «Questo giovanotto non va incontro a un futuro di pace».

Era la seconda volta che la Gestapo veniva a cercarlo. Due uomini con lunghi impermeabili. Non pelle ma gomma, coperta di gocce di pioggia. Era un novembre mite e piovoso.

Il tono era cambiato rispetto all'altra volta, si era fatto tagliente. Forse erano venuti a sapere, chissà come, che di tanto in tanto faceva al vecchio Harms un'iniezione di insulina, che riforniva Käthe di ferro e vitamine e che trasmetteva messaggi per Rudy Odefey, ricercato oppositore del regime.

Gironzolarono per l'appartamento e si fermarono di fronte ai quadri. Arte degenerata.

«Ha ancora pazienti?».

«No», rispose Kurt Landmann, «purtroppo no».

«Cosa le dice il nome Odefey?».

«Käthe Odefey era una delle mie ostetriche alla Finkenau». Gli venne il sospetto che stessero piantonando la casa nella Bartholomäusstraße, quando lui si era presentato con le vitamine e la bevanda miracolosa della madre di Unger.

«Le è noto che può ancora prestare assistenza a pazienti ebrei?».

«Questo mi è noto».

«Lei ha combattuto in prima linea?».

Landmann confermò anche questo.

«Allora può richiedere il sussidio».

Si chiese cosa fossero venuti a fare quei due: improbabile che si preoccupassero davvero della sua sussistenza. Lo inquietò lo sguardo che diedero ai quadri. Landmann aveva sentito dire che confiscavano l'arte così come avevano fatto con le abilitazioni. Le "opere d'arte degenerata" sequestrate venivano affidate dal regime ai mercanti d'arte perché le vendessero all'estero ricavandone il più possibile.

Ma quando i due se ne andarono i quadri erano ancora appesi. Dopo una notte insonne, Landmann li staccò dalle pareti e li avvolse in alcuni lenzuoli per portarli a Lotte Unger.

«Tu ami questi quadri», disse Louise, mentre Landmann sistemava dietro i sedili della Dixi la *Natura morta con figura di negro* di Maetzel, le *Bagnanti sulla riva dell'Elba* di Hopf e il *Süllberg* di Bollmann.

«Anche per questo li proteggo». Quella mattina era andato alla stazione e da una cabina telefonica aveva chiamato Lina e Louise e poi Lotte Unger a Duvenstedt. Aveva buoni motivi per diffidare del proprio telefono. La Gestapo la sapeva troppo lunga.

«Ti mancheranno».

Landmann sorrise a Louise. «Ti ricordi? Quando ti ho regalato l'auto, ho detto che così avresti potuto portarmi in giro quando fossi stato vecchio e decrepito».

«Ma non lo sei affatto».

«Però ho lo stesso bisogno del tuo aiuto», disse Kurt

Landmann. Osservò preoccupato i due lati della Bremer Reihe, come se temesse di vedere saltare fuori uomini della Gestapo da dietro le colonne o dai seminterrati. Ma si vedevano solo bambini che giocavano e uno dei camerieri dell'Artistenklause che trascinava casse davanti al locale.

«Non credo di averti mai visto così. Tu hai paura», disse Louise.

«E chi non ne ha, di questi tempi?».

Forse non era nemmeno paura, ma semplice nausea, perché dopo la terribile lezione della Grande Guerra si andava profilando un nuovo conflitto. «Pace per i nostri tempi», aveva detto il primo ministro britannico Neville Chamberlain all'indomani della Conferenza di Monaco, durante la quale i capi di governo di Gran Bretagna, Francia e Italia avevano dato in pasto al Reich porzioni della Cecoslovacchia. Una politica di accomodamento che non aveva aiutato il mondo. Quello stesso giorno di settembre gli avevano tolto l'abilitazione.

Quand'ebbero imboccato la provinciale per Duvenstedt iniziò a nevicare, una neve che non attecchiva.

«Il tettuccio non è impermeabile», osservò Landmann.

«È un'auto fatta per il bel tempo».

«Come va il tuo lavoro di lettrice? Guadagni abbastanza?».

«Non mi lamento», disse Louise.

Era un mondo di pace, laggiù in campagna. Landmann si era affezionato all'atmosfera tranquilla del paesino, agli Unger, al vecchio Harms. Forse l'ultima cosa che gli aveva dato un afflato di gioia era stato organizzare con successo la fuga di Rudi. Giocare a guardie e ladri. Lotte Unger non aveva esitato un attimo quando le chiese di custodire i quadri.

«Cosa farai, Kurt?», chiese Louise.

«Quel che la legge mi permette di fare», disse. «Curerò la gente, per quanto mi è consentito. E tu?».

«Supererò l'inverno. L'ho già detto a mio padre. Lui vorrebbe che tornassi a Colonia».

«Come figlia di una coppia mista là saresti più protetta». Kurt Landmann ripensò un attimo a quanto aveva detto. «Che terribile sciocchezza», commentò.

«Anche ad Amburgo sono figlia di una coppia mista».

A Duvenstedt, Lotte Unger comparve alla porta prima ancora che scendessero dall'auto.

«Venite dentro», disse saltando i convenevoli. «Ho appena tolto la torta dal forno. Passa anche Harms. Ha della posta».

Una luce calda illuminava quel pomeriggio. Nonostante il cielo grigio di novembre fuori dalle finestre. Nessuno di loro sapeva ancora che quel giorno a Parigi un diciassettenne disperato aveva sparato al diplomatico tedesco Ernst vom Rath per vendicare la deportazione forzata della sua famiglia. Nessuno di loro avrebbe potuto immaginare cosa quell'atto avrebbe scatenato di lì a due giorni.

Käthe trasalì quando sentì il suono del clacson. Si avvicinò alla finestra e vide la luce azzurra lampeggiante sulla strada bagnata. Non era la polizia che veniva da lei: davanti alla casa c'era un'ambulanza.

Passi affrettati sulle scale. Aprì la porta e vide due uomini con una barella che andavano dal vicino. Cinque anni prima, quando avevano preso Rudi, l'uomo era rimasto in casa sua. Alle quattro del mattino. Käthe aveva provato l'impulso di richiudere subito la porta, invece rimase ferma, come se la scena le piacesse. Quell'uomo gentile, suo vicino da diciassette anni, giaceva sulla barella con gli occhi chiusi, le labbra blu. «Lo guardi bene», sibilò la moglie. «Si è agitato molto per causa sua. Troppo per il suo cuore. Con la Gestapo sempre in casa».

Com'era cambiato, il quartiere. «Una casa rispettabile», aveva detto il proprietario quando avevano visitato l'appartamento la prima volta. «Coppie, famiglie». Li aveva presi come inquilini anche se allora non erano ancora sposati. Un signore anziano di buon cuore, morto da molto tempo. Ma non c'erano mai state difficoltà nemmeno con i suoi eredi.

Ritornò in cucina per impacchettare il regalo per Klaus, un modellino Märklin raffigurante un medico. Quella fedele ricostruzione di un incidente ferroviario a beneficio dell'infanzia, con tanto di personale medico in scala, le parve macabra.

Suonò il campanello. Era già tardi. Henny era ancora in servizio.

Käthe non ricordava di essere stata così paurosa in passato.

Sul pianerottolo apparve Landmann. «Ti ho portato una cosa», le disse, poi guardò la porta del vicino, come per controllare che non ci fossero orecchie indiscrete.

«Non sono in casa. Lui l'hanno portato in ospedale».

«Una lettera dalla Danimarca», annunciò Kurt Landmann.

«Non vuoi entrare? Preparo un caffè».

«No», disse Landmann, «ne ho già bevuto fin troppo da Lotte Unger. Ora voglio tornare a casa».

Sperava che la Gestapo non passasse ancora. Aveva ancora in casa le *Donne di Nidden*. Era il suo ultimo quadro.

«Dove hai preso quella scimmietta?», chiese Henny, che voleva mettere ordine nella stanza dei bambini prima dell'arrivo dei nuovi giocattoli.

«Questo qui è Jocko», disse Klaus. «Me lo ha regalato Bert».

«Bert, il tuo compagno di classe? Ti ha regalato una costosa scimmia di Steiff per il tuo compleanno?».

«Non per il mio compleanno. L'ho ricevuta già a ottobre, quando lui e i suoi genitori sono stati costretti ad andare via. Aveva il permesso di portare con sé un solo animale, così ha preso l'orso e mi ha regalato Jocko».

Henny si sedette sul letto di Klaus. «Che cos'è questa storia?», chiese. «Perché Bert e i suoi genitori sono stati costretti ad andarsene?».

«Perché vengono dalla Polonia. Ci dovevano tornare».

«Papà lo sa?».

«Certo. Bert aveva lui come maestro. Non dovrei dirti nulla perché tu ti agiti e basta. Per questo Jocko stava in fondo alla cesta dei giocattoli».

Henny si infilò Jocko sottobraccio ed entrò nel soggiorno.

«Vedo che hai trovato la scimmia», disse Ernst, appoggiando il giornale sul tavolo. Else, che cuciva le balze sull'abito per le lezioni di danza di Marike, alzò gli occhi. «È davvero una bella scimmia», disse.

«Che storia è questa?», fece Henny.

«Ma te l'ho già raccontata», disse Klaus che l'aveva seguita.

«Vorrei sentirla di nuovo da tuo padre».

«I Krones sono ebrei di origine polacca».

«Vivono qui da anni», disse Henny. «Il bambino è nato ad Amburgo. Il padre ha un lavoro. Hanno casa qui».

«Alla fine di ottobre il governo polacco ha revocato la cittadinanza a tutti i polacchi che vivevano all'estero da più di cinque anni. Sono stati espulsi in tempo utile».

«*Espulsi in tempo utile*. Sembra quasi che tu sia d'accordo».

«Bert piangeva tantissimo, e anche sua madre», disse Klaus.

«Per l'amor del cielo!», esclamò Ernst.

«Hitler questo non lo sa, scommetto», disse Else.

Ernst si alzò per accendere l'emittente del Reich. Gli andava bene qualunque cosa lo distogliesse da quella conversazione. L'annunciatore disse che il diplomatico Ernst vom Rath era morto a Parigi in seguito alle ferite riportate.

Henny prese Klaus per mano, lo riportò insieme a Jocko nella camera dei bambini e chiuse la porta dietro di sé.

«Posso tenere Jocko allora?».

«Ma certo. Dovrai prenderti sempre molta cura di lui. Bert è felice se sa che Jocko sta bene qui con te».

«Lui lo sa quindi?».

Henny non fu in grado di rispondergli.

Quella notte furono svegliati dal bagliore di una torcia. Ernst andò alla finestra nel soggiorno e scostò le tendine sospettando un incendio nelle vicinanze.

Un fascio luminoso colpì il tavolo dei doni splendidamente allestito, dove alcune ore più tardi si sarebbe avvicinato trepidante il piccolo Klaus, che al momento dormiva sodo. Lo illuminava la luna, non le torce visibili tre piani più sotto.

«Che succede?», chiese Henny, avvicinandosi alla finestra alle spalle di Ernst.

Una folla si muoveva lungo la diga di Mundsburg. Più avanti, in direzione di Hamburger Straße, si sentì un rumore di vetri infranti.

«Non lo so», disse Ernst, «andiamo a dormire».

Moritz Jaffe trascorse la notte sul divano del retrobottega: in genere succedeva quando lavorava alle sue gemme fino a tarda sera e poi decideva di non tornare nel bilocale in Schenkendorfstraße.

Quando la vetrina andò in pezzi, Jaffe sobbalzò ma lasciò la luce spenta, si avvicinò solo di soppiatto alla porta della stanza per chiuderla a chiave. Poi rimase lì ad ascoltare, trattenendo il respiro.

«Morte agli ebrei! Morte agli ebrei! Morte agli ebrei!». Scandivano quelle parole tra grida di giubilo. Un tintinnio, altri vetri in frantumi. Ma non fecero irruzione nel negozio. Proseguirono. Forse verso il negozio di tessili Simon, nel tratto superiore della Herderstraße.

Se lo avessero trovato, sarebbero stati capaci di ammazzarlo. Jaffe lasciò passare molto tempo prima di aprire la porta e passare nel negozio.

Sentì i frammenti di vetro sotto i piedi nudi e tornò indietro per infilarsi le scarpe.

Spazzò il negozio, mise i vetri rotti in una robusta scatola di cartone, lasciando solo i frammenti caduti sul velluto della merce esposta.

La Croce di Ferro di Prima Classe, che aveva ricevuto dopo la battaglia di Verdun in qualità di soldato del Kaiser durante la Grande Guerra, era chiusa in una scatolina di cuoio nella stanza sul retro.

Moritz Jaffe la prese e la sistemò tra i cocci che scintillavano nella luce del vicino lampione, come per esporla un'ultima volta. Anche se sapeva che nemmeno la croce avrebbe potuto proteggerlo.

«I manichini di Robinsohn e Hirschfeld galleggiano nel canale», disse Lina. «Hanno fatto a pezzi tutto».

«Per prima cosa siediti», rispose Henny, rivolgendo alla cognata uno sguardo implorante. Il compleanno di Klaus sarebbe stato rovinato se lei ne parlava davanti a Ernst.

Tagliò la torta: un ciambellone con i rametti di trifoglio e una candela bianca al centro che Klaus doveva spegnere. Portava fortuna.

«In centro non si è salvata una sola vetrina!».

Klaus guardò la locomotiva e i vagoni della seconda e terza classe. «Anche quelle di Schrader?», domandò preoccupato.

«No», disse suo padre, «quelle di Schrader no».

Klaus prima di mangiare la torta voleva scartare il regalo di Lina.

«I libri di Kästner sono vietati», disse Ernst.

«*Emil e i detective* non è vietato», disse Lina. «Nemmeno il nostro ministro della propaganda del Reich è potuto arrivare a tanto».

«Klaus è troppo piccolo per quel libro», disse Ernst.

«No, invece!», protestò Klaus. «Mi piacciono i libri con poche figure. La zia Lina è bravissima a sceglierli».

Lina sorrise. Era contenta di poter avvicinare il nipote a qualcosa di così diverso da ciò che il regime imponeva. «Marike e Else non ci sono?», chiese.

«Marike è ancora a lezione di ballo con Thies, ed Else doveva essere qui già da tempo», disse Ernst. Il corso di danza alla Bartels, di fronte alla Ufa-Haus, costava caro e non bisognava sprecarne nemmeno una lezione.

Lina non aspettò l'arrivo di Else. Quel giorno riusciva a sopportare Ernst Lühr meno del solito e avrebbe preferito di gran lunga starsene seduta con Louise sul divano rosso corallo a parlare di quanto era avvenuto nella notte tra il 9 e il 10 novembre.

Forse per quello non notò la faccia sconvolta di Else Godhusen quando finalmente arrivò al settimo compleanno di suo nipote Klaus.

«Hanno portato via Simon», disse con un filo di voce, «perché non voleva che gli distruggessero il negozio. Me

401

lo ha raccontato la Lüder, tutta orgogliosa. Si vede che la vetrina gliel'aveva fatta a pezzi il suo Gustav. Ho portato degli astri a Frau Simon».

Henny volle bene a sua madre come non mai. Else aveva cuore e coraggio. Le avrebbe perdonato molte cose, nel prossimo futuro.

In piedi davanti alla finestra che dava sul Grindelhof, Ling osservava la sinagoga in fiamme. Era troppo inorridita per temere che il fuoco potesse propagarsi alle case vicine. "La notte dei cristalli". Così era stata battezzata. Un nome che suonava festoso, scintillante. E non sembrava ancora finita.

Era preoccupata per i genitori che abitavano ancora in Schmuckstraße, anche se il ristorante era stato chiuso a causa delle continue vessazioni delle autorità. Poteva solo sperare che i due anziani si tenessero lontani dalla strada.

Del resto, la "spontanea rabbia popolare" invocata da Joseph Goebbels per adesso sembrava rivolta solo agli ebrei. Ben lungi dal trarne sollievo, Ling aveva paura. Anche per Tian, che i nazisti potevano impiccare a causa del suo rapporto con Ida.

E quanto a lei?

Ling si allontanò dalla finestra e passò nell'altra stanza, affacciata sul cortile. Non voleva più vedere niente bruciare.

Kurt Landmann si portava dietro un bicchiere di cognac da cui ogni tanto beveva un sorso, mentre osservava i singoli oggetti ed estraeva i libri dagli scaffali come se preparasse un'asta.

Tornò alla scrivania e legò i tre pacchetti con nodi chirurgici: quelli li sapeva ancora fare. Poi andò all'ufficio postale di Hühnerposten per spedirli. Subito dopo sarebbe arrivato il gran finale.

Si chiese che fine avesse fatto Oda, sempre che fosse ancora viva. Lanciò un'occhiata alle *Donne di Nidden*.

Impiegò mezz'ora per arrivare a Hühnerposten e tornare: a quell'ora c'era un discreto numero di persone in fila alla posta. Poi si versò altro cognac: non ne rimaneva molto nella bottiglia.

Quel tubetto di pillole. Un farmaco eccellente. Anche senza l'abilitazione, essere un medico rimaneva comunque un vantaggio. Andò in cucina e riempì un bicchiere con l'acqua del rubinetto.

L'ultimo goccio. Poi le pillole. Pensò a Oda, poi a Louise, Lina, Käthe. Infine pensò a Lotte Unger, ai quadri e a Theo, il figlio di Lotte.

Landmann guardò le *Donne di Nidden*, certo non il quadro migliore della sua collezione.

Eppure lasciò che la sabbia di quel triste paesaggio lo ricoprisse.

Mentre lo apriva, Theo sapeva già di cosa si trattava. Continuò a sperare di sbagliarsi anche quando si ritrovò in mano il fermacravatte con la perla orientale. Poi lesse la lettera.

No, pensò, formulando nell'intimo una preghiera. Sapeva bene che rivolgere richieste a un'entità superiore non era d'aiuto. Kurt Landmann, suo amico da molti anni, era morto.

Un diario di guerra: tra le pagine quattrocento marchi e la foto di una ragazza. Sul retro c'era scritto «ODA» in inchiostro verde. Tutti quei segreti. Unger ne aveva qualcuno anche lui.

«Guarda cosa riesci a ricavare dall'appartamento», aveva scritto Landmann. «E distribuisci gli oggetti preziosi di mia madre a Lina, Louise e Käthe. E non farti problemi. Non sono religioso e non mi dispiace essere cremato. Nel diario trovi del denaro».

Theo Unger, l'esecutore testamentario.

Quando Elisabeth tornò a casa, lo trovò seduto a piangere.

Louise ricevette un anello di tormalina rosa contornata di perle e una busta con mille marchi. «Continua a vivere, piccola mia», aveva scritto Kurt Landmann. «Sei ancora abbastanza giovane per combattere. Io invece ho perso la forza». Louise ci avrebbe messo molto tempo per superare quel senso di abbandono.

Käthe si meravigliò del fatto che la morte di Landmann le desse forza. Come se si sentisse in dovere di farlo per lui. Scartò il volume di poesie con la copertina rossa che doveva consegnare a Rudi e i ventiquattro cucchiai d'argento.

«Chissà a cosa serviranno», aveva scritto Kurt Landmann.

Luglio 1940

Il primo grande attacco aereo su Colonia fu sferrato il 18 giugno. Proprio quel giorno Grete Stein aveva deciso di uscire una buona volta dalla ben più sicura casa di Lindenthal per passare un po' di tempo con le sue amiche, che cercavano di convincerla da un po'. Un classico tiro mancino della vita. Morì in una casa vicino a Chlodwigplatz: lei e le sue amiche non avevano fatto in tempo ad arrivare in cantina.

Il bombardiere aveva ventidue anni ed era cresciuto a Bristol, dove vivevano la madre e la zia di Elisabeth. Lui e i suoi compagni furono poi abbattuti in Renania.

Louise era scossa come mai prima, nemmeno la morte di Kurt l'aveva fatta sentire così. Forse perché la morte di Grete Stein le sembrava più violenta e crudele di quella di Landmann, morto in relativa pace sul suo divano in Bremer Reihe.

Lina la sommerse di affetto e premure. Del resto, dopo la morte di Lud, Louise aveva fatto lo stesso per lei.

Joachim Stein, rimasto solo a Colonia, cercò di farsi coraggio e invitò un paio di ex studenti a vivere con lui nella casa di Lindenthal. I due non avevano avuto il permesso di proseguire gli studi in Filosofia: ognuno di loro aveva una coppia di nonni ebrei e ora lavoravano negli uffici della Ford a Niehl. Le conversazioni serali facevano bene a tutti e tre.

Una calda serata estiva Lina e Louise erano sedute davanti alla finestra aperta sul canale.

Il cielo aveva un colore blu vellutato, ma osservarlo non dava più serenità. Né a Colonia né ad Amburgo. Solo pochi giorni prima un bombardiere solitario era sbucato dalla coltre di nubi vicino a Fuhlsbütteler Straße e con le sue bombe dirompenti aveva ucciso dei bambini che giocavano.

Fino alla primavera gli inglesi avevano sganciato su Amburgo solo volantini, ora era il turno delle bombe. Dopo il primo attacco sul porto, su St Pauli e su Altona a maggio, l'ululato delle sirene era diventato un appuntamento quotidiano. Nei rifugi antiaerei non ci andava quasi nessuno, e ora in estate anche l'oscuramento, che era stato ordinato il giorno dopo l'inizio della guerra nel settembre del '39, non era di grande aiuto.

Louise bevve un sorso di vino e percorse fino in fondo un pensiero che aveva cercato a lungo di scansare. Se sotto le bombe fosse perito suo padre invece di sua madre, lei avrebbe perso il suo status privilegiato di figlia di una coppia mista. Lei e Grete sarebbero diventate un bersaglio facile per i nazisti.

Alzò la mano esponendola agli ultimi raggi di sole per far risplendere la tormalina rosa.

«Stai pensando a Kurt», disse Lina. Henny faceva lo stesso gesto con l'anello di granato. Ne osservava il brillio e pensava a Lud.

La Gestapo aveva sigillato l'appartamento di Kurt Landmann subito dopo il ritrovamento del corpo. Gli oggetti preziosi di sua madre non erano arrivati a nessuna di loro. Forse erano stati venduti all'asta a beneficio del popolo, o più probabilmente erano finiti nelle tasche degli agenti. Unger era riuscito ad avere solo l'urna con le sue ceneri, che aveva poi seppellito nella tomba dei genitori di Landmann a Ilandkoppel, la parte ebraica del cimitero di Ohlsdorf.

«Sì», disse Louise. «Penso a Kurt. Avrebbe potuto consolarmi. Conosceva mia madre da molti anni».

«Grete non era felice della nostra relazione».

«Per lei avevi un solo difetto: non eri un uomo».

«Fino all'ultimo non ha voluto ammettere a se stessa che siamo una coppia», disse Lina.

A tanto non arrivava nemmeno la loro illuminata padrona di casa. Frau Frahm aveva la stessa età di Grete Stein e, nonostante la sua mentalità aperta, non avrebbe mai considerato normale una relazione come la loro.

«Cosa pensi, quanto durerà ancora la guerra? Ormai hanno avuto la loro campagna in Occidente, si sono presi Danimarca e Norvegia. Perché non gli basta?».

«Ti ricordi di Momme, il ragazzo di Dagebüll che abitava da Guste e faceva il libraio?».

«Ne parli come se fosse morto», disse Louise.

«Voglio sperare di no. In aprile ha partecipato all'occupazione della Danimarca, come soldato della Marina. Ora è di stanza ad Aalborg. E Jacki, quello di Berlino, lui è in Belgio».

«Sono passati tutti per la casa di Guste».

«Io credo che ne avremo ancora per molto. Anche nell'altra guerra si auguravano di tornare per Natale». Il pensiero di Lina andò subito a un insegnante di disegno che era caduto in Francia: si alzò, andò in camera da letto e prese dalla toeletta il medaglione di legno di tiglio, poi tornò alla finestra e lo appoggiò sul grembo di Louise. «Aprilo».

«Mi riveli il tuo segreto?».

«Hai sempre voluto saperlo».

«Scuri come i miei», disse Louise dopo aver aperto il medaglione. «Ma io li ho lisci».
«L'ho amato».
«Chi era?».
«Il mio insegnante di disegno. Avevo sedici anni e lui ventiquattro».
«Poteva anche funzionare», disse Louise.
«È morto sulla Somme. Ti devo tagliare una ciocca, o ci pensi tu?».
Louise chiuse il medaglione. «Ti ringrazio di avermi fatto dono del tuo segreto», disse. «Ma il medaglione lo lascerei a questa ciocca e basta. Come si chiamava?».
«Robert», disse Lina.
«In ricordo di Robert», disse Louise. «A me è concesso di vivere con te».

Era tardi e la casa era buia. Tende nere a rullo coprivano le finestre: e pensare che fino a pochi anni prima quella casa aveva brillato nel buio come un gioiello sul velluto scuro.
Elisabeth era rimasta da un'amica a Berlino, sarebbe rientrata in mattinata. La sua aura di signorilità la proteggeva, come i plaid di cachemire di Betty. I signori in camicia bruna erano intimoriti dalla *grande dame*. Unger sperava che durasse.
Se gli fosse accaduto qualcosa, Elisabeth sarebbe stata in pericolo, essendo lei l'ebrea tra i due. Lo scoppio della guerra li aveva colti di sorpresa, ma ormai il trasferimento di Elisabeth in Inghilterra appariva loro come una soluzione obbligata.
I tempi erano troppo violenti, un orrore senza fine per le persone e i loro piccoli sogni di felicità privata.
Pensò a Kurt, a cosa avrebbe fatto adesso se fosse stato in vita: sentiva quella mancanza in ogni piega della sua

vita. Gli mancava la generosità materiale e spirituale del suo vecchio amico.

Quella sera a Flensburg, quando erano andati al ristorante di pesce di Piet Henningsen dopo aver sistemato Rudi Odefey sul peschereccio, era tra i ricordi più preziosi di Unger.

Il fermacravatte con la perla si trovava ancora nella piccola cassaforte posta dietro al ritratto a olio delle sorelle, Ruth e Betty. Era tuttora proprietà di Rudi, e Unger sperava vivamente che il destino non gli negasse la possibilità di restituirglielo.

L'ultima sua lettera a Käthe portava la data del 2 aprile. Una settimana dopo la Wehrmacht aveva invaso la Danimarca e da allora il vecchio Harms non aveva ricevuto altra posta a Duvenstedt.

«Torno a casa», aveva scritto Rudi. «Due anni sono sufficienti. Non voglio più vivere senza di te, Käthe».

Käthe si era presentata nel suo ambulatorio e lo aveva pregato di leggere la lettera, per vedere se vi individuava qualche indizio su dove si trovasse Rudi.

«Non devi soffrire oltre per me, che me ne sto comodo e tranquillo qui in Danimarca. Trattandosi di una sciocchezza, mi perseguiteranno ancora per poco: ora hanno altre preoccupazioni».

No. Theo Unger proprio non aveva idea di dove si trovasse Rudi. Forse lo avevano imprigionato. Lassù non c'erano ancora i lager, così gli aveva riferito un collega che era tornato da Copenaghen.

«Di sicuro le sue lettere vengono intercettate», aveva detto a Käthe.

Un'ipotesi confortante, forse, ma del tutto plausibile: prima si invadeva e si occupava, dopodiché si cominciava con le vessazioni. Ma Käthe non si lasciava consolare, da tempo era diventata un fascio di nervi. Henny gli aveva confidato che faceva il possibile per non lasciarla da sola in sala parto.

Unger aveva svelato a Käthe che il fermacravatte, anni prima, lo aveva comprato Kurt e che Hans Hansen era solo un nome di copertura.

Lei ne aveva preso atto senza commentare e lo aveva solo pregato di conservare la spilla per Rudi insieme ai ventiquattro cucchiai d'argento. Casa sua le sembrava un luogo più sicuro dell'appartamento in Bartholomäusstraße.

Un rumore alla porta lo fece sobbalzare. Forse si era appisolato.

Lanciò un'occhiata all'orologio sopra il camino: mezzanotte era passata da un pezzo. Unger si alzò dalla poltrona di cuoio, infreddolito. Doveva aver dormito sodo. Sentì delle voci in corridoio, poi la porta che dava sul salotto si aprì.

«Elisabeth!», chiamò. «È successo qualcosa?». Vide Garuti alle sue spalle, con in mano la valigia di sua moglie. «Credevo fossi a Berlino».

«Alessandro è stato così gentile da portarmi qui in auto. Nei prossimi giorni ha degli impegni ad Amburgo».

«Ma non avevi un biglietto del treno?». Confuso com'era, non aveva nemmeno salutato Garuti.

«Dacci prima qualcosa da bere, è stato un viaggio faticoso». Elisabeth si lasciò cadere sulla poltrona di pelle da cui si era appena alzato lui.

«Cosa posso darti? E per lei, Alessandro?».

«Qualcosa di forte», disse Elisabeth. Garuti non si espresse.

Theo Unger aprì il cognac, riempì tre bicchieri e li distribuì.

«Nelle stazioni di Berlino hanno fatto scendere la gente dai treni. Alcuni se li sono portati via», raccontò

Alessandro Garuti. «Prima alla Anhalter Bahnhof, poi anche alla Lehrter».

«Perché?», chiese Unger.

«Hanno controllato i passaporti e selezionato tutti gli ebrei. La mia ambasciata non ne sapeva niente».

Theo Unger si rivolse a sua moglie. «Tu però non hai la J sul passaporto», disse.

«E dovrei starmene seduta ad aspettare che portino chissà dove i disgraziati che invece ce l'hanno e che il treno riparta? Ti sembra normale?». La voce di Elisabeth aveva una nota stridula, spezzata.

Garuti provò a placare gli animi. «C'è grande tensione a Berlino», disse. «Tutti i locali affiggono cartelli di divieto. Ci sono agguati ovunque. Già nel pomeriggio eravamo seduti a un tavolo sul Kurfürstendamm e avevo la sensazione che incombesse un temporale, anche se in cielo non c'era una nuvola».

«Cosa devo dire, quando mi controllano... che sono "la parte ebrea di un matrimonio misto privilegiato"?».

«Sì», disse Theo Unger. Aveva già svuotato il suo bicchiere e si alzò per riempirlo.

«Comunque tra poco non mi fiderò neanche più di uscire in strada». La voce di Elisabeth adesso era isterica.

«Sei esausta per questi soprusi e per il lungo viaggio di notte», disse Unger. «Ti do un farmaco leggero, così potrai dormire bene».

Elisabeth rifiutò con un gesto energico della mano.

«Ho chiamato io sua moglie a Grünewald proponendole di accompagnarla in auto».

«La ringrazio per la sua sollecitudine, Alessandro», disse Unger. Forse era un po' geloso. Quando Garuti si affrettò ad alzarsi e a congedarsi, non si oppose. In fondo erano le due e mezza del mattino.

«Spero che non abbia impedimenti per domani sera»,

disse Elisabeth. «Dobbiamo finalmente riuscire a fare questa cena da noi».

Unger accompagnò Garuti all'Alfa Romeo, parcheggiata davanti alla casa in Körnerstraße. «Allora a domani».

«Elisabeth è molto agitata, soffre per tutta questa situazione», disse Garuti. «Deve perdonarla. Non è voluta andare in un locale in cui gli ebrei sono sgraditi, ma altri non ne esistono quasi più».

Theo Unger, inquieto, lo seguì con lo sguardo.

A maggio aveva compiuto ottantadue anni, e il dottore non c'era. Con lui sarebbe stato più bello. Il vecchio Harms aveva bevuto il suo *Lütt un Lütt* tutto solo, pensando a Landmann. Era molto tempo che non sentiva così profondamente una mancanza. Nessuno faceva le iniezioni come lui.

Il postino quel giorno aveva consegnato solo un catalogo per piante ornamentali, che però al momento non avevano mercato, aveva sentito dire Harms dal giardiniere: la gente coltivava verdure. «Quel suo nipote in Danimarca ha rinunciato a puntare sulla casa», disse il postino.

Harms non afferrò subito.

«Quello che le scriveva sempre perché voleva l'eredità».

«Ah, quello. Non si trova più in Danimarca. Adesso miete trionfi in Francia, col nostro valoroso esercito», disse Harms. Di quei tempi bisognava andarci cauti. Avrebbe chiesto al giovane Unger cosa ne era stato del ragazzo che era andato oltreconfine, adesso che era arrivata la Wehrmacht.

«Noi consegniamo anche la posta militare. Sarà distratto dalle donne francesi. Al vecchio zio non ci pensa».

Il vecchio Harms concordò.

Käthe andò al porto, al centro evangelico danese, ma anche lì nessuno riuscì ad aiutarla. Avevano mai sentito dire se degli esuli tedeschi erano stati fatti prigionieri o internati in un lager?

Il centro comunque usava la massima prudenza nel rilasciare informazioni, per timore di provocare le autorità tedesche. L'occupazione della Danimarca si stava svolgendo in un'atmosfera più pacifica rispetto ad altre nazioni: i nazisti consideravano i danesi un popolo fratello. Tuttavia, quando Käthe lasciò l'ufficio e raggiunse le scale, la seguì una ragazza.

«Tutti i fascicoli della polizia danese riguardo agli immigrati sono finiti nelle mani della Gestapo», le disse. «Ho sentito parlare di rappresaglie, e alcuni esuli sono finiti in prigione».

Käthe si aggrappò al corrimano della scala.

«Molti però sono riusciti a fuggire in Svezia attraverso lo stretto di Öresund», aggiunse la donna. «Vuole un bicchiere d'acqua?».

Käthe scosse la testa. I tremori la coglievano spesso, ma erano passeggeri.

«Spero che suo marito sia vivo e che lei riceva presto sue notizie». La cordialità di quell'estranea la commosse.

Käthe raggiunse i pontili da sbarco e salì sulla sopraelevata. All'una iniziava il suo turno, ma le risultava sempre più difficile concentrarsi sul lavoro. Dov'era Rudi? Se fosse fuggito attraverso l'Öresund raggiungendo la Svezia, ancora sicura, allora avrebbe ricevuto sue notizie. Era impossibile che in Danimarca ai prigionieri politici non fosse concesso nessun contatto con l'esterno. In Germania era possibile persino nelle carceri della Gestapo.

«Hai cattive notizie?», chiese Henny mentre Käthe si cambiava. «Sei molto pallida per essere pieno luglio».

«È morto», disse Käthe.
Henny si girò di scatto. «Ma che dici?».
«Me lo sento».
Henny respirò profondamente. «Smettila, Käthe. Ti stai facendo del male».
Il tremore tornò. E questa volta durò più a lungo.
«In queste condizioni non puoi lavorare», disse Henny. «Immagina se commetti un errore. La Dunkhase non aspetta altro». Accompagnò Käthe alla sdraio e la fece stendere, poi andò a cercare Unger.
C'era invece il dottor Aldenhoven, che la seguì. Unger non era al lavoro.
Visitò Käthe con attenzione, quasi con dolcezza. «Le proibisco di prendere servizio», disse. «Non è in grado di lavorare, Frau Odefey».
Ma Käthe non lo sentì: era già svenuta, l'indulgenza più grande che le poteva essere concessa in quel momento.
Quando si risvegliò, era sdraiata in una stanza del reparto privato. Unger era seduto accanto a lei e le disse che sarebbe rimasta lì per un paio di giorni finché non fossero stati completati tutti gli esami.
«Io non posso pagare».
«Ma io sì», disse Theo Unger. Aveva sposato una donna ricca, che quella sera aveva invitato il dottor Garuti per una cenetta raffinata.
Henny lo aveva informato che non c'era nessuno che potesse prendersi cura di Käthe a casa, tranne Henny stessa che aveva già molto da fare. Anna Laboe faceva la cuoca, il suo stipendio era l'unica fonte di reddito della coppia, e Karl non ce la faceva più ad arrivare fino al quarto piano.
«Se Käthe ricevesse un segno di vita da Rudi, si rimetterebbe in un istante», disse Henny.
Forse doveva andare a Skagen, pensò Unger, per cer-

care Rudi. Era proprio quel che avrebbe fatto Kurt Landmann. Forse poteva lasciare sola Elisabeth per qualche giorno. Prima però doveva andare a Duvenstedt a prendere il pollo: sua madre gli aveva già tirato il collo per la cena di quella sera.

Quella cena. Alessandro Garuti gli sembrava un uomo perbene. Unger supponeva che non ci fossero motivi per essere geloso.

«Me lo sono ritrovato davanti in uniforme, con un teschio sulla mostrina!», raccontò Else Godhusen.
«Vedo che Gustav fa carriera tra i nazisti», disse Henny.
«Non parlo di Gustav, ma di Gotha».
Il piazzista Ferdinand Gotha aveva avvicinato Else davanti al Karstadt in Mönckebergstraße, ostentando anche una certa familiarità.
«Fa parte delle SS. Ma non è troppo vecchio?».
Ci mancava solo questa: per Henny era stato un sollievo che Gotha fosse uscito dalla vita di Else. Sperava solo che sua madre non avesse intenzione di riprendere i contatti.

Il crollo di Käthe, poi la Dunkhase che l'aveva inseguita con il modulo di segnalazione perché era nato un bambino affetto da idrocefalia. Dall'agosto dell'anno precedente erano obbligate a segnalare i neonati con menomazioni: lo prescrivevano le nuove leggi sull'eugenetica e la prevenzione della nascita di persone "indegne della vita". Henny aveva una gran voglia di raggiungere Käthe nella sua stanza al reparto privato e nascondersi con lei sotto le coperte.

I due neodiciottenni erano seduti sul balcone dei gerani: Marike aveva compiuto gli anni da qualche giorno e Thies da qualche mese. Si guardavano negli occhi come se il fidanzamento fosse imminente. A Henny Thies piaceva, ma non voleva che Marike commettesse il suo stesso errore. «Quanta fretta!», aveva detto Käthe quando lei e Lud avevano cominciato a parlare di matrimonio, e aveva ragione.

Chissà dov'era Rudi. Henny si rifiutava di crederlo morto tanto quanto Käthe, che portava già il lutto solo nel tentativo di rabbonire gli spiriti cattivi. Chi accetta il peggio viene risparmiato.

«Magari Marike e Thies possono liberare il balcone e andare a fare una passeggiata. Avrei voglia di sedermi un po' al sole con te».

«Allora diglielo», rispose Henny a Ernst. Anche se in realtà pensava che Marike avesse lo stesso diritto.

La voglia di vivere si affievoliva. Se fosse stato internato in autunno o in inverno, il lager lo avrebbe già spezzato.

In aprile i tedeschi erano arrivati via terra, cielo e mare, e la Wehrmacht aveva sopraffatto senza il minimo sforzo la piccola difesa danese: un vero successo. A differenza di molti esuli politici, Rudi non era riuscito a fuggire superando l'Öresund: i socialdemocratici erano ben organizzati e coi comunisti erano implacabili.

Come era potuto finire agli arresti? Ancora non lo sapeva. Lo avevano trasportato ad Aalborg su un veicolo della Wehrmacht insieme a quattro compagni di sventura. Poi per nave. Per una destinazione molto più lontana della Svezia.

Il paesaggio al di là del filo spinato a lui non sembrava molto invitante nemmeno in quel periodo dolce dell'anno, ma molti nel lager raccontavano invece che quella terra non lontana da Danzica, bagnata dal fiume, dalla laguna vicina e dal mar Baltico, era stata un vero paradiso in tempo di pace.

Erano soprattutto polacchi, di cui molti civili, che con

lui erano rinchiusi nel campo di concentramento di Stutthof, come lo chiamavano con un eufemismo le guardie tedesche: nient'altro che un campo di sterminio istituito per annientare i prigionieri.

Nei primi giorni dopo il suo arrivo aveva potuto scrivere una cartolina e sperava solo che Käthe l'avesse ricevuta. Nessuno dei suoi compagni era riuscito a contattare i cari a casa, era difficile credere che la sorte potesse favorirlo. Ma non avere notizie di Käthe in quei giorni di fame e di punizioni corporali e spirituali era per lui quasi il tormento più grande.

Senza Lotte la raffinata cenetta non sarebbe stata possibile. Aveva fornito il pollo e il rosmarino, e dal suo orto erano arrivati anche la frutta estiva rossa per la composta, le patate e i fagioli.

Unger portò tutto da Duvenstedt alla cucina in Körnerstraße, dove la mamma di Käthe avrebbe preparato la cena, in segno di ringraziamento per la gentilezza che aveva riservato a Käthe.

Theo Unger scese in cantina a scegliere i vini. Desiderava mostrare al dottor Garuti lo stile di vita tedesco. Alcune preziose bottiglie risalivano ancora alla cantina della casa dei Liebreiz a Klosterstern. Il vino usciva indenne da qualunque epoca e condizione atmosferica.

Prese dallo scaffale di legno due bottiglie di Château Haut-Brion del 1921 e un vino dolce da uve miste del castello di Johannisberg della stessa annata, con cui voleva accompagnare il dolce. Quando l'uva per quei vini era stata raccolta, la guerra era finita da tre anni, e ora la Germania si trovava di nuovo in un conflitto.

Era da tempo che la sala da pranzo non accoglieva ospiti: non erano tempi da festeggiare. Tolse la stagnola, stappò il vino rosso e sistemò le bottiglie nella nicchia della finestra. Nel giardino anteriore fiorivano le rose, come succedeva un tempo nel giardino dei suoi suoceri.

Sperava che Ruth e Betty stessero bene a Bristol, dallo scoppio della guerra non era stato possibile mantenere una corrispondenza, figuriamoci un contatto telefonico. Sicuramente anche questo tormentava i nervi di Elisabeth, e forse gli sguardi adoranti di Garuti le strappavano qualche sorriso.

Se quella cena fosse andata bene, avrebbe seriamente progettato di andare a Skagen. Doveva mettere in conto otto ore per arrivare e doveva motivare l'assenza ai colleghi per evitare che si insospettissero.

«Tua madre è un tesoro», disse Elisabeth. «Quante cose buone!».

Si girò verso di lei. «Sei splendida con quel vestito», osservò. Lino bianco, mezze maniche e vita stretta. Sua moglie aveva preso dal giardino una delle rose color rame e se l'era infilata tra i capelli biondo-rossicci: l'effetto era notevole.

«Cambiati anche tu», disse Elisabeth. «Arriva alle sette».

«Molto presto per un italiano», disse Unger.

«Gliel'ho chiesto io, così possiamo godere un po' della luce del giorno, prima di dover oscurare di nuovo».

«Sceglierò anch'io il lino».

«Prendi il vestito grigio argento e la cravatta che ti ho comprato, si intona con la mia rosa».

Dio mio, che razza di conversazione. Cosa poteva pensare la madre di Käthe di quella serata?

Garuti arrivò puntuale e consegnò a Elisabeth un bouquet di rose color arancio, come se avesse intuito il colore della serata, e al padrone di casa una bottiglia di Asti Cinzano tenuta adeguatamente in fresco.

Bevvero lo spumante come *aperitivo*, come suggerito da Alessandro Garuti, e passeggiarono in giardino coi bicchieri in mano. L'atmosfera era rilassata, e si mantenne tale anche quando si sedettero a mangiare e la cameriera li servì. Garuti si profuse in elogi per il pollo al rosmarino, una ricetta della sua patria, come ebbe a dire. Era un vero giardino del Sud quello che Lotte nutriva e curava per Unger. Fu raccontata la storia di quell'orto, e si parlò di polli e conigli.

«Ha uno splendido fermacravatte, Alessandro», disse Elisabeth, quando ebbero mangiato la composta di frutti rossi e bevuto un ultimo bicchiere di vino dolce. «Si tratta di una *baguette brillant*? Sembra di color grigio, quasi antracite».

«Sì. Starebbe bene con l'abito di suo marito. Apparteneva a mio padre. Mio fratello e io abbiamo ereditato alcuni pezzi».

«Mostra ad Alessandro la perla orientale», disse Elisabeth.

Unger si alzò e si diresse in salotto, tolse il quadro a olio dalla parete e aprì la cassaforte. Dopo aver estratto il fermacravatte, tornò in sala da pranzo.

Alessandro Garuti osservò a lungo il gioiello. «La perla è di valore», disse. «Non voglio offenderla, ma la spilla non vale niente».

«Questo lo sappiamo», disse Unger.

«Io avevo una perla simile. Ma la montatura d'oro era più costosa».

Riappoggiò il fermacravatte sul palmo di Unger. «Anche questo è un bene di famiglia?».

«Accomodiamoci in salotto», disse Theo, «e beviamo ancora un cognac prima del caffè. Poi le racconterò della perla».

«C'è una tale educazione qui da voi. È un vero piacere per me. A Berlino invece le conversazioni in società sono cambiate».

In salotto filtrava l'ultima luce del giorno. Presto avrebbero dovuto abbassare le tende nere e accendere la luce elettrica. Fu servito il caffè e versato il cognac, poi Theo Unger gli raccontò di un comunista dall'aspetto davvero giovane – sebbene nel frattempo Rudi avesse compiuto quarant'anni – che aveva accompagnato a Flensburg insieme a Kurt Landmann.

Poi si pentì di aver raccontato tutta la storia. Garuti era pur sempre un diplomatico italiano e l'Italia era alleata di Hitler.

Forse l'ospite aveva percepito la sua inquietudine. «A Berlino ho confidato a Elisabeth di non essere un sostenitore dei fascisti», disse. «Spero di avere anche la sua fiducia, Theo».

«L'ultima lettera di Rudi Odefey è del 2 aprile. Da allora sua moglie non ha più ricevuto notizie. A proposito, la cuoca di questa sera, che ci ha tanto viziati, è sua suocera».

«È ancora qui? Sarei felice di ringraziarla», disse Alessandro Garuti, anche se sembrava avere la testa altrove.

«Sta per andare a casa», disse Elisabeth.

«Allora posso chiederle di accompagnarmi in cucina?».

Anna Laboe aveva appena appoggiato il grembiule, quando l'elegante signore le apparve davanti per rivolgerle grandi elogi che la imbarazzarono. Per lo stupore restò lì ferma per un pezzo anche dopo che Elisabeth e Garuti furono tornati a sedere in salotto.

«Sarei felice di esserle utile per ritrovare Rudi. Forse a Berlino posso scoprire qualcosa sull'attività della Gestapo nella Danimarca occupata. Conosce l'anno di nascita dello scomparso?».

«1900», rispose Theo Unger.

«Sia prudente», disse Elisabeth. «Non corra rischi per causa nostra».

Garuti scosse la testa. «Mi permetta una domanda», disse. «Forse non ho capito bene il nome. Odefey, ha detto?».
«Esatto», disse Unger.
«Non è un nome comune».
«Piuttosto raro in effetti», osservò Elisabeth.
Alessandro Garuti si alzò. «Ringrazio entrambi moltissimo per l'ospitalità. Spero di poter ricambiare presto».
Elisabeth e Unger lo accompagnarono fuori. L'Alfa Romeo non c'era. Garuti era venuto in taxi e intendeva raggiungere a piedi l'altra riva dell'Alster. Una passeggiata gli ci voleva, disse.

Henny tese l'orecchio mentre Momme parlava della Danimarca, della guerra, della Wehrmacht, del suo periodo di licenza, e poi gli raccontò di Rudi.
Momme perlustrò con occhi inquieti i quattro angoli del giardino, come temendo un delatore nascosto in mezzo ai cespugli. Ma c'erano solo Henny e Guste, ognuna con una ciotola in grembo e una forchetta per sgranare il ribes appena colto da Momme. Ida non c'era: era per lei che Henny era lì seduta nella Johnsallee. A Hofweg ormai non la si trovava più.
«I danesi li trattano abbastanza bene, ma con gli esuli hanno la mano pesante», disse Momme. «La Gestapo deve averne portati alcuni da Aalborg a Danzica».
Danzica?
«Li hanno rastrellati in tutto il Paese. Tutti comunisti. E poi spediti verso Est. A Danzica c'è un campo di concentramento».
Henny ebbe la nettissima sensazione che Rudi fosse tra quelli.
«Posso telefonare, Guste?».
«Spero solo che non ci intercettino».
Henny corse il rischio e chiamò Unger.

«Un campo di concentramento nei pressi di Danzica», ripeté Unger perplesso. Non ne aveva ancora mai sentito parlare. Si sarebbe informato.

«Nemmeno io credo che Rudi sia ancora in Danimarca». Ma credeva che fosse vivo, e questo era l'importante.

«Dobbiamo dirlo a Käthe?», chiese Theo Unger.

«Parlo io con lei», disse Henny e tornò in giardino. Si sedette sulla sedia bianca di vimini e ricominciò a sgranare il ribes.

«Ida aspetta un bambino», disse Guste. «Ad agosto compirà trentanove anni, ma è meglio tardi che mai».

Henny per poco non rovesciò la ciotola piena di chicchi rossi.

«Un bambino è sempre una gioia», puntualizzò Guste, «o quasi sempre».

Non appena lo aveva saputo, Guste aveva offerto a Ida e Tian la sua stanza grande e luminosa affacciata sul giardino. Lei e Bunge, disse, si sarebbero arrangiati in mansarda.

Bunge non l'aveva presa bene: tutte quelle scale. Ma si trattava del benessere di suo nipote. Ormai non ci sperava più.

«A che mese è?», chiese Henny.

«Quarto, dice Ida».

«Si vede già?».

Guste scosse la testa. «Presto non li lascerò più uscire insieme», disse. «Altrimenti Tian e Ida possono essere prelevati in strada con l'accusa di aver attentato alla purezza della razza».

«Ma lui non è ebreo», disse Momme.

«Figurati se quelli là non si sono inventati qualcosa contro i cinesi!», disse Guste. «Non possono avere relazioni con donne tedesche e men che mai avere figli con loro, pena l'espulsione dal Paese».

«Ora sono in giro insieme?», Henny non voleva aspettare oltre e si alzò per portare la ciotola in cucina. Preferiva andare in clinica da Unger, che quel giorno aveva il turno domenicale. E poi parlare con Käthe.

«Tian è da Ling», rispose Guste. «Dove sia Ida, non lo so».

«Ti ho cercata», disse Friedrich Campmann.
Ida sollevò gli occhiali sui capelli. «Perché?», chiese.
«Volevo salutarti. Vado un paio di giorni a Berlino».
Si sedette di fronte a lei su una delle nuove poltrone da giardino in ferro battuto: quelle vecchie, di vimini, secondo lui erano più comode, ma Ida in primavera aveva cambiato l'arredamento del loggiato.

«È tornata Joan? O si tratta di affari?».
«Entrambe le cose», disse Campmann. Si stupì che Ida la chiamasse "Joan".

«Allora ti parlo adesso», disse Ida. «Campmann, tu hai la grande opportunità di alzare il braccio per colpirmi. Ancora peggio, tu puoi distruggere Tian e me».

«Che stai dicendo, Ida? Lo so dall'inizio della guerra che siete amanti. Sono anni che facciamo vite separate, tu e io».

«Aspetto un bambino da lui».
Campmann, seduto sul cuscinetto a motivi floreali, rimase immobile e non replicò.

«Da due anni esiste una Unità centrale per cinesi, a Berlino. La dirige personalmente il capo della Gestapo. Esiste anche un decreto che vieta la relazione tra cinesi e donne tedesche».

«Questo mi è noto», disse Friedrich Campmann.
«E tu non hai ancora fatto niente?».
«La tragedia del nostro matrimonio sta nel fatto che tu hai sempre pensato che volessi farti del male. Io inve-

ce ti ho amato. I grandi sentimenti si sono affievoliti, ma io continuo a non augurarti alcun male, Ida».

«Questo significa che non ci denuncerai?».

«No. Dove andrete a vivere?».

«La sorella di Tian ci ha offerto il suo appartamento in cambio della stanza in Johnsallee. Ma Tian non vuole assolutamente farla spostare. All'inizio rimarremo da Guste».

«Anche il futuro nonno vive lì», disse Campmann. «Non ho niente in contrario se continui a usare di tanto in tanto questa casa. Tu sola, ovviamente».

«Non ti danneggia professionalmente che la donna con cui sei ancora sposato aspetti un bambino da un altro? Un orientale, per giunta?».

«Vuoi la separazione?».

«Tu?», chiese Ida.

«Non puoi sposarti con Tian».

«Lo so».

«Ti prego di essere discreta, Ida. Nessuno nel nostro ambiente deve sapere che avrai un figlio meticcio da un cinese». Ora sapeva perché lei aveva detto "Joan" e non "la tua donnaccia americana".

«Ti perdono per il "meticcio"», disse Ida. «Grazie, Friedrich».

Si erano seduti nell'ambulatorio di Unger e avevano parlato dello "stato delle cose", come Theo Unger aveva definito le informazioni di Momme e l'idea di Henny che Rudi fosse vivo e si trovasse nei pressi di Danzica.

«Forse alimentiamo false speranze», aveva detto Unger.

Henny passò in camera di Käthe. La speranza era vitale, e già dopo le prime frasi il volto pallido di Käthe riacquistò colore: pendeva dalle labbra di Henny.

«È vivo, Käthe!».

«Si torna vivi da un campo di concentramento?».

«Sì», disse Henny, «in fondo è solo un detenuto politico».

E non un ebreo, pensò.

Kurt Landmann aveva capito prima di tutti quanto fosse grave la situazione.

«Posso andare a prenderlo?».

«No», disse Henny. Conosceva Käthe abbastanza bene da sapere che di fronte alla recinzione di filo spinato avrebbe tentato qualche follia. Era capace di piazzarsi lì a tempo indeterminato.

«Di' a Unger che domani vado a casa. Voglio rimettermi in forze. Per Rudi».

«E per te», disse Henny.

Garuti depose il suo elegante biglietto da visita con lo stemma dell'ambasciata italiana sul lucido ripiano di quercia muschiata. «DOTT. A.A. GARUTI». Era arrivato fino al direttore dell'ufficio di stato civile del quartiere Neustadt di Amburgo e stava per essere autorizzato a consultare il registro delle nascite. Il signor Poppenhusen, in rassicuranti abiti civili, era andato personalmente a prendere la documentazione relativa all'anno 1900 per l'illustre diplomatico.

Garuti si guardò intorno. Una libreria dello stesso legno scuro della scrivania. Dietro il vetro c'erano grossi soprammobili, libri rilegati in pelle e tazze dorate da collezione con motivi paesaggistici. Diede un'occhiata all'orologio da tasca: trovare quei documenti non sembrava un'impresa facile.

Alla fine la porta si aprì. «Eccolo qui», disse Poppenhusen, sistemando il registro delle nascite davanti a Garuti.

Nome e cognome: Rudolf Odefey
Nato il (in lettere): venti luglio millenovecento
Nome, cognome e professione del padre: ignoto
Nome e cognome della madre da nubile: Margarethe Odefey

Alessandro Garuti espirò in maniera udibile. La virtuosa Margarethe si era messa nei guai.

«Ho qui anche il registro dei decessi. Stesso cognome. Stessa data», lo informò il direttore dell'ufficio, mettendo il grosso volume sotto gli occhi di Garuti.

Therese Odefey.
Nata il 20 agosto 1880. Morta il 20 luglio 1900.
Il giorno della nascita del figlio Rudolf.
Teresa, pensò il dottor Garuti. Perdonami. Io non lo sapevo. Alzò gli occhi verso Poppenhusen.

«Mi dispiace, a quanto sembra si tratta di una cattiva notizia».

«Una buona e una cattiva, a dire il vero», disse Garuti, «Cosa le devo per queste informazioni?».

Poppenhusen scosse la testa. «È un piacere collaborare con i diplomatici di una nazione alleata», disse.

Il cuore di Karl era troppo debole per sopportare altre emozioni, quindi si era imposta di tacere. Ci riuscì per i tre giorni successivi alla cena dagli Unger, poi non ne poté più.

«Quell'ospite per cui ho cucinato sabato… uguale spiccicato al nostro Rudi! Immaginati Rudi con i capelli bianchi!».

Il primo pensiero di Karl fu che probabilmente gli erano venuti davvero, a Rudi, i capelli bianchi, con tutto quello che gli stava capitando. Ma rimase molto più calmo di quanto Anna avesse temuto. «L'ho sempre detto che il padre di Rudi doveva essere un bel tipo. Il ragazzo non ha proprio niente di Grit».

«Pensi possa essere davvero il padre di Rudi?».

«Käthe dovrebbe parlarne col dottor Unger e con l'italiano stesso».

«Per ora non diciamole niente. È già tanto che si sia ripresa, ora che pensa che Rudi sia a Danzica». Le era venuto in mente che sarebbe stato orribile se il misterioso genitore fosse saltato fuori proprio ora e Rudi non fosse tornato. Dopotutto non avevano alcuna certezza che suo genero fosse a Danzica. C'era ancora la possibilità che fosse morto. Guardò Karl, che si teneva una mano sul cuore. «Hai preso le gocce?».

«Sono solo commosso», disse Karl. «Spero di riuscire ad assistere all'incontro del ragazzo con suo padre. Non potresti parlarci tu, con l'italiano? Forse sa qualcosa».

«No. Questo non lo farò», replicò Anna, imbarazzata. Una parte di lei temeva di aver preso un abbaglio, confusa com'era da tutti quei complimenti.

«Però non è un conte, vero?».

Anna scosse la testa.

«Un vero peccato», sospirò Karl Laboe.

Käthe aveva faticato a riconoscere Jaffe: pallido e dimagrito, le veniva incontro in Winterhuder Weg. Dalla notte del pogrom non lo aveva più visto e nessuno entrava più nella piccola oreficeria, dove solo le lastre di vetro distrutte dai nazisti erano state sostituite. Nemmeno Jaffe ci andava più.

«La perla orientale», le chiese, «è riuscita a venderla?».

«Sì. Mio marito ci ha finanziato la sua fuga. Ma la Gestapo lo ha arrestato in Danimarca e adesso si trova in un lager vicino Danzica».

Moritz Jaffe abbassò la testa. «Ha sue notizie?».
Käthe non volle dire che si stava aggrappando a una tenue speranza.
«Sì», disse lei. Era quello che voleva credere.
«Spero che ce la faccia», disse Moritz Jaffe.
«E lei?».
«Io sono vecchio ormai». Aveva cinquantotto anni.
Käthe lo seguì con lo sguardo dopo che si furono salutati: l'uomo non si girò neanche una volta mentre percorreva Winterhuder Weg. Lei allora lo seguì e nella Schenkendorfstraße vide Jaffe entrare nel seminterrato di una delle prime case.
Käthe si voltò e corse a casa: le era rimasta una sola scatola di cacao in polvere. Era da tempo che non rubava più niente.
Poco dopo appese alla maniglia della porta di Jaffe la retina per la spesa con la scatola avvolta in una carta di giornale. Un regalo per Jaffe, un'offerta agli dèi.
Sperava servisse a salvare Rudi.

Settembre 1940

Per fortuna le notti erano ancora tiepide. Rudi percorreva una strada che andava a ovest, con la speranza di trovare una macchina che lo prendesse su magari fino a Pasewalk.

Nonostante tutte le ferite che si portava dentro e fuori, si sentiva quasi forte da quando aveva in tasca il documento di rilascio dal lager di Stutthof. L'annuncio era avvenuto in modo repentino e per motivi imperscrutabili, come l'arresto.

Da Danzica era partito in treno: solo poco prima di Stettino si erano accorti che viaggiava senza biglietto. Il controllore avrebbe potuto farlo arrestare per sottrazione di profitto ai danni delle ferrovie, ma si era limitato a buttarlo fuori dal treno.

Lo prese a bordo un camion che trasportava sacchi di cemento su un vano di carico aperto. Rudi non poteva credere alla sua fortuna: era diretto a Rostock. L'autista era taciturno come lui: si meravigliò solo quando Rudi si mise a strappare a morsi il pane lungo i bordi, come un lupo intento a dilaniare una pecora.

Sperava di potersi imbarcare da Rostock per Amburgo, ma si rivelò un'illusione: Rudi cercò invano per due giorni un passaggio per Lubecca, dormendo dietro un capanno e coprendosi coi giornali che trovava sulle panchine del parco, in preda alla costante paura di essere catturato. A Stutthof girava voce che anche i mendicanti e i vagabondi finissero nei campi di concentramento. La fame era atroce: Rudi si aggirava per il porto, frugava nei cestini della spazzatura, e se le briciole di pane avessero potuto sfamarlo, sarebbe stato più veloce dei gabbiani ad arraffarle.

Alla fine un commesso viaggiatore lo caricò sulla sua Ford Eifel col bagagliaio pieno di campioni di stoffe e gli diede anche una camicia: le maniche erano state attaccate male e quindi non poteva essere usata come campione. Rudi raggiunse Amburgo con quella camicia addosso.

In Bartholomäusstraße, dopo che ebbe suonato invano il campanello, fu uno dei gemelli del primo piano ad aprirgli la porta: Käthe non era in casa. «Abbiamo ricevuto la cartolina precetto», gli riferì il ragazzo. «Mio fratello e io in agosto abbiamo compiuto diciotto anni». A Rudi parve di sentire una nota di entusiasmo nelle loro voci.

Era seduto sull'ultimo gradino della scala al quarto piano. La vedova dell'affabile vicino non abitava più lì accanto. Non passò nessun altro inquilino, prima che Käthe finalmente arrivasse sul pianerottolo e lo trovasse seduto accanto alla porta.

«Andiamo, allora!», disse l'uomo della Gestapo. Voleva suonare gioviale, ma Guste presentiva il peggio. Lo accompagnò a perlustrare la casa e, quando alla fine arrivarono di fronte alla stanza di Ida e Tian, si mise a recitare una preghiera tra sé.

Quando entrarono nella stanza affacciata sul giardino, Guste si ripromise di ricominciare a credere in Dio. Non c'era traccia di Ida: trovarono solo Tian, piegato sopra un libro. Si alzò dalla scrivania. L'uomo della Gestapo estrasse un documento dalla tasca.

«Yan Tian? Vive da solo qui?».
«Sì», disse Tian.
«Lavora per la ditta Kollmorgen, in Großen Reichenstraße?».
«Sono l'amministratore».
«È però registrato in Grindelhof 21».
«Vengo qui solo di tanto in tanto, perché sto scrivendo un libro. La vista sul giardino mi è di maggiore ispirazione».
«La sinagoga ormai è scomparsa e non offende più l'occhio», disse l'uomo della Gestapo, avvicinandosi per esaminare il libro con gli ideogrammi cinesi. «Niente macchina da scrivere? Non sembra proprio che lei stia lavorando qui».
«Il libro lo sto ancora preparando. Ha come tema il florido commercio tra il Reich tedesco e la Cina».
«Non include però il commercio del caffè».
«No», disse Tian. «La scrittura è un mio svago privato».
Qualcuno doveva aver denunciato alla Gestapo la sua relazione con Ida. Possibile che fosse stato il marito? Tian non volle crederlo.
L'uomo osservò la stanza. Guste lo aveva già fatto, scoprendo solo gli animaletti di giada bianca e nera: erano di Ida, ma comunque insospettabili, perché cinesi esattamente come la teiera bianca e azzurra e le coppe sul cassettone.
Dove fossero la roba di Ida e i suoi numerosi gingilli era un mistero.
«Si tratta soprattutto di oggetti in porcellana», disse Tian, avvicinandosi al cassettone come se là ci fossero i materiali per il libro.
«La ditta Kollmorgen è in mani tedesche».
«Lo è da sempre», disse Tian. «Dopo la morte del fondatore Hinnerk Kollmorgen, che è stato il mio men-

tore, io l'amministro per conto dell'erede Guillermo Kollmorgen, che vive in Costarica».

Ma l'agente ormai aveva perso interesse: volle solo controllare di nuovo il registro di Guste. Era già pieno di graffi per tutte le volte che la Gestapo lo aveva avuto tra le mani.

«Dovresti scriverlo davvero, un libro», disse Guste a Tian quando furono di nuovo soli. «Le idee non ti mancano».

«L'eroe del giorno è il padre di Ida», rispose Tian e guardò verso la porta, da cui Bunge fece passare i due grandi sacchi di iuta con cui a fine settembre raccoglievano sempre le foglie. Ma i sacchi stavolta erano già pieni.

«Le cose di Ida non torneranno più come prima», disse Bunge e svuotò i sacchi. Rovesciò tutto sul parquet in rovere lucidato, formando due mucchi di panni dall'aspetto ben poco elegante. «Mentre eri di sopra con quel tizio sono andato nella rimessa e ho preso i sacchi, e Tian e io ci abbiamo infilato dentro tutto quel che sembrava di Ida. Poi li ho portati nella rimessa».

«Meriti un monumento», disse Guste.

«Ida non ne sarà così entusiasta».

«Certo che ne sarà entusiasta. Se non fosse stato per te, a quest'ora Tian poteva essere in una cantina della Gestapo».

«Questo non ci può ancora succedere», disse Tian.

«Ci occorre un piano per una rapida fuga», disse Guste. «Ma dov'è Ida?».

«A casa del marito. Campmann è ancora a Berlino».

«Speriamo che questa storia non duri più molto a lungo». Guste non disse altro e gli altri due restarono nel dubbio se si riferisse al matrimonio di Ida o ai nazisti.

Käthe avrebbe voluto coprirlo di baci dalla testa ai

piedi, ma Rudi si schermì imbarazzato. Era sporco e puzzava: voleva per prima cosa lavare via ogni traccia di quell'esperienza. Rivedere Käthe era stato il suo più grande desiderio per tutti quei mesi, ma ora si sentiva a disagio, oltre ad avvertire uno sfinimento che gli arrivava nelle ossa. Se solo ci fosse stato lì Kurt Landmann per sostenerli con la sua saggezza: avrebbe aiutato anche Käthe, chiaramente delusa dal fatto che lui non stesse saltando di gioia con lei.

Si lavò con una foga tale che dopo aveva male dappertutto: si strofinò con la spazzola di saggina, accanendosi sulle unghie, sotto cui sembrava voler rimanere attaccato il terriccio del lager. Solo dopo prese in mano il libro rosso chiaro che Landmann gli aveva lasciato. Le poesie di Agnes Miegel. *Die Frauen von Nidden*.

Conosceva le circostanze della morte di Landmann. Käthe gliele aveva descritte in una lettera alla fine di novembre del 1938.

«So quanto deve essere stato difficile per te, ma ti chiedo del tempo, Käthe. Vengo da un altro pianeta».

Käthe allora lo lasciò da solo e andò da Karl per dargli la buona notizia, poi da Henny nella speranza che Ernst Lühr non fosse in casa, poi da sua madre a Hofweg: forse dalla cucina dei Campmann poteva uscire qualcosa di buono per aiutarlo a rimettersi in forze.

Riportò a casa i segni tangibili della gioia di tutti: uova, un pezzo di Emmental, quattro pere succose dalle scorte di Anna e anche il ricordo dell'occhiata che il marito di Henny le aveva lanciato da sopra il giornale, da cui stava leggendo ad alta voce un pezzo sul combattimento aereo sull'Inghilterra. Aveva anche telefonato a Unger da una cabina: aveva sperato di poterlo fare dall'apparecchio di Henny, ma la presenza di Ernst Lühr lo aveva impedito.

Solo quando si furono seduti al tavolo e Rudi ebbe mangiato a piccoli bocconi la frittata su cui Käthe aveva grattugiato dell'Emmental e i quarti di una pera, finalmente condivisero la felicità: la felicità di essere sopravvissuto e di ritrovarsi insieme.

Theo Unger non poteva ancora avere idea della insolita congerie di circostanze in cui era incappato. Aveva appena appoggiato la cornetta sulla forcella, felice per il ritorno di Rudi, che il telefono suonò di nuovo: Alessandro Garuti gli chiedeva un colloquio.

Doveva assolutamente parlargli ed era disposto a raggiungerlo anche in clinica. Aveva rimandato anche troppo a lungo, e il suo soggiorno ad Amburgo era quasi al termine.

In un anfratto della coscienza di Theo Unger si affacciò il pensiero che l'italiano volesse confessargli di essere innamorato di sua moglie.

«Mi scusi se le faccio perdere del tempo», disse Garuti quando si trovò seduto nell'ambulatorio, davanti alla scrivania di Unger.

«La parata è finita e per oggi ho finito anche con gli interventi».

«La parata?», chiese Garuti.

«Il mio defunto amico e collega dottor Landmann definiva così il giro di visite», spiegò Unger.

Alessandro Garuti annuì. «La ringrazio per il tempo che mi concede. È una faccenda un po' complicata».

Elisabeth quindi, pensò Unger.

«Sono stato per la prima volta qui ad Amburgo circa quarantuno anni fa. Nel settembre del 1899. Come studente di Letteratura. Padroneggiavo già bene la lingua, la mia tata era tedesca».

Garuti esitò, come a raccogliere le forze per proseguire con il racconto. Unger non aveva idea di dove quell'italiano volesse andare a parare.

«Quando a luglio mi invitaste a quella deliziosa cena, fu pronunciato un nome. Quello del suo amico scomparso, Odefey».

Unger provò l'impulso di interromperlo e comunicargli la novità, ma si trattenne. Prima voleva sentire cosa avesse da raccontare Garuti.

«Ero arrivato da poco quando mi sono innamorato. Di una ragazza di due anni più giovane di me, che ne avevo appena compiuti ventuno. Con grande riprovazione della sorella maggiore, con cui Teresa viveva dopo la morte dei loro genitori, abbiamo avuto una breve storia d'amore. A dicembre sono tornato in Italia per passare il Natale con la famiglia e poi andare a studiare a Bologna in primavera. Poiché Teresa viveva in condizioni di povertà, le lasciai una catena d'oro da orologio e un fermacravatte con una perla orientale. Pensavo che avrebbe potuto vendere il gioiello, alleviarsi l'esistenza e concedersi un po' degli agi che aveva conosciuto con me in quei mesi».

Teso e impaziente, Unger ebbe un'intuizione. «Come si chiamava la sua ragazza, Alessandro?».

«Therese Odefey».

Unger scosse la testa. «Mi pare di aver sentito dire che la madre di Rudi Odefey si chiamasse Grit, diminutivo di Margarethe».

«Allora anche Margarita è morta?».

«Si è tolta la vita nel 1926».

Garuti sbuffò. «Quante disgrazie», disse. «Sono stato all'ufficio di stato civile e ne ho avuto la conferma: la madre del suo amico, e mi riferisco a Therese, è morta il giorno esatto della nascita. Margarethe si è solo dichiarata sua madre. Chissà per quale motivo, poi».

«Allora lei è il padre di Rudi».

«Ne sono convinto. I tempi coincidono e Teresa non era una donna leggera. Mi sono separato da lei senza sapere che fosse incinta. Probabilmente ancora non lo sapeva nemmeno lei. In seguito le scrissi e non ebbi risposta. Mi scordai di lei troppo in fretta».

«Mi permetta, Alessandro, ma non ha pensato alle conseguenze quando ha avuto rapporti con una ragazza di quell'età?».

«Dottor Unger, eravamo entrambi molto giovani. Come mezzo contraccettivo non avevo che quello che mi aveva consigliato mio padre».

«Coito interrotto».

Garuti annuì.

«Dalla vostra unione è nato un uomo di valore», disse Unger.

«Ma io ho arrecato dolore», ribatté Garuti.

«Rudi ha sempre voluto sapere chi fosse suo padre».

«E ora è scomparso lui. Ironia del destino. Ci ho pensato a lungo, mi piacerebbe aiutare economicamente sua moglie».

«Vogliamo berci un cognac?».

«È incluso nell'attrezzatura di uno studio medico?».

«Come no», disse Unger, credendo quasi di sentire la voce di Landmann. Riempì i bicchieri prima di apprestarsi a raccontare ciò che aveva saputo quel giorno da Käthe.

Garuti si attenne al suo programma di impegni e rientrò a Berlino. Aveva intenzione di tornare ad Amburgo e incontrare suo figlio nella seconda metà di settembre, quando Rudi si fosse rimesso un po' in forze dopo le esperienze della fuga, dell'emigrazione e del campo di concentramento.

Quindi pregò Unger di informare nel frattempo gli Odefey. «Non voglio piombare nelle loro vite così all'improvviso», disse.

Senza dubbio anche Garuti aveva bisogno di tempo. A sessantadue anni era diventato padre di un figlio, del quale venne a sapere con stupore che aveva i riccioli scuri e amava la poesia.

Theo Unger rifletté per tutta la notte su quando e dove parlare con Käthe e Rudi, e alla fine decise di farlo nel loro appartamento in Bartholomäusstraße. Ed era meglio farlo subito.

A casa sua non era il caso. Né in un locale chiassoso e turbolento, poco adatto a un momento così delicato.

Piombò in un sonno agitato poco prima delle quattro del mattino e sognò che Landmann era tornato a Duvenstedt.

Il giorno dopo seppe da Lotte della morte del vecchio Harms.

Forse era di nuovo il momento di andare a Ilandkoppel e portare dei fiori sulle tombe di Landmann e di Fritz Liebreiz. Le file dei morti s'ingrossavano.

«Non si è fidato del sostituto di Landmann», disse Lotte Unger quando andarono a casa di Harms, dove il vecchio era esposto nella bara.

«E tu, ti fidi?», chiese Unger a sua madre.

«Non credo sia un sostenitore convinto del nostro Führer, ma di certo si comporta da tale. Un vero opportunista. Come molti. Ma è un ottimo medico. Tuo padre ha piena fiducia».

Uno dei vicini li fece entrare e li accompagnò nella stanza. «Prima un *Lütt un Lütt*», disse l'uomo, anche lui in là con gli anni. «Harms lo avrebbe apprezzato».

Lotte cercò un vaso per le dalie rosso intenso: non le

piaceva deporle semplicemente accanto ai morti, a sfiorire anzitempo. Erano fiori del giardino davanti, in quello sul retro crescevano solo frutta e verdura.

«Penso molto al passato», disse Theo Unger.

«Devo preoccuparmi?», chiese Lotte.

«Che ne è dei quadri di Landmann?».

«Sono ben imballati in cantina. Da quando c'è questo dottore nuovo, non mi fido di riportarli su. E da voi come vanno le cose?».

«La sera che ci siamo fidanzati, alla villa dei Liebreiz, non pensavo certo di diventare il suo salvagente. La proteggo perché sono *ariano*: questo non fa bene al nostro matrimonio».

«Al matrimonio di Claas non fa bene che lui sia diventato un nazista».

Unger e suo fratello non si parlavano. Erano anni che non lo vedeva.

«Vostro padre non vivrà ancora a lungo», disse Lotte Unger.

«Ma cosa dici? È malato? Perché non ne so niente?».

«È semplicemente stanco di vivere», disse Lotte. «Ritiene che settantasei anni siano già abbastanza».

«Credi voglia farsi del male?».

«No. Andrà solo a dormire. È testardo, lo sai. Se si è messo in testa che la sua vita è al capolinea, allora sarà così».

«In quel caso resteresti completamente sola qui a Duvenstedt».

«C'è un tempo per ogni cosa», replicò Lotte, rivolgendo al figlio uno sguardo affettuoso. «Non preoccuparti. Per un po' mi piacerà ancora vivere».

Chissà cosa voleva Unger. Aveva detto di voler parlare con tutti e due.

Se si fosse trattato di una questione di lavoro, difficilmente sarebbe venuto a casa.

«Ti preoccupi troppo», le aveva detto Rudi.

Da anni Käthe aveva tutti i motivi per considerare le ipotesi peggiori.

Appoggiò le fette di pane sul tavolo e vi affettò sopra dei pomodori e dei ravanelli. Non era una brava cuoca: Anna aveva tentato di insegnarle l'arte culinaria ma ci aveva rinunciato da tempo.

Rudi, almeno, aveva comprato due bottiglie di Riesling apposta per la serata.

Stava tentando di tornare alla sua vecchia vita, di ritrovare i piaceri di una volta. Aveva camminato a lungo per Amburgo come a sincerarsi che tutto quello esistesse ancora. Presto sarebbe arrivato il momento di cercare lavoro in una tipografia. Rudi sperava di non finire più nel mirino della Gestapo.

«Vengo subito al punto», disse Unger, anche se poi ci girò un po' intorno. «Molte combinazioni casuali hanno portato a ciò che sto per dire».

Rudi ci mise un po' a capirlo: aveva un padre. Un padre che aveva appena saputo della sua esistenza e che voleva conoscerlo. Iniziò a piangere, liberando tutte le lacrime che si era tenuto dentro dal suo ritorno da Danzica.

«Era l'amante di Grit?».

«No», disse Unger. «Di Therese. La sorella minore di Grit. Era lei sua madre, Rudi. È morta dandola alla luce».

Rudi non l'aveva mai sentita nominare, ma si alzò per andare a prendere una fotografia.

Due ragazze. La foto consumata di una giovane Grit, ritratta in giardino a braccetto con una ragazza ancora più giovane.

In abiti bianchi. Colletti alti, che coprivano il collo.

Capelli tiratissimi, al punto da farle sembrare calve.

«L'ho trovata quando ho sgomberato l'appartamento di mia madre».

«Sua madre era Therese, o "Teresa" come la chiama suo padre».

Rudi doveva abituarsi a tutto questo. La vita lo sballottava con violenza: da Skagen ad Aalborg e poi a Danzica. Da Stettino a Pasewalk e poi a Rostock. Da Amburgo all'ambasciata italiana a Berlino.

«Il 20 settembre Alessandro Garuti sarà ad Amburgo e vorrebbe conoscere suo figlio», concluse Theo Unger, poi consegnò a Rudi il biglietto da visita del corpo diplomatico e per la prima volta si chiese per cosa stesse la seconda A del suo nome.

«Però, un conte», osservò compiaciuto Karl quando vide il biglietto da visita. Era solo lo stemma dell'ambasciata di Berlino in Tiergartenstraße, il quartiere diplomatico. *Ambasciata italiana*. Karl non riusciva neanche a pronunciare quelle parole.

E tutto questo riguardava Rudi, suo genero. Un bel salto sociale, per la sua famiglia. «Avevi proprio ragione, Annsche, a dire che quel tale somigliava tutto a Rudi».

«Gli somiglio?», chiese Rudi.

«In modo impressionante», disse Anna.

Rudi non riusciva quasi a crederci. Intanto il 20 settembre si avvicinava e lui un po' lo temeva.

Padre e figlio si incontrarono nell'atrio dell'hotel Reichshof in cui alloggiava Garuti. Salutandolo, l'uomo strinse a lungo la mano di Rudi.

«Facciamo una passeggiata lungo il vostro bel fiume Alster», disse. «Voglio raccontarti quanto fosse meravigliosa Teresa, tua madre».

Chiunque avrebbe detto che erano padre e figlio da

come camminavano in riva al fiume, uno con i capelli bianchi folti, l'altro con i riccioli ancora scuri, striati dai primi fili grigi. Persino l'andatura era simile, la differenza d'età era di soli ventidue anni.

Si fermarono sullo Schwanenwikbrücke tra due alti lampioni di ghisa e appoggiarono le mani alla balaustra. Le stesse mani lunghe e sottili.

Garuti iniziò a ridere.

«Mani di pianista, diceva mia madre. Del tutto inadatte ad amministrare una proprietà terriera. Per fortuna che l'erede designato è mio fratello».

«Mia nonna...». Rudi sembrava stupefatto.

«E tuo zio. È ancora vivo, lui».

Avevano molti anni da recuperare.

Garuti regalò a Rudi i *Canti* del poeta Giacomo Leopardi, morto a Napoli nel 1837, e Rudi gli offrì uno dei suoi più grandi tesori, una prima edizione dei testi di Erich Mühsam, che dopo l'incendio del Reichstag era stato arrestato ed era morto di lì a poco nel lager di Oranienburg.

Entrambi amavano le parole.

Quando si salutarono, rimasero a lungo abbracciati.

La cartolina precetto arrivò l'ultimo giorno di settembre, un lunedì. Nel fine settimana ci si era quasi sentiti in tempo di pace: il sole aveva brillato sull'Alster per tutto il giorno e la serata al Fährhaus era stata mite, spensierata come prima della guerra. Chiamare alle armi un reduce dal campo di concentramento, un uomo di quarant'anni sopravvissuto alle privazioni peggiori. Un'altra forma di sterminio.

Stavano per separarli di nuovo. Rudi avrebbe disertato, se solo avesse avuto la forza di compiere un altro atto illegale. Sembrava di sognare.

Käthe era sconcertata. Che cosa rimaneva se veniva a mancare ogni libertà di azione, se si poteva disporre di una persona come se fosse stata una figurina di plastica all'interno di un complicato giocattolo?

Luglio 1943

I gerani rossi erano in piena fioritura, pareva volessero rivaleggiare con quelli di Rottach, sul Tegernsee, dove l'ormai undicenne Klaus trascorreva l'estate insieme ai suoi compagni della prima ginnasio. Erano il fiore all'occhiello dell'estate del Nord, un'estate come ad Amburgo non se ne vedevano da tempo.

Henny e Marike, in quei primi giorni di luglio, se ne stavano tranquille in balcone: degli allarmi antiaerei non si davano troppa pena, perché l'ultimo attacco serio sulla città risaliva ormai al 19 di giugno.

Nonostante la paura delle bombe e la preoccupazione per Thies e Rudi, che si trovavano entrambi in Russia, erano giorni sereni nell'appartamento in Mundsburger Damm. La classe di Ernst era stata evacuata nel Meclemburgo: non sarebbe tornato prima dell'inizio di agosto.

Marike era in vacanza e Henny aveva un paio di giorni liberi, durante i quali erano andate in campagna in bicicletta ed erano tornate con le sporte piene di ciliegie. Ernst sarebbe stato fiero di loro, vedendo la dozzina di vasetti di marmellata fatta in casa ben sistemati sugli scaffali alti della dispensa.

L'armata del Gruppo Nord, in cui combatteva Thies, era ferma sul Baltico da tempo. Le ultime notizie Marike le aveva avute a fine giugno: Thies si diceva preoccupato per i bombardamenti delle città tedesche.

Marike se lo immaginava in mezzo a un fuoco incrociato di proiettili e granate. Gli annunci mortuari con la croce di ferro riempivano pagine e pagine sui giornali. Non si poteva far altro che pregare per la salvezza e l'incolumità dei propri cari.

Anche quella sera Käthe venne a cenare sul loro balcone: adesso che non c'era Ernst, la casa dell'amica le risultava più invitante.

Sul difficile fronte russo, Rudi stava correndo seri pericoli, eppure Käthe ora sopportava meglio la situazione, rispetto alla primavera del '40, quando non si sapeva dove fosse e se fosse vivo. Adesso aveva almeno un indirizzo a cui scrivere, anche se le lettere alleviavano la sua angoscia solo per breve tempo.

Käthe posò sul tavolo quattro grossi pomodori maturi. «Vi porto i saluti di Theo», disse. «Oggi è stato a Duvenstedt. Ho portato anche dei lamponi».

«Ne hai presi un po' per te?».

«Li ho portati a Karl».

Karl Laboe diventava ogni giorno più debole, ma era fermamente intenzionato a non andarsene prima della prossima licenza di Rudi, prevista per la fine di luglio. Käthe era al suo capezzale ogni volta che il lavoro glielo permetteva, e anche Anna gli dedicava molto tempo adesso che lavorava solo dai Campmann, dove cucinava e teneva pulita la casa.

Mia era andata da sua sorella a Wishhafen dopo che i figli di lei erano caduti entrambi al fronte, uno sui Balcani e uno poco prima di Stalingrado. Lene si era come spezzata sotto il peso di tanto dolore e Uwe non aveva trovato di meglio da fare che trovarsi un'amante in un paese vicino.

«Meno male che lassù tutto tace», disse Käthe. «Karl non ce la fa più a scendere in cantina».

La follia fatta abitudine. Correre in cantina, nel bunker, per proteggersi. Proteggersi da ciò che cadeva dal cielo. Le bombe. E, nei giorni tranquilli, cercare di non pensarci.

Avevano accompagnato al treno figli, mariti e fratelli, dopo averli provvisti di uova sode, pane imburrato e ravanelli per il viaggio, il viaggio che li avrebbe portati al fronte.

Potevano solo sperare di vederli tornare sani almeno nel corpo, perché per lo spirito non c'erano speranze. Appartenevano a una generazione dannata, che aveva sopportato ben due guerre mondiali. Dopo la prima si erano riempiti di buoni propositi, ma non erano riusciti a evitarne una seconda.

«Domani è il mio ultimo giorno libero», disse Henny. «Se nel pomeriggio non hai impegni, andiamo a fare una passeggiata in riva al fiume».

Ma Käthe fece cenno di no. «Voglio due settimane piene, quando Rudi tornerà. Perciò lavoro più che posso».

«Ah, siete qui», disse Marike. Veniva da casa dei genitori di Thies, che adesso vivevano in un appartamento più grande in Armgartstraße. Sembrava agitata. «Si dice in giro che gli inglesi abbiano gettato dagli aerei dei volantini in cui annunciano che Amburgo verrà presto distrutta».

Ernst Lühr avrebbe minimizzato. Il nemico vuole solo diffondere il panico, avrebbe detto. Ernst però non c'era. Le tre donne si scambiarono occhiate inquiete e poi si sforzarono di rimuovere il pensiero e di guardare le stelle, che splendevano pacifiche nel cielo estivo.

L'Alster scorreva monotono sotto il sole, come deserto, senza più una vela, un vaporetto a increspare la superficie.

Solo sul Binnenalster una piccola imbarcazione sfidava i bombardieri. E malgrado ciò, Henny imboccò il ponte verso Rothenbaum.

Giunta in mezzo alla campata si guardò intorno, indugiò con lo sguardo sulle torri, sulle ville in riva al fiume, sul verde rigoglioso.

Amburgo era intatta. Molte città invece erano state ferite a morte: Louise raccontava di devastazioni terribili avvenute a Colonia, Lubecca era stata praticamente rasa al suolo a partire dalla primavera dell'anno prima. Era questo che minacciavano gli inglesi coi loro volantini, un bombardamento a tappeto come quello che aveva distrutto Lubecca?

Henny si sforzò di pensare a un piccolo focolare di gioia ai margini del disastro: la pensione di Guste, dove avevano trovato casa Ida e Tian con la loro bambina. Avevano a disposizione due stanze, quella grande con accesso al giardino per Ida e la bambina e l'altra per Tian, nel cui alloggio da scapolo non c'era traccia della sua vera famiglia.

Per Tian era stato un sollievo che i tratti di Florentine non tradissero, almeno per ora, le sue origini per metà orientali. Ida poteva andare a passeggio lungo l'Alster con lei, a dare alle anatre le briciole di pane vecchio fornito da Guste, senza che alcun passante alzasse un sopracciglio: nessuno avrebbe mai detto che la piccola dai lucidi capelli neri e gli occhi azzurri avesse un padre cinese.

Anche Bunge la portava a spasso con frequenza, trovandosi sorprendentemente a suo agio col ritmo di una bambina di appena due anni e mezzo. Florentine infatti si fermava per annusare ogni fiore e osservare ogni cane in cui s'imbatteva: la passeggiata con lei era tranquilla e rilassante.

Nonostante il cibo fosse scarso e razionato, il nonno riusciva chissà come a mantenere la sua considerevole stazza. Ma forse il merito andava attribuito a Guste, che era un'organizzatrice di prim'ordine. Era riuscita a far durare per settimane la scatola di aringhe sotto sale che era arrivata da Dagebüll per Momme.

E infatti quel giorno, in Johnsallee, Henny mangiò un'aringa accompagnata nientemeno che da una patata lessa. Ormai Guste aveva cinquantasei anni, venti meno di Bunge, che non era certo l'unico con un grosso debito di riconoscenza verso di lei.

Henny si chiese se fosse il caso di riferire la diceria dei volantini. Non ne fece parola. Si limitò a domandare se la cantina della casa fosse sicura.

«Come una fortezza», disse Ida con convinzione. Era allegra e sicura di sé, nonostante fosse costretta a tenere tanti segreti, nonostante la guerra. Si era trasformata, da quando viveva insieme a Tian. Prendere finalmente una decisione l'aveva fatta fiorire. Il fatto che si fosse trattato della decisione giusta, poi, migliorava ulteriormente le cose.

Guste diede a Henny dei ribes raccolti dal suo orto, una sola tazza ma bella piena: non era poco in quei giorni, quando si stava in fila per ore per vedersi consegnare un cespo d'insalata.

Henny si ripromise di portare con sé sua madre, la prossima volta che andava a trovarli. Else si sentiva persa adesso che non doveva più preparare tutti i giorni il pranzo per Klaus, che era in Baviera con la scuola.

La casa all'angolo tra Humboldt e Schubertstraße, dov'era cresciuta. Else si rallegrò della visita. Aveva ancora zucchero sufficiente per i ribes, che divise in due ciotole. Henny si avvicinò alla finestra aperta, da cui si vedevano quelle di casa Laboe. Era una giornata afosa. E se tutto quello un giorno fosse scomparso? No. Anche stavolta si rifiutò di andare in fondo a quel pensiero.

«Aiutami a mettermi sul divano, Annsche. Voglio stare un po' con te». Non sarebbe vissuto abbastanza a lungo da rivedere Rudi, Karl lo aveva capito da un pezzo, ma lo teneva per sé.

Il cuore gli si fermava per intere manciate di secondi: da un momento all'altro avrebbe cessato di battere in modo definitivo.

Quando il sole ebbe raggiunto il punto più alto e il caldo in casa si fece opprimente, cominciò lenta la sfilata dei morti: i figlioli che aveva perso nell'epidemia di difterite del 1910, loro non mancavano mai, i suoi genitori e quelli di Annsche, i suoi fratelli, morti uno ancora piccolo e l'altro nel 1914 in un paese della Francia di cui non ricordava il nome.

Se Käthe e Rudi avessero avuto bambini, avrebbe temuto anche per loro. Ormai i figli erano questo, carne da macello.

«Ho sete, Annsche», disse.

Anna si avvicinò col bicchiere, gli inumidì le labbra con l'acqua fresca e gli carezzò una guancia. «Aspetta ancora un po', Karl», disse. «Sta arrivando la nostra Käthe».

«Bisogna che si sbrighi, allora», mormorò lui.

Anna si sedette sulla sedia accanto al divano e gli prese la mano. Era fredda, nonostante facesse un gran caldo. Si voltò quando sentì la chiave girare nella serratura. Käthe entrò nell'ingresso.

«Vieni dentro, figliola», disse Anna. «Papà è morto un minuto fa».

«Oh, mamma!», gemette lei. S'inginocchiò accanto al divano e cominciò ad accarezzargli il viso. Anna non gli lasciò la mano.

Era stata una morte pietosa. Nessuna delle due che lo stavano piangendo poteva immaginare cosa era stato risparmiato a Karl.

La casa era vuota. Elisabeth era a Duvenstedt da Lotte, a fare rifornimento di piselli, fagioli, indivia e bietole. Chi mai se lo sarebbe aspettato dall'aristocratica Elisabeth Liebreiz, abituata a coltivare solo rose inglesi con nomi come *Lady Emma Hamilton* e *Generous Gardener*. Suocera e nuora andavano molto d'accordo ora che era morto il vecchio Unger, che pure di certo non si era messo mai in mezzo a loro.

Quel giorno in clinica aveva avuto luogo un'esercitazione antiaerea, in cui era stato coinvolto il blocco operatorio e le partorienti.

Unger si era riempito di cattivi presagi.

Poco a poco era arrivato il buio. Dal giardino, Theo rientrò in salone. Senza nemmeno guardare che disco fosse quello posato sul piatto, vi posizionò la puntina: «*Tutto in te è così bello / E lasciarti è uno strazio da non dire / Perché solo con te mi sono sentita davvero a casa / Ma il sogno ormai è finito*».

A cantare era Lizzi Waldmüller. Il disco doveva essere un acquisto recente di Elisabeth.

Era sempre possibile che ad Amburgo venissero risparmiate le terribili devastazioni patite da altre città tedesche. Era una città tradizionalmente anglofila, dopotutto.

Unger però non aveva in mente gli inglesi, ma gli italiani. Uno in particolare. Chissà se Garuti era ancora a Berlino e cosa pensava della situazione attuale. Non si erano più sentiti. Magari invece se ne stava tranquillo nella sua tenuta, vicino Pisa.

Sentì il rumore della porta d'ingresso e aspettò di vederla comparire Elisabeth. Ed eccola, infatti. Teneva in mano un cesto di verdure. «Te ne stai seduto al buio», disse. Accendere la luce voleva dire abbassare gli avvolgibili da oscuramento, e lui non ne aveva voglia. Era stata una giornata faticosa. C'era uno strano fermento nell'aria.

L'indomani sarebbe tornata in servizio Henny. Erano giorni che lavorava con la Dunkhase e non ne poteva più.

«Ti saluta tanto tua madre».

«Tutto a posto giù a Duvenstedt?», domandò.

«È un po' troppo sola, a dire il vero».

E chi non lo è, rispose tra sé Unger.

«Mi è stato chiesto perché non porto la stella di David».

Adesso aveva la piena attenzione di suo marito. «Chi te l'ha chiesto?», le domandò.

«Il successore di tuo padre».

Quel gregario di Lorenzen.

«Gli hai recitato il ritornello del matrimonio misto?», chiese Unger.

«Gli ho dato uno schiaffo».

Ci sarebbero state delle conseguenze. Unger chiuse gli occhi e sprofondò nella poltrona.

«Sono un peso per te, Theo».

«Nient'affatto». Se c'era una cosa al mondo che non avrebbe mai ammesso era proprio questa.

Quella primavera era passata dall'ufficio che si occupava di portare i bambini in campagna per sottrarli al pericolo delle bombe a vedere se c'era bisogno di insegnanti, ma avevano già raggiunto il necessario numero di volontari.

Meglio così: Lina non voleva separarsi da Louise. Poteva capitarle qualunque cosa, adesso che gli ebrei erano costretti a riunirsi al parco della Moorweide, vicino la stazione di Dammtor, per essere deportati a Minsk o a Riga, nei ghetti che i nazisti avevano eretto laggiù.

Da tempo aveva rinunciato al suo lavoro di insegnante, perché non voleva lavorare al servizio di gente dagli ideali oscuri e depravati. Nella sua scuola in Ahrenburger Straße, a partire da settembre, le classi miste erano state abolite e si era tornati a studiare separati, ragazzi da una parte e ragazze dall'altra. Lina era tentata di mollare tutto, ma di che avrebbero vissuto se lei non fosse tornata a scuola?

Lina non conosceva Moritz Jaffe, l'orafo da cui Lud aveva comprato l'ametista per il medaglione di tiglio che le aveva regalato.

Jaffe aveva preso la via di Lodz, diretto al ghetto di Litzmannstadt, già nel '41. Chi aveva redatto le liste di deportazione doveva essersi accorto che Jaffe aveva combattuto in prima linea nella prima guerra mondiale, guadagnandosi una medaglia al merito. Per questo lo avevano tenuto per un po' in un campo di permanenza provvisoria a Theresienstadt, prima di portarlo a quello di sterminio ad Auschwitz.

Del resto Moritz Jaffe non aveva sollevato obiezioni.

C'era una capretta al cimitero di Ohlsdorf, mentre Karl veniva tumulato vicino ai suoi figli. C'erano Käthe e Anna, Henny, Marike, Else e Theo Unger. La bara di pino chiaro fu calata nella terra arida, non pioveva da giorni.

Ognuno di loro teneva in mano una rosa bianca, che Unger aveva reciso quella mattina stessa nel suo giardino: la varietà *Biancaneve*, con pochissime spine.

Quel 22 luglio, di ritorno dal cimitero, trovarono dei mucchi di sabbia sulla strada proprio davanti casa. «La sabbia va messa nei solai. Come misura antincendio. Consiglio del gruppo territoriale del Partito», disse il volontario della protezione antiaerea di turno in Mundsburger Damm.

Che cosa sapeva il gruppo territoriale? Henny e Marike salirono al quarto piano e si tolsero i vestiti neri nei quali avevano sudato. «Dopo vado a spalare quella sabbia», disse Marike. «Come se servisse a qualcosa». I solai furono sgomberati, ma era evidente che le assi arse dal sole avrebbero preso fuoco come fiammiferi.

Henny si avviò verso la clinica. Gli uccelli cantavano fra gli alberi.

Una giornata estiva come tante altre. Bagnare i gerani. Stirare la camicetta. Fare una passeggiata lungo l'Alster. Mangiare un gelato.

Marike era andata in biblioteca, a prepararsi per l'esame d'ingresso in autunno. Aveva già concluso i primi due semestri di Medicina, dopo il quarto ci sarebbe stato l'esame di fine biennio.

Henny era molto fiera di sua figlia: le sembrava il primo passo di una nuova generazione sulla via che lei stessa aveva inaugurato diventando prima infermiera e poi ostetrica. Sua figlia sarebbe diventata un medico.

Quella stessa sera si sedettero in balcone. Henny lesse una lettera di Klaus arrivata quel mattino: aveva nostalgia di casa, ma si stava bene in riva al lago.

L'aria era più fresca, si erano messe la sottoveste. Ma il cielo sopra i tetti era sereno. «Dobbiamo proprio scendere in cantina, quando suona la sirena?», domandò Marike. «Io mi farei piuttosto una bella dormita».

Era successo tante volte che la sirena suonasse per essere a breve smentita dal segnale di cessato allarme.

Non dormiva ancora profondamente, ma Henny fece

un salto sul cuscino quando il lamento acuto della sirena cominciò a rimbalzare tra i muri di casa. I fanali della contraerea illuminarono la stanza al punto da rendere visibile il quadrante dell'orologio. Era passata da poco la mezzanotte. Che altro succedeva? Henny pensò di essersi lasciata suggestionare dalle voci che aveva sentito circolare il giorno prima.

Corse a svegliare Marike.

S'infilarono di corsa i vestiti e presero la piccola valigia che tenevano pronta in caso di attacco aereo, con dentro i documenti, le tessere annonarie, le foto più care e i pochi gioielli in loro possesso.

Il rifugio era più affollato del solito. Il volontario della protezione antiaerea, col capo protetto da un elmetto d'acciaio della prima guerra mondiale e un battifuoco in mano, esortava i nuovi arrivati a entrare. I posti erano assegnati, anche se li occupavano di rado.

La vecchia Frau Dusig si aggrappava stretta alla gabbietta del suo canarino, che pareva addormentato. Il figlio piccolo degli Altmann leggeva un giornalino di Tom Mix mentre sua madre sferruzzava e Günter, il fratello di quattordici anni, stringeva il manico della valigetta del grammofono. Henny e Marike erano le uniche a mani vuote. Strinsero i pugni quando si sentirono le prime detonazioni.

«Non è vicino a noi», disse qualcuno. «È caduta un po' più in là».

Si accesero le luci d'emergenza e vi fu un mormorio diffuso. Poi finalmente di nuovo il silenzio, e il cessato allarme suonò.

La strada era cosparsa di pietre, tegole scivolate giù dai tetti, pezzi di intonaco venuto via dai muri. L'aria era satura di fumo e puzzava di bruciato, ma di bombe non ne cadevano più.

Trovarono dei danni nell'appartamento. Le tende avvolgibili da oscuramento erano cadute dai supporti. I vetri delle finestre erano rotti. Marike si armò di scopa e paletta e cominciò a raccoglierli. Henny sollevò la cornetta del telefono e con sua sorpresa udì il segnale di linea libera. Compose il numero di sua madre. «Torno ora dal rifugio», le disse Else, sconvolta. «C'era un sacco di gente».

«Vuoi che venga da te?».

«No. Non uscire. Ce la faccio a trovare il letto».

Riattaccò e provò a telefonare a Käthe, ma non ebbe risposta.

«Vuol dire che almeno il telefono funziona», disse Marike. «Non preoccuparti».

Si sedettero in balcone a osservare il cielo notturno. Presero ognuna venti gocce di valeriana, ma per calmarsi davvero avrebbero dovuto tracannare il flacone intero.

Sui gerani rossi si era posato un velo di polvere grigia.

«Io qui non ci resto!», dichiarò Louise, in grande agitazione. «Finirò sepolta sotto le macerie, come mia madre!».

«La Nikolaikirche è in fiamme», le rispose Lina. «Così come tutta la zona intorno. E anche Grindel e Hoheluft e parti di Altona».

«Te l'ho detto! Perché non partiamo? Andiamo in campagna».

«E dove? In albergo?».

«Perché no. Ho ancora i soldi di Kurt. A Hohwacht magari. È un bel posto».

«A Hohwacht addestrano la contraerea. Il baccano è continuo, fanno esercitazioni».

«E tu che ne sai?».

«Ci abitano alcuni miei allievi».

«Accidenti». Louise sembrava piccola e scorata.

Quella domenica le campane di St Gertrud non suonarono, anche se la chiesa non aveva subito danni. Un sole pallido splendeva su uno scenario irreale e carico di presagi come un quadro di Willink. Casa loro però era illesa, così come le ville di fine secolo lungo l'Eilbeckkanal. Si domandò quanto sarebbe durata.

Forse era stato tutto lì, i bombardieri non sarebbero tornati.

Quella mattina Lina passò a trovare Henny e Marike, e in Mundsburger Damm il paesaggio era già diverso: la strada era cosparsa di calcinacci, vetri infranti, vasi in pezzi e certe strisce di carta stagnola cadute dagli aerei. Per la cognata e la nipote aveva portato dei cartoni spessi che usava per le lezioni d'Arte e che Marike fissò alle finestre, al posto dei vetri.

Quando fu di ritorno a casa, Lina trovò Louise intenta a preparare la valigia. Ce n'era anche un'altra, vuota, aperta sul tavolo di fronte al divano color corallo. «Portati roba sufficiente per una settimana. Fino alla fine delle vacanze. Ho parlato al telefono con Guste, mi ha dato l'indirizzo della madre di Momme. Andiamo a Dagebüll con la macchina. Mi restano dei buoni benzina. La fine del topo io non la faccio».

«E com'è la situazione da Guste?».

«Non male. Ma dall'altra parte Rothenbaumchaussee è un disastro: Grindel è in fiamme, e pure Eimsbüttel».

Lina cominciò a prendere le sue cose. La casa sarebbe rimasta vuota, Frau Frahm era andata già da tempo a Heide, dalla cugina.

Prima di mettersi in viaggio, volle passare un'altra volta da Henny, per darle le chiavi di casa sua. Per ogni evenienza.

«Mettetevi al sicuro», le disse.

Ma che voleva dire?

A Grindelhof, Tian in piedi fissava il cumulo di macerie che una volta era stato una casa, la sua. «Non ne è uscito vivo nessuno», disse un tale con la faccia piena di fuliggine. «Non finivano più di estrarre i morti dalla cantina».

Forse Ling era riuscita a scappare. Forse aveva dormito da qualche amica. Ma Tian in fondo sapeva che si stava prendendo in giro da solo. Sua sorella minore era tra le vittime del bombardamento.

«Dove li portano, i morti?», domandò.

«E che ne so? C'è un gran via vai... anche il municipio è in fiamme, da quanto ho sentito».

L'edificio d'angolo con Bornstraße era ancora in piedi. Sulla strada c'erano dei secchielli di ghisa, fusi e ritorti: appartenevano al bancone della gelateria. Tian aveva gli occhi colmi di lacrime miste a polvere e quasi non ci vedeva più. Era possibile che Ling non ci fosse nemmeno andata, in cantina. Dopo la morte dei loro genitori, avvenuta a breve distanza e prima della nascita di Florentine, Ling era sprofondata nella malinconia. Tian l'aveva trascurata, preso dal vortice della sua felicità personale, dalla nascita della figlioletta. Ling era rimasta sola col suo lutto.

Fu preso per mano da qualcuno che lo condusse via dalle macerie: doveva averlo scambiato per un cieco.

«Herr Yan», gli disse una voce femminile. «Mi dispiace tanto... sua sorella era in cantina. C'ero anche io, quando li hanno portati via».

Tian stava cercando invano di aprire gli occhi, ma sembrava che le palpebre gli si fossero incollate. Gli fu messa in mano una bottiglia. Vetro freddo. Tirò indietro la testa e si versò l'acqua sugli occhi, finché non fu in grado di aprirli e di guardarsi di nuovo intorno. La donna era una vicina.

«Dove li hanno portati?».
«Si dice che li seppelliscano tutti insieme al cimitero di Ohlsdorf. Ce ne sono a migliaia».
«La ringrazio», disse Tian.
«E da voi in Johnsallee com'è la situazione?».
La fissò stupefatto.
«Sua sorella mi ha parlato di lei. Anche della sua bambina. Chiacchieravamo, qualche volta».
La ringraziò di nuovo. La donna era gentile, e però lo turbava che un'estranea fosse al corrente dell'esistenza di Florentine. Dimesso, la testa incassata nelle spalle, si avviò verso casa.

Quella notte Unger era di turno alla Finkenau. Elisabeth era andata in macchina da sua madre, a Duvenstedt: fuori città ci si sentiva un po' più al sicuro e Lorenzen per fortuna non alloggiava in casa di Lotte.
Finito il bombardamento, erano saliti insieme all'ultimo piano della loro casa in Körnerstraße e avevano visto la città in fiamme dall'altra parte dell'Alster: un inferno da cui solo Harvestehude sembrava immune.
Lui e sua moglie non erano andati in cantina e nemmeno nel bunker antiaereo nella vicina Dorotheenstraße. Erano rimasti seduti in salotto, al buio, e avevano bevuto due bottiglie di Haut-Brion del 1921.
Forse il loro era semplice fatalismo: non temevano per le proprie vite, erano più preoccupati delle sorti di Henny e Käthe.
La notte successiva Henny era di turno. Unger le aveva proposto di portare anche Marike in clinica. La studentessa di Medicina sarebbe stata più al sicuro lì. In mensa aveva saputo che la casa di Hildegard Dunkhase era stata distrutta dalle bombe. L'edificio di fronte all'ospedale di Eppendorfer era stato raso al suolo. All'ini-

zio non si sapeva se l'ostetrica fosse lì oppure no. Era possibile che fosse stata ospitata dal generoso professor Heynemann. Poi si era scoperto che alla Dunkhase non era stato torto un capello, perché quella notte era di turno. La Finkenau era una garanzia di incolumità, a quanto pareva.

Mezz'ora prima di mezzanotte, Henny venne nel suo studio. «Sembra tutto tranquillo, per ora».

«E in sala parto?».

«C'è ben poco da fare. Le donne prossime al parto evidentemente hanno pensato bene di andarsene. Chi ha parenti o amici in campagna del resto è già partito da tempo».

«Tu non ne hai?». Ormai gli veniva naturale dare del tu a Henny e Käthe. «Le sue ostetriche preferite», era stato il commento a sopracciglia alzate di Aldenhoven quando l'aveva sentito per la prima volta chiamarle per nome. Il primario non era contento che ci si prendesse troppa confidenza. Ma con tutto quello che era successo e che ancora stava succedendo, Unger aveva deciso di non badare più a cose come il rispetto delle gerarchie.

«No», rispose Henny. «C'è bisogno di me qui. E non parlo solo della clinica, ma anche di Marike, Käthe, mia madre...».

La fine della frase si perse nel guaito alto delle sirene. Mancavano venti minuti alla mezzanotte quando si aprirono le porte dell'inferno. Stavolta il fuoco si abbatté sulla parte orientale della città, a est di Lübecker Straße, fino a Hohenfelde e a Eilbeck. Che sollievo che Lina e Louise riposassero tranquille nella pace di una casa di Dagebüll, invece che nella loro casa sul canale.

La ragazza era al termine della gravidanza e, quando entrò alla Finkenau, era mezza nuda. Aveva addosso solo brandelli di stoffa bruciacchiati. Era arrivata correndo in mezzo al fuoco da Wartenau. Unger dovette portarla in braccio in sala parto. Le avevano appena medicato le ustioni, quando entrò in travaglio.

Il parto dovette sembrarle poca cosa, rispetto a ciò che si era lasciata alle spalle. Il suo bambino nacque poco prima delle quattro, e i bombardamenti erano finiti da un paio d'ore.

Un dono del cielo, pensò Unger, avrebbero dovuto chiamarlo Donatus. Mise il piccolo tra le braccia di Henny; la madre, esausta, si era addormentata, e le palpebre ancora le tremavano.

Non sapevano ancora che la notte successiva, quella del 28 luglio, le bombe e gli incendi avrebbero ucciso migliaia e migliaia di persone.

Sinistre carovane di disperati, alcuni in camicia da notte o coi capelli bruciati, altri con carrozzine o resti di valigie, molti soli e confusi, si trascinavano per le strade suburbane dirette a paesini di campagna già pieni di anime in pena.

Quelli che erano rimasti in città, adesso non esitavano più ad andare in cantina, o meglio ancora in un rifugio antiaereo, non appena partivano le sirene. Girava voce che interi quartieri – Hamm, Hammerbrook, Rothenburgsort – fossero stati letteralmente annientati da incendi di proporzioni immani.

Käthe non era voluta andare nel bunker di Beethovenstraße, come proposto da Anna, per trovare posto fin dalla sera e magari assicurarsi anche un giaciglio. Era decisa ad aspettare Rudi, che doveva arrivare la sera del 29.

«Promettimi che almeno andrai in cantina se suona l'allarme», si era raccomandata sua madre. Era contenta che Karl fosse morto prima che il cielo rovesciasse l'inferno su tutti loro, prima che potesse bruciare vivo sul suo divano.

Käthe in cantina non ci andò, nemmeno quando le sirene si misero a urlare e Rudi ancora non s'era visto. Corse piuttosto al bunker e fu tra gli ultimi a entrare, prima che le pesanti porte d'acciaio venissero chiuse. Era stato come se una voce le avesse sussurrato di raggiungere Else e Anna laggiù.

L'attacco iniziò all'una meno venti, e stavolta i quartieri di Barmbeck e Uhlenhorst non furono risparmiati.

Unger era reperibile. Erano due notti che non chiudeva occhio, ma non era stanco, resisteva sotto la tempesta. Quel giorno si era seduto per un paio d'ore nel giardino di casa sua, constatando stupefatto che era ancora estate e gli uccelli cinguettavano in mezzo alle fronde degli alberi.

Inutilmente aveva pregato Henny di venire a rifugiarsi insieme a Marike nel bunker della clinica. Le travi della cantina della loro casa gli sembravano fragili steli esposti alla violenza delle esplosioni.

Stavolta era sotto attacco la loro zona della città, questo gli fu chiaro non appena sentì una bomba esplodere nella residenza del direttore, proprio accanto alla clinica. Boati spaventosi sconquassavano Hamburger Straße, e si diffuse la notizia che erano stati colpiti i grandi magazzini Karstadt.

Sul tetto a padiglioni della clinica scoppiò qualche incendio sporadico, che riuscirono a domare. Invece le fiamme che divoravano Hamburger Straße erano implacabili. Unger non aveva mai sentito, prima di allora, l'urlo tremendo del fuoco.

Nella cantina di Mundsburger Damm ne mancavano molti all'appello. Però c'era Frau Dusig col suo canarino e anche la Altmann coi figli. Una donna mai vista prima, con un bambino piccolo in grembo, se ne stava seduta vicino a loro con una sigaretta spenta fra le labbra.

Cominciò poco prima dell'una. Tra un'esplosione e l'altra passavano a malapena alcuni secondi, durante i quali si sentiva vibrare l'impiantito. Grossi pezzi di intonaco cadevano giù dal soffitto, che si fece presto rovente. La casa bruciava. Il fuoco si era fatto strada facilmente dal tetto, divorando in fretta un piano dopo l'altro. Presto sarebbe crollato tutto sulle loro teste.

Il volontario della protezione antiaerea disse che bisognava uscire. La pesante porta di ferro sembrava diventata un tutt'uno col muro, ma l'uomo riuscì ad aprirla e per poco non fu risucchiato fuori dal fuoco. La richiuse in fretta. Da lì non si poteva uscire. Morire soffocati o arsi vivi, questa l'alternativa. Henny e Marike si tenevano strette per mano.

Poi la lampada di emergenza si spense. La sconosciuta tirò fuori un fiammifero e cercò di accenderlo. Fuori infuriava l'incendio e loro, chiusi in una cantina buia, faticavano ad accendere una minuscola fiammella per illuminare un'improbabile via d'uscita. Ci riuscirono, ma il fiammifero si spense in fretta.

In quel momento Günter saltò in piedi facendo cadere la valigetta col grammofono che aveva stretto gelosamente a sé fino a quel momento e si ricordò di avere una piccola torcia tascabile. Un minuscolo fascio di luce incerta cominciò a frugare la parete di nudi mattoni, fino a illuminare il punto dove era possibile aprire una breccia per passare nell'edificio accanto.

Si accanirono contro i mattoni con le pale per il carbone e l'unico martello che riuscirono a trovare. Riuscirono a ricavare un passaggio di piccole dimensioni. Dall'altra parte non sembrava ci fossero incendi e l'aria era più chiara. Günter aiutò sua madre a passare, poi suo fratello. Gli affidarono il grammofono e la gabbietta col canarino di Frau Dusig. Aiutarono l'anziana signora a infilarsi nel buco, poi la donna col bambino piccolo. Quelli che erano già dall'altra parte aiutavano gli altri. Poi toccò a Marike e a Henny, con la loro valigia. Günter fu l'ultimo ad abbandonare la cantina.

Si guardarono intorno nel seminterrato dell'edificio accanto a loro e si accorsero che era in fiamme anche quello, solo che il fuoco non aveva ancora raggiunto i piani più bassi: doveva essersi fermato su per giù al terzo piano. La loro casa invece era sul punto di crollare sulle proprie fondamenta.

E con essa i barattoli pieni di marmellata fatta in casa, Jocko la scimmietta, gli attrezzi da falegname di Lud. E una valigetta da ostetrica.

Era tutto lì dentro.

Il treno di Rudi si era fermato alla stazione di Schwerin. Quella notte non partivano treni per Amburgo. Ciò nonostante, alle nove del mattino Rudi era davanti a quella che un tempo era stata casa sua e di Käthe e che ora era soltanto un cumulo di macerie. «Sua moglie è viva!», strillò una donna alle sue spalle. Forse non riusciva più a parlare a un volume normale.

Rudi si voltò verso di lei. Era la madre dei due gemelli. Si augurò che fossero ancora in vita. «Dov'è?», chiese.

«Da sua madre!», gridò la vicina. Aveva ancora le orecchie piene del frastuono di quella notte. Teneva in mano un pezzo di carta bruciacchiato. C'era scritto sopra «ROTOLO ALLE NOCCIOLE». La ricetta di un dolce. Tutto ciò che restava di un libro di pasticceria.

Rudi vagò con lo sguardo sul cumulo di travi, pietre, piastrelle in frantumi, pezzi di cemento crepati, mobili sfasciati. Il libricino di poesie di Agnes Miegel doveva essere rimasto sepolto sotto i detriti.

In Humboldtstraße erano in piedi due case, di cui una faceva angolo con Schubertstraße. Anna e Else avevano ancora una porta in cui infilare la chiave, quando la mattina del 30 luglio uscirono dal rifugio insieme a Käthe.

Rudi si precipitò al primo piano. Mai più lontani, giurarono mentre si abbracciavano davanti al divano su cui era morto Karl.

Ottobre 1943

Henny e Marike avevano trascorso gli ultimi giorni di luglio nell'appartamento di Lina, dove avevano cercato di lavare via la polvere tenace di quella notte. Nel bagno piastrellato di bianco di Lina, così come nel resto del piccolo appartamento in mansarda, non si era infranto nemmeno un vetro.

Poi si erano affacciate dalle belle finestre a tre ante e avevano contemplato, oltre il canale, i miseri resti del ginnasio Lerchefeld. Dietro i binari della stazione s'intravedevano anche le macerie di Mundsburger Damm: erano rimaste in piedi solo due case, nelle vicinanze del ponte.

Il 2 agosto Lina e Louise fecero ritorno da Dagebüll, e così Marike si trasferì dai genitori di Thies e Henny da sua madre, nella casa in cui era cresciuta. Un tetto sopra la testa ce l'avevano, eppure si sentivano sperdute. Il soggiorno di Klaus sul Tegernsee fu prolungato fino alla fine del mese, e così anche quello di Ernst nel Meclemburgo: le scolaresche erano più al sicuro in quei luoghi che nella devastata città di Amburgo. A Henny, Klaus mancava.

Ernst venne in visita qualche giorno dopo il grande bombardamento e andò a perlustrare le macerie, da cui Henny aveva già estratto il portagioie di ciliegio annerito dalle fiamme. Vi ripose l'anello di granato e le fedi, la sua e quella di Lud. Piccoli tesori solo suoi.

Anche Käthe si era rifugiata in Humboldtstraße, nella casa della sua infanzia. Proprio come vent'anni prima. Si sentiva la mancanza di Karl.

Quando Ernst venne in visita, fu difficile. In quelle poche settimane si era aperto un abisso fra di loro. Henny non poteva credere alla sua arroganza. Suo marito pareva considerare la perdita della propria casa e dei beni un affronto personale. Non si soffermava nemmeno un momento a considerare che fortuna era stata che lei e Marike fossero sopravvissute.

Henny iniziava i suoi turni in clinica a orari sempre più antelucani, e si affrettava per strada ansiosa di raggiungere un luogo sicuro. Dei grandi magazzini Karstadt, sulla cui terrazza aveva spesso pranzato e da cui aveva sentito provenire le note dell'orchestra, non restavano che un muro portante e dei tratti dello scalone. Quinte di un bizzarro, spettrale teatro.

Nello scantinato dei grandi magazzini erano morte centinaia di persone, durante le due terribili ore che l'edificio aveva impiegato a bruciare e poi a crollare su se stesso. Le uscite erano rimaste bloccate dai detriti e ben presto il carbone aveva cominciato a surriscaldarsi, liberando fumi letali.

Henny stava ben attenta a non passare in Mundsburger Damm. Se voleva andare al laghetto di Kuhmühlen la prendeva alla larga, passava per Schwanenwick e per Armgartstraße, dove abitavano i genitori di Thies, fino alla casa dove vivevano Lina e Louise. Provava un senso di gratitudine per ogni edificio ancora in piedi lungo la strada e soprattutto per la chiesa di St Gertrud che ancora si specchiava maestosa nel lago.

Provava anche una profonda nostalgia di un mondo

in cui regnasse la pace, ma la guerra non accennava a placarsi. Thies e Rudi erano ancora in Russia, al fronte, e lei era tornata a vivere con sua madre, con cui non faceva che battibeccare.

«Sei un'ingrata», le aveva detto Käthe. «Hai un tetto sopra la testa e tuo marito non è costretto a partecipare a un'azione militare suicida».

Era vero, era un'ingrata. Adesso al mattino si lavava come un tempo in cucina, all'acquaio, invece che nel bagno di casa sua. C'era ancora il bastone di ferro che aveva montato suo padre quando lei aveva dodici anni, ma Else aveva sostituito il telo di cotone bianco con una tenda da doccia cerata. Gli anelli non scorrevano bene lungo il bastone, però almeno c'era un po' di privacy.

Dalla cantina era stato riesumato il lettino a ribalta. Le soffitte ormai erano tutte vuote, con solo uno strato di sabbia sul pavimento, quella sabbia che non era servita a spegnere un solo incendio in quelle notti di luglio.

Ci dormiva Else, sul lettino, sistemato come in passato nel soggiorno: aveva voluto lasciare la camera da letto a Henny e Ernst. L'anno successivo sarebbero stati quarant'anni da che era diventata vedova di guerra, quarant'anni che dormiva accanto a un cuscino vuoto. E vedova sarebbe rimasta fino alla fine dei suoi giorni: Else aveva sessantasette anni.

Quando Klaus tornò a casa dal Tegernsee, non gli restò che sistemarsi sul divano in cucina. Del resto Käthe aveva dormito fino ai suoi ventun anni sul divano che era stato poi il letto di morte di Karl.

Tanta gente si era arrangiata nelle cantine umide e fredde sotto le rispettive case distrutte.

Spesso Henny si avventurava a piedi per la città semidistrutta, diretta alle case ancora intere di Harvestehude e in Johnsallee, dove c'era la pensione di Guste col suo giardino. Ricordava la prima volta che ci era stata, un giorno lontano di settembre. Lud era morto da poco, ma la vita non era ancora in mille pezzi.

Unger svoltò in Oberaltenallee, un deserto di macerie non meno della strada parallela, Hamburger Straße, dove sorgeva il maestoso rudere di Karstadt. Gli era venuto in mente il Faust di Goethe, il suo risveglio in un luogo ameno. Che uomo fortunato, Faust.

Lo aveva sfiorato la bizzarra idea che la guerra ad Amburgo fosse ormai finita, che cose peggiori non potessero verificarsi.

Se solo i nazisti si fossero tolti di mezzo. Invece le deportazioni procedevano con alacrità, ora che la Moorweide non serviva più come luogo di raccolta e approvvigionamento degli sfollati dalle bombe. Le mense da campo erano sparite e l'incubo era ricominciato tale e quale a prima.

Gli era stato riferito che i criminali in camicia bruna avrebbero presto esteso le persecuzioni anche ai membri ebrei di matrimoni misti e agli eventuali discendenti.

Il loro obiettivo, evidentemente, era eliminarli tutti entro i primi mesi del 1945. E chi mai poteva fermarli, se nemmeno bombe capaci di radere al suolo una grande e fiorente città ci erano riuscite?

Sul fronte russo le cose non si mettevano bene per la Wehrmacht, come riferiva anche Rudi nelle sue lettere dal fronte, lettere spesso criptiche, intervallate da versi che evocavano immagini di morte e devastazione.

Theo ed Elisabeth avevano fatto una passeggiata lungo l'Alster, per vedere un po' di fogliame autunnale invece del solito deserto di detriti. Da casa loro avevano raggiunto la Krugkoppelbrücke, e da lì Harvestehuder Weg. Non erano gli unici, tra gli amburghesi di altri quartieri, ad andare in quella parte di città per vederne i palazzi ancora interi: pareva che nulla di male fosse accaduto.

E nulla di male era accaduto al Gauleiter e governatore del Reich Kaufmann, nella sua confortevole villa in Harvestehude 12, dove risiedeva da una trentina d'anni.

No, i nazisti erano ancora ben saldi in sella: in troppi li avevano aiutati a salirci.

Lui del resto non aveva proprio di che lamentarsi: viveva in una casa lussuosa che era ancora in piedi e poteva sempre contare sull'idillio campagnolo di Duvenstedt. Lotte si dava molto da fare, condivideva i prodotti del suo orto con una famiglia che aveva perso la casa sotto le bombe, una donna con due figlie e un bambino piccolo. Anche lui ed Elisabeth aspettavano da tempo che fosse assegnata loro una famiglia sfollata.

Elisabeth ogni tanto parlava di emigrare in Inghilterra, una volta finita la guerra.

Lui non era sicuro di volerlo fare. Chissà quanto sarebbe durata ancora e quanti anni avrebbero avuto loro due, quando fosse finalmente finita. Forse Unger preferiva restare ad Amburgo, aiutare una nuova generazione di bambini a venire al mondo in una città che aveva bisogno di essere ricostruita.

Gli dispiaceva aver perso i contatti con Garuti. Il dottore aveva fatto le valigie all'indomani dell'armistizio di Cassibile e della rottura tra Italia e Germania. Perché era così difficile sbarazzarsi di Hitler, se in Italia erano riusciti a destituire Mussolini?

Nell'orto di Lotte un velo di fuliggine era rimasto per settimane sopra le verdure, dopo i bombardamenti di luglio. Ed era a Duvenstedt, ben lontano dai luoghi colpiti.

A eccezione di poche isole fortunate, Amburgo non era più il luogo ameno che era stato un tempo.

«Non posso andare da mamma», disse Fritz.
«E che vuoi da me?», domandò secca Anna Laboe. Le lacrimavano gli occhi e mise via il coltello per sciacquarsi le mani sotto l'acqua corrente, prima di finire il trito di cipolle. Un po' di soffritto e del semolino bastavano per una minestra che avrebbe potuto servire anche a Campmann.
«È affilato, quel coltello».
«Devo ficcartelo nella pancia?».
Fritz scosse energicamente il capo. «Basta la punta dell'indice».
Le afferrò il braccio destro. Faceva sul serio.
Anna lanciò un'occhiata all'orologio della cucina per vedere quanto mancava al rientro del padrone, che di certo avrebbe messo fine in un attimo a quella ridicola seccatura. Ancora un buon paio d'ore.
«Tu sei matto, Fritz», disse. «Ti sei già stufato di servire il tuo Führer?».
A diciott'anni Fritz era partito per la Jugoslavia e c'era rimasto per circa un anno. Tanto gli era piaciuto crescere da figlioccio di un nazista temutissimo nel suo Paese e poi entrare nella Gioventù Hitleriana quanto lo aveva gettato nel panico la vita da soldato al fronte. I suoi cugini erano morti entrambi, uno proprio nella zona dove volevano mandarlo. Fritz se la faceva sotto dalla paura.
«Quando la minestra è pronta, te ne do un piatto. E poi te ne vai. Come ti viene in mente che io ti aiuti a mutilarti? Sei già un imboscato o sei in congedo?».
Tirò fuori il foglio di licenza dalla tasca dei calzoni e lo posò sul tavolo. Anna lo scorse in fretta. «Hai ancora diversi giorni. Fila da tua madre».
Fritz fece di no con la testa e continuò a fissare un punto davanti a sé.
«Cosa credi che ti faranno se ti aiuto a mozzarti un di-

to? E cosa credi che faranno a me? Il nostro Rudi è ancora in Russia, lo sapevi?».

Eppoi, perché Fritz era andato proprio da lei? Non le sembrava di avergli mai dimostrato una particolare simpatia. Ma un'idea del motivo Anna ce l'aveva. Mia e sua sorella Lene, a Wischhafen, sapevano che lei non era favorevole al regime e nemmeno a quella guerra.

Fritz si mise a piangere, era il ritratto del terrore e dello smarrimento. Anna lo fece sedere e, quando la minestra fu pronta, gliene diede una scodella piena, che lui mangiò di gusto. Poi andò in dispensa e prese un grosso pezzo di cioccolata.

«Tieni. Questa posso dartela. È buona per calmare i nervi».

Fritz si pulì la bocca col dorso della mano e si alzò.

«Adesso vai a Wischhafen e porta a Mia i miei saluti».

«Grazie», disse. Gli tremava la voce, come se fosse sul punto di ricominciare a piangere.

Anna gli aprì la porta e poi si avvicinò alla finestra per vederlo andare via con la testa bassa, verso la fermata del tram che doveva portarlo alla stazione.

Suo fratello maggiore non aveva mai smesso di chiamarlo Angelo e anche di prenderlo in giro perché, quando era entrato nel corpo diplomatico, Garuti aveva deciso di farsi chiamare col secondo nome, Alessandro, per la sola ragione che suonava più solenne e virile.

Non gli aveva fatto piacere dover lasciare Berlino proprio adesso che i suoi rapporti con gli Unger e soprattutto con suo figlio Rudi si stavano consolidando. Però plaudiva alla decisione di Badoglio di firmare l'armistizio. Non che avesse simpatie per il maresciallo, il quale aveva raggiunto successo e potere grazie ai fascisti, ma la pace con gli angloamericani era stata una buona decisione.

E adesso eccolo seduto nella casa in cui era cresciuto, la tenuta di Terricciola, senza niente da fare. Amedeo amministrava la proprietà da quarant'anni, era la sua grande passione.

Angelo e Amedeo. Una donna molto devota, la loro madre. Quando si era seduto alla sua scrivania di bambino, in pochi secondi, come per magia, si era ritrovato in mano proprio quella foto. Lui e Teresa erano andati in uno studio a St Pauli. Il fotografo aveva fatto sedere lei su una sedia di vimini e aveva piazzato lui alle sue spalle. Doveva aver pensato che fossero sposini novelli. Teresa aveva in mano un bouquet di rose finte ed era incantevole anche in quel severo abito nero col colletto appuntito. Doveva essere stata scattata in inverno, quando lui era in procinto di partire. Teresa allora era già incinta, anche se non lo sapeva. La sua vita era tanto sottile che lui riusciva a circondarla con le mani.

Aveva messo la foto in una busta, ripromettendosi di spedirla a Rudi. Aveva saputo in agosto che la sua casa era andata distrutta sotto le bombe insieme a tutto ciò che conteneva, compresa la foto di Teresa e Margherita.

Sperava solo che la guerra non gli portasse via Rudi. *Rodolfo*. Fosse stato per lui gli avrebbe dato un altro nome. Domenico, magari. Il giorno del Signore, in omaggio alla devota nonna. Garuti sorrise. Se solo ci fosse stato un modo di far arrivare ad Amburgo quella foto... Della posta non si fidava.

Da Sanremo, forse. Aveva in programma di andarci per fare visita a un amico, prima che la vita di campagna gli venisse del tutto a noia.

Tian non si dava pace.

Solo la bambina riusciva a scaldargli il cuore. Ida cominciava ad averne abbastanza di quel lutto, che si era posato sulla loro piccola famiglia come la fuliggine nei giorni successivi al bombardamento.

Non riusciva a non pensare al giorno in cui aveva confessato a Ling che Ida aspettava un figlio da lui. Subito sua sorella gli aveva offerto la casa. «È un appartamento grande, luminoso. Va bene per una famiglia. A me basta una stanza sola».

Se avessero accettato la sua proposta, forse Ling ora sarebbe stata viva e sotto le macerie ci sarebbe rimasto lui, insieme a Ida e alla bambina. Avrebbe preferito questo?

Sedeva nella sua stanza, a osservare il giardino tingersi di colori autunnali.

Un buon posto per scrivere un libro. Di certo la vista era migliore di quella che si godeva da casa di sua sorella su Bornplatz, che adesso ospitava macerie nuove, dopo che quelle della sinagoga erano state spazzate via. Il tempo per scrivere non gli sarebbe mancato, ora che la ditta Kollmorgen era chiusa. Non certo un libro sulle relazioni commerciali tra la Cina e il Reich, ma la storia di un amore tra un cinese e una donna tedesca.

Quelli della Gestapo non erano più venuti, e da tempo non ispezionavano nemmeno il registro di Guste. Da quando il municipio era stato distrutto dal bombardamento e avevano trasferito i loro uffici in Feldbrunnenstraße, avevano ben altro di cui occuparsi.

A un certo punto la guerra sarebbe finita portando con sé il regime nazista, ma prima sarebbe dovuta morire tanta gente, pensò.

Bussarono alla porta e Tian si voltò. Gli ci volle qualche istante per riconoscere Momme, aveva la testa fasciata. «È meno brutto di come sembra», disse prima che Tian riuscisse ad aprire bocca.

«Credevo che lassù in Danimarca non corresse praticamente pericoli».

«Non più, dal giorno in cui von Hanneken ha sciolto il governo danese e proclamato la legge marziale, per la semplice ragione che i danesi non volevano più eseguire gli ordini del Reich come cagnolini».

«Che ti è successo alla testa?».

«Una pallottola di striscio. Che peraltro non varrà a dispensarmi dal servizio. A meno che la guerra non finisca prima di novembre».

«Siediti», lo invitò Tian.

«Solo un attimo. Guste vuole parlare con me delle provviste da fare. Domani vado di nuovo a Dagebüll».

«A Dagebüll c'è ancora da mangiare?».

«Solo pesce. Volevo dirti quanto mi è dispiaciuto per Ling».

Ecco che gli occhi gli si colmavano di nuovo di lacrime. Tian vi premette contro le nocche, nel tentativo di respingerle.

«Ida si sta stufando di vedermi sempre così».

«Ida è un osso duro».

Subito Tian cominciò a difenderla.

«Non ce n'è bisogno. Mi è simpatica. Ma tra i due sei tu quello sensibile. Spero solo che non muoia troppa gente nella nostra cerchia. Ho dei progetti per quando i nazisti avranno tolto il disturbo, e avrò bisogno di tutti quanti voi».

«Immagino si tratti di libri», disse Tian.

«Esatto», disse Momme Siemsen.

«Ma io sono un commerciante».

«Appunto», sorrise Momme. «In città ci sarà bisogno di nuove librerie».

La notte del 30 luglio aveva impresso una svolta nella vita del quattordicenne Günter. Non che amasse meno il suo grammofono portatile, ma di certo non era più la sua unica ragione di vita. Aveva lasciato la scuola a primavera, dopo l'ottava classe, senza avere un piano alternativo che non fosse il desiderio di diventare un maestro nell'uso del grammofono.

Riuscì a incrociare Henny all'uscita dalla clinica, dopo averla aspettata per ore. «Voglio chiederle una cosa», le disse. «Si tratta di lavoro».

«Allora accompagnami per un pezzo. Dove vi siete sistemati?».

«Da mia zia, in Lübeckerstraße. Casa sua non ha avuto grossi danni... non è che voglio fare il suo stesso lavoro, ma forse... una specie di infermiera, ma al maschile?».

«Un infermiere? In questo posso aiutarti», disse Henny.

«Esatto!», esultò Günter. «Intendevo proprio questo».

Ed ecco che da un aspirante grammofonista nasceva un futuro infermiere. In fondo al vulcano si dipartono strade che portano fuori dall'abisso.

Gennaio 1945

Joachim Stein aveva paura di non farcela. Non voleva cedere alla stanchezza, non voleva abbandonare Louise al suo destino. Era tra quelli che nel '33 avevano creduto che si trattasse di un fenomeno passeggero, e invece i nazisti erano ancora al potere. Colonia e Amburgo, così come molte altre città in tutta Europa, erano ridotte a cumuli di macerie e le persone morivano a grappoli, nei campi o sui fronti di guerra.

«Vedi di tenermi in vita», disse al vecchio amico che da tempo immemore era anche il suo medico di famiglia. «Almeno fino a che Hitler non si sarà tolto di mezzo».

«Il cuore va bene. È il morale che è a terra. Secondo me non hai nessuna voglia di vivere di questi tempi, che sono peggio ancora di quelli del Kaiser».

«Ma io voglio vivere. Se muoio io, Louise diventerà una preda facile». L'amico gli praticò un'iniezione, una soluzione con molto ferro a cui ricorreva per i pazienti debilitati. Ci sarebbe voluta della cocaina. Probabilmente i gerarchi del Partito ne avevano una lauta scorta, per tenersi su. O forse gli bastava il delirio e un po' di morfina.

«L'avresti mai detto, all'inizio degli anni Venti?», domandò il medico.

«Viviamo in un secolo interessante».

«Ne avrei fatto volentieri a meno».

«Se solo a Louise piacessero gli uomini. Un marito ariano potrebbe proteggerla», disse l'amico.
«Sta' zitto», replicò Joachim Stein. Non gli piaceva sentire i propri pensieri espressi a voce alta da un altro.

Louise aveva organizzato una serata per festeggiare il quarantaseiesimo compleanno di Lina. Cinque donne: Lina, Henny, Käthe, Ida, Louise. Fuori dalle finestre a tre ante scendeva una neve placida, che si posava come un velo di zucchero sulle macerie. Louise portò in salotto la ciotola col vino alla frutta e la depose davanti al solito divano rosso corallo. Era riuscita a riesumare un barattolo di ananas sciroppato risalente ai tempi in cui ancora comprava delizie gastronomiche da Michelsen. E una buona bottiglia di bianco del Reno.

Chissà che ne era di Tom e Hugh, stava pensando. Non si sentivano da prima della guerra. Louise si augurava che i suoi amici inglesi non fossero tra quelli che avevano sganciato le bombe su Colonia e Amburgo. E che nessuna bomba tedesca li avesse raggiunti, a Londra.

Ormai la guerra non poteva durare troppo a lungo. Sollevarono i bicchieri e brindarono all'imminente fine del conflitto.

Subito Lina si agitò. «Cosa ci hai messo dentro? Spero non dell'alcol puro».

Louise e Käthe si scambiarono un'occhiata complice. Solo una bottiglietta, sottratta in clinica da Käthe. Louise aveva capito istintivamente che quel genere di cose andavano chieste a lei piuttosto che a Henny.

«Guardate con che vecchietta vivo!», scherzò Louise, che aveva solo un paio d'anni meno di Lina. «Si agita perfino per un goccetto d'alcol, in tempo di guerra».

Poi andò in cucina a prendere il pezzo forte della serata, le uova alla russa col caviale. Non aveva titubato un attimo a sacrificare le Guldenring che le aveva mandato suo padre per Natale per avere in cambio dal negoziante qualche prelibatezza in più rispetto a quelle che le spettavano con la tessera annonaria.

«Ma come hai fatto?», domandò Henny.

«Nemmeno nella cucina di Campmann, dove lavora mia madre, si trova più questa roba», osservò Käthe e subito guardò Ida, a cui l'allusione non aveva fatto né caldo né freddo.

Nell'ottobre del '44 quattro famiglie avevano trovato alloggio al piano nobile dell'Hofweg-Palais. Fino ad allora le conoscenze in alto loco avevano consentito a Campmann di risparmiarsi quella "seccatura", come diceva lui; ma non erano più tempi in cui un uomo solo poteva occupare un intero appartamento di otto stanze. Da ottobre, Herr Campmann si era rifugiato nel suo studio, dove dormiva coricato sul sofà.

E Anna Laboe non era più la regina indiscussa della cucina: adesso la divideva con altre quattro donne che avevano perso le loro case sotto le bombe. C'erano anche un mutilato di guerra e sei bambini. Molte bocche da sfamare e poca roba in dispensa. Da pulire ormai aveva solo lo studio del padrone, l'ingresso e i relativi pavimenti. Nelle altre stanze erano gli occupanti a tenere in ordine e a pulire, o almeno così sperava Anna.

Sentiva quella casa come sua, al punto che le dispiaceva vederla ridotta a una specie di accampamento.

Ida invece non aveva il minimo rimpianto per quella casa. Ufficialmente era ancora la moglie del distinto banchiere, che di conseguenza figurava anche come padre della piccola Florentine. Campmann per lei era una garanzia contro i nazisti e la loro smania di persecuzione, nulla di più.

La sua vita ora era nella pensione di Johnsallee, ben

organizzata dall'impareggiabile Guste, che ancora riusciva a dar loro – a lei, Tian, Florentine e anche a Bunge – un rifugio accogliente.

«Vi fa comodo che io non sia una fumatrice, eh?», disse Louise. A dire il vero negli anni Trenta aveva spesso pensato di cominciare a fumare, dopo che i nazisti avevano diffuso quei manifesti secondo i quali il fumo non si addice alle signore.

«LA DONNA TEDESCA NON FUMA».

Loro due del resto avevano preso le distanze da un'ideologia che vedeva il concepimento e il parto come fine supremo della vita della donna. Louise era certa che ai signori in camicia bruna non sarebbe dispiaciuto mettere al mondo dei figli con Lina, che era bionda e aveva gli occhi lilla.

«Bevete, mie care. Ce n'è ancora».

«Finirò per cadere dalla bici», fece Ida.

Tian aveva trovato due vecchie biciclette, dimenticate chissà quando dietro il capanno nel giardino di Guste, dove era andato alla ricerca di bulbi e sementi coi quali mettere su un piccolo orto, che fornisse loro almeno un po' di verdura.

Una delle due aveva una camera d'aria fuori uso, ma alla fine Tian era riuscito a rimediarne una nuova cedendo in cambio una delle sue porcellane cinesi.

«Male che vada la porterete a braccio», disse Lina. Tian aveva insistito per accompagnare Ida e sarebbe anche tornato a prenderla.

La città era buia e deserta.

«Una donna da sola... no, troppo pericoloso», aveva detto Tian. Sperava che nessuno ormai si scandalizzasse alla vista di un orientale a braccetto con una donna tedesca: la gente aveva ben altri problemi di cui preoccuparsi.

«Che faremo quando sarà finita?», domandò Henny.

«Torneremo finalmente a vivere», disse Käthe con un sospiro. Pensava al ritorno di Rudi.

«Io non tornerò a insegnare», dichiarò Lina. Dopo le bombe, ad Amburgo era cessata qualsiasi attività scolastica. Se anche le scuole fossero state ricostruite, Lina non aveva intenzione di lavorare con colleghi nelle cui teste permaneva ancora il ciarpame ideologico che aveva inquinato quasi tutta la metà del secolo.

«Magari fondiamo un teatro, tu e io».

«Ma certo! Un'idea di facile realizzazione», rise Lina. Ricominciare a quasi cinquant'anni... lei che di teatro non sapeva nulla. E l'arte? Ce ne sarebbe stato ancora bisogno?

«Non è ancora finita...», ricordò loro Käthe.

Henny e Käthe ritornarono insieme. La neve rischiarava le strade e i vicoli altrimenti bui, in cui non c'era più bisogno di oscurare le finestre. Non c'era più niente da proteggere.

«Come vanno le cose a casa?», s'informò Käthe.

Quale casa?, si domandò Henny.

Ma disse: «Ernst passa tutto il giorno a ciondolare e a guardare fuori dalla finestra».

«Gli manca la sua scuola», disse Käthe. La scuola di Bachstraße era andata distrutta nel luglio del '43. Il ginnasio Lerchenfeld, così come l'istituto in cui lavorava Lina, aveva subito danni ingenti.

«Adesso spera che lo facciano partecipare all'addestramento della contraerea».

«Io invece spero che non ci serva più una contraerea». Forse Ernst non credeva che l'agognata pace fosse davvero alle porte.

Käthe e Anna andavano d'accordo e la vita in casa non era troppo dura, a eccezione del fatto che dalla fine di novembre non avevano notizie di Rudi e temevano da un momento all'altro la telefonata che annunciasse che era morto per il Führer, il popolo e la patria. Questo le avrebbe distrutte.

«Meno male che almeno alla Finkenau si continua a lavorare». Se si fosse ritrovata anche lei con le mani in mano, sarebbe impazzita.

«Notizie di Rudi?», le chiese Henny.

Erano appena arrivate all'ingresso di casa di Käthe, in Humboldtstraße, e lei si limitò a scuotere il capo prima di sparire dietro il portone.

Che avrebbe dovuto fare, quando le si era presentato alla porta quel ragazzino? Avrebbe potuto essere uno dei suoi, se fossero vissuti fino a quell'età. Suo padre era stato un omone grande e grosso, coi capelli rossi. I ragazzi avrebbero potuto prendere dal nonno anziché da Karl, che invece era magrolino.

«Forza, entra», lo invitò Anna Laboe.

Avrebbe dovuto essere in casa dei Campmann già da un pezzo, ad aspettare la consegna di un sacco di patate da un tale che aveva un debito di riconoscenza col padrone. Non poteva venirne niente di buono.

«Una notte sola», disse Fritz.

«Le dita le hai ancora tutt'e dieci?».

Il figlio di Mia alzò le mani come un bambino che vuole dimostrare di essersele lavate per bene. «Una notte sola», ripeté.

«Da dove arrivi?».

«Wischhafen. Ero in licenza a casa».

«E quando finisce la licenza?».

«Ieri».

«Puoi raccontare che hai perso il treno».

«Non ci torno in guerra».

«Anche qui c'è la guerra».

«Dovrei essere in Russia. Laggiù è molto peggio».
«Perché non ti nascondi da tua madre?».
«Mi ha accompagnato al treno ed è rimasta a guardare finché non è partito».
«Solo una notte». Assenza ingiustificata dalla base, detta anche diserzione. Anna sapeva quanto potevano essere gravi le conseguenze. Käthe aveva due turni consecutivi. Non era necessario che lo sapesse.

Ci aveva già fatto caso il pomeriggio prima, quando aveva cominciato a imbrunire e lui era andato alla finestra per abbassare le tende avvolgibili da oscuramento. Aveva visto un uomo alla finestra di fronte. Non poteva essere quel tale, Rudi: lui era alto, sì, ma scuro di capelli e molto magro, e di certo non poteva aver messo su peso in Russia.

La mattina dopo s'era affacciato apposta e aveva visto che la Laboe stava attraversando la strada e si allontanava da casa.

Ernst Lühr andò in cucina da sua suocera, si sedette al tavolo e bevve una tazza di caffè surrogato appena preparato da Else. Klaus era andato da un amico, col quale passava il tempo assai più volentieri che con loro. Casa sua in Winterhuder Weg era tra le poche rimaste illese.

«Quand'è che hai il colloquio?», gli chiese la suocera.

«Dopodomani».

«Ma addestrano ancora volontari per la contraerea?».

«Che vuol dire?», reagì seccato Ernst. «Credi che abbiamo perso la guerra?». Si chinò per guardarla bene in viso. «E se non hanno niente per me, andrò di nuovo negli uffici. Bisogna riorganizzare le lezioni, tornare alla normalità. Non si può andare avanti così, i bambini devono stare a scuola, non nei campi estivi».

Bevuto il caffè, si avvicinò di nuovo alla finestra che

affacciava sulla strada. Eccolo, lo stesso ragazzo di ieri. Ernst Lühr si voltò. «Sai per caso se da Käthe, l'amica di Henny, c'è un uomo?», domandò a voce alta.
«Rudi? È in licenza?».
«No. Non Rudi», rispose, poi cambiò discorso.
La volta successiva approfittò dell'assenza di Else, che era uscita con le tessere annonarie, e afferrò il binocolo che stava sul mobile del soggiorno. Ecco, ora riusciva a vedere distintamente un certo angolo della cucina. Quello in cui c'era il tavolo. Il ragazzo sembrava intento a fare a pezzi qualcosa con un coltello. Più volte Ernst Lühr posò e riprese in mano il binocolo che era appartenuto al padre di sua moglie. Avrebbe giurato che quel tale stava tagliuzzando la stoffa pesante di un uniforme da soldato.

«Sei impazzito, per caso?», era sbottata Käthe. E si era dovuta trattenere per non mettersi a urlare. Correre un rischio simile per quello scemotto del figlio di Mia, quando Rudi era ancora in Russia.
«Solo un'altra notte», supplicò Fritz. «Poi me ne vado. Troverò qualche baracca in campagna dove nascondermi».
E perché non l'aveva fatto subito?
Käthe pensò alla fuga di Rudi in Danimarca. In mezzo alla campagna. Voleva davvero mettere alla porta quel ragazzo? In una fredda sera di gennaio?
«Ancora una notte, una sola», disse. «Domani ho il turno di mattina. Quando torno a casa, a mezzogiorno, non voglio vederti. Intesi?».
Invece il giorno dopo, a mezzogiorno, Fritz era ancora lì.

«Lei potrebbe dare una mano preziosa aiutando a sgomberare dalle macerie gli edifici scolastici, che hanno subito danni importanti», disse il tale dietro la scrivania, che indossava l'uniforme da colonnello delle SS.

«Veramente pensavo a un incarico di tipo organizzativo. Bisogna pur rimettere in piedi il sistema scolastico ad Amburgo».

«Di questo si stanno occupando persone più che qualificate».

Lühr lanciò un'occhiata eloquente alla spilla del Partito, che si era messo apposta sul bavero della giacca.

«L'ho vista. Ma anche così non ho nient'altro per lei».

«In tal caso, forse ce l'ho io un'informazione per voi».

Käthe l'arrestarono in clinica, quando Fritz era già in viaggio per Berlino dove lo avrebbero rinchiuso a Plötzensee e Anna era già stata portata a Fuhlsbüttel. Chi li aveva traditi? Bastarono pochi secondi, in cui Käthe fu lasciata sola nella sala interrogatori, per scoprirlo. In quei pochi attimi di requie dalle urla, dalle percosse e dalle frustate, si alzò dallo sgabello per dare un'occhiata alle carte che stavano sul tavolo e su cui figurava anche il nome del denunciante. Fu allora che le forze l'abbandonarono. Quando il suo aguzzino rientrò nella stanza, Käthe Odefey, la comunista rea di tradimento che pochi minuti prima ancora si difendeva fieramente, era ridotta a un misero straccio.

Nel momento in cui rinchiudevano Fritz a Plötzensee, alle spalle di Käthe e Anna si erano già chiusi i cancelli del campo di concentramento di Neuengamme, alle porte di Amburgo.

Henny venne a sapere da Theo Unger che Käthe era stata arrestata. E c'era mancato poco che non arrestassero pure lui, che si era messo fra Käthe e gli agenti della Gestapo.

Tutto questo mentre Henny, ignara, era in sala parto.
«Dov'è la sua fedeltà al popolo?», l'avevano ammonito. Una frase detta a bassa voce, ma che suonava come una minaccia.
Alto tradimento. Demoralizzazione delle truppe. Complicità in diserzione.
Henny e Unger proprio non capivano cosa fosse successo. Forse Rudi era tornato dalla Russia e Käthe lo aveva nascosto in casa per non rimandarlo su quel fronte terribile?
La Dunkhase se ne stava da parte mentre Unger e Henny andavano a parlare nello studio del medico. Aveva abbassato molto la testa, da quando gli Alleati le avevano distrutto la casa. Adesso però sorrideva.
«Secondo te c'entra qualcosa la Dunkhase?», domandò Henny.
Unger si strinse nelle spalle. «Vado alla Gestapo, in Feldbrunnenstraße. Non c'è altro che possiamo fare».
«Non puoi andarci tu. Pensa a Elisabeth. Io sono l'unica senza macchia ai loro occhi. Mio marito è uno di loro».
«Lo è chiunque svolga un ufficio pubblico».
«Tu no, in ogni caso».
«E sono sposato con un'ebrea».
«Non si tratta solo di questo. Ernst è d'accordo coi nazisti». Henny si alzò in piedi. «Posso avere la giornata libera? Voglio andare da Campmann. Non so se la madre di Käthe sia già stata informata».
«Magari lei ne sa qualcosa», disse Theo Unger. «E per favore aggiornami prima di andare alla Gestapo».
Ma all'Hofweg-Palais, Henny trovò solo tre donne che non conosceva, sei bambini e un mutilato di guerra. Stava per andarsene quando uno stizzito Friedrich Campmann mise il capo fuori dalla porta del suo studio. «Sa dirmi che fine ha fatto la Laboe?».

«Sua figlia è stata arrestata». Solo dopo si chiese se avesse fatto bene a dirlo a quell'uomo. Si ricordò che Ida le aveva detto che intratteneva fitti rapporti coi pezzi grossi del Partito a Berlino. «La comunista. Non c'è da stupirsi. Si è scritta la condanna da sola. Quando vedrà la Laboe, le chieda se vuole farci la cortesia di venire a lavorare. La situazione è già abbastanza incresciosa».

Henny corse a casa di Käthe e Anna e suonò a lungo il campanello. Arrivò un vicino, vide la targhetta su cui si stava accanendo la mano di Henny e le disse che la signora se l'era portata via la Gestapo, insieme a quel giovanotto.

«Vuole dire Frau Laboe?».

L'uomo annuì. «Non so chi fosse quel ragazzo, un tipo in carne comunque».

Henny non s'accorse neppure della voce del marito, mentre correva verso il telefono per chiamare Unger e dirgli che anche Anna era stata arrestata.

«Tienitene fuori», le diceva suo marito. «Non vorrai mica fare la stessa fine?». Mentre Henny usciva di nuovo correndo, Ernst si avvicinò alla finestra e la guardò allontanarsi. Che senso aveva affrettarsi tanto in quella casa? Sarebbe passato un bel po' di tempo prima che qualcuno vi rimettesse piede. Questo però non doveva dirlo né a Henny né a Klaus. Ripeté a se stesso che lo faceva per la famiglia. Prese il binocolo che non aveva ancora rimesso al suo posto. Il binocolo che Heinrich Godhusen aveva usato per il teatro e per le gite in montagna.

Non c'era nessuno nella casa di fronte. E chi doveva esserci?

Mentre tutto questo accadeva, Rudi era prigioniero di guerra da due mesi. Il campo sorgeva sugli Urali. I prigionieri lavoravano in una miniera, patendo il freddo, la fame, la fatica. La sera Rudi leggeva ancora poesie, un volumetto che gli aveva lasciato un commilitone.

La voglia di vivere non lo aveva abbandonato, come gli era successo a Danzica. Il suo unico pensiero era riunirsi finalmente con Käthe. Per trascorrere insieme gli anni restanti.

Maggio 1945

La mattina del 3 maggio aveva una luce umida, come un acquerello dai colori un po' troppo diluiti. Due giorni prima sua madre gli aveva telefonato a sera tarda per dirgli che Hitler era morto. Come se le trasmissioni radio, la settima sinfonia di Bruckner e la voce tonante dell'ammiraglio Dönitz, successore del Führer, non fossero stati sufficienti.

Theo Unger ne avrebbe fatto volentieri a meno. Così come delle storie sulla presunta eroica morte in battaglia di Hitler. Solo più tardi aveva saputo che si erano dati la morte volontariamente, lui ed Eva Braun, che era diventata sua moglie da poco.

«Arrivano gli inglesi», disse a Elisabeth. «La guerra è finita».

Nella piana paludosa che si estendeva appena fuori da Amburgo, il Gauleiter Karl Kaufmann e il generale di brigata Alwin Wolz avevano firmato la capitolazione, risparmiando alla città ulteriori devastazioni, se non addirittura la distruzione definitiva.

I britannici entrarono in città da sud, in tre grossi schieramenti, verso le sei del pomeriggio. Agli incroci erano stati allestiti dei posti di polizia per indicare loro la strada per il municipio.

Venticinque minuti dopo, Wolz cedeva al generale britannico Spurling il comando della città. «*The entry was completely without incident*», riferì il rapporto degli occupanti. Nessuna opposizione, nessun irriducibile a tentare imprese disperate. Eppure nessuno sventolava bandiere bianche. Un comportamento ambivalente.

Theo non sapeva come esprimere il sollievo. Aprì l'ultima bottiglia di Haut-Brion e brindò con Elisabeth.

La sera del 3 maggio fu revocato il coprifuoco. La vita ricominciava.

«Ti ringrazio per tutto quello che hai fatto per me», disse Elisabeth.

«Siamo marito e moglie. L'amore è questo».

Elisabeth sorrise e alzò il bicchiere di vino rosso.

Tutti erano felici. Proprio tutti? Ernst esultò con gli altri e anche la Dunkhase.

La pace, un risveglio di primavera. Nessuno sarebbe più partito per il fronte, e le stelle di David, così come le bombe, sarebbero diventate un lontano ricordo.

«Cos'è successo a gennaio?», gli domandò Henny di punto in bianco. «Else dice che fissavi le finestre di fronte».

Ma Ernst Lühr tacque, così come tacevano gli altri.

Nessuno sapeva dove fosse Käthe, né Anna, né se fossero ancora vive.

Le porte dei campi di concentramento si erano aperte, Auschwitz era stata liberata a gennaio dai russi. Già il 20 aprile le SS avevano sgomberato Neuengamme su ordine di Himmler.

I prigionieri ancora in vita dei campi nei dintorni di Amburgo non dovevano finire sotto gli occhi dei vincitori. I prigionieri di origine scandinava erano già stati messi in libertà e riportati in Danimarca e Norvegia da appositi autobus bianchi. Folke Bernadotte, vicepresidente della Croce Rossa svedese, aveva concordato personalmente questa soluzione con il ministro degli Affari interni del Reich.

Invece per Anna e Käthe e per tutti gli altri prigionieri tedeschi o provenienti dai vari Paesi occupati non venne nessun autobus. I prigionieri liberati, stremati dalla fame e dalle privazioni, erano stati messi per strada senza nessun aiuto perché intraprendessero un viaggio disperato che fu letale per molti, come per i settemila che si imbarcarono sulle navi da evacuazione *Cap Arcona* e *Thielbeck*, ancorate nella baia di Lubecca. Gli inglesi le avevano scambiate per navi da guerra tedesche e le avevano bombardate e affondate.

Non era sicuro nemmeno che Käthe e Anna fossero finite proprio a Neuengamme. Le autorità avevano detto solo che le due erano state imprigionate. Per il resto si brancolava nel buio.

Henny archiviò con scarsa convinzione il vago sospetto che le era sorto sul conto di Ernst. No, non poteva essere stato lui.

Dall'8 maggio, il giorno della capitolazione dei tedeschi, Garuti cercava invano di mettersi in contatto con Amburgo.

Dovette passare una settimana perché finalmente venisse richiamato dalla centralinista nel suo appartamento in Corso degli Inglesi, a Sanremo.

«Una telefonata per lei, dottor Garuti». E poi sentì la voce di Elisabeth.

«Elisabetta! Che grande gioia sentirla! Come state? Siete tutti vivi?».

Fu un grande dolore apprendere che di Käthe e di sua madre Anna, la cuoca, si erano perse le tracce, che le ultime notizie sul conto di Rudi risalivano al novembre del '44 e che da allora risultava disperso. Il destino si prendeva gioco di lui: scoprire così tardi di avere un figlio e poi vederselo portare via.

Dalla finestra del primo piano fissava assorto la sua Alfa Romeo, chiedendosi se sarebbe riuscita a portarlo fino in Germania. Doveva informarsi sulla possibilità di ottenere il visto dai francesi, dagli svizzeri o dagli alti commissari nominati per la Germania. Se non ci fosse riuscito lui, un illustre diplomatico in pensione, allora non ci sarebbe riuscito nessuno.

Nella bella casa di Körnerstraße, nel quartiere Winterhude, Elisabeth Unger riappese la cornetta del telefono e si mise a osservare le rose rosa chiaro del suo giardino, che erano fiorite prima delle altre. Si alzò quando vide arrivare la Jeep da dove scese un soldato inglese chiaramente diretto alla sua porta. Aveva fatto domanda per una telefonata a Bristol: possibile che facessero delle visite in casa per cose del genere? Andò ad aprire prima di sentir suonare il campanello.

Rientrando dalla clinica, Theo Unger vide sua moglie vicino alle rose, intenta a parlare con un militare inglese.

«Theo, lascia che ti presenti il capitano Bernard. È venuto a darmi notizie di Ruth e Betty. Stanno entrambe bene».

Theo strinse la mano al capitano, un uomo di bell'aspetto, su per giù dell'età di sua moglie, e si stupì nel constatare che parlava un ottimo tedesco.

«Il capitano è emigrato in Inghilterra nel 1933», spiegò Elisabeth.

«Un mio zio insegnava già dagli anni Venti all'Università di Bristol. È stata la nostra fortuna. Ci ha permesso di stabilirci in Inghilterra».

Si sedettero in salotto a bere il tè e Unger volle raccontargli quanto era capitato a Käthe e Anna. «Ho partecipato alla liberazione del campo di Bergen-Belsen in aprile. Non potrò mai dimenticare quello che ho visto».

«Ma forse voi siete in grado di dirci se Käthe e Anna sono state a Neuengamme? Avranno pur avuto delle liste».

«Il campo era già vuoto quando siamo arrivati noi. Però cercherò di informarmi se sono state trovate delle liste di prigionieri».

«Sarebbe davvero di grande aiuto, capitano. Ho lavorato per tanti anni con Käthe Laboe. Era una delle mie ostetriche migliori». Si accorse con sgomento di aver parlato al passato.

«Mi dicono che lei è primario in una clinica ginecologica».

«Sì», disse Theo, e si ritrovò a pensare per la prima volta da settimane a Kurt Landmann, che aveva ricoperto quella carica prima di lui. «E lei cosa fa, quando non serve l'esercito della Regina?».

«Sono un ingegnere. Lavoro alla British Aircraft Corporation. Ma al mio ritorno lavorerò in un ramo nuovo dell'azienda. Produrremo macchine, piccole, veloci ed eleganti. La Bristol Cars Ltd».

«Tante cose belle saranno di nuovo possibili», disse Elisabeth commossa.

La cosa più bella per Unger sarebbe stata scoprire che Käthe, Rudi e Anna erano vivi. Diede i nomi di Anna e Käthe all'ufficiale, che li segnò su un taccuino rilegato in cuoio color zafferano.

Momme tornò ad Amburgo a maggio. I primi giorni dopo la capitolazione li aveva trascorsi da sua madre a Dagebüll. Poi, in un capanno appartenuto a suo nonno che era morto pochi mesi prima, aveva trovato una vecchia KDW. In garage, accanto alla moto, c'era persino una tanica di carburante. Così era partito.

Fu accolto con grande giubilo in Johnsallee. Per Guste ogni amico ancora in vita era una gioia, e gli diede la stanza che fino a poco prima era stata di Tian, che adesso non dovendo più nascondersi dalla Gestapo alloggiava insieme a moglie e figlia nella stanza grande con accesso al giardino.

«Allora sei pronto a darti al commercio di libri?», domandò Momme all'amico in tono gioviale.

Tian rise. Il suo progetto era rimettere in piedi l'azienda di caffè.

Ma Momme era ben deciso a fare concorrenza a Kurt Heynemann, il suo vecchio datore di lavoro. Aveva trentadue anni e, se voleva combinare qualcosa nella vita, era quello il momento di buttarsi. Si sarebbe fatto un giro in centro, per perlustrare i locali commerciali vuoti i cui primi piani erano ancora agibili. Dovevano essercene tanti.

«È un periodo favorevole. Manca praticamente tutto», disse a Louise quel tranquillo pomeriggio di primavera, nel giardino di Guste. Era stata organizzata una piccola festa per il suo ritorno. Guste Kimrath sperava di poterne organizzare ancora tante, di feste di quel genere.

«Ti serve una socia?», domandò Louise. Da quando i nazisti se ne erano andati e la guerra era finita, aveva spesso di questi entusiasmi.

«Tu e Lina?», domandò Momme.

Louise non aveva ancora pensato a Lina. Era sempre possibile che tornasse sui suoi passi e ricominciasse a insegnare.

«Perché parlate di me?», domandò Lina, seduta lì accanto.

«Vorresti diventare libraia?», disse Momme.

Lina rise come aveva riso Tian, però poi ci pensò. Lei non aveva un'azienda di caffè da rimettere in piedi. Forse era una buona occasione per ricominciare, anche se aveva quarantasei anni.

Joachim Stein si sentiva di nuovo in forze, da quando era finita la guerra. Avrebbe tanto voluto rivedere sua figlia, ma mettersi in viaggio verso Amburgo sembrava un'impresa impossibile. Il ponte ferroviario di Hohenzollern era stato bloccato, delle apposite imbarcazioni mettevano in comunicazione le due sponde del Reno. Ma una volta passato il fiume, come avrebbe proseguito?
Il suo dottore e vecchio amico fece il possibile per dissuaderlo. «Non esagerare, Joachim, anche se adesso hai recuperato le forze. Tua figlia è in salvo, ora».
Però almeno era riuscito a parlare con Louise per telefono.
«Una libreria, dici? Perché no...».
Era pur sempre un lavoro che aveva a che fare con le parole, se non proprio con la drammaturgia, che era stata la prima passione di sua figlia. Joachim Stein si guardò intorno, nella sua grande casa di Lindenthal, e pensò che doveva pur valere qualcosa.
Forse gli restava ancora del tempo, tanto o poco che fosse, da passare con sua figlia ad Amburgo e aiutare lei e quel libraio dal nome strano a ricostruirsi una vita. Chissà... un'idea folle, forse, per un uomo di settantotto anni. Del resto, ottimismo e spontaneità Louise li aveva ereditati da lui.

A marzo aveva visto degli sconosciuti prendere possesso dell'appartamento delle Laboe. Profughi, aveva sentito dire.
La delazione non gli aveva procurato nessuno dei privilegi che si aspettava.
Strano che le autorità consentissero in quel modo

l'occupazione di una casa. Dunque Käthe e Anna erano morte? Non era quello che voleva. Eppure nessuna delle due era tornata a reclamare il possesso dell'appartamento. Ernst Lühr stava affacciato a fissare le finestre di fronte.

La notte era inquieto, non dormiva bene, i sensi di colpa lo tormentavano. Ma quella volta, a gennaio, non era riuscito più a resistere: aveva voglia di ripartire, di insegnare, di costruire qualcosa, di risorgere dalle rovine. Non aveva messo in conto la morte degli altri.

Henny non avrebbe dovuto saperlo, mai.

«Non ti fa bene stare con le mani in mano. E nemmeno fissare in continuazione la casa di fronte», gli diceva sua suocera.

Non c'erano più le due Laboe; al loro posto delle donne mai viste prima, una giovane e una anziana, e tre bambini. Erano arrivate quell'inverno dall'Est, aveva sentito dire. Una prima ondata di profughi. Si domandò come mai non venisse data la precedenza agli sfollati del posto.

«Mi hanno dato dello strutto da spalmare», annunciò Else.

Gli giunse all'orecchio la parola "strutto". Giusto una ciotolina, posata sul tavolo lì in cucina. Else ci aveva messo sopra una fetta di pane. Meno male che un pasto al giorno Henny lo consumava in clinica. Klaus era ancora pelle e ossa.

A Ernst sembrava che quel ragazzino non crescesse come si deve. Henny diceva che era asciutto di costituzione, ma a lui sembrava davvero troppo gracile, con tutto che Ernst lo aveva mandato alla Gioventù Hitleriana. Quando avessero riaperto le piscine, lo avrebbe portato a nuotare un po'. Un uomo deve avere le spalle larghe. Almeno la spiaggia del lago dovrebbe tornare accessibile presto, si augurò.

«C'è ancora una fetta di pane?», domandò. La custode della pagnotta era Else. Da tempo Ernst non era più padrone in casa sua.

«Alla scuola Lerchenfeld cercano ancora gente per portare via le pietre», gli disse la suocera. «Ti farebbe bene. Danno anche qualche soldo».

«Non rompere le scatole, Else».

C'era stato un tempo, prima che le bombe gli distruggessero la casa, in cui lui e sua suocera erano andati d'accordo. Adesso non la sopportava. Meno male che almeno Marike si era tolta dai piedi andando a vivere dai genitori del suo fidanzato. Nessuno sapeva dove fosse Thies, né se fosse vivo. Marike non aveva sue notizie da aprile. Stava andando tutto in malora.

Ernst aveva rinunciato da tempo a imporre la sua autorità a Marike. A luglio compiva ventitré anni e stava già facendo il tirocinio alla clinica universitaria di Eppendorf.

E Klaus, avrebbe mai combinato qualcosa? Aveva tredici anni e da due, cioè dall'inizio dei bombardamenti, non andava più a scuola. Si ripropose di fargli lezione lui. Quattro ore al giorno. La mattina. Questa sì che era una buona idea. Adesso era in giro, a cercare qualcosa da mangiare. Di oggetti da barattare al mercato nero non ne avevano più. Degli sfollati, ecco cos'erano diventati. Che umiliazione. Se solo avessero riaperto le scuole e lui avesse potuto ricominciare, darsi da fare per riconquistare un po' di benessere.

Else lo raggiunse in cucina e gettò un'occhiata alla ciotola dello strutto. «Non ne hai lasciato molto», disse. «Be', speriamo che Klaus non torni a mani vuote».

Cos'altro doveva sentirsi dire un uomo?

Il Kaiser era morto. Hitler era morto. E adesso toccava a lui. Bunge sentiva la fine molto vicina. Si sentiva stanco e consunto, anche se i primi giorni di pace avevano messo un po' di vento anche sotto le sue ali. Ma era già finita. Un ultimo maggio benedetto nel giardino di Guste era tutto quello che ancora desiderava.

Ma maggio era stato freddo e umido, e Bunge s'era messo a letto. L'inverno gli era venuto a noia. Chiamò a sé Guste, che non seppe levargli dalla testa l'idea della morte. E andò a chiamare un medico.

Bunge non ne vedeva l'utilità. Nonostante gli alti e bassi aveva avuto una vita felice. Andava bene così.

«Credevo volessi goderti il tempo di pace un po' più a lungo», disse Guste, e la sua voce suonava già rassegnata. Era e restava una donna pragmatica.

Con Ida era più difficile, anche se il rapporto tra padre e figlia era compromesso ormai da anni per via di quel maledetto debito che aveva contratto con Campmann. Chissà come se la passava suo genero, ora che erano gli inglesi a comandare?

Friedrich Campmann era invischiato coi nazisti fino al collo, così come tanti altri coi quali i nuovi poteri non sarebbero stati certo benevoli.

«Ti prego, papà, resta con noi. Florentine ha solo quattro anni».

Era tornata a essere affettuosa con lui quando era nata la bambina. Era colpa sua se Ida aveva avuto il primo figlio così tardi? Prossimo com'era alla fine, volle essere onesto con se stesso: sì, era anche colpa sua. Chissà come sarebbe stata la vita di Ida, se dopo la morte prematura dello Scoiattolo nell'anno fatale 1921, lui non avesse preso l'avventata decisione di venderla a Campmann.

«Sono contento di vederti finalmente felice», le disse. «Con la tua bambina e l'uomo che volevi». Già le forze lo abbandonavano, la voce gli si era indebolita. Ida gli si fece più vicino. «Adesso posso andarmene tranquillo».

Bunge volle che gli mandassero anche Tian e gli fece promettere di vegliare sempre su Ida e su Florentine.
Due giorni dopo morì in pace nel suo letto. Anche nella morte era riuscito a prendere la via più facile.

Il capitano Bernard andò a trovare Unger in clinica per riferirgli l'esito della sua ricerca. Si guardò attorno con curiosità e sorrise sentendo il vagito di un neonato in braccio a un'infermiera. Theo lo invitò a parlare nel suo studio.

«Ho potuto consultare la lista degli internati», gli disse l'inglese quando furono soli. «Ci sono tutt'e due: Anna Laboe e Käthe Odefey. Sembrerebbe che siano partite con una di quelle carovane di disperati che le SS hanno cominciato a liberare il 20 aprile. Mi chiedo però come mai due di Amburgo non siano riuscite a tornare a casa propria. Forse le SS li hanno scortati per un pezzo, sotto la minaccia delle armi. Non ho modo di dirlo».

«Però risulta che in aprile erano ancora vive?».

Il capitano annuì. «La data della morte nei registri non c'è. Le SS erano molto scrupolose in queste faccende».

«È possibile che siano finite su una di quelle disgraziate navi nella baia di Lubecca?».

«Anche questa è un'ipotesi. Però trovo improbabile che siano arrivate fino a Lubecca e che le abbiano imbarcate come fossero straniere».

«La ringrazio molto, capitano. Davvero. C'è un motivo particolare per cui è venuto qui in clinica e non a casa nostra, in Körnerstraße?».

Il capitano Bernard esitò qualche istante. «Dopo l'orrore che ho visto nei campi, avevo bisogno di vedere la vita che nasce».

Il vero motivo Unger venne a saperlo qualche tempo dopo, una sera di fine di maggio.

Elisabeth lo pregò di sedersi, poi prese ad aggirarsi inquieta per il salotto sfiorando le rose nei vasi.

«Vado a Bristol», gli annunciò. «Insieme a David. Quando tornerà in Inghilterra, a luglio, io andrò con lui».

Unger si sentì sprofondare nella poltrona, e tacque.

«Siete amanti?», domandò alcuni secondi dopo.

«Non ancora», gli rispose sua moglie. «Theo, ti ringrazio di tutto».

«Lo hai detto anche all'inizio del mese».

«Perché è vero. So che sembra una frase fatta, ma ti chiedo la tua amicizia».

«Andrai a vivere con Betty e tua madre? Sei ricca, lo sai. Rimetterò tutto a tuo nome. Bisogna che ci sbrighiamo a farlo. Non sappiamo come andrà con la nuova valuta».

Preoccuparsi di questioni pratiche e parlare in fretta non era bastato a scacciare la tristezza.

«Abbracciami e basta», disse Elisabeth. E lui obbedì.

Era finita.

Giugno 1948

La luce le si insinuò sotto le palpebre e si aprì un varco nel sogno. Henny tirò un sospiro e aprì gli occhi. Gli eventi del luglio del '43 non l'avrebbero lasciata mai in pace: anche se era riuscita a rimuoverne una buona parte, visioni terribili le turbavano il sonno notturno. E non solo le immagini della guerra, ma anche i ricordi di Käthe, Rudi e Anna.

Nessuno dei tre era tornato. Non ancora. Quel "non ancora" era come una parola d'ordine cruciale che non mancava mai di ripetere a se stessa.

Per tutto il primo anno dopo la fine della guerra era andata spesso alla Moorweide, dove si fermavano le corriere da Theresienstadt, come se Anna e Käthe, confuse e stremate, avessero potuto spingersi fin laggiù dopo che le SS avevano aperto i cancelli del campo.

«Una follia», diceva Ernst. Come potevano essere arrivate fin quasi a Praga? Eppure Henny non voleva rinunciare alla speranza e, ogni volta che le giungeva notizia di un treno di reduci, correva in stazione. Lo faceva per Käthe, nel caso in cui Rudi si fosse trovato in uno di quei vagoni: lo cercava ansiosamente con lo sguardo, si aggirava con in mano un cartello col suo nome scritto in grande, che teneva alto sopra la folla. Magari uno di quei soldati lo conosceva, poteva dirle che fine aveva fatto, darle la certezza che era vivo e che il suo ritorno a casa era solo questione di tempo.

Henny e Unger si erano rivolti al servizio ricerche della Croce Rossa per ritrovare Rudi e a quello della VVN, l'Associazione delle vittime del nazismo, per ritrovare Käthe e Anna. Ma la guerra era finita da tre anni ormai e le speranze si andavano assottigliando.

Quell'estate poi sembrava portare con sé tante novità. Per prima cosa, lei e Ernst non stavano più insieme. Si erano separati, nella misura in cui è possibile separarsi da un uomo con cui si ha un figlio.

La scusa decisiva l'aveva fornita Klaus, che il giorno del suo sedicesimo compleanno si era presentato nella cucina di casa di sua nonna e, tormentandosi le mani e balbettando, aveva detto loro di essere uno di quelli a cui piacciono i ragazzi.

Henny ancora rabbrividiva al ricordo dello spregio nella voce di Ernst quando sibilò al figlio: «Paragrafo 175». Né lei né sua madre capirono cosa volesse dire, ma Klaus sbiancò in volto e corse fuori: non aveva un angolo suo in casa, perciò uscì in strada, nell'aria fredda di novembre.

A quel punto anche Ernst, fuori di sé dalla rabbia, se ne era andato, lasciando Henny ed Else sedute davanti alla torta di compleanno con una candelina accesa sopra. Forse non era stata una grande trovata da parte di Klaus, scegliere proprio quel momento per fare il suo annuncio.

Da quel giorno in casa erano rimasti in tre, Henny, Klaus ed Else. Ernst aveva fatto le valigie quella sera stessa: forse non sopportava più Henny così come lei non sopportava più lui. In ogni caso non voleva più vivere nella casa che il suo stesso figlio stava trasformando in «una sentina di vizi», per usare una sua espressione.

I primi tempi si era stabilito in una pensioncina nelle

vicinanze della stazione, per passare poi in una stanza ammobiliata in Lübecker Straße, nei pressi della scuola pubblica dove insegnava adesso. Si era indurito, ma non avrebbe saputo dire se dipendesse dalla perdita di tutto ciò che possedeva o dal senso di colpa per il gesto che aveva compiuto.

Dopo che se ne fu andato, Henny e Else parlarono per la prima volta apertamente di quel gennaio del '45, quando Else aveva sorpreso a più riprese Ernst alla finestra, intento a sorvegliare quanto accadeva nell'appartamento di fronte. «Il binocolo di Heinrich stava praticamente fisso sul davanzale», raccontava. Nessuna delle due aveva prove per affermare che Ernst fosse stato davvero il delatore, ma gli indizi c'erano tutti.

Henny si scosse il sonno di dosso e si alzò. Un mattino assolato. La metà del letto in cui aveva dormito sua madre era già stata rifatta, il lenzuolo ben lisciato, cuscini e trapunta sprimacciati con cura. Henny era tornata a condividere quel vecchio giaciglio con sua madre, cosa che trent'anni prima si era rifiutata categoricamente di continuare a fare. Nella branda in soggiorno ora ci dormiva Klaus: era giusto che un ragazzo di sedici anni avesse un minimo di privacy.

La porta del soggiorno era ancora chiusa e in cucina Else non c'era. Mancava anche la borsa della spesa. Ma cosa sperava di trovare al mercato sua madre? Gli scaffali dei negozi erano ancora vuoti, correva voce che i negozianti tenessero la merce in magazzino per quando fosse stata messa in circolazione la nuova moneta.

Henny tirò la tenda di tela cerata e si lavò la faccia. Dal cortile saliva il cigolio di un'altalena. Non quella su cui tanti anni prima la spingeva suo padre. Il legno era marcio da anni, i cardini arrugginiti. Solo le catene erano ancora uguali a prima, come aveva osservato Else.

Era un miracolo che quell'altalena fosse sopravvissuta ai tempi durissimi che la città aveva dovuto sopportare. L'inverno del '46 per esempio era stato così freddo che la gente aveva sacrificato di tutto pur di procurarsi legna da ardere. Dai parchi erano scomparsi alberi interi, cespugli e persino i recinti delle sabbiere per i bambini.

Dopo la fine della prima guerra mondiale su quell'altalena si sedeva ancora Gustav, il figlio dei Lüder. Era morto in Francia.

Lasciò la finestra e si ritirò dietro la tenda per lavarsi da capo a piedi. Il suo turno cominciava all'una. In clinica le cose erano più o meno sempre le stesse, anche se adesso disponevano di tanti nuovi farmaci, primo fra tutti la penicillina, grazie alla quale la febbre puerperale non era più causa di morte nelle donne che avevano appena partorito.

Tutto come sempre.

Solo che Käthe non c'era.

«Vieni un attimo nel mio studio», le disse Theo Unger non appena la vide varcare l'ingresso della clinica.

«Henny, a quanto pare Rudi è vivo e si trova in un campo di lavoro sugli Urali. Friedrich Campmann mi ha fatto recapitare una cartolina che ha ricevuto a casa sua. È indirizzata ad Anna Laboe. L'ha scritta un uomo che è stato prigioniero insieme a Rudi. L'hanno mandato a casa in aprile. Purtroppo non sappiamo dove abiti e non possiamo contattarlo, ma sappiamo che Rudi è vivo, è prigioniero in un campo russo e sgobba in una miniera».

«Ma perché hanno indirizzato la cartolina al posto di lavoro di Anna e non a casa, da Käthe?».

«Forse è stato Rudi a dare a quel tale due indirizzi, per essere sicuro che la notizia arrivasse a destinazione».

«L'importante è che sia vivo», disse Henny, ancora in-

credula. Pregò dentro di sé che Käthe fosse viva, per Rudi, per se stessa.
«Dobbiamo informare la Croce Rossa di questa nuova notizia. Potranno indirizzare meglio le ricerche. Perché quell'aria mesta?».
«Forse per Rudi è meglio restare dov'è piuttosto che tornare a casa e non trovare Käthe».
«Accontentiamoci di una buona notizia alla volta. Informerò la Croce Rossa oggi stesso».
«E il timbro postale sulla cartolina?», domandò Henny.
«Viene da Essen», rispose Unger. «Il mittente si firma Heinz Hoffmann. Senza dubbio uno pseudonimo».
Trovare quell'uomo era come cercare un ago in un pagliaio. Un'impresa senza speranze. Unger diede a Henny la cartolina, che era sul tavolo.

Sono stato incaricato da Herr Rudi Odefey di farle sapere che il suddetto si trova in un campo per prigionieri di guerra in Russia, per la precisione negli Urali, dove lavora in miniera. Io stesso sono stato prigioniero in quel campo fino ad aprile. Saluti.

«Herr Hoffmann… o Haffmann… è un tipo di poche parole», commentò Henny. «Poteva anche immaginare con quanta ansia aspettassimo notizie del genere».
«Comunque il suo dovere l'ha fatto», replicò Unger. «Mi metterò in contatto anche con Alessandro Garuti, per dargli la buona notizia. Può darsi che lui sappia meglio di noi cosa fare a questo punto».
«Che bello sarebbe se Rudi tornasse a casa, e anche Käthe e Anna…».
«Ho un'altra novità. Elisabeth mi ha chiesto il divorzio. Vuole sposare il suo bel capitano».
«Ti rattrista molto?».

Theo Unger scrollò le spalle. «Sono tre anni ormai che siamo separati. Ho avuto il tempo di abituarmi. Domenica mia madre festeggia i suoi settantasei anni. Ho guardato il piano dei turni e mi pare che tu abbia il giorno libero, come me».
«Vuoi che ti accompagni a Duvenstedt?».
«Mi faresti felice».
Avrebbe dovuto farlo nel 1921. Invitare Henny a vedere l'orto, i polli, i conigli, i meli, quel mondo incontaminato. Invece si era fermato a gozzovigliare con Landmann ed era andato tutto storto.
Poi Henny aveva sposato Lud Peters e lui Elisabeth Liebreiz. Da quando Henny si era separata dal suo secondo marito, Unger aveva cominciato a pensare che forse gli si stava presentando una seconda possibilità.
«Vengo volentieri», disse Henny. «Ormai sono l'unica a non conoscere Lotte e il suo famoso orto».

Thies era tornato dalla Russia nell'inverno del 1945. Era stata la febbre a salvarlo, una febbre alta che aveva spinto la dottoressa russa del campo, timorosa di un'epidemia, a dargli il documento di rilascio. Arrivato nella città di Erfurt, da cui partiva un treno per Bebra – dove sperava di trovare un collegamento con Amburgo –, la febbre gli era già passata.
Erfurt appariva quasi intatta: Thies gironzolò per ore, dato che il treno non partiva che a tarda sera. Aveva ancora un pezzo di pane e un po' d'acqua nella borraccia. Ma soprattutto aveva paura dei soldati russi che adesso comandavano in Turingia.
Portava ancora i segni della sua appartenenza all'ormai disciolta Wehrmacht? A lui sembrava di non avere addosso altro che stracci.
Arrivò in una piazzetta con una fontana. Thies spera-

va di riempire la borraccia, ma la fontana era asciutta. Lo travolse una stanchezza suprema e si accasciò sul bordo.

E adesso? Si era aperta una finestra al terzo piano. Una donna gli faceva dei cenni. Thies si guardò intorno, la piazza era deserta. C'era solo lui. Guardò in su, s'indicò il petto. Dice a me?

«Venga su», disse la donna alla finestra. «Venga».

Una trappola? Ma no, che trappola mai poteva essere. Quella donna avrà avuto più o meno l'età di sua madre. Non sembrava per nulla pericolosa.

La porta d'ingresso dell'edificio a quattro piani era aperta. Lungo le scale le pareti erano dipinte a olio di un giallo tenue. La donna lo aspettava sull'uscio dell'appartamento.

«Venga, venga in cucina».

Sul tavolo c'erano due piatti, con bicchieri e posate.

«Mangio con lei. Minestra di verdure con lo speck. L'ho avuto in dispensa per un anno, lo speck, ma è ancora buono».

«Perché fa questo?».

La donna non rispose e sollevò la pentola della minestra. Thies titubò prima di afferrare il cucchiaio, ma era da tanto, troppo tempo, che non sentiva un profumo così irresistibile.

«Era prigioniero?».

Thies fece di sì con la testa.

«Mangi lentamente e un piatto soltanto. Le darò del pane da portare con sé».

Thies obbedì. Aveva una gran voglia di servirsi una seconda porzione, ma la sconosciuta aveva ragione: un piatto era più che sufficiente per il suo stomaco contratto.

Cominciò a capire quando la donna lo invitò in una camera con un grosso armadio e gli disse di cercarsi dei vestiti.

«Sono le cose di suo marito?».
«Mio figlio», rispose lei. «Lei gli somiglia molto».
«È morto in guerra», disse Thies.
«Gli ultimi giorni».
E così Thies aveva lasciato Erfurt per Bebra, con addosso un vestito di buon taglio e un vero paio di scarpe ai piedi. E il cuore gonfio di pena.

A Henny tornava in mente spesso quella storia che Thies aveva raccontato in preda alla commozione al suo ritorno dalla Russia. Rudi era ancora prigioniero, e Henny sperava che, nel suo viaggio di ritorno, potesse incontrare anche lui una persona così caritatevole.

Thies aveva scritto una lettera alla signora di Erfurt che lo aveva sfamato, ma non aveva ricevuto risposta. Era stato solo un gesto, quello della donna, un omaggio al figlio morto in guerra.

Thies era tornato dal fronte con addosso una tale energia che era difficile credere che fosse reduce dalla guerra. Subito aveva fatto domanda alla nuova emittente radio tenuta a battesimo da Hugh Green, la NWDR, ed era stato assunto come redattore anche se non poteva esibire altro titolo di studio che il diploma, dal momento che finita la scuola era partito subito per il fronte.

Lui e Marike si erano sposati nel dicembre del 1945. Finita la cerimonia, Thies era corso a lavorare alla radio e Marike alla clinica universitaria dove faceva il tirocinio come medico. Niente nozze in pompa magna nella loro famiglia. C'era sempre qualcos'altro che incalzava.

Tanto tempo prima Henny aveva sognato una cerimonia principesca in chiesa seguita da un banchetto al Fährhaus. Ma era una fantasia del passato, senza contare che il Fährhaus era andato distrutto sotto le bombe.

Käthe era quella che non voleva sposarsi e invece il

suo era stato un matrimonio assai più riuscito di quello di Henny. Se solo lei e Rudi avessero avuto la possibilità di riunirsi...

Quel giorno, tornando a casa, Henny si fermò davanti a casa Laboe. Nell'appartamento vivevano ancora i profughi. Quante volte aveva premuto il dito su quel campanello: l'ultima era stata per controllare che Anna fosse ancora lì e che la Gestapo non si fosse portata via anche lei, come invece era stato.

Dopo un attimo di titubanza Henny suonò e salì la prima rampa di scale, rivestite di vecchio linoleum crepato. Le aprì la porta una donna con una sigaretta in mano e un posacenere nell'altra. Henny lo conosceva, quel posacenere. Lo avevano comprato Anna e Karl durante una gita sul Baltico. Domandò se fosse arrivata per caso una cartolina indirizzata a Käthe Odefey o Anna Laboe. I nuovi abitanti dell'appartamento non si preoccupavano troppo di chi fossero i proprietari originari dei piatti in cui mangiavano o dei posacenere dove spegnevano le sigarette.

«L'abbiamo buttata, la cartolina», replicò la donna. «Non sappiamo dove si siano trasferiti quelli che erano qua prima di noi».

Aveva ragione Theo: la cartolina arrivata in casa Campmann era stata una misura di sicurezza.

Un edificio in rovina in Rathausmarkt, la piazza che fino a pochi anni prima erano stati costretti a chiamare Hitlerplatz. Erano rimasti in piedi solo il piano terra e una parte del primo, il minimo sufficiente perché non piovesse nella piccola libreria i cui proprietari si chiamavano Siemsen, Stein e Peters, ma la cui insegna esibiva il nome «LANDMANN». La proposta era venuta da Louise e Lina ed era piaciuta anche a Momme, che non aveva co-

nosciuto Kurt Landmann ma a cui il nome suonava bene.
Era una sistemazione provvisoria, lo sapevano: presto la ricostruzione avrebbe accelerato il passo e le rovine di Rathausmarkt sarebbero state spazzate via per far posto a nuovi edifici. Momme già s'immaginava in un negozio nuovo: aveva in mente Gänsemarkt, dove alcuni edifici erano rimasti quasi intatti.

Felix Jud avrebbe spostato la sua libreria dalle Kolonnaden a Neuer Wall, così non si sarebbero dati fastidio. I costi e il denaro non sembravano un problema: si guardava con fiducia alla nuova moneta ed erano tempi ottimi per vendere libri. La curiosità, rimasta insoddisfatta per tanti anni, era andata accumulandosi. Era cresciuto l'interesse verso gli autori stranieri, i cui libri non avevano avuto accesso in Germania durante il regime, e non accennava a esaurirsi. *In un altro paese* di Ernest Hemingway andava letteralmente a ruba. Ma anche i libri di autori classici banditi dai nazisti come Heinrich Mann, Erich Kästner, Kurt Tucholskij, Jack London, Joseph Roth e Joachim Ringelnatz.

Il dramma *Fuori davanti alla porta*, che raccontava le disavventure di un reduce, era stato rappresentato al Kammerspiel quell'autunno, all'indomani della morte del giovane autore, Wolfgang Borchert, una vittima tardiva della guerra. La fama letteraria per lui arrivò postuma.

Non si stava poi male in mezzo alle macerie del passato. Erano tempi di grande ottimismo, in cui tutto sembrava possibile.

«Kurt sarebbe fiero di noi», diceva Louise. Avevano la sensazione, lei e Lina, che il periodo più bello della loro vita stesse appena cominciando.

«Insomma, i russi non hanno intenzione di rilasciarlo

tanto presto», disse Unger. «Però la Croce Rossa spera di riuscire almeno a metterci in contatto con lui».

«Così saprà che Käthe è dispersa, che forse è morta, perderà la voglia di vivere e ci morirà in quel campo», replicò Henny.

Theo Unger la guardò intensamente. «Perciò secondo te è meglio rinunciare al contatto con lui?».

Henny sospirò. «Sì», si risolse a dire. «Io credo di sì».

Lo sguardo di Unger indugiò sulla stradina di campagna da cui era arrivato tante volte con la sua Mercedes. «Cominci a credere che non torneranno più, allora».

«Ma dove dovrebbero essere, Theo? Neuengamme è stato sgomberato più di tre anni fa. O sono morte durante il cammino verso chissà dove o sono finite su una di quelle navi».

«Käthe era abbastanza giovane e in salute da sopravvivere alla marcia», le fece notare Unger.

«Allora perché non è tornata? Da Else o alla clinica?».

Ecco che le angosce venivano di nuovo a oscurare la bella giornata estiva. Avrebbero mai ritrovato la spensieratezza di una volta? Unger sedeva accanto a Henny, splendida nel suo abito azzurro a fiori bianchi e i capelli ondulati ancora di un bel biondo. Quelli di Unger cominciavano appena a virare al bianco. Erano ancora giovani, ma dentro si sentivano profondamente invecchiati.

Henny osservò pensosa il pacchetto che aveva in grembo. Una bella confezione realizzata da Lina. Conteneva un libro di poesie di Kästner. Aveva saputo da Theo che a sua madre piaceva Kästner.

E se lei e Lotte non fossero andate d'accordo? Non era certa che quella visita non fosse qualcosa di più che una gita estiva, con la scusa di visitare finalmente l'orto i cui frutti erano stati tante volte la sua salvezza. Guardò Unger. L'aveva amato molto, anni prima.

«Il successore di Lorenzen sembra un tipo simpatico», disse Theo. «Molto giovane. Meno male che ci siamo liberati di quel nazista».

Ma i nazisti invece erano dappertutto. E dove potevano nascondersi? Lei e Klaus erano stati al cinema a vedere *Gli assassini sono tra noi* di Wolfganf Staudte.

Forse anche Ernst era un assassino, l'assassino di Käthe e Anna.

Henny fu accolta con grande calore. La tovaglia bianca sul tavolo del giardino era adorna di margherite e trifoglio sistemati nelle tazzine da caffè. Torta di mele, strudel di ciliegie. A Henny vennero in mente i barattoli di marmellata che nessuno aveva assaggiato, rimasti sepolti sotto le macerie.

Erano in quattro a tavola. Lotte, suo figlio Theo, Henny e il giovane dottor Jens Stevens. Ma era come se ci fossero anche Landmann, il padre di Theo, il vecchio Harms.

Prima che si congedassero, Lotte chiese a Theo di portare via i quadri di Landmann, per appenderli in casa sua o darli a qualcun altro. Lei si sentiva troppo vecchia per custodirli ancora.

«Li darò a Lina e Louise», disse lui. «Sono loro le eredi di Kurt». Lui si sentiva solo l'esecutore testamentario.

«E... Henny, un'altra cosa», le disse in macchina, mentre tornavano in città. «Ho pensato di proporre a tuo figlio di venire a stare da me. Ho una stanza libera, e mi stupisco che non mi abbiano ancora mandato nessuno».

«Ne sarà entusiasta».

«Ormai Klaus starà per diplomarsi».

«Ha solo sedici anni e ha perso due anni di scuola. Ci vorrà ancora un po'. Sicuro di volerti mettere in casa un adolescente?».

Unger fu sul punto di risponderle che anche sua ma-

dre sarebbe stata la benvenuta. Ma non voleva correre troppo, sbagliare un'altra volta con Henny.
«Ha già deciso cosa vuole diventare?».
«Giornalista, come Thies e suo padre. Gli piace scrivere. Racconti, poesie...».
«Sei sempre dell'idea che sia meglio rinunciare a parlare con Rudi, per non fargli sapere di Käthe?».
«Sì».
«È un peso grande da portare».

Il processo di denazificazione gli era più o meno scivolato addosso senza conseguenze: avevano bisogno di gente come lui per ricostruire il Paese. Anche nell'elegante appartamento di Hofweg c'erano stati dei cambiamenti: adesso erano occupate solo le due stanze sul retro, dal mutilato, sua moglie e sua figlia.

Sul piano della gestione domestica invece Campmann era molto insoddisfatto: quella della Laboe – chissà che fine aveva fatto – era stata una grossa perdita. La donna che veniva adesso si occupava solo delle pulizie e se ogni tanto gli lasciava qualcosa di pronto era a malapena mangiabile.

La figlia di Ida aveva cominciato la scuola ad aprile, gli era stato riferito da qualcuno. Contatti con la pensione in Johnsallee non ne aveva più. Subito dopo la morte di Bunge aveva chiesto il divorzio da Ida, esonerandola ufficialmente dai debiti che suo padre aveva contratto con lui. Del resto la sua ex moglie non aveva proprio nulla di cui lamentarsi: le aveva usato addirittura il riguardo di non chiedere il divorzio sotto il regime, per non metterla in difficoltà col padre della bambina. Col divorzio anche quella faccenda era stata sistemata e il cinese aveva potuto assumere la piena paternità della figlia.

Campmann non aveva nulla da rimproverarsi. Si sentiva a posto. E sentiva che nella vita poteva ancora combinare qualcosa. La sua carriera nella Dresdner Bank procedeva a gonfie vele.

Quel venerdì, radio e giornali avrebbero annunciato alla nazione il varo della riforma monetaria. La Germania si rialzava in piedi. Per prima cosa si sarebbe messo alla ricerca di un'altra governante. Che avrebbe pagato finalmente coi nuovi marchi tedeschi. Presto la moneta sarebbe stata quotata in Borsa a Francoforte.

Ida e Tian si erano trasferiti con la figlia al primo piano della pensione in Johnsallee. Guste aveva ceduto loro la sua camera e con sollievo aveva preso possesso di quella al piano terra, affacciata sul giardino. Aveva sessantuno anni ormai, e le articolazioni cominciavano a scricchiolare.

La fantasia di gestire una pensione l'aveva abbandonata da tempo: la casa ormai era un rifugio per i suoi molti amici. Non poteva dire di essersi arricchita con la pensione, però aveva guadagnato, se non una famiglia, qualcosa che ci si avvicinava molto.

Al momento ospitava una famigliola di tre persone e Momme, che si era sistemato nelle due camere in mansarda. Non c'erano notizie di Jacki: Guste poteva solo sperare che fosse ancora vivo.

Quella domenica era stata messa in circolo la nuova moneta. Peccato fosse un giorno piovoso. «Guarda, Florentine», disse alla piccola. «Guarda cosa c'è sul tavolo». Due banconote verdi: venti marchi tedeschi. Chi erano le due pingui figure sulla sinistra? Il tempio ricordava quello di Walhalla. Niente più Wagner né cupi guerrieri germanici...

«Domani andiamo a cambiare i soldi e ci prendiamo un bel gelato». Avrebbe ricevuto banconote da un marco e da cinquanta centesimi: il metallo per le monete ancora scarseggiava.

«Scommetto che domani i negozi saranno pieni», disse a Momme, che era appena entrato. «È un buon motivo per festeggiare... dai, buttiamo giù una lista di invitati».

Guste era sempre la stessa.

Dicembre 1948

L'inverno del '48 non sarebbe stato freddo quanto quello precedente, durante il quale il termometro era sceso sotto lo zero già a novembre e da allora il tempo non aveva fatto che peggiorare. Ecco cos'era toccato alle popolazioni che vivevano nelle macerie delle loro città, nella più nera penuria di cibo e di legna da ardere.

Quell'anno invece l'inverno sembrava mite, e Unger trovava incredibile la quantità di merci che si erano materializzate sugli scaffali dei negozi l'indomani della riforma monetaria. Nelle sue lettere Elisabeth gli diceva che in Inghilterra non c'era tanta abbondanza.

I berlinesi però, dopo il blocco indetto dai sovietici, se la passavano meno bene. La città si era salvata grazie al ponte aereo allestito dagli americani. I famosi "bombardieri di caramelle": erano stati battezzati così, secondo il consueto humor nero.

Unger imboccò Mönckebergstraße e si fermò a guardare la vetrina di Karstadt, il grande magazzino bruciato nel '43 che aveva riaperto i battenti di recente. Erano riusciti a salvare l'edificio. A differenza di quello di Hamburgestraße. Il buon umore non era dovuto tanto alla vasta scelta quanto alla prospettiva di regalare un momento di gioia a Henny e Klaus. Sarebbe stato bello poter prendere qualcosa anche per Käthe e Rudi. Nella libreria

Landmann avrebbe di certo trovato libri preziosi per Rudi, mentre per Käthe avrebbe messo su un vassoio tutti i dolci che c'erano a disposizione.

Non voleva abituarsi al pensiero che Käthe fosse morta, e sperava che Rudi tornasse presto a casa, in modo da non dovergli dare la brutta notizia nel campo di prigionia russo dove di certo la voglia di vivere lo avrebbe abbandonato all'istante. Almeno, a casa, Rudi avrebbe avuto la possibilità di vivere il suo lutto circondato da amici.

Si chiese se fosse giusto festeggiare il Natale e darsi a folli spese, mentre Käthe e sua madre erano ancora disperse e Rudi prigioniero dei russi. Forse era sbagliato lasciarsi andare alla felicità, se non la si poteva condividere con tutti i propri cari.

Nella casa di Körnerstraße, in cassaforte, non c'erano più quadri, ma solo la perla che Unger sperava di poter presto restituire a Rudi e il servizio di ventiquattro posate d'argento per Käthe. Il ritratto a olio di Ruth e Betty lo aveva portato con sé Elisabeth, in Inghilterra. La *Natura morta con statuina africana* invece l'aveva tenuta Theo, per volere di Louise e Lina che ritenevano che Landmann avrebbe voluto così.

Loro due avevano tenuto le *Bagnanti sulla riva dell'Elba*, che era stato appeso sopra il divano rosso corallo: era un soggetto a loro più congeniale. E anche il quadro di Paul Bollmann.

A Kurt sarebbe piaciuta l'idea di una libreria col suo nome. Il flacone di profumo *L'air du Temps*, l'ultima novità dalla Francia, lo comprò senza alcun morso della coscienza. Entrò nel reparto profumeria di Karstadt e scelse a colpo sicuro la bella confezione con su l'immagine di una colomba, simbolo del tempo appena iniziato. Al primo piano prese una camicia e una cravatta di seta per Klaus.

Poi s'incamminò verso la trattoria Daniel Wischer in

Spitalerstraße, dove si sarebbe concesso una buona porzione di pesce fritto con le patate.

Gli faceva bene, ogni tanto, immaginare di essere Kurt Landmann.

Campmann non credeva ai propri occhi. Non era Mia la donna seduta in cucina a chiacchierare con la nuova cuoca? Al suo ingresso si alzò e gli porse la mano, paonazza. Era ancora in carne: evidentemente in campagna se l'erano passata un po' meglio che in città, durante la guerra.

«Cerco un posto», gli disse.

«Qui no di sicuro», rispose Campmann.

«Non posso restare da mia sorella. Ha un nuovo marito, ora, e lui non vuole».

Perché gli raccontava i fatti suoi? Campmann non ricordava di aver mai mostrato alcuna simpatia per quella grassona.

«E poi Fritz è morto».

Così come non ne aveva mostrato per il suo bastardo.

«Sono morte milioni di persone», osservò Campmann. Poi ammise fra sé che i grandi numeri non influivano sulle tragedie dei singoli.

Friedrich Campmann fece quel che aveva fatto con la cartolina indirizzata alla Laboe. Dirottò Mia alla Finkenau. Potevano certo trovarle qualcosa da fare nelle loro cucine.

Henny non sapeva nulla di Mia, finché non le giunse all'orecchio che la nuova sguattera, giù in cucina, aveva chiesto di Käthe.

Finito il turno, Henny andò in cucina e chiese alla responsabile di poter parlare qualche minuto con Mia. Quest'ultima mise via il coltello e si sciacquò le mani nell'acqua in cui stavano immerse le patate già sbucciate. Con quelle abitudini da campagnola non sarebbe durata a lungo alla Finkenau, pensò Henny.

Uscirono in corridoio e si sedettero su una panca. «So che ha chiesto di Käthe», esordì Henny.

«La Laboe e io lavoravamo insieme dai Campmann».

«Ma lei si riferisce ad Anna, la madre di Käthe. Che cosa vuole da Käthe?».

«Raccontarle cos'ha dovuto passare il mio Fritz! È anche colpa sua, di quella comunista, se adesso è morto».

Henny non poteva credere alle proprie orecchie. Decise che, qualunque fosse stato il seguito, doveva sentirlo anche Theo, così trascinò una recalcitrante Mia nello studio del medico. Theo sedeva alla sua scrivania e si stupì di vedere Henny spintonare dentro una perfetta sconosciuta. «Non so nemmeno come si chiama», le disse.

«Mia Thöns», rispose Mia. «Che razza di trattamento è questo? Ho fatto solo una domanda su Käthe!».

«Lei la conosce?», domandò Theo.

«È colpa sua se hanno portato il mio Fritz a Berlino».

Theo e Henny si scambiarono un'occhiata perplessa. «Frau Thöns, perché non si siede e ci racconta la storia dal principio?».

«Fritz voleva disertare già a Wischhafen. Aveva una paura matta del fronte. Io gliel'ho proibito e mi sono assicurata di persona che salisse sul treno per Amburgo e poi partisse per la Russia. Lui però non l'ha fatto. Era deciso a imboscarsi, e la Laboe con la figlia l'hanno aiutato. Poi è arrivata la Gestapo e se l'è portato a Plötzensee».

Henny chiuse gli occhi.

«Come sa tutto questo?».

«Me l'hanno scritto nella lettera che mi hanno mandato. Allegato di non so che cosa...».

«Mi dispiace per suo figlio, Frau Thöns. Immagino che

Käthe e sua madre abbiano voluto dargli un riparo e che siano state punite per la loro generosità».

«Be', è giusto così», disse Mia.

Unger saltò dalla sedia. «Fuori di qui. Sparisca subito!». La voce gli vibrava di collera. L'incauta frase di Mia Thöns aveva fatto esplodere la sua rabbia.

Mia parve interdetta dallo sfogo del medico, non disse nulla, si alzò e si avviò verso le cucine.

Henny aprì gli occhi dopo che la porta si fu chiusa alle sue spalle.

«Pensi che sia tutto vero?».

«Sì. Il giorno che andai a suonare a casa di Anna, il vicino mi disse che quando erano venuti a prenderla c'era con lei un ragazzo, un tipo in carne».

«Ora ricordo che lo dicesti».

«Fosse stato Rudi, avrei capito... ma questo Fritz! Käthe nemmeno lo conosceva».

«Avrà pensato a Rudi. Si sarà augurata che qualcuno gli desse una mano...».

«Ma non Anna. Lei non era così avventata».

«Io credo che oggi abbiamo finalmente scoperto perché sono state arrestate. Purtroppo però non abbiamo idea di dove siano ora».

Non era stata accertata nemmeno la responsabilità di Ernst, pensò Henny. Era un segreto troppo terribile, che forse preferiva ignorare.

Poco dopo il suo trasloco in Körnerstraße, Theo aveva affrontato di petto l'argomento chiedendogli se voleva parlare della sua idea di essere omosessuale.

«Non è un'idea, dottor Unger. È un fatto», gli aveva risposto Klaus.

Era grato al dottore per la sua sollecitudine e anche per la semplicità con cui ne aveva parlato.

Klaus non era mai stato così bene in un posto come in quella casa, in quell'atmosfera colta, che sembrava volergli indicare la strada per la sua vita futura: i libri, i dischi che gli consigliava il dottore, il fatto che lo avesse invitato subito a dargli del tu e a parlare di qualsiasi argomento.

Da quando viveva con lui era diventato il migliore della sua classe, al punto che gli insegnanti stavano valutando la possibilità di fargli saltare un anno, così da recuperare almeno in parte il tempo perduto per via della guerra.

Il pomeriggio del suo diciassettesimo compleanno era andato da sua nonna e sua madre per spegnere le candeline, cosa che non aveva fatto l'anno prima, quando era corso in lacrime fuori di casa. Da allora tante cose erano cambiate, e in meglio.

Marike si era offerta di ospitarlo nella nuova casa che avevano preso in affitto lei e Thies, in Hartwicusstraße, vicino al fiume. Lui però aveva preferito restare da Theo, la convivenza faceva bene a entrambi.

«Negli ultimi anni ho patito la solitudine», gli aveva detto Theo. «Mi piace averti per casa. Sei un po' il figlio che non ho mai avuto».

Klaus non vedeva suo padre da un anno. Gli dispiaceva essere una delusione per lui. Forse presto lo avrebbe cercato per tentare una riconciliazione.

Per Lina era stato un dolore che Klaus non si fosse confidato con lei: ma lui aveva temuto che il clamore nuocesse a lei e Louise, che l'ira di suo padre si riversasse su di loro. Klaus lo aveva sentito parlare spesso della loro relazione con grande disapprovazione.

Gli era molto chiaro anche che Theo provava qualcosa per sua madre. Gli sarebbe piaciuto vedere insieme le due persone che per lui contavano di più.

Fu un bel Natale. La vigilia la passò con la madre e la

nonna, la sera con Theo. Il giorno di Natale andò da Marike e Thies, il dottore invece andò a Duvenstedt.

A Klaus dispiaceva che suo padre invece fosse da solo, ma c'era sempre la possibilità che Ernst si fosse trovato un'altra donna. Era bizzarro non sapere nulla l'uno dell'altro.

Klaus sentì la chiave girare nella serratura e chiuse il libro, poi scese a salutare Theo.

Unger si tolse cappotto e cappello ed entrò nel salone buio. «Puoi metterti anche qui, quando devi studiare», disse accendendo la lampada sullo scrittoio.

«È successo qualcosa di brutto in clinica?», domandò Klaus.

«Cosa te lo fa pensare?».

«Sembri sconvolto».

«Ti va un bicchiere di porto, Klaus? Versane un po' per entrambi».

Klaus prese un paio di bicchierini da una fila scintillante e vi versò il porto da una bottiglia posata su un vassoio d'argento.

«Sei la persona più sensibile che abbia mai conosciuto. Non ti sfugge niente», disse Theo. Poi gli raccontò la storia di Käthe e di Fritz Thöns.

Henny aveva con sé un'insalata di aringhe preparata da Else da portare a casa di Marike e Thies. L'insalata di aringhe era stata tra i piatti preferiti di Heinrich Godhusen, che amava soprattutto mangiarla a Capodanno. Senza insalata di aringhe, l'anno nuovo non cominciava. Negli ultimi cinque capodanni però avevano dovuto farne a meno.

Marike aveva ospiti quella sera: si festeggiava anche la nuova casa. Era un bell'appartamento, sebbene la facciata fosse ancora piuttosto annerita e in soggiorno il pavimento fosse stato riparato solo alla bell'e meglio, nel punto in cui una bomba incendiaria era caduta dopo aver sfondato il tetto e un ardimentoso sconosciuto l'aveva presa e buttata dalla finestra.

Doveva essere successo la stessa notte in cui Henny e Marike avevano corso il serio rischio di morire soffocate in cantina.

Quelle cose sembravano accadute in un passato lontanissimo, eppure le immagini erano ancora vividissime e dolorose.

Else quella sera sarebbe rimasta da sola: aveva rifiutato l'invito di Unger a unirsi a loro due, forse in un raro sussulto di sensibilità nei confronti di sua figlia, che probabilmente preferiva restare da sola col dottore. Klaus invece avrebbe passato la serata da Marike.

La vita andava avanti, semplicemente. Henny pensò a Rudi, in Russia, su quei monti inospitali. La temperatura in quei luoghi doveva essere sui trenta gradi sotto lo zero, le aveva detto Theo.

Forse era stato un errore rinunciare a mettersi in contatto con lui, anche se magari questo poteva spingere i russi a rilasciarlo un po' prima. Forse gli sarebbe stato di conforto sapere di avere degli amici che lo aspettavano, che erano in pena per lui.

Quando Henny uscì da casa di sua figlia, aveva appena cominciato a nevicare. Pochi metri la separavano dalla fermata del tram di Mundsburgerbrücke. Era vicino al punto in cui ventidue anni prima una Opel aveva investito Lud. C'era un angolo di quel quartiere che non suscitasse in lei qualche ricordo?

Adesso Barmbek si doveva scrivere così, senza la c, e Canalstraße si doveva scrivere con la k. Era così da due anni. Queste piccolezze dovevano servire a lasciarsi alle spalle il periodo nazista.

Henny si tirò sulle orecchie il bavero del cappotto. Faceva freddo, anche se di certo non come sugli Urali.

Vide arrivare il tram che viaggiava in direzione opposta alla sua. Henny doveva attraversare per raggiungere la sua fermata. Si fermò per lasciar passare il tram e non fare la stessa fine di Lud.

Sul finestrino del 18 apparve un viso, due occhi che cercarono e trovarono il suo sguardo. Il cuore di Henny fece un balzo. Cercò invano di salire sul vagone. Stava già suonando il campanello che annunciava la partenza. «Käthe!», gridò. «Käthe! Käthe!». Si mise a rincorrere la vettura sferragliante, lungo il binario scivoloso.

Ma il vagone con dentro Käthe aveva già svoltato l'angolo.

Collana «Le strade»

317. Daniele Zito, *Robledo*. EDIZIONE EBOOK

318. Wajdi Mouawad, *Il volto ritrovato*, traduzione di Antonella Conti.

319. Gajto Gazdanov, *Strade di notte*, traduzione di Claudia Zonghetti. EDIZIONE EBOOK

320. Willa Cather, *Il mio nemico mortale*, traduzione di Stefano Tummolini. EDIZIONE EBOOK

321. Inge Schilperoord, *Nuvole di fango*, traduzione di Stefano Musilli. EDIZIONE EBOOK

322. Valentino Zeichen, *Le poesie più belle*. EDIZIONE EBOOK

323. Thomas Hardy, *Due occhi azzurri*, traduzione di Maria Felicita Melchiorri. EDIZIONE EBOOK

324. Hilary Mantel, *Otto mesi a Ghazzah Street*, traduzione di Giuseppina Oneto. (2ª ed.) EDIZIONE EBOOK

325. Cesarina Vighy, *L'ultima estate e altri scritti*, prefazione di Pier Vincenzo Mengaldo. EDIZIONE EBOOK

326. John Williams, *Augustus*, traduzione di Stefano Tummolini. (2ª ed.) EDIZIONE EBOOK

327. Elizabeth Jane Howard, *Tutto cambia*, traduzione di Manuela Francescon. (2ª ed.) EDIZIONE EBOOK

328. Maria Edgeworth, *Il castello Rackrent*, traduzione di Pietro Meneghelli. EDIZIONE EBOOK

329. Paul Beatty, *Il blues del ragazzo bianco*, traduzione di Nicoletta Vallorani. EDIZIONE EBOOK

330 Roman Senčin, *L'ultimo degli Eltyšev*, traduzione di Claudia Zonghetti. EDIZIONE EBOOK

331. Elizabeth von Arnim, *Il giardino di Elizabeth*, traduzione di Sabina Terziani. EDIZIONE EBOOK

332. Victor Serge, *Il caso Tulaev*, traduzione di Robin Benatti. EDIZIONE EBOOK

333. Wilkie Collins, *Uomo e donna*, traduzione di Alessandra Tubertini. (2ª ed.) EDIZIONE EBOOK

334. Joseph Andras, *Dei nostri fratelli feriti*, traduzione di Antonella Conti. EDIZIONE EBOOK

335. Ricardo Romero, *Storia di Roque Rey*, traduzione di Vittoria Martinetto. (2ª ed.) EDIZIONE EBOOK

336. Gore Vidal, *L'età dell'oro*, traduzione di Luca Scarlini. EDIZIONE EBOOK

337. Elizabeth von Arnim, *La Fattoria dei Gelsomini*, traduzione di Sabina Terziani. EDIZIONE EBOOK

338. Lev Tolstoj, *La felicità domestica*, traduzione di Clemente Rebora. EDIZIONE EBOOK

339. Mihail Sebastian, *Da duemila anni*, traduzione di Maria Luisa Lombardo. EDIZIONE EBOOK

340. Franco Faggiani, *La manutenzione dei sensi*. (2ª ed.) EDIZIONE EBOOK

341. Paula Fox, *Quello che rimane*, traduzione di Alessandro Cogolo. EDIZIONE EBOOK

342. Sabahattin Ali, *Madonna con il cappotto di pelliccia*, traduzione di Barbara La Rosa Salim. EDIZIONE EBOOK

343. César Aira, *Il pittore fulminato*, traduzione di Raul Schenardi. EDIZIONE EBOOK

344. Guillermo Arriaga, *Il bufalo della notte*, traduzione di Stefano Tummolini. EDIZIONE EBOOK

345. Gore Vidal, *Emma, 1876*, traduzione di Silvia Castoldi. EDIZIONE EBOOK

346. Elizabeth Jane Howard, *All'ombra di Julius*, traduzione di Manuela Francescon. EDIZIONE EBOOK

347. Emma Orczy, *La primula rossa*, traduzione di Daniela Paladini. EDIZIONE EBOOK

348. Dario Levantino, *Di niente e di nessuno*. EDIZIONE EBOOK

349. Juli Zeh, *Turbine*, traduzione di Roberta Gado e Riccardo Cravero. EDIZIONE EBOOK

350. Luc Lang, *All'inizio del settimo giorno*, traduzione di Maurizio Ferrara. EDIZIONE EBOOK

351. Robert McLiam Wilson, *Ripley Bogle*, traduzione di Enrico Palandri. EDIZIONE EBOOK

352. Thomas Hardy, *Sotto gli alberi*, traduzione di Marco Pettenello. EDIZION EBOOK

353. George Eliot, *Daniel Deronda*, traduzione di Sabrina Terziani. EDIZIONE EBOOK

354. Chuck Kinder, *Lune di miele*, traduzione di Giovanna Scoccehra. EDIZIONE EBOOK

355. Shifra Horn, *Quattro madri*, traduzione di Sarah Kaminski. EDIZIONE EBOOK

356. Delia Ephron, *Siracusa*, traduzione di Enrica Budetta. EDIZIONE EBOOK

357. Gore Vidal, *La statua di sale*, traduzione di Alessandra Osti. EDIZIONE EBOOK

358. Valentino Zeichen, *Diario 1999*. EDIZIONE EBOOK

359. Rebecca West, *La famiglia Aubrey*, traduzione di Francesca Frigerio. EDIZIONE EBOOK

360. Wilkie Collins, *Il fiume della colpa*, traduzione di Patrizia Parnisari. EDIZIONE EBOOK

361. Elizabeth von Arnim, *Un'estate in montagna*, traduzione di Sabina Terziani. EDIZIONE EBOOK

362. Laura Fusconi, *Volo di paglia*. EDIZIONE EBOOK

363. Elizabeth Jane Howard, *Cambio di rotta*, traduzione di Manuela Francescon. EDIZIONE EBOOK

364. Paula Fox, *Il silenzio di Laura*, traduzione di Monica Pavani. EDIZIONE EBOOK

365. Fiona Mozley, *Elmet*, traduzione di Silvia Castoldi. EDIZIONE EBOOK

366. Tash Aw, *Miliardario a cinque stelle*, traduzione di Giuseppe Marano. EDIZIONE EBOOK

367. Wilkie Collins, *La veste nera*, traduzione di Andreina Lombardi Bom. EDIZIONE EBOOK

Finito di stampare
nel mese di ottobre 2018
presso Print on web s.r.l.
Via Napoli, 85 – 03036 Isola del Liri (FR)
per conto di
Fazi Editore